咏春搏击功夫

绝技

舒建臣 著

辽宁科学技术出版社
·沈阳·

图书在版编目（CIP）数据

咏春搏击功夫绝技 / 舒建臣著. —沈阳：辽宁科学技术出版社，2021.6
ISBN 978-7-5591-1803-5

Ⅰ. ①咏… Ⅱ. ①舒… Ⅲ. ①南拳—基本知识 Ⅳ. ①G852.13

中国版本图书馆CIP数据核字（2020）第196434号

出版发行：辽宁科学技术出版社
（地址：沈阳市和平区十一纬路25号 邮编：110003）
印 刷 者：辽宁新华印务有限公司
幅面尺寸：170 mm × 240 mm
印　　张：34
字　　数：785千字
出版时间：2021年6月第1版
印刷时间：2021年6月第1次印刷
责任编辑：郭　莹
封面设计：魔杰设计
责任校对：王玉宝

书　　号：ISBN 978-7-5591-1803-5
定　　价：88.00元

联系电话：024-23280258　联系人：郭　莹
邮购电话：024-23284502
投稿QQ：765467383

出版说明

《咏春搏击功夫绝技》披露的打斗技法，皆取于咏春前辈祖传绝密功法，仿生蛇、鹤等物象相争相斗的法招，出招毒辣，招灵凶狠，强调综合制敌，是过去咏春正义之士惩治歹徒一击必杀或不死即残而流传的绝招。这些绝招轻者可将敌击倒在地，重则使其伤筋断骨，失去反抗能力。修习咏春拳者必先以仁义之心正己修习，不到境处危难、千钧一发之际，不得轻易用招。这些格斗绝技的流传，由蛇、鹤等物象相争相斗仿生形成，虽今日咏春提及不多甚至不提，但仍是由蛇、鹤等物象流传构成，其内容包括手法、腿法、摔法、拿法、综合搏击技等，并论及内功和外功功法，这也给咏春添上了许多神奇的色彩，为了继承和发扬这些秘不外传的绝技，我们将这些秘传内容传承下去，力求做到理论联系实际，动作符合咏春技击特性，文字简明，易学，易懂，便于自学、自练，或以供传授学习和研究参考。

本书是一部大型咏春综合搏击格斗的工具性著作，收录大量的古今咏春技术技法理论和内外功法内容。近年来，咏春各类图书虽有数种，但还缺少一部收录内容多、资料丰富的咏春读物，本书正是应咏春拳修习者的需要编辑而成的。

咏春搏击功夫绝技的传承历史悠久，其技术技法理论和内外功法十分丰富，且拳理拳论语言精练，技术技法形象生动，更有象形比喻各式各法，这些传承的内容如能对咏春拳修习者学习和使用起到积极作用，我们就倍感欣慰了。

内容提要

咏春拳（咏春）在人们的生活中，越来越显示出它的重要地位和作用。咏春拳不仅仅是人们锻炼身体、增强体质和搏击的重要方法；也是与德育、智育、美育等相配合的整个教育体系的组成部分；其以竞技比赛交流的形式，甚至成为部分中国人文化生活的内容和海外各国武技武道人士之间加强联系的纽带。咏春搏击功夫绝技，是从古传仿生蛇、鹤等物象相争相斗到今天咏春拳演变为运用拳、肘、膝、脚等的不同部位，从不同的角度立体综合打击人体各处薄弱或要害的各种格斗技术技法或手段，因此咏春享有“多臂拳术”“无影手”“无影脚”“九转连环蛇鹤手脚”等之美誉。由于各种原因的需要，人们要从咏春拳中找出和了解其运动特点，但因民族、方言等方面的差别，对于咏春这一综合格斗技艺充满着残酷性和危险性，对于咏春拳的来龙去脉、深邃的寓意不甚明白。很多人由于不完全了解咏春拳的含义和内容而有时深感困惑。为了帮助人们认识咏春拳这一搏击格斗综合技艺，我们从多方面研究，以期编辑一本简明实用的咏春拳综合搏击格斗手册。从蛇鹤相斗衍生古咏春手搏术，再衍生演化的咏春拳，注重发挥人体的各项体能，人体和任何部位皆是攻击的目标，除了踢、打、摔、拿四种基本的技法外，还包括许多诸如头顶、膝撞、肘击、口咬、抓捏、标眼、击阴、折臂、断指、锁脖等综合动作、招数。这些动作虽仿蛇、鹤等所属粗犷、凶猛物象，但用于战场拼杀也不为过。如今保留了这些古传和现代的咏春三套拳法隐藏着的咏春综合格斗以及内功、外功功法内容，目的是使这些原生的技艺继续传承下去。因此，咏春搏击功夫绝技，全面综合地收录了古咏春以及现代咏春的搏击格斗技艺技法以及内功、外功功法，以供酌情引用参考。

前 言

咏春拳搏击格斗的技术方面，其攻防技法很多，花样奇趣，如标指、蛇形、拨脚等，甚至有举足踹敌背使其倒地者，再踊身跨越其首，以及扼锁关节诸法。功法修习上有内功和外功功法。可惜的是，此特具古色的咏春武艺，如今已日渐式微。实际上这种综合的咏春拳的动作形式和中国古代武术有着相似之妙，即都有着“仿生”和“象形”之意，这种咏春拳的古形态和实质充分表现出当时咏春的智慧，并可从中窥视到咏春拳的发展过程。

咏春拳更像是一种象形拳，更实际的说法，应该是一种模仿蛇鹤等野兽相斗时所衍生的技巧，一种内外合一的武术。咏春拳很具格斗性、自然性、真实性、狂野性，因为它模仿对象的本身就是禽兽中的格斗高手。而且，特别是古咏春拳多仿蛇鹤等动物发力发劲呼吸的特点，重招则常使用截击或破坏或前冲的加速度力量作为重拳或重腿，力量一般也不会打空。古咏春拳也有些不科学的练功方法，这也是不受世人肯定的地方。更值得敬畏的是古咏春拳师不怕死的格斗精神，这也有一部分是源自他们那个时代的信仰力量和民族强悍的个性。

咏春拳由于古人的思想、环境和地理环境等因素的影响而衍变，并因当时各府地而形成不同的古咏春拳风格和形成不同的宗派和系统，各宗派各具有其传授的拳术方法和奥妙，并随着后代咏春名师的系统研究和整理，最终形成一套较系统的理论和拳术体系。

咏春拳是我国民族的“自由拳术”，其当然也是武术，堪称是武术格斗中的极品。技术成熟的拳师，能运用全身“武器”于顷刻间困住或击倒对手。咏春拳师的决胜条件是技艺、气功、智谋及精神力量的总结合，其最高境界是机巧圆通，合乎阴阳。

过去的咏春拳与民族传统文化关系密切，甚至有宗教色彩。例如入门拜师、竞技礼节及仪式等，都有宗教艺术背景。因此，咏春拳被视为我国的民族艺术绝非牵强，实属极具代表性的技艺。咏春拳训练也无疑是上佳的体育运动。凡是正式修炼咏春拳的人，生活操行都要依循严谨的规律，遵从师诲，接受系统的练习程序，才能体魄坚强，反应敏捷，拳术水平才能提高。咏春拳技术要求全面，拳师体形的发育因训练方式而达到均衡、美观。

咏春拳之技艺，在愈百年来屡经拳师不断的擂台实践和考验所得的武术精华，其价值及效率是值得肯定的。因此，咏春拳成为一种思想、一门搏击哲学，具有其时代的特征，有其出现的历史必然。古人由于受到实践深度和广度的限制，还无法对咏春拳进行深入细致的研究，因而历史地产生了建立在经验、直观的基础上的朴素的观念，即只能从总体上对咏春拳这一武艺及其中的诸多问题作笼统的感性的描述。直到近年来，咏春拳才有了较为迅速的发展。咏春拳也由古咏春发展过的经验式的研究向今天的科学形态发展，对咏春拳加以揭示和说明，这也是对古人的朴素经验咏春拳观的发展及合理的扬弃。特别是我国政府对咏春拳体育运动的重视和申遗，使咏春拳在促进精神文明建设中发挥着越来越重要的作用，并以咏春人的战略高度，加快咏春拳的科学化、社会化、现代化的发展速度，使咏春拳尽快成为世界瞩目的体育运动。

咏春拳理论和实践发展的需要，都要求我们借助多学科的力量，从各个不同的角度对咏春拳这一特殊的文化现象进行更科学、更全面、更深刻的认识，要求我们把与之相关的科学文化和辩证的哲学思想交融在一起来对咏春拳进行研究和分析，要求我们从更广阔的文化背景中去透视咏春拳，从历史的辩证角度去反思咏春拳，以求得相对完整的、系统的咏春拳思想观，以便为促进咏春拳的发展提供认识上、理论上的根据，正是顺应着咏春拳科学的发展趋势，正是对应着咏春拳实践的要求，使咏春拳成为一门武艺哲学。

咏春拳之哲学是一门研究人徒手搏击技术的共同本质、普遍规律与价值的学问，是关于咏春拳武艺观和根本方法论的理论体系。作为一门科学的搏击武艺哲学，在世界武坛上占有重要的位置，对指导咏春人这种运动竞技和未来的发展有着重要意义，咏春拳也是一种给人勇敢、智谋、聪慧的武艺之哲学。

从古代咏春拳的衍生来看，古咏春拳不仅受古手搏术的影响，在其发展过程中，先人又通过“仿生”和“象形”来模仿野兽动作的形式，其形态与实质充分表现出古人之智慧及心态，也可从中窥视古咏春拳的发展必经阶段。古咏春拳由手搏术时代，拳师相斗所用招数，全无禁忌，不论擒摔、反关节、跌扑、地战、标击、头触、臂撞等动作招数，均可在搏斗中应用，甚至有其明显特异的毒招，例如戳眼、撩阴等招数亦可被允许使用。

咏春古拳法以各拳师的造诣而形成各法，名师则将其技以口诀形式相授，将实战招数按其动作或性质配以名词，古典优雅，编为整齐的训令，一则可以帮助记忆，二则还可以在打斗时，师傅同门于台下呼喊提示，使拳诀能收隐语之效，如是对方师承不同，自然不解其意。因此，在咏春古拳中也就出现了各式各样的拳招名称和怪异的招数，以及内功功法。

咏春综合搏击格斗技艺就是对古咏春拳和今日咏春拳的融汇，有些在传承中几乎失传，甚至因过去老一辈师傅的观念，不愿轻易传出来，以防恶徒受用。今天我们保留了咏春拳过去的这些传统，并在后面的内容中逐步披露咏春三套拳法隐藏着的咏春综合格斗技艺的内容，以及内功和外功功法，供咏春拳修习者参考引用。

舒建臣

目　录

第一章
咏春拳概述

现在，咏春拳被越来越多的人接受，并有许多修习其他拳种的武术家以及武术爱好者改学咏春拳。事实上，当人们认识咏春拳的拳理和结构，才发现它非常符合现代科学理论，修习咏春拳可使人达到无懈可击的完美境界并具有修身养性的功效。

咏春拳，这种可谓称得上完美的拳术，其招式结构、拳理和攻守技术均博大精深，把人体肌肉特征、骨骼结构、力学原理及思想和力量的潜能都融会在一起，发挥出人类搏击的最高技巧。修习者如能领略及掌握其理论，深入研究，不断练习，即可感受其中奥秘，必然会心神陶醉，欲罢不能，得到修习咏春拳的乐趣。

第一节　咏春拳的源流传说

咏春拳究竟源于何处，很多咏春拳修习者和爱好者都在追寻这个问题，甚至有许多人士反复到佛山或福建或其他地方探究答案。咏春拳可以追溯到愈百年的历史，当今世界各地的咏春拳馆或拳场，大部分都是由佛山咏春的门下和再传弟兄在传授咏春拳，还有人为了生活走向我国香港或其他国家和地区去传授咏春拳，这使得咏春拳在世界各地得到了广泛的传播，推动了各地武术人士的交流。

由于咏春拳在世界各地的流行，有关咏春拳源流的传说也越传越多。然而，关于咏春拳的传说，当今却无人能拿出确切的文字、实物依据来证实咏春拳最早的前辈是什么人，是如何将咏春拳传下来的。如此无确切依据，有关咏春拳之说也只能认为是传说或据说了。因此，历代咏春拳的传人对于有关咏春拳的起源、创始人、传承人等有各种不同的说法，且因过去年代传承技术多是口传，因方言或口误造成错误也不足为怪。咏春拳的源流传说中，有说咏春拳是严咏春所创，传与夫婿梁博俦（涛），后再传给红船戏班人，一直流传至今的。有说梁博俦为咏春拳的传播人，也是通过红船戏班往下传的。还有说是南少林传人至善所创而流传下来的，等等，在此仅收录经常流传的几则关于咏春拳的传说。

一、严咏春创咏春拳说

据传，咏春拳是福建严咏春（“咏春”二字之意为美丽的春天，有传其人是福建连城县人）根据蛇鹤相斗的形象创编而成的。传说大约在清嘉庆十五年（约公元1810年），在福建泉州有位武林高手名叫严二（严二公，有传名为严四），因触犯了官府的法令，被迫逃避官府的追捕，携带其爱女严咏春从泉州逃难至一个小县城的近郊隐居起来，为了生活做起了卖豆腐的生意。严二的女儿严咏春，自幼随父练武，身体壮实，容貌秀丽，武艺较好。有一天，严咏春到河边洗衣，看见河岸上有只白鹤与一条大青蛇互相搏斗，严咏春观望许多，边看边思，心里有所顿悟。她回家后暗自揣摩，依蛇鹤缠绕相斗情景，汲取当时福建一带流行的永春白鹤拳术（永春白鹤拳中的含胸拔背，即拳谱中所说的“龟背鹤身”和沉肩坠肘的技术要求），并将白鹤拳中的三角马（步）动作与南少林搏击的招法糅入，还采用了很多别派拳种的手型手法、步法脚法等，以及参照蛇鹤相斗时，蛇的缠绕吞吐动作，创出以手腕和腿脚变化来化解对方进攻的“手动脚动”，从而创编出一套适合自己演练的早期的咏春拳。

到后来，有位广西商人梁博俦（也有传称为梁傅留），其曾学艺于河南少林寺，路过严咏春附近的客栈投宿，在月色中无意看见了严氏父女在磨盘旁边练武的场景。他见得严咏春生得艳如桃李，武功高深，心中顿生爱慕之情。后日常生活中经过多次交往，并经过共同切磋技艺，梁博俦对严咏春愈加心悦诚服了。这使得中年丧妻的梁博俦不禁萌发了与严咏春共结百年之好的念头。于是梁博俦便托人前去说媒，向严氏父女表白心意。严二看严咏春羞得无语，又见得梁博俦相貌端正，举止大方，知识广博，加上其又是少林同门中人，便应承了这门亲事，后遂招梁为上门女婿。

二人成婚数年后，严二寿终正寝，夫妇二人将其安葬后便返回广西另谋生活。不久，因兵匪为乱，二人又由广西辗转至粤北南雄，做些小本生意以谋生活，其间并将拳术授之与人，在传教拳术的过程中，不断地将拳术招式完善，将所教拳术正式取名为“咏春拳”。而“咏春拳”一名也是梁博俦与人交流武技被对方问及是什么拳术时，梁博俦随口说出是“咏春拳”而得。

约在嘉庆二十年（约公元1815年），梁严夫妇把武馆迁至广东肇庆府（高要县）继续授徒传艺。这时，由佛山到肇庆的红船戏班黄华宝（武生）、梁二娣（武旦）、阿锦（大花面）、孙福（小生）四人结识了梁严夫妇，其间一起拜师学习咏春拳。红船戏班成员后回到佛山，也分别传授咏春拳术。

黄华宝晚年居住在佛山，把咏春拳和六点半棍传授给了赞生堂药材店少东梁赞。梁赞则是日常利用药店后院场地授徒。因梁赞名气越来越大，前来求技者较多，其徒有陈华（找钱华，又名陈华顺，原籍顺德县杏坛区东马宁双井巷）、陈贵（猪肉贵）、梁奇（流氓奇）等人。其中陈华学成后返回顺德原籍设馆授徒，传教于其子陈汝棉，徒吴仲素、吴小鲁、雷汝济、李哲文、何汉侣、何洛生、黎叶笆、叶问等人；陈汝棉授徒于招就，其子陈家燊、陈家廉等；招就授徒于招允、彭南。大花面阿锦技成之后，被三水县豪绅陆兰礼聘为专人师傅。后传技于霍保全、冯少青等人。霍保全、冯少青传授给岑能等。另一支是郭宝全、阮济云、阮奇山、姚才等人。其中，姚才又传给姚祺、梁权等人。此后，咏春拳支流繁衍，经过多年的相互传授，已人才辈出，枝繁叶茂。今天仍能看到部分人士在佛山建有各家拳馆传承着咏春拳。

二、五枚创咏春拳说

咏春拳的传说中，有一说是五枚创的咏春拳。五枚师太此人被现代咏春拳人奉为老祖宗，但很有意思的是，当今的白眉拳传人也将五枚奉为祖宗，在福建省永春县的永春白鹤拳流传记载中，也有五枚此人。

这些过去口传中的五枚是个怎样的人，历史上是否真有其人，五枚是否与福建的白鹤拳及广东的咏春拳、白眉拳有着直接的关系，这些问题至今都还未能够找到充足的历史考证来客观地证实。从另一方面来看，广东的咏春拳、白眉拳等拳种的起源与福建南少林拳竟有着直接的渊源。从这些拳术的具体内容来看，福建永春白鹤拳与广东咏春拳在流传进程中也有一些共同点，诸如方七娘创出的白鹤拳及严咏春传入广东的咏春拳，在传承的过程中，经历代传承人在研习和实践中不断以各自的理解，充实、丰富、变革了拳术，使原来极富女子特色的白鹤拳与咏春拳到今天已成为或极刚、或刚柔相济的男子拳术了。如果在今天我们还说现在的咏春拳仍遗留着一点女子拳术特点的话，那么也只能说是咏春拳在拳术运用方法上有着窄马短桥、以后发制人、以守为攻的战术特色。

今日的许多咏春拳传人都认为其由五枚所创，传严咏春，自此才开始有咏春拳的出现。但也有人说，咏春拳虽由五枚所创，却是传给了苗显（有说传给苗顺），后由苗显再传严咏春及其父。

认为咏春拳创自五枚师太的人，多承认五枚是福建白鹤拳的高手，而且坚持这种说法的人不只是咏春拳中人，在南少林武术或鹤拳等南派其他武术中，人均有此种说法。

三、一尘庵主创咏春拳说

咏春拳由一尘庵主所创，是由彭南支系中人所传说的，彭南支系的咏春派认为，咏春称为永春，只是佛山人误会将“永”称为“咏”。

彭南先生所传的资料认为，永春拳是由乾隆（约公元1736—1795年）至嘉庆（约公元1796—1802年）年间，由一位名为一尘庵主的和尚所创。一尘庵主居住于湖南省衡山一所寺院中约13年，传授“永春拳术”给一位绰号“摊手五”的弟子。后京剧名伶摊手五由北方逃离至南方，落脚于佛山大基尾，由于其功夫了得，而获大基尾“琼花会馆”内的粤剧老倌们的邀请，在该处教授一班红船弟子，于是将永春拳传于黄华宝、梁二娣、大花面阿锦、黎福孙等人。

四、至善禅师创咏春拳说

咏春拳的流传中有传说咏春拳应为至善禅师所创。至善禅师为“南少林五老”之一，其武术源自福建永春县。由于至善禅师是男性，其拳术走的是刚猛路线，他与五枚师太的武功根底均出自同一地域，因此，二人在拳术招式、形态、搏斗观念、心法上等有部分是非常接近的。其实，两人均属洪门高层，也都一心借着发扬南少林拳术招徕会众，实际上是暗自做着“反清复明”的大事。

后因造反的计划暴露，五枚、至善禅师及其他各洪门的重要头目四散溃逃，以避清廷的追捕。至善禅师被迫逃难到广东，藏身于红船中做着伙夫一职讨着生活，后就有了红船传拳的故事。

还有关于咏春拳的其他种种传说，这里不再详述，因为有些传说与现实有出入，难以自圆其说。

五、佛山梁赞

梁赞，在佛山人称为“赞䏲”，这里的“䏲”，意为“先生”，是“先生”两字的合音。这是因为其长居于佛山，加上其人之名而被各界人士称为“佛山赞先生”。根据一些史料记载，梁赞应生于清嘉庆年间（约公元1816年），祖籍是鹤山古劳镇。梁赞原名不叫梁赞，这要从梁赞的身世说起了。

梁家原本是医世之家（也有称其父原以卖猪肉为生），梁父有两个儿子，大儿子名为梁德南，二儿子名为梁德荣。二子中，梁德南从事商业发展，梁德荣则传承父之医术，以行医为业。后梁德荣继父业，在佛山开设了一家药铺，并于此悬壶济世。而有关梁德荣所开设的药铺之名也有了多种说法。有人说梁德荣所开设的药铺名为“赞生堂”，也有人说是“荣生堂”。到底哪一说法为正确呢？根据综合的资料来看，这些说法原来都可以说是正确的。因为，梁德荣所开设的药铺正式名称为“荣生堂”，“荣”即是指“梁德荣”。此荣生堂招牌是用草书写成的，故“荣”字在那时大部分文化水准不高的街坊眼中，便误以为“赞”了。

梁赞虽是个儒医，却酷爱拳术。据传，梁赞的父亲曾在其少年时聘请过一些武术教头在家教授梁赞。梁赞之父身故后，其继承了父业，接手了父亲留下的药铺，在佛山筷子街继续营生。梁赞在药铺生意逐渐稳定后，便开始萌生了习武的念头。于是，梁赞忙碌之余暗自开始寻识一位足可令其拜服的武术高手并拜其为师。这期间，刚好梁二娣的亲戚梁佳得知梁二娣欲寻找一位其认为有资质作为弟子的人。于是在梁佳的推荐下，梁赞便拜了梁二娣为师，并约定梁二娣每晚到荣生堂教授梁赞咏春拳，在学拳期间梁赞又同时得到黄华宝的指导。

过去年代的佛山武风盛行，除了梁赞的咏春拳派，还有其他各门派的武馆，在这期间流行着“以武会友”的风气。“以武会友”在广东武术界俗语中称为“讲手”，其实质也就是“比武”。在佛山开设武馆或者在武术界有些名望者，都会被其他武术界的好手或新秀上门挑战，要么就是发帖向此武林名宿请求“赐教”。实际上，也就是借着“讲手”的手段，恶意打倒对方，以此作为自己扬名立万的踏脚石罢了。这时的梁赞，既没有开馆，也不是要成为什么“武林盟主”，但却偏爱接受武林各派人士的挑战，同时其也是借着“讲手”来增加自己对咏春拳技的造诣。据传，梁赞从打练咏春拳以来，其大小不下数十战，却从来没有失败过一次，也因故在佛山有“咏春拳王”的美名。

梁赞扬名佛山之后，开始有人前来拜师学拳，梁赞后来开始教授咏春拳。梁赞传授咏春拳，只是在晚上其药店关门后，才私下教拳娱乐。其中较出色的弟子有陈华顺、陈桂、梁奇等人。

梁赞除了有众多的出色弟子之外，其还有5个儿子。大儿子名为梁壁，绰号“大少壁”，是赞先生五子中武功最好的一位，后叶问到香港期间的武术修为多得其指点。梁知为赞先生二子，因其年幼时得过天花，故脸上留有点点的疤痕，被人称为“痘皮知”。梁知后来迁到越南定居，其只是在“广东会馆”教授过咏春拳一段时间。梁春为赞先生的三子，医术佳，但咏春拳的造诣据传不见得如何。梁元为赞先生的四子，也是唯一不跟赞先生练习咏春拳的儿子，故对其个人情况所述不多。梁高为赞先生的幼子，即五子，据传其是最顽皮的一位，而被熟人送其绰号“星君高”，他也是赞先生最疼爱的一个儿子。

后来，梁赞在70余岁时，本打算退隐回其鹤山古劳家乡，但因其充满活力，在其偏僻的家乡故居待了没有多久，就奈不住终日无所事事，遂开始教授数名乡间小子咏春拳功夫，以打发时间。

赞先生的生卒年份应约在公元1816—1891年。后其门人弟子，将其所传咏春拳相互传授，而使咏春拳支流繁衍，人才辈出。

第二节　咏春拳的流传衍生支系

咏春拳近年来得到了迅速的发展，其社会功能得到了广泛的发挥和运用。但咏春拳也与其他拳术一样，在流传的过程中，因每位学练拳人或传人对咏春拳的理解都有一定的差异，有的差异甚至很大，使咏春拳也就出现了不同的支系，甚至是衍生支系。比如，同一个咏春拳师传教给10个弟子，其传授的内容、过程都不会是一致的。而这10个弟子的学习过程、领悟的因素，各自实践的条件、时间，学拳的经历等都不同，最后所掌握的功夫程度、拳架形态、对拳术的理解、运用的形式差异都会更大。

咏春拳作为中华拳术体系的衍生拳种，在过去其理论依附于中华大拳术理论，也正由于咏春拳的形成属衍生性，较为单一的拳术拳套在长期的发展中，给予咏春拳传人很大的理解、认识和诠释的空间。对于咏春拳的拳套动作招式的理解与演示，不管是三套拳，或是一套拳，传人的理解看法并不是一致的，还有在应用方法上，理解的概念和形式更多。

对于咏春拳的身法、步法、形态的要求理解，也有了更多的诠释。因此，校正一套标准的咏春三套拳法为根本规范是很必要的，不这样发展咏春，会使很多学练咏春拳者仍处于困惑之中。

如今看到的各咏春支系传人对咏春拳的理解，都可看作是咏春拳传人通过自己的学习、练习和实践的认识和理解。诸如从不同的流派的存在来分析，不同流派的区别可看作是不同时期有影响的拳师传人个人心得体会总结并相对定型的结果，例如某传人以什么手法见长或什么样的功夫了得等。甚至同一流派的同门也存在理解上的差异，常见到同一师傅所教的不同弟子，练出来的风格、感觉不一样，理解看法也不一致，其中原因则是多样的：其一，师傅因人施教，根据不同弟子的特点教不同的内容，就算咏春拳套不多，动作有限，师傅在教拳时要求每位弟子练习好像是一样的外形动作时，对每位弟子内在的要求未必是一样的，久练之，结果就有了很明显的区别；其二，每位弟子对同一师傅所传内容而各自花费练习的时间不同，每个人的悟性理解能力又不尽相同，导致日久在理解上、在体现上存在较明显的差异；其三，学拳弟子入门前和入门后的经历不尽相同，有带艺入门者，有入门后再多方修炼者，如此因素等都使同门师兄弟在技艺和功力上有差异存在。

因此，常可见到不同流派或同流派的拳师为咏春拳是否有这种或那种的打法，或这招是、那式不是而争论个一二三，其实这是不理解咏春拳术功夫特性之个性的结果而导致的。

一、咏（詠）春拳与永春拳

近年咏春拳界中流传着“咏（詠）春拳”与“永春拳”之分。“咏春拳”与“永春拳”的“咏”和“永”之分，也反映了咏春拳传人对源流历史的不同见解。虽然两者均是南派的内家拳术，但是它们的内容是稍有不同的，甚至是各有风格特点。

梁赞在学得咏春拳后，于实践中，稍改小四平为“二字钳阳马”，加快节奏，达到“手出脚应，上下相随”。这时，咏春拳的外形变为“上钳睁，下钳阳，吞吐浮沉短制长”。还将咏春拳气功作为“固本培元”的基本功，将少林班中跌打列为咏春派的必修课，使老辈的一些咏春拳师多会跌打医术。

过去咏春拳教授择徒很严，使咏春拳流传不广。又因为近代咏春拳多以佛山为基地向外开枝散叶，所以后人纷纷称之为“佛山咏春拳”，而在福建、南雄却很少有练了，且与后来的佛山咏春拳有着明显的区别。

根据“长手能运气，短手能自保”的技击原理，咏春派以“短桥窄马、擅发短劲”为主要特点，以“拳、桥、膀、指、掌”为五大类型的手型手法；以“吞吐浮沉”和“二字钳阳马”的身型步法为显著标志。

永春拳则是得名于福建泉州少林寺的永春殿中，为当年进永春殿者所习的南派内家拳法，全称应是永春派少林拳。

因此永春殿在清代中叶所收的都是身体瘦弱、不能以力自雄的僧俗弟子，而总教习又是善于因材施教的至善禅师，故此不授长拳大马而改为短桥小四平马了。据传说，当年少林寺内各殿所授的武功不同，而形成了今天流派众多的南派少林拳。传说，当年方世玉的师弟胡惠乾，也因在永春殿下苦功精研了这套以柔制刚，令对手眼花缭乱的花拳，而惩罚了广州西关龙津东机房中恶人，替父报了仇。后来胡惠乾还在广州西关城外医灵庙前的田心坊西禅寺处授拳，遂使永春派拳术流传于广东民间。

另外所传的火烧少林寺后，至善禅师曾一度避祸于红船中，充当戏班伙夫传的就是永春拳。

永春派拳主要内容有花拳（由平拳、梅花八卦、佛掌三套拳组成）、八式单打、连环扣打、桩拳、木人桩法等，器械主要是六点半棍。

二、佛山咏春拳

佛山地区，可以说是咏春近代广泛传播发展的重要发源地，此也是对咏春拳的发展起着重要作用的地区。特别是姚才、叶问支系和其他由佛山走出去的拳师将咏春拳带到香港后，因香港地利和出境海外的便利，使咏春拳在港澳和世界其他地区很快流传开来。

从目前佛山地区流传的咏春拳来看，佛山咏春拳有几个主流支系，其主要为晚清期间（约19世纪50—70年代），由梁赞、霍保全等人所传逐步形成的。梁赞的几位再传弟子中，有陈华顺和阮济云的弟子姚才支系，有阮奇山和张保的弟子支系，有陈华顺的弟子与再传弟子陈汝棉支系、陆锦支系、黎协篪支系，还有梁赞与冯少青其他再传弟子的一些传人以及近期又活跃起来的郭富、伦佳的弟子传人。总体来说，在佛山地区的咏春拳传人中，较为活跃的主要有姚才支系的弟子姚祺、林瑞文、林瑞波、霍超等拳师的传人，也有彭南的传人、阮奇山的传人，另外还有白昌支系的传人等。

（一）阮济云支系咏春拳

阮济云和阮奇山是近代对佛山地区和广州地区咏春拳的传播起着重要作用的一对人物。其为兄弟，拜霍保全为师学拳，同时阮奇山又得到冯少青的传授指点。在佛山地区有其出色的弟子姚才。

阮奇山（1889—1956年）是阮济云的弟弟，在当年被视为佛山咏春界的好手。阮奇山拳劲刚猛，出手快捷，接手连消带打的功夫十分了得，其弟子岑能的快手便是得到了他的真传。

阮济云后期曾应邀前往越南传拳，这也使咏春拳被带到了越南，现在越南仍有不少阮济云的再传弟子在习练咏春拳，并一直保留着阮济云支系的主要拳风。

（二）姚才支系咏春拳

姚才是佛山地区颇著名的咏春拳师傅，因此其在佛山地区的传人也较多。姚才少时跟阮济云学咏春拳，因其好武艺，更是勤学苦练，据传其学咏春拳时，拳套是小念头、寻桥、标指，棍术为六点半棍，刀术为二字钳阳夺命刀。

如今，姚才支的传人在佛山地区成为咏春拳界较为活跃的一支系。姚才的儿子姚祺、林瑞文、林瑞波、霍超等的弟子，均又有再传弟子在广传咏春拳。

佛山咏春拳虽有不同的支系，但其有较明显的区别，就是各流派支系的咏春拳有硬有柔。因此，姚才支系流传下的咏春拳自有其特点，保留佛山咏春较多传统内容，讲究韧力，如弹簧般，练习咏春拳要求练出韧劲，并要松柔，练的不是力，而是练劲力，拳讲究力学、支点，力点要求巧准，发劲讲腕力以及腕力点。

本支系有小念头、标指、寻桥套路拳。器械有咏春二字刀、六点半棍及韧竹桩，拳与器械可谓一脉相承。

（三）叶问支系咏春拳

叶问在佛山，主要是于1940年左右教了部分弟子，如今已有部分弟子都不再练拳了，甚至近年一些年长咏春前辈已不在人世。后来能看到的也只有伦佳和郭富两位先生。郭富的儿子郭伟湛近年多活跃在南海平洲传拳。

当年叶问在佛山生活期间，向友人的孩子传授咏春拳，同时也将咏春拳传给了一同前往求艺的几位年轻人，其中就有伦佳，几个月后，郭富随叶问学拳。在其后的两三年时间里，叶问悉心将三套拳和黐手等拳艺教给这几位弟子。伦佳、郭富学拳甚是刻苦，后因谋生各奔东西。叶问在佛山谋生，伦佳则奔跑于广州、佛山与海南之间，郭富则是在广州谋生。

郭富离开佛山去广州谋生数十年，此间仍不断习练咏春拳，在其退休后，便返回其故里南海夏北，其子郭伟湛协助父亲传播咏春拳，带动了不少爱好者习练咏春拳艺。

伦佳数十年间在佛山也教授了不少弟子。最具影响力的李小龙将咏春拳的名字传播至世界各地时，便有不少的叶问海外弟子传人时常来到佛山寻根，许多人前往拜访叶问早期弟子伦佳先生等人。这也使咏春拳的交流逐渐多了起来。伦佳所传教的咏春拳与郭富所传咏春拳较为接近。

叶问系咏春拳后经各弟子传承，在咏春拳的结构上都或多或少地变化了一些。

（四）黎协篪支系咏春拳

黎协篪，佛山人，自小酷爱武术，随梁赞弟子陈华顺学练咏春拳，在三水打理田租事宜期间，有幸结识陆观府上的咏春拳前辈陆锦，后二人成为忘年之交。陆锦见黎协篪年轻厚道，又是习武之材，遂将永春拳的功法、套路、心法、绝技等传授给黎协篪。

黎协篪所传下来的永春拳，与流行世界各地的叶问咏春，以及主要在广东、港澳流传的阮奇山、姚才、佛山梁赞与古劳咏春等，都有较明显的区别。

据说，黎协篪传承的永春拳，不叫“咏”而称为“永”，两者虽是一字之差，却使其成为两种不同派系的拳术。其中，黎协篪的再传弟子彭南先生，是黎协篪弟子中较有成就者。彭南为佛山人，其祖籍花县，少年习武，青年时期在佛山开武馆传授永春拳，并被武界誉为“快手南”。彭南原习之咏春拳为招就先生，后遇黎协篪，就一改招就所教咏春，跟黎协篪重新学，一学数十年，尽得黎协篪真传，同时彭南又在其传统性、系统性的基础上进一步研究、整理，使之自成一派完整的永春武学体系，其功夫亦达炉火纯青的境界。

彭南传承的黎协篪永春拳，基本拳套为三套拳，即小练头、寻桥、标指，器械有六点半棍等。彭南传承下来的永春拳，是一种刚柔相济的功夫，练习时要求掌握好松与紧、刚与柔之间的变化，就是每一个动作都要根据阴阳变化的原理处理好松与紧的关系，才能在日后的练习中达到明动静、知有无、知归去，来留去送，甩手直冲，手若游龙，变化无穷的境界。

三、广州鸦湖咏春拳

广州是仅次于佛山流传咏春拳最广的地区。在广州有较古朴的鸦湖咏春拳，同时在广州还聚集了许多咏春拳的传人，诸如阮奇山支系、古劳咏春拳支系、黎协篪支系、黄祯支系的传人等。

流传于广州鸦湖的咏春拳，据传说是由梁博俦的弟子红船花旦梁二娣及易金等人传播至广州地区和鸦湖人曹氏的。如今所能看到的流传于人和、龙归镇南村等地方的咏春拳，是由易金传入人和鸦湖的。据传，易金人称“正旦金”，祖籍人和鸦湖，清末民初时期人，佛山红船子弟，后带艺回乡授徒，将拳传给曹顺和（曹德胜之父）等人。后因易金偶然发现曹德胜天资悟性奇高，遂收其为徒，尽将其拳艺传给曹德胜。曹德胜艺成后，在广州设馆授徒，并名盛一时，后又返乡传艺，所传弟子中以其子曹钜全、罗燮、罗松等较为出色。

曹钜全幼年即随父习武，更是勤学苦练，尽得其父真传，尤精六点半棍法，并使用此棍法而享誉四方。曹钜全生前授徒众多，门人辈出，其流传下来的拳术主要有少林头（小念头）、黐手碌（黐手对练）、碎打、箭掌、花拳、大抛掌、虎鹤双形拳、标指、莫家拳等，在器械上有六点十三棍（畏棍）、齐眉棍（双头棍）、关刀、单刀、缨枪（十八点梅花枪）、三把、匕首、双刀、七节钢鞭、双刀对拆、双刀棍拆、单刀棍拆、拳拆等，另还有对练套路。

现在所能看到的是曹广全在广州鸦湖地区传播咏春拳，并经常与广州其他几个流派的咏春拳传人交流。目前广州鸦湖咏春拳传人还有曹国荣。

与其他支系的咏春拳比较起来，鸦湖咏春拳更古朴些，也更符合原始拳术的概念，没有现代咏春拳的太多元素。

四、岭南咏春拳

岭南咏春拳，是一种综合了广州岑能系咏春、少林永春与白昌系咏春拳精华形成的。在民国年间，岑能承阮奇山、张保先生真传，学艺功成后，便四处访友论技，鲜有失手，而被武界尊称为“铁臂岑能”。同时，其从师韦玉笙学习济世医术、养生功等。后到了解放前，岑能辗转广州，并设医武馆，济世救人，教拳择徒而授，以发扬咏春拳术，光大门楣，一时所授弟子不可胜数，也因此岑能咏春拳在当地被誉名为“广州咏春拳”。

岑能先生的早期弟子中，霍骏勋是得其真传的弟子之一。霍骏勋本身习南派拳术，后

带艺投岑能先生为师，并亲执弟子礼，与岑能先生亲如父子，随后学拳数十年，由于勤加苦练，深得岑能真传，而成为一代咏春拳名家。霍骏勋咏春功夫精纯，出手狠辣，习艺严谨，动作标准，被武界誉为“傻勋”，又誉名“尺寸勋”。霍骏勋之子霍振球，年幼时即随其父苦研咏春拳艺，并尽得其父真传。这又因霍骏勋与岑能交往甚密，故有幸得到岑能先生的悉心指点，促其技艺更好地得到掌握。后霍振球又得少林永春拳一代名师陈家廉、邓算一脉咏春名手白昌传授各自之拳术秘技。霍振球本身精研咏春拳，又习得其他派拳术，形成自己独到的风格，而被武界誉为“钢鞭手”。霍振球苦练武艺数十年，并将岑能咏春、少林永春、白昌支系咏春共冶一炉，从而形成了自己最具实战搏击风格的拳理与训练方法，将其咏春拳术称为“岭南咏春拳”。除了这些内容，岭南咏春拳还保留了陈家廉嫡传的四门、佛掌、红砂、伏虎等源自少林永春的拳套，以及独有的小伏拳，这种拳法主要锻炼生动灵活的腰马和各种实用的长、中、短桥搏击手，它在很大程度上丰富了习拳者的搏击技法并能提高习拳者的离桥、接手技术。

岭南咏春拳的传播得益于霍振球所传的弟子，其代表弟子有清远李志骢、林傑，中山林树洪、冯炯雄，肇庆冼明，以及广州莫凡、秦宝喜，甚至传播至澳大利亚的莫振潮等人，并由其他弟子将岭南咏春拳传至加拿大、美国等国家。

岭南咏春拳的特点是讲求快、巧、稳、准、狠。快，即直线、短距，长桥发短劲，举手不回不归手，以腕变手，以肘变手，攻守同时，这与连削带打是有所区别的。巧，即用巧劲，有发本力与不发本力之分；巧劲有拱形、三角形卸力，旋转有转腕、桥转、身转、马转之分。稳，即占身位，出手稳，出手即成招。准，是指出手攻击点要准，防守点要准，走位要准，料敌要准。狠，则是以最短之时间，最有效的手法，摧毁敌人，令敌人无还手之力，例如打要害、爆劲、攻击力点有穿透性，同时又可实施连环击打，得手不停留，口让心不让，心让手不留等。

在拳套上，岭南咏春拳有小念头、标指、寻桥、小伏拳；练功组合有十二散式、四大拳种、黐手训练、埋身训练；器械有木人桩、行者棍、六点半棍、二字钳阳夺命刀；气功有肾气归元功。

五、南海班中咏春拳

邓算为广东南海人氏，其在晚清时期随冯少青学练咏春拳。邓算的师傅是如何向其传拳的，现在的传人都很难说清楚。据传，邓算出身书香门第，自己也是读书之人，加上其家境颇富，年轻时好拳棒，并跟随过六位师傅学拳艺，由于邓算痴迷于武艺，而弃文从武，钻研武艺。后来，邓算跟冯少青学咏春拳几年，学了一手拳和一盘桩，这一手拳也就一直流传了下来。在今天仍可看到邓算、白昌的传人一直保持着一百零八式的拳套，这与梁赞先生在佛山传下的小念头、寻桥、标指三套拳有所不同。但这一百零八式的拳套，在本质上与佛山流行的三套拳内容相似，于是佛山流传的一种说法，即梁赞先生将一套拳拆成三个拳套便有了传说依据。据传，邓算擅使一条长棍，其能用一条近九尺的长棍棍头点击破碎卵石，也使其棍法令南海小塘、大沥附近一带的拳家听来害怕。据说邓算的棍法得传于一位皖籍的冯姓武师，此棍法名为缠丝棍法。

白昌是邓算弟子。其也是南海小塘人，家境还算富裕，年少时随白昌学练多种拳术，例如洪拳、三线拳、白眉拳等。白昌与邓算可以说是同代人，年龄相仿。白昌跟随邓算学拳多年，学有咏春一套拳、一盘桩，以及六点半棍、十三枪、邓家八卦棍等棍法。白昌功成后，曾在几个地方教拳，教拳范围包括南海的大沥、平洲和广州、中山以及英德等地。

今天所能见的班中咏春拳，其传人多是在南海，有白昌的弟子钟友权、吴傑晃、吴健晃、吴洛添、白振球等人，另在肇庆有梁伟才，以及香港郑光等人。

班中咏春拳在其步法、身法的内容理解上，以及功夫的具体运用上都有独特的见解。

六、古劳咏春拳

古劳咏春拳，是指梁赞先生晚年从佛山返回家乡鹤山古劳乡后，传授给其乡里子侄的咏春拳。但梁赞此时所教的咏春拳因在基础训练方法与其壮年时在佛山所传授的咏春三套基础拳有明显的区别，由此形成独特的古劳咏春拳系统。

现今的古劳咏春拳也多是主要流传在以鹤山古劳镇为主，其他有部分传人将其带到广州或香港等地。今天在古劳传拳的主要有冯振朝先生，冯振朝先生年事已高，也可算得上目前咏春辈分最高的传人了。后在20世纪60年代，冯振朝到了香港，把古劳咏春拳也传到了香港。

冯振朝先生的主要传人是其儿子冯良、冯强和其侄儿冯根朱，同时还有其他跟随其学艺者。数年前，冯朝振返回家乡定居后，有时也给村里的乡亲以及徒孙传授咏春拳。而对于梁赞晚年流传下来的古劳偏身咏春拳，冯振朝解释说，梁赞先生的拳贵精不贵多。因此，梁赞先生晚年返乡后就只传下了十二路拳，一路拳就3个动作（三下），左右对称，没有教过其曾在佛山传拳的三套拳内容。

实际上，广东人学练拳不是将拳种流派之间的关系区分得太严格，许多练拳人是同时学几种拳，或有的是先学一种拳再学另一种。特别是在过去的年代，对于练拳人来说，某拳种仅仅是一种功夫形式，因此，如知道某师傅功夫有特色，或功夫很好，便会有许多后生去跟他学艺，且那时没有强烈的门派观念。在今天仍有不少广东知名的拳师都有此经历。

最后，在这里要说的是，咏春拳传人与爱好者可谓成千上万，在这里不可能一一列举，以上的内容仅作有选择的介绍，即介绍具有主流代表性的或典型的咏春拳传承者。

第二章

咏春拳内功基本概念

咏春拳的流传使其功法十分完备，既有练筋骨皮的硬功（外功），又有练精气神的内功（气功）。而内功最富有咏春拳特色。

咏春拳强调内外俱练。武谚云："内练精气神，外练手眼神。"又云："外练筋骨皮，内练一口气。"等等。认为："练有形者（外），为无形（内）之佐；培无形者为有形之辅。"咏春也如此要求内外俱练，以求内壮外强，获得身心的全面发展。

第一节　咏春的概念

咏春，即咏春拳，咏春拳术。咏春拳流传几百年来，其内容丰富精深，并具有浓厚的中国传统文化特色。咏春拳的传统价值，一是用来御敌格斗，二是用来强身健体。其内容是把踢、打、摔、拿、跌、击、劈、刺等动作按照一定规律组成徒手和器械的各种攻防格斗功夫、套路和单式练习。咏春拳具有极其广泛的群众基础，是我国人民在长期的社会实践中不断积累和丰富起来的一项宝贵的文化遗产。

咏春自传承中逐渐传向国外，在马来西亚、菲律宾、澳大利亚以及欧美国家，其影响也非常深远，并随截拳道的影响而被称为"咏春功夫"。

一、止戈为武

咏春拳脱胎于大中华武术体系。因此，其哲学思想也同"武术"紧密相连，所以咏春拳也是武术。武术的"武"字，是由"止"和"戈"两部分组成的，这就自然让各拳家想到"止戈为武"了。

"止戈为武"，一种意思认为，消停战事是武（军事实力和战争功劳）。止，停止；戈，兵器，引申为战争。武术，是制止侵袭、停止战斗的技术。

也有一种意思认为，止，通"趾"，意思为奔跑；戈，武器、兵器。武术就是军事技术，也就是古代战争技术。武，本意就是拿起武器奔跑，去战斗，去杀伐，去参加战争。

武术即为杀伐之术，也为战争之术。

咏春，也是在抵抗、仇杀、杀伐的基础上形成的。

二、攻心为上

不通过交战就能使敌人降服，其法宝就是“攻心”。这是古代军事理论的重要思想，对后世的战争有很大的影响。

武术的最低层面，是依靠武力平息战端，即所谓的以暴制暴。中间层面是用强大的武术起威慑作用，打消敌方挑起战乱的念头，即所谓的攻心为上。而最高层面是以德服人，偃旗息鼓，不靠武力，争取和平相处，最终消弭战争。最高层面，也是“攻心为上”的终极目标，更是最高的理想境界。

这也是咏春的最高理想境界。

三、强身为要

咏春，不管是最初的为了杀伐，还是后来具有了体育娱乐功能，有一点是共同的，就是都必须使修习者体魄强健。因此，“强身为要”贯穿学练咏春拳的全过程。

近年来，咏春被作为优秀民族遗产加以继承、整理和提高，成立了各种各样的协会，甚至机构，并在各地举行了不同的咏春拳交流竞赛大会。为了推动咏春的普及和提高，国家甚至组织创编了咏春拳比赛规定套路，印刷咏春书籍，拍摄咏春影片和录像。为探讨咏春拳锻炼的价值，还组织有关生理的测定和研究，使其逐步科学化。此外，有地区也把咏春拳列为体育教学内容，各地武术协会设立了各种形式的咏春拳辅导馆点。

第二节　硬功和内功

咏春拳功法很多，但大体可分为硬功和内功两类。

一、硬功

硬功，是咏春拳的精粹，不论在实战对垒、套路演练，还是硬功表演中，都能显示出巨大而神奇的威力。咏春拳中的硬功以增强身体抗击力和攻击力为目的。练习时，要求内部意气锻炼和外部抗击操练相结合，这种内外结合的练习，可以将人体锻炼成“无一处攫打”亦“无一个不打人”的金钢之躯。

咏春硬功的练习方法有很多，且自成体系。既有练手臂、练腿脚、练身体的方法，也有练头部的功法。练手臂的功法，有练抓握能力的掌旋功、抓功；练手指抓扣能力的锁指功、拔桩功、卷棒功；练手指戳力的点石功、戳插功；练抓捋能力的麻辫功；练手臂撞击格挡力的铁牛耕地功、木人桩功、三星桩功、竹桩功、活桩功；练增强头部抗击的铁头功等；练腿脚抗击和打击力的踢桩功等；练胸、肩、胯顶撞和抵抗力的拍靠功；练身躯整体抗击力的排打功；等等。

硬功的绝妙之处，在于以内气和外力相结合，充分集聚内气和调动内气运行，使来自外部的力量反弹，产生难以想象的击打能力和抗击打能力。

二、内功

武谚云："外练手眼身法步，内练精气神力功。"咏春拳的特点就是融入了武术既重视筋骨皮的外部锻炼，又注重精气神的内部修炼。没有雄厚的内功，一根细细的指头绝对擎不起沉重的人体，小小的拳头也无法击碑碎石和一掌断人经络血脉了。也就是说，没有内功的武技，充其量只学到了武术的皮毛。而高超的咏春武艺，无不以内功为基础。咏春能够风行世界，其魅力正在于此。

咏春内功，也称为气功，是咏春功法的精粹和灵魂。咏春内功的本质，是通过意、气、力的锻炼，激发人体潜能，内壮精气神和脏腑功能，外强筋骨肉。因此，咏春内功，以气养力，以气催力，以气增力，运气时，在意识的支配下，调动全身气血与呼吸的配合，使肌肉产生超常的爆发力，然后聚集于一点将力发出。

第三节　咏春拳的内涵

咏春拳在传承数代以来，其来源于当时的生产实践、军事战争和社会活动，在大中华武术传统的长期熏陶哺育下，具有鲜明的民族文化特色，凝聚了千百年来历代武术的智慧，成为当今世界众多武术拳种中最富哲理、最具文化内涵的民族体育运动。

一、咏春拳汲取古代哲学营养

咏春拳在传承发展的过程中，不断汲取大中华武术系统、传统哲学、伦理学、养生学、兵法学、中医学、美学等多种传统文化思想营养，使之理论内涵丰富、寓意深刻，注重内外兼修，德艺兼备。诸如咏春拳的整体运动观、阴阳变化观、形神观、气论、动静说、刚柔说、体用说、尚武崇德说等，都是从不同侧面反射出民族文化光彩，成为中国传统武术文化体系的一部分。

中国古代哲学的本体论是朴素的唯物主义，它认为"道"是世界的本原，"气"是"道"的体现，并以"气"的聚散来解释生命的形成，气聚则生，气散则死。古代的武术理论中，"气"常视为武术的原力与本根，是武术的生命所在。武术的种种外在形态，如武术功能、神韵、绝技等，均为“气”的演化与体现。由于生命的盛衰变化都是“气”作用的结果，人体“气”的质量好坏决定着生命状态的优劣，因此“气”也被视为武术养生的理论基点。这些观点都被咏春拳在传承中汲取着、完善着。

古代哲学中，“天人合一”的观点是本体论的范畴。所谓天人合一，即人与自然、人与社会及自我身心内外的和谐统一。咏春拳是人体的运动，要达到目的，修习实践必须顺应自然，效仿自然，遵循自然规律，利用自然规律达到与宇宙自然的统一与和谐，以寻求发展。

“知行合一”是咏春拳的认识论基础，是咏春拳发展的重要机制。所谓知行合一就是指在日常生活中，对事物的认识首先是切身体悟，进而指导实践，认知与实践是统一和一致的。这一理论在咏春中表述经常是“学以致用”或“直觉体悟”。咏春拳是在一定的社会需要下产生的，学以致用正是演练咏春的宗旨。而咏春拳的意境、神韵等又很难用语言表达，这就要求修习者要用直觉去领悟、体验，进而把握。

“反者道之动”，这个方法论构成了咏春思想的基本原则。其意思是指，对立的事物向其反面转化是运动的规律。这就是咏春拳所说的，刚能克柔，柔也能克刚；强能胜弱，弱也能胜强。因此，咏春便要求技击必须符合刚柔相济、阴阳和谐等原则。这就是咏春拳汲取阴阳五行学说的应用和体现。

中国古代哲学思想对咏春拳（甚至武术）的影响是深远的，诸如阴阳、五行、太极等，以及以孙子哲学为指导思想的技击战术观等，都有力地说明了古代哲学是咏春拳的思想渊源。

二、咏春拳原本是一种传统技击术

咏春拳，可称为徒手或手持武器用于搏杀格斗的方法或技艺。它所体现的本质特征显然是攻防技击。纵观咏春发展进程，无论朝代更替、称谓变化，也无论其他文化形态依附、渗透、派生、衍化，咏春的技击这一本质属性都是确定无疑的。

咏春拳不仅开始有了传播的教职拳师人员和技击竞技比赛的裁判人员，也有了以技击为生的游侠刀客、江湖卖艺的艺人，这些都以一种技击术来体现其社会价值。咏春起初和其他武术是近乎相同的，只是在后来的传承发展中，不同的地理环境、经济文化、民族思想，造就了不同其他拳术拳种的咏春拳。

咏春拳在技击方法上表现得十分丰富多变，有踢、打、摔、拿、击、刺等。不同的击法又有不同的劲力要求与技巧变化，甚至衍生出其他所谓的支系或流派，从而形成了一个林林总总、名目繁多、丰富多彩的技术体系。咏春运动形式上，既有对抗体形式的搏斗运动（散式、散手、黐手脚、六点半棍、八斩神刀），又有势势相承的套路运动，两者既相交融又相区别；在技击理论上也颇为丰富，诸如“阴阳变化”“奇正相生”“刚发柔化”“后发先至”“守柔处雌”等战略战术思想，既富有哲理又切合实际。

三、咏春拳兼备体育竞技功能

咏春拳源于攻战搏杀，同时也具备体育价值与功能。

当冷兵器时代过去，体育功能成为咏春拳的主要功能，健身、修身的功能占据了咏春拳的主要地位，并逐步发展了娱乐、竞技的社会功能，这是当今咏春拳的一个主概念。咏春拳在民间流传，主要用以自卫、健身、修性、娱乐，其社会功能是多元的。咏春的技击性被寓于体育之中，就套路而言，是以演练的形式来提高人的身体素质和攻防技能，进行功力和技巧等方面的较量，同时从健身和审美的角度、动作的幅度和要求看，虽与技击略有一些距离，但仍不失原意，既保留了技击特性，又符合体育竞技与健身的要求。

咏春拳在今天具有广泛的功能和社会价值，从整体运动观出发，强调“内外合一”“形神兼备”，讲究“内三合”“外三合”，注重心、神、意、气与动作协调配合，更加有助于人的身心健康。

四、咏春拳浸染着浓郁的武德思想

武德，即武术道德，是从事武术活动的人在社会活动中所应遵循的道德规范和应有的道德品质。

武德的仁学思想，首先是表面在练武与修身的统一，习武是人生器德修养的重要途径和方法，要求习武者要有高尚的品德与宏大的胸怀和气魄。其次，还体现在武技的运用上，武术的本质是技击，技击必然避免杀人取命。以武会友，更是讲究点到为止，以“礼”来规范行为。

抱拳礼，就是中国传统的一种武术礼节，在咏春拳中同样被汲取引用。右手握拳，寓意尚武；左手掩拳，寓意崇德，以武会友；左掌四指并拢，寓意四海武林团结奋进；屈左手拇指，寓意虚心求教，永不自大；两臂屈圆，寓意天下武术是一家。

重承诺，守信用，杀光身成仁，舍生取义，侠义英雄是武林人物崇尚的美德与人生追求；见义勇为是武林中人显示自我存在价值的一种重要方式。

第四节　咏春拳的基础理念

咏春拳，发于防身，立于强身；载于拳艺，归于武德；搏于战场（或赛），习于日常。正因为咏春拳的初衷是防身和强身，所以就与古代传统文化结下不解之缘。随着社会的发展，咏春拳的技击性逐步淡化，而体育属性在不断彰显，其与传统文化的关系仍在继续深化。因此，咏春拳的基础理念也就随处闪现着传统文化理念的身影。

一、天人合一

天人合一的思想，是一种具有高度概括性的哲学理论，具有人与自然、人与社会、人与自我本性等和谐统一的多重意蕴。

咏春，将人作为一个整体来修炼，认为人是小宇宙，天地自然是一个大宇宙，人与宇宙自然是构成相似的。在练功实践中，以攻防动作为结构，以刚柔、动静、虚实、开合等为运动规律，以人身小天地来体察、探索自然大世界之究竟，在物我交融的拳械运动中，实现人体自我身心内外的和谐与统一、人与自然的和谐与统一。

人类生活在自然界中，自然界存在着人类赖以生存的必要条件。同时，自然界的变化又会直接或间接地影响着人体，机体则相应地会产生反应。属于生理范围的，即是生理的适应性；超越了这个范围，即是病理性反应。咏春拳遵循了传统文化的这一规律，因此在学习咏春拳的同时也实践着健身强体的目的。

天人合一观，是咏春的最基本的思想框架，这个天人合一观，也是中医最基本的思想框架。天人合一观的思想体现在咏春拳中，主要就是强调修习者要与客观外界保持高度的和谐一致，追求人与自然的统一。天人合一观的思想认为人是自然的一部分，天地万物与人共同构成了一个整体，人是这个系统中不可缺少的主导因素，人道和天道是相近的。基于这样的思想，使得修习咏春拳者特别重视人与自然的统一。在练习咏春拳的过程中，人们总是在追求人体与大自然的和谐相通，使人顺乎自然，其运动也要服从大自然的变化规律，以此来求得物我、内外的平衡，达到阴阳平和。也正是如此，自古以来，修习咏春拳的人们都非常注意在练习的过程中使人体和四时、气候、地理等外在的自然环境相协调，因时因地采用不同的训练内容和手段，选择优美清静的自然环境作为练功修身养性的场所，从而充分发挥人这万物之灵的创造力，使个人的身心皆融于大自然之中。如若逆天时地利而动，则不利于健康。这也是咏春拳因地域不同而形成的拳种的原因之一。

取象比类是咏春拳和传统文化最重要的思维方法。在中医中就有藏象学说，认为通过生命活动之象的变化和取象比类的方法，说明五脏之间及与其他生命活动方式之间的相互联系和相互作用规律的理论。

咏春为了追求人与自然的和谐，过去年代的修习者常象天法地，师法自然，从大自然中吸收营养，模拟自然界中各种动物的动作、姿态、神情，结合人体运动的规律和技击方法的要求，以创造和丰富咏春拳，并以自然界的现象来喻拳理，因此在咏春拳中有许多以自然界各种动物来命名的动作。如蛇形标指、鹤形膀手，以彪形灵动为基础，结合人体运动特点和技击技术而创造的。这样的例子不胜枚举。至于动作名称，诸如钳马冲拳、转马膀手、蛇形手之类的名称极多，并以物象来说明对演练时动作的变化要求，其中绝大部分也是取自然四时八节的物象来比喻拳势。

因天人合一的思想使中国的传统文化具有重和谐、重整体的思维特点，这种思维特点表现在咏春拳中，则是追求动作的“合”。“合”，就是说动身（动作）心（意念）的和谐、

协调。最为典型的就是所谓内外三合，即“心与意合，意与气合，气与力合；肩与胯合，肘与膝合，手与足合”。这些实际上就是要求内在的心、意、气，到外在的四肢以至身体的各个部位都达到相互协调。协调既是人的一种本能，又是修习者有意识地培养和训练，使动作达到完美的一种能力。“合”，不只是咏春拳，也是武术特有的技术要求和独具特色的理论。这一特色理论也体现了传统文化中医的人体有机整体的思想。因为人体是由若干组织、器官所组成的，各个组织或器官都有着其不同的功能，这些不同的功能又都是整体活动的一个组成部分，决定了机体整体的统一性，因而在生理上互相联系，维持其生理活动上的协调平衡。

二、知行合一

知行合一，也称为“行知合一”，这是一个古老而永不过时的话题。知行合一，是指人的知识、认识与实践的结合。通常所说的“为所知即所做，所做为所知”之意。换言之就是：知道的都做了，能落实在行为里；行为就是对所知的具体化，是来验证、体现自己的所知。

知行合一，是咏春拳的理论基础，也是大武术结构的理论基础。知行合一是中国人的认识实践论，自古以来，咏春拳就受到这一哲学理论与实践的影响，就一直默默地要求修习者必须做到理论与实践的有机结合。在理论中认识到实践，在实践中完善理论，这种螺旋式上升的过程最终将咏春拳推向近代的最高境界。因此，知行合一是咏春拳认识论的基础，也是咏春拳发展的重要机制。所谓知行合一，就是指在日常生活中，对事物的认识首先是切身体悟，进而指导实践，认知与实践是统一的、一致的。这一理论在咏春拳中的表述经常是“学以致用”“直觉体悟”，甚至进一步强调“夏练三伏，冬练三九”的刻苦精神，这也是对“行”程度和深度的要求。咏春拳是在一定的社会需要下而产生的，学以致用正是演练咏春的宗旨。而咏春的意境、神韵等又很难用言语来表达，这就要求修习者用直觉去领悟体验，进而把握。这也是我们民族传统文化思维的特点。

仅就咏春拳黐手来说，其有一个重要的特点，就是可以进行检验出手见高低。黐手就是用来检验拳架功夫的方式，因此没有修习过的是对练不下去的。因为任何人在黐手中都没法靠形式花样的修饰来掩盖其本质的不足与缺失。咏春拳能做到这一点，靠的就是其知行合一的学习方式，就是“用动作来验证所有的理论”，再用理论来指导和规范动作。

知行合一的思想决定了咏春拳在不同历史时期的社会价值。在冷兵器时代，咏春拳的价值就是立马横刀、刀光剑影、疆场厮杀，以技击实战作为最基本的实践活动。随着时代的进步，科学技术的发展，咏春拳的辉煌厮杀功能已成了过去，转身走向了体育比赛场地或公众锻炼场所。尽管技击格斗是咏春拳的灵魂，但是强体、修身的这一主要目标却自始至终没有改变。因为这不是人为的强行规定，而是咏春拳运动社会实践的必然结果。从过去到今天，咏春之树常绿不枯，就是因为有中国传统文化的阳光和知行合一的雨露滋养。

三、阴阳理论

阴阳，是属于中国古代传统文化哲学范畴，是对自然界相互关联的某些事物和现象的概括，即含有对立统一的概念。古人们通过对矛盾现象的观察，逐步把矛盾概念上升为阴阳范畴，并用阴阳二气的消长来解释事物的运动变化。阴和阳，既是可以代表相互对立的事物，又可用以分析一个事物内部存在着的相互对立的两个方面。阴阳的对立和消长是事物本身所固有的，诸如《道德经》说："万物负阴而抱阳。"进而认为阴阳的对立和消长是宇宙的基本规律，如《易经》所说："一阴一阳之谓道。"阴阳学说对咏春文化的理论基础，对咏春的形成和发展意义重大。

古人将阴阳看成宇宙间运动的根本规律和最高法则，并以阴阳为基础建立起一个完整的哲学体系。阴阳学说认为事物相互运动和相互作用，是一切事物运动变化的根源。这种不断运动的变化，叫作"生化不息"。阴和阳之间，并不是孤立和静止不变的，是存在着相对、依存、消长、转化的关系。

咏春，就是在静与动的阴阳对立制约的过程之中展现其特性的。如阴阳对应制约观念运用于咏春之中，衍生出一系列对应概念，如动静、刚柔、虚实、开合、内外、进退、起伏、显藏、攻守、奇正、始终等。其所代表的诸多对应因素的不同组合，以及对立与转化的种种变化，构成了咏春拳极为丰富、色彩各异的多种技击原理与方法。

咏春拳是以阴阳作为理论构架的，把阴阳作为"道"来认识的，其内功锻炼，就是采用不同的手段和方法，促使人体内部阴阳平衡、调和，达到咏春拳修习的功效。因此，可以说阴阳学说是咏春文化重要的组成部分之一。

四、五行学说

五行，即木、火、土、金、水5种物质的运动。古人在长期的生活和生产实践中，认识到木、火、土、金、水是不可缺少的最基本物质，故五行最初也称为"五材"。

五行的特性虽然来自木、火、土、金、水，但实际上已超越了木、火、土、金、水具体物质本身而具有更广泛的意义。

五行学说并不是静止地、孤立地将事物归属于五行，而是以五行之间的相生和相克联系来探索和阐释事物之间的联系、相互协调平衡的整体性和统一性，以五行之间的相乘和相侮来探索和阐释事物之间的协调平衡被破坏后的相互影响，这就是五行生克乘侮的意义。

相生，是指这一事物对另一事物具有促进、助长和资生的作用；相克，是指这一事物对另一事物的生长和功能具有抑制和制约的作用。相生和相克在自然界中属于正常现象，但对于人体来说，也属于正常生理现象。也正是因为事物之间存在着相生和相克的联系，才能维持自然界中的生态平衡，维持人体中的生理平衡。在五行相生的次序中，是以：木生火，火生土，土生金，金生水，水生木。相克的次序，则是以：木克土，土克水，水克

火，火克金，金克木。如此依次相生，依次相克，如环无端，生化不息，维持着事物之间的动态平衡。

五行之间的相乘、相侮，是指五行之间的生克制化遭到破坏后出现的不正常相克现象。相乘，乘是以强凌弱的意思。五行中的相乘，是指五行中某“一行”对被克的“一行”克制太过，引起的一系列异常的相克反应。相侮，则是指五行中某“一行”过于强盛，对原来“克我”的“一行”进行的克制，因此又称为反克。相乘和相侮都是不正常的相克现象，两者之间既有区别又有联系。相乘和相侮的不同：前者是按五行的相克次序发生过强的克制，而形成五行间的生克制化异常；后者是与五行相克次序发生相反方向的克制，而形成的五行间的生克制化异常。

阴阳五行学说，一直影响着咏春拳（或武术）的研究和发展，在阴阳五行学说中较早影响武术的是阴阳学说。后来五行学说直接融入武术，例如形意拳五行拳更是根据五行生克原理创编而成。不同的是咏春拳作为最后进化出来的拳术拳种，也讲究五行生克。五行外应人之五官，内应人之五脏。

咏春拳讲究以自己之五行克敌之五行，诸如二人相争，先闭五行。就是首先要闭自己的五行，即保护好自己的五官和五脏不给敌人可乘的空隙；其次是封闭对方之五行，攻击敌人之五官、五脏，即以五行生克的道理处处克制对方，使对方处于被动的地位。例如，标指打眼，冲捶破中线，守中用中等。此等拳理多是在研究中发掘出来的，后来知道者少之又少了。

第五节　咏春拳的原理

咏春拳的“拳理”在五行，咏春拳的“道”在阴阳。也就是说，咏春拳离不开阴阳五行学说。咏春拳与传统文化哲学思想是同源的。咏春拳在研究人体时与传统文化哲学思想就有了极为密切的关系。

一、阴阳变化的原理

阴阳变化的原理，一直影响着咏春拳的理论（并影响着武术的理论），也指导着咏春拳的实践。诸如咏春的刚柔、快慢、虚实、动静等方面。

刚柔。在咏春拳传承发展中，“刚柔”两字几乎贯穿每个功法、每招每式的具体实践与运用之中。

刚柔，一词语出《易经・系辞下》：“刚柔相推，变在其中矣。”孔颖达疏：“刚柔即阴阳也。”《淮南子・精神训》：“刚柔相成，万物乃形。”《汉语大词典》解释刚柔为强弱；释刚为硬、坚强，与“弱”相对。释柔为软弱，与“刚”相对。老子思想中也有柔的重要内容解释。由此可见，刚在一定范围内有强大、有力的意思，柔正好是刚的反面。咏春拳既有在技术上表现为偏刚的，也有表现为偏柔的。

咏春中所说的柔，是一种自然拥撑、周身一家、整体膨胀、似松非松、将展未展、肌松力拥的自然弹性力，这种力如云如水，松弹柔韧，化僵引拙，绝非软绵绵的松懈力；所谓的刚，是在精神与形体极度放松的情况下，使浑身上下在意识的引导下由松到紧、由柔到刚、由慢到快、由束到展的瞬间弹性发力，这种力迅猛暴烈，击远摧坚，挡者皆靡，绝非硬僵的蛮拙力。

以柔克刚，是咏春拳的核心要素，是咏春拳的上乘功夫。咏春拳认为，能柔软，然后才能刚强，柔就是软化对方之力。今天的人们习拳练武，除少数人为技击比赛外，大多数都是为陶冶情操，强身健体。因此，行拳走架时，必须放松身心、轻柔行气、化僵去拙、有心存柔地去练习，便会随日久功深在无意中产生刚劲。柔非散软，柔中有厚重；刚非僵硬，刚中有柔韧。要行柔存活，养精蓄气，多涵养，多引化，以达到气血畅通，强筋壮骨，精神愉悦。

以刚克柔，是喻以泰山压顶之势，快刀斩乱麻地解决战斗。刚，代表有力、强劲、快捷。咏春拳在刚的方面，表现刚健有力、刚中有柔、攻防兼备，以攻击为主时，讲究软如棉、硬如钉，软能克硬，硬能克软；遇软则硬进，遇硬须软磨。

刚柔相济之偏而不至于弱，柔能济刚之偏而不失于强。拳论认为，柔中寓刚，刚中寓柔；用刚不能无柔，用柔不能无刚，刚柔相济。以柔克刚、以刚克柔又是相对而言的，不是绝对的刚或绝对的柔，刚柔是符合阴阳既相互对立又相互依存和相互转化的关系的。

刚柔还体现在咏春拳的练习过程中。要想获得刚与柔，必须要先从咏春的基本功练起。通过各种基本功的练习，使关节、韧带、肌肉、筋骨的柔韧性加强，能轻松、协调地完成各种伸拉动作而不造成肌肉紧张，练起拳架动作到位、姿势正确、协调自然。此时，才算具备了咏春中所特需的最基本的松柔，在这种基础上再通过咏春的站桩、盘架等功法的长期苦练，方可形成一种似松非松、似紧非紧、筋骨棱撑、肌肉松软的阴柔之劲。有了这种化僵存柔后的真正松柔，才可谈到名副其实的刚劲修炼，在这种“真柔”基础上寻求“真刚”，也就容易多了。这也是很多咏春修习者所不明理的地方，因此练习多年也无长进。练习咏春达到这种浑身松柔舒展、协调自然的情况下发放各种刚劲，劲力便会比较顺利地通过各个关节向发力点传送，不会因为自身的僵拙死板而使劲力受阻，无法发出。刚劲的练习，是在松柔的基础上，通过咏春各种单式发力动作，仔细体会先松后紧、紧而速松、随松随紧的身体松紧变化过程。这种松紧的转换与矛盾愈大，则所发之力愈刚，劲力的弹性也就愈强。练至咏春上乘境界，柔如杨柳，刚如铁石，伏如横弩，动若发机，能瞬间骤然爆发出惊弹崩炸、寸绝滚颤、激荡回旋的弹性爆发力。咏春拳中有多种这样的描述，并将这种发力喻为弹簧，如此等等。咏春此劲观之浑身俱颤，如龙惊雷炸，似巨炮猛轰，令人惊心动魄，不寒而栗。这正是咏春积柔成刚、运柔至刚、由松至紧、由柔至刚的真正过程与表现。

咏春这种功劲，不只是咏春追求的，也是中华武术许多著名拳种毕生所追求的最终劲道与终极成就，虽然咏春拳和其他门派对此劲道的称谓或有所不同，实则成就一致，劲路

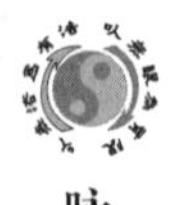

一致也。

咏春拳中的快慢也是阴阳理论的体现。快，是要求在熟练咏春拳的前提下，以慢的标准打出较快的拳法，即完全在筋骨的配合中快速运动，减少肌肉的运动。这样出来的劲绵里藏针，快如闪电般。慢，是说意识和形体从刚中的极动、大动到柔中微动、不动的过程，从外形看小念头慢若抽丝。力求从中找到自身在刚中的身法、步法、劲力、步法等的不足，通过慢慢融合研磨得以进步。这是从咏春的学习演练过程上来说的。

快慢还体现在咏春技法的动作上，强调动作快，出手迅猛，给对手以猝不及防的打击；如果动作慢了，则会给对手留下还手的机会，造成自己的失败，而处于被动挨打的状态。

虚实，即虚假和真实。在咏春中虚实至关重要。虚实就是以身体重心而言，重心偏于何方，何方即为实，他方为虚；以劲力而言，身手运动的方向为实，其余为虚；从战术的角度而言，击敌为实，诱敌为虚。其他发劲为实，化劲为虚，刚为实，柔为虚，等等。总之，就是虚中有实，实中有虚，虚实互换，不可截然割裂开。

动静结合是咏春修习非常强调的。动静，一方面是指练功方式上强调静功与动功的密切结合；另一方面是指在练功时要掌握“动中有静”，在练静功时要体会“静中有动”。动，是指形体外部和体内“气息”感觉的运动，前者可视为“外动”，而后者可视为“内动”。静，则是指形体与精神的宁静，前者可视为“外静”，后者可视为“内静”。在咏春中，动与静是相对的，也是辩证的。咏春招式属于人肢体的动作变化，且所有的动作都是通过身体形态变换去表现动静的区别。诸如“站如松，动如风”“静若处女，动若脱兔”之类的，都是强调动静相对、动迅静定、动静有常的。特别是咏春拳，更是对这个区别做出了极为明确的划分。咏春拳一开始就以小念头，强调心无念头，意无所动，寂然不动的完全放松状态，然后便是神意一领，感而遂通，丹田内转，水火交泰，清气上升，浊气下沉；钳马合膝、左右照应、松紧变换，使身体筋骨形成支撑互相呼应之势，通过起式由动到静，动分静合进入一气缓流的演练状态。在小念头整个盘架子过程中，又动静相继，循环往复，十分讲究势有区别和势势相承，各个招式动作往复须有重叠，进退须有转换，定势和过渡动作之间的起止间歇一定要干净利落，不能拖泥带水地纠缠在一起，但又要像行云流水般相连不断地统一连贯起来，不要使动作间断不合，要表现出一种动静循环岂有间哉的平稳节奏感，使整个运动过程产生一种静如山岳、动若山河、一动无有不动、一静无有不静的人体美学特征。最后收势时，又钳马气收丹田，万籁俱寂，返本还原，复归咏春。

咏春的任何招式动作都有其始点和终点、平衡和变换，有其定式和过渡，由此其动静的变换是个相灭相生、相辅相成的对立统一的过程。例如，小念头的整个行功过程中，就不但要注意静极生动、动极生静的动静相互转化，还要注意动中有静、静中有动的相济互补。在外形上，还有视动犹静和视静犹动的要求。咏春拳行功钳马静止时，外形而内动，劲断意不断，无拳处有拳，处处一触即发；而在动作时，又外动而内静，心静体松，神敛气聚，绝不轻举妄动。咏春的最高境界，是动中求静和返璞归真的祥和肃穆。在演练咏春的过程中，强调上下相随、前后相连、左右照应、内外相合，表现出松、稳、慢、柔的整体协调及均匀和谐的运动特征。

咏春的招式运行也并不是动静的规定而是动静的变化，任何咏春的招式动作都不是固定不变的，招式动作的真谛就在于其变化不定的过程当中，并体现为攻守进退的基本功能。咏春拳无论理论还是实作，都讲求动静互根、阴阳相济、开合相随、有收有放、快慢相间、后发制人、动静相兼、以静制动、守中有攻、曲中求直，由极慢突然极快，由极快而复归虚无，动中求静、静中求动；既讲求自身动静跟各个方面的有序协调，又讲求破坏对手动静跟各个方面的有序协调。甚至整个世界的存在和发展，都不过是动静的无穷变化而已，咏春也是。

咏春主要是从实用的功能上去把握动静的。从咏春强身健体的养生功能来看，其动静方式还体现了“动以养形，静以养神，不当使极，持之以恒”的拳理原则。人的生存要依赖于新陈代谢，其在一定的程度上表现为躯体的某些运动。而人是有意识的高级动物，其精神及能量既要有所发挥，但又不能损耗太过。即养神要以神气的清虚静定为基础，养形则要以动态的平衡为指导。因此，人类生命的新陈代谢，也就在这个过程中展开。咏春通过招式动作活动筋骨，通过意气内敛固本培元，分别从不同的方面去调理优化人的生命。所以，咏春强调的是“动静相兼”的自我保养，崇尚的是“舒适自然”的个性表现。咏春的动不能过度，也就是说，不能过度地追求竞技的技术技能，那样则会有损于身体的健康。

二、符合人体结构的原理

人体，如同一部精密复杂的机器，每个生理部件都有其特殊的构造、性状和功能，每个生理部件都和整体息息相关。人体的生理结构是固定的，生理功能是特定的，生理运动也是有一定规律的。关节和活动幅度是一定的，各个器官的承载能力都有一定的限度，这些都是无法改变或者很难改变的。因此，人的正常活动必须要顺其自然，一旦违反其常规，就会造成不良的后果。

要想修习咏春拳，必须熟悉人体的组织结构和脏腑功能，才能在练习中，特别是高强度的练习过程中避免受到伤害；或在击打过程中既能防备被人击中身体要害部位，又能击中对手的要害，从而战胜对手。所以了解人体结构的原理，是修习咏春的重要内容。

三、符合器械形制的原理

咏春器械也称为兵器，它主要有六点半棍和八斩刀两种。这两种兵器的来源，一是古代战场上的武器，如刀；二是生产工具、生活用品演化而来的，如棍。这两种兵器形制的特点：长和短。咏春这两种兵器，其用法都离不开进攻和防守，并可用于表演。

棍，也称作“棒”，古代四大名器之一。棍的历史悠久，是原始社会主要生产工具之一，也是最早用于战争中的武器之一。棍，是一种无刃的打击兵器，素有“百兵之本”和“百兵之道”之称。棍法，是由六点半棍各式，加各种步法、步型等组成的套路运动，练棍

要手臂圆熟，身棍合一，力透棍梢或棍尖，风声雷动。棍主要是造成钝器伤和瘀伤，其杀伤力比刀要小。

刀，也主要是指八斩刀，是一种双刀法。双刀的演练，除要求两手能做各种刀法，还要求刀法与步法紧密配合，协调一致。其他衍生出的刀法也基本是以八斩刀为基础而变的。

四、内外兼修的原理

咏春，注重内外兼修。内修，是指通过一定的技术手段和合理的训练方法，来修炼人体内部的脏腑、经脉、精、气、神、意，以及内气运行等，以达到激发人体的潜能，从而使人发挥出最大潜力的目的。外修，则是通过一些技术手段和合理的训练方法，来修炼人体的四肢百骸、筋骨皮肉，以及动作、速度、力量、技巧和硬功等，以达到以动制静、以静制强的有力的技击目的。咏春内外兼修之“内”与“外”，既是相对的，又是相辅相成的。

内外兼修的咏春拳内涵就涉及“天人合一”“阴阳理论”“武术精神”等方面的内容。

阴阳平衡是咏春内外兼修的灵魂。阴阳平衡的理论认为，事物要健康地发展和生存，阴阳两方面的协调平衡是必备的前提条件。而就人类自身健康来说，除了受到外界环境等因素的影响外，还会受到自身内部阴阳变化的干扰。人体的生理运动规律也同样在不停地体现着阴阳的消长转化和对立统一，如新陈代谢中的合成与分解，肌肉的收缩与放松，神经的兴奋与抑制，阴阳离子在细胞内外的进出平衡等。咏春中所说的动属阳，人体的运动可以改善组织器官的功能，但是过度的运动又会损伤组织器官；静属阴，人体静止可以聚敛精气，减少能耗，滋养组织器官，但是过度的静止也会影响人体运动机能的发展。因此，必须做到动静结合，达到阴阳的动态平衡。咏春的内外兼修就是通过形神兼备、外练内修、内外相合等方法来实现这种平衡的。

形神俱备是咏春内外兼修的基础。在论及咏春内外兼修的方法时，首先要涉及的是“形神俱备”。“外”和“形”是指外在的、具体的运动形式；“内”和“神”是指内在的、心理的、精神的内容。“形”和“神”在古代是指中国传统文化哲学的范畴。“形”，系指外在的形体；“神”，是指内在的精神。咏春的动作是由人体的四肢、躯干以不同运动方式完成的，这就构成了外在的“形”。并且通过这个“形”来表现动作精神实质的内容，这就是内在的“神”。练习咏春拳时，只有做到形神兼备，才能体现出动作的攻防技击特点。无动作外在的“形”，就无从表现其内在的“神”；若动作徒有其“形”，而不能很好地表现其内在的“神”，其动作也必然是一个肤浅的、缺乏内在力度的“形”。因此，在做一个咏春动作时既要工整、规范，以求其外在“形”的美；又要了解其技击方法、法理，以求其内在“神”的美。

外练内修是咏春内外兼修的内容。外练内修，指的是“内练一口气，外练一张皮”。外练，是指对人体的骨骼、肌肉、关节组成的运动系统，以及由运动系统所完成的各种动作的训练，如拳法、腿法、摔法、拿法等由肢体和动作组成的“形”；内练，则是指通过练

"气"，来达到对脏腑器官功能的锻炼。古代传统文化哲学认为："气"是构成世界的基本物质，宇宙间的一切事物都是由气的运动变化而产生的。内练提到的"气"也与中医学中"气"的概念基本相同，是由肾中所藏的先天精气、脾胃运化而来的后天水谷精气和肺吸入的浊气所组成的。气，是构成人体和维持人体生命活动的最基本物质。历来咏春名家都非常重视运气和动作的配合，人体各脏腑器官的机能是以其结构为基础的，而结构的改变又促进了机能的提高；机能体现了外在的能力，而其结构则是内在的物质基础。咏春的外练与内修结合，正是为了使体内的物质基础和功能相适应，以求达到体内阴阳平衡的目的。这是修习咏春的一般要求，也是受到中国传统文化哲学思想的影响。

内外相合是咏春内外兼修的实质。内外相合，是指"内三合"和"外三合"，即心与意合，意与气合，气与力合，肩与胯合，肘与膝合，手与足合。内外相合的拳理，"合"是指和谐、协调，要求练习时"内外合一"。动作协调，是咏春的一项基本要求。动作协调既是人的一种本能，又是修习者为使动作达到完美有意识地培养和训练的一种能力。咏春内外相合拳理，就是受到"天人合一"思想的影响而形成的。咏春所强调的这种和谐、协调，就是中国传统文化形式所具有的一种表象，而决定这种表象的深层结构正在于中国文化意识特点。因此，咏春的"合"不仅是一种技术要领，更是咏春拳理的重要理论。咏春中有关"合"的论述，多涉及"心"和"意"。"心"从某种意义上说就在于"治心"，做到心不妄动才能专心习武练拳，集中精力对敌。这不仅是一种心理上的训练，也是咏春修养。"意"，是一种心愿、意向，也就是对动作具体做法和与敌对抗时运用的思维，即在"心"引导下的动作意向。咏春外在动作的协调（外三合）发端于内在意识（心）和完成动作的意向（意），通过调息、运气、发力，与外在的动作相配合；而通过外在的动作演练又可进一步丰富内心的活动。这就是咏春"合"的全部思想。这也是其他武术拳种所追求的。

内圣外王是内外兼修的目标。内圣外王，指内具有圣人的才德，对外施行王道。内圣外王是练咏春者对道德修养的追求，也是对咏春技艺的精研，也就是要求做到武德高尚和武艺超群，这就是内修之功。

咏春的内外兼修，奉行天人合一、阴阳平衡的理论，追求的是技术和武德的最高理想境界，反映的是咏春之道，体现的是民族精神。

第六节　咏春拳内功基础原理

咏春内功，是通过气的练习而成的，练气讲究呼吸吐纳，多用腹式呼吸法，精神集中、循序渐进等方法和手段促进血液循环，增强新陈代谢，从而达到提高人的耐力、战斗力或促进身体健康的目的。咏春内功的基础就是经络学说，换言之，没有经络学说，咏春内功就无从谈起。经络学说是咏春内功的理论基础，指导着咏春内功实践。

一、经络学说

经络学说，是研究人体经络的生理功能、脏腑相互关系的学说。经络，是人体内运行气血的通道，有沟通内外、网络全身的作用。经络遍布全身，内属脏腑，外络肢节；沟通内外，贯穿上下，将人体各部组织器官联系成为一个有机的整体；并借以运行气血、营养机体，使人体各部分的功能活动保持协调和相对平衡。经络学说是在阴阳五行学说指导下，与中医学其他基础理论互相影响、互为补充而逐渐发展起来的。但是对于经络实质，迄今还不能从形态学上加以证实。今天科学的发展对经络的研究，更是利用各种手段，从文献、形态、生理、胚胎发生、物理等方面着手，提出了周围神经相关说、结缔组织相关说、特殊结构说、经络—皮层—内脏相关说、第三平衡系统论、神经体液相关说、经络实质二重反射说、细胞间信息传递说、经络生物全息论、场论等很多关于经络实质的讨论。

经络，是运行全身气血，联络脏腑肢节，沟通上下内外的通路。经络是经脉和络脉的总称。经脉是主干，络脉是分支；经，有路径的意思，络，有网络的含义。经脉大多循行于肌体的深部，络脉循行于较浅的部位，有的络脉还显现于体表。经脉有一定的循行径路，而络脉则纵横交错，网络全身，把人体所有的脏腑、器官、孔窍，以及皮肉筋骨等组织联结成为一个统一的有机整体。

经络系统是由经脉、络脉、经筋和皮部四部分组成的，其中经脉包括十二经脉（正经十二）、奇经八脉、十二经别三部分；络脉包括十五络脉（十五别络）、孙络、浮络三部分。

经络的生理功能称为“经气”。其生理功能主要表现在沟通表里上下、联系脏腑器官，通行气血，濡养脏腑组织。

古人实践认为通过动静结合、内外结合、炼养结合、形神结合的各种方法，实现阴阳元气和体内精气神的平衡充盈。因而其手段方法就不是那种剧烈的运动或比赛了，而是重视精气神形的炼养。在具体炼养方法上，则遵循经络原理。

咏春将养气炼气融入钳阳马站桩的桩功练习，以意识引导气息并配合劲力聚蓄、运转爆发的劲力练习等，是咏春气功练法的基本形式。而将硬功与气功融摄而成的功法称为强壮功。

将精气神论、经络原理融汇于咏春之中，构成咏春理论的内涵，并发展成为“内炼精气神，外炼筋骨皮”“内外兼修”“形神合一”的咏春炼养理论。咏春重视内炼精气，导引形体，讲究动静结合、内外结合、炼养结合、形神结合，使咏春技击之术和养生并重，并使之成为中国武术文化的重要组成部分。

二、脏腑学说

脏腑学说，即藏象学说的内容，是咏春内功的基础，也是传统中医学上各科的基础。咏春内功中，主要论述心、肺、肾、肝、脾方面的功能与内功的关系。

心（实际是指大脑）主神明。咏春内功的锻炼就是通过意念的集中，思想的入静，肌体的松弛，达到调养心神，而使心神在不受任何外界事物的干扰下，发挥其协调脏腑的功能，使脏腑之间的关系，达成相对平衡。通过练功使心神安宁，才能使各脏腑各安其职，发挥各自应有的作用，从而使身体更加健康。通过内功锻炼，心神安宁后，心气更能发挥其统辖血液运行的功能。通常反映在练功之后脉搏缓和有力，面色红润。

肺主气，司呼吸。通过咏春内功的呼吸锻炼，使天地之精气以纳，脏腑中的浊气以吐。通过有意识的呼吸锻炼，所吸之天气，不但充实了真气，又能进一步推动气血在全身的运行，使全身气血流畅，五脏六腑、四肢百骸，都得到营养与活力。通过有意识的呼吸锻炼，如气沉丹田，诱导肾的摄纳功能加强，所以，当进行深长的腹式呼吸时，会出现“胎息”的状态。这时呼吸轻匀柔和，鼻息几乎不能被觉察到。肺的后天之气，与肾的先天精气通过降纳而结合，化生为人体的真气，而使内部力量迅速聚集加强。由于肺主皮毛，皮毛则是一身之表，包括皮肤、汗腺与毛发组织。它分泌汗液，润泽皮肤，抵御外邪等的功能，均是因为流布在皮毛的卫气在发挥作用的缘故。正由于此，练功中有时会感觉毛孔的开阖与肺的呼吸直接联系起来，这就是练功中所谓的体呼吸。一般练钳阳马或小念头过程中，通过有意识的柔和自然的呼吸锻炼，也常常会感到皮肤温暖，或微微出汗。如果是身体对阳虚畏冷的体弱修习咏春拳者，就能因此而得到改善；对易感冒鼻塞的修习者，其感冒的现象也可以大为减少。这都是肺气增加的原因。当然，咏春内功的呼吸锻炼贵乎自然，不可做作。硬性做作，反使真气耗衰，气机悖逆，这是在练功中要注意的。

肾，位于腰部，左右各一，包括命门。肾是先天之本，内藏肾阳、元阳、真阳与肾阴、元阴。这个部位可谓是生命之源，先天之本。在咏春内功锻炼中，命门是被强调的重要部位之一。在咏春内功锻炼中，通过呼吸的开阖升降作用，注意脐中，或直接意守命门，以使命门的作用加强，从而使五脏六腑更能充分发挥其应有的作用。又因命门之相火适当地亢足，可鼓舞脾阳（元阳之火以生土），加强了脾的运化水谷功能；脾土中气壮盛以后，后天的水谷精微，经过充分运化，以供脏腑、经络、四肢、百骸的需要。有多余者就可能贮于肾，所谓肾者主水，受五脏六腑之精而藏之。这样更充实了真气，又能及时供给各脏腑的需要，所以通过咏春内功锻炼，体质就可以得到全面的增强。又因肾主骨，骨生髓，而脑为髓之海。所以，肾气育实以后，能精力充沛，神思敏捷，记忆力增加。而肾又为“作强之官”，肾气充足则筋骨强健，行动轻捷，这也是练功中常见的。通过咏春内功锻炼，真气充足以后，不但元阴、元阳可以互济互根，肾水还可上与心相济。如此，对因“心肾不交”而造成的心悸失眠类的症状，就可得到改善，且心的协调脏腑的功能也可随之而加强。元阴的充足，在练功中还常常表现为大量的口津产生。古医学认为津与肾水原是一家，能够灌溉脏腑，润泽皮肤，吞咽而不吐，则肾水充旺，并可降火养心。所以，练功中口津咽下是有道理的。

肝主谋虑，谋虑也是思维作用，它还藏血。在五行中肝又属风木，风喜疏散，木性条达。因此，外界强烈的情绪刺激，尤其是怒气，更易影响肝木。练功中放松入静，情绪安宁，就可以使肝气舒和条达，不致横逆克土，也可以使上亢之肝阳自潜，肝火自降，所以

在练功后能感受到心情舒畅。肝又开窍于目。古代的气功中认为人一身皆阴，唯双目属阳，通过闭目内视，能对被内视的部分起作用。

脾有运化水谷的功能，具体论其作用时，往往脾胃联称。营、卫、气、血、津、液的产生，必赖于水谷精气的化生而得，而脾胃在其中起主导作用。通过咏春内功锻炼，可以使三焦气机通畅，脾胃之升降和利，中土的运化水谷机能健旺。练功以后常见的现象之一，就是食欲增加了，机体得到的营养加强了，体重增加了。

咏春内功锻炼中，人体外部姿势也与内脏息息相关，这都体现在咏春各练功方法之中。

三、精、气、神

精、气、神，是构成人体生命活动的主要物质。它们是生命现象及其变化的根本。咏春内功是有意识地锻炼身体内部为主的功法，因此，也可以说它是以内练精、气、神为主的。

精，是指人体一切精微有用的物质，更是构成人体的物质基础。历代气功和医学家对精的认识，概括起来分为两大类。一类是先天的精与生殖之精；二类是后天的精与脏腑之精。先天的精是禀受于父母，来源于先天的精气。又因为它是随父母媾合而成，又能繁殖后代，因此又是生殖之精。后天的精是指水谷等营养物化生的物质，它通过后天的脾胃运化而成。这些精微物质，平时分别贮藏在五脏，但以肾为本，所以又称脏腑之精。先天的精与后天的精，两者是互相依存、互相促进的。先天的精藏于肾，依靠后天的精不断充养；而先天的精为后天之精具备了物质基础。

气，是指充养人体的一种精微物质，或是维持生命活动的功能。气的名称虽多，但概括起来，主要有四种，即元气、宗气、营气、卫气。元气，又称为原气、真气、生气。它禀受于先天，藏之于肾及命门中。但它必须受后天精气的不断滋养，才能不断地发挥其作用。宗气，是饮食水谷所化生的水谷之气，与吸入的大自然之气结合而成。它积于胸中，司呼吸，发声音。营气，是水谷精微所化生的精气，由脾胃生化后，转输于肺，进入脉道中，以营养全身，故得此名。卫气，亦是由水谷精微所化生的一种精气。卫气由于其性慓疾滑利，善于游走窜透，因此，它不受脉道的约束，而行于脉外。但其敷布功能又要依赖肺气的宣发，具保卫体表、抗拒外邪的功能，故得名卫气。

神，是指人的思想意识活动和内在的脏腑精气在外的表现。神的基础是精，因此，神在生命之初就生成了，而其一切活动又必须依赖于后天的滋养。反映人的思想意识活动的神，与心的关系最为密切。因此，魂、魄、意、志，虽名不同，但实质上都是神的类属，神是人体思想意识的总称。

精、气、神三者，虽各有不同的概念，但是三者是互相关联、互相促进的。其中精是基本，气是动力，神是主导。

精是先天之气，结合后天水谷之精华而化生的，是维持生长发育和一切机能活动的基础。而后天的精，可以化生各种物质，也可以化为气。气是由先天元阴、元阳之气，水谷之精微及吸入之天气结合而成的。而后天精气的产生，又依靠元阴之气的气化作用，这是相互滋生的。神是人体生命活动的体现，它是由精气产生的，但它又有主管精、气的作用。神虽由精、气产生，但它的活动又影响了精和气。特别是剧烈的思想情绪变化，对人体的影响更大。

咏春内功锻炼是非常强调精、气、神的。对气来说，前人指出，善养生者，守息；人之一身，调气为上。这是因为通过有意识的呼吸锻炼，加强了肺的呼吸精气的作用，肺主气，故有的练习者，称肺为橐籥，说通过它的鼓荡作用，可以推动全身的气化作用，尤其是三焦。

上焦的气化作用加强，由上焦气机流畅，肺气能更好地发挥雾露之溉的作用。将精微物质，通过百脉充养全身，而致全身精力充沛。中焦气机畅达，又能增强脾胃之气，因此食欲旺盛，体重增加。下焦气机得调，则肾阳之气充沛，更有助于脾胃的运化及温煦全身，练功中常有温暖的感觉，而口津增多，更是肾气充足而上注的证明。

虽然有各种武术流派的练功者，认为练气是练元气，非口鼻呼吸之气，但实际上，都是通过后天呼吸方法来进行锻炼的。无论服气、闭气、胎息等都是如此。

内功锻炼，即使是练气也不能离开神的作用。内功锻炼首先要求集中思想，安静下来，以养心神。调心凝神，就能增强真气。

值得注意的是，内功练习中，一般以意守脐部为主，这是命门的领域，古代练功家称此为“黄庭”。黄庭在关元之上，前有幽阙（神阙、脐，也称生门），后有命门（密户），以神驻守该范围内，通过强化意识，即神的作用，也必须培育肾间动气。再因神能御气，神不外驰自定，因此有意识地调节，可以促进身体的康健。更会因通过养神、存神、凝神等措施，必能促进神、魂、魄、意、志的安定，从而促进五脏的安和，五脏安和了，又必能反致神更好地发挥作用。

对于精来说，内功锻炼中有的虽强调要练先天元精，而把生殖之精称为后天的脏腑之精。但是，先天元精要靠后天之精的充养。也要通过练神、意守适当部位来发动它。

四、咏春内功理论

咏春内功，是用呼吸、吐纳、运气方法，配合身体动作，以加强攻击、防守动作的效果。古代时，内功并不是武术的内容，是经过漫长的发展，逐渐和气功结合，并融入武术中的，而咏春拳则是在进化大中华武术气功系统中形成的。

内功，就是通过锻炼来提高人体内部功能的功法或从内部锻炼来提高人体功能的功法。因此，咏春“从内”的手段或“向内”的方向来锻炼人体肌肉、骨骼、筋膜、精神、脏腑、气血、经络、气脉，甚至意念的功法，都可以称为咏春内功。咏春拳风格和理念本身就明显区别于其他武术流派，所传的内功理法也就不同于其他的拳术拳种。

咏春拳内功练法，总的来说都可以分为三大类：钳阳马桩、侧身马桩类的气功静功（内修功）；小念头、标指、寻桥类的气功动功（内练功）；硬功与气功融合而成的强壮功

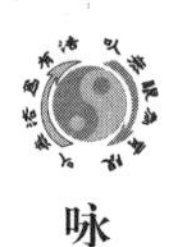

（内壮功）。

内修功，为内修炼养的功夫。这类功法倾向对人体身心及生命潜在机理的修正和体悟，即通常所说的修真悟道之术。

内炼功，讲究拳劲，特别讲究练拳要练“整劲”，打人亦同样要有“整劲”。整劲是通过有意识地强化自身的动作和意念，使意念对动作的支配达到一种“自动化”的程度，达到“意动劲发”，进而在轻松、自然、和谐的意境中去修炼咏春拳艺，最终达到“不意而发”的境界。咏春拳作为内外兼修拳术，是一种典型的拳功一体的拳法，为了求得、练出要求中的整劲、内劲，拳法中相应设计了众多各个身体部位的内练要领，用以调节和训练身体内部合理结构形态和动力定型的形成。咏春内练功法实际上指的就是拳法、拳势、动作中所蕴含的各种细节和要领。学拳尤学内家练法，只学到其外形动作或是套路是没有多大用处的，只有真正理解了咏春中内练之法的要求和含义，并将这些细节和要领切实地贯彻于钳阳马桩、行拳的每一个动作中，才能练出周身一家、浑元一体的整劲功夫；只要在钳阳马桩等一些细节要领真正做到并且做到位了，那就表明了操练的每一个拳势动作便都是在练“内功”。因此，从这个意义上来说，咏春拳为了培养、锻炼、形成周身一家、浑元一体的合理间架结构和动力模式的每一个细节要求及动作要领，便都是一种身体的“内功”练法。如咏春拳钳阳马由立正开始就要求两腿并拢，两手五指并拢，然后弹手开马，钳膝钳马、摊腰落膊、收胸顺腹、拳握八分、上下相随、内外相合等要诀，都是内练周身整体的诀窍要领。

内壮功，即通过呼吸吐纳和相应的肢体动作对身体内部的肌肉、筋膜、骨骼和脏腑进行高强度的刺激与锻炼，从而使这些身体组织的功能得以最大限度强化的功法。具体操作此类功法时，又分为呼吸吐纳法和抻筋拔骨功夫。呼吸吐纳法配合肌肉的松紧转换，鼓荡气血，坚实肌骨。这类功法不仅可以增强肌肉力量，还可以通过松紧鼓荡锻炼出一定的抗击打能力，故所传的铁布衫之类的功夫所练此法。抻筋拔骨功夫，则是以肢体动作的屈伸拧转来牵引抻拔肌肉筋膜，从而强化筋骨劲力的功夫。所谓筋长则力大，此类功法最能大长气力，虽不借助于任何器械外物，但练功有成，则力大惊人。如三拜佛式都属于此类功法。

五、内功原理探源

今天科学的发展进步，对内功可解释为寸劲的加强版，不依赖距离（短距离或是零距离）发出强大的爆发劲。其原理如同高频振动器，内功即将高频振动转化为肌肉本能，在打击物体的瞬间，在打击力量不变的前提下，对物体进行零距离的高频打击，这种所谓的内功，强者甚至可以发出内力外放，形成气劲，达到远程攻击的目的。

内功，非一朝一夕可以练成，需要长时间对肌肉与神经反应的高强度锻炼，或者达到一定技术后对肌肉与神经进行改造才可以做到。

第三章

内功与经络腧穴

内功是咏春拳遗产的一部分，因此咏春拳的理论，也包括内功的理论。当然，以咏春拳理论和实践全面阐述咏春内功的内容，尚属少见。本章以咏春的基本理论来探索咏春内功与经络学说的机理，其他关于咏春拳的内功理论多是由此延伸出来的内容。

第一节　咏春内功与经络

咏春内功，是咏春拳的瑰宝，它根植于大中华传统武术文化的沃土，并形成了咏春独特的风格和特点。近年来，现代科技对内功（气功）的研究与发掘，更催发咏春古拳绽出枝叶新芽。目前，咏春不仅为我国广大人民群众所喜爱，并日益成为国际友人重视的拳术拳种。

一、经络的意义

经络是“气血”运行的通路。人体脏腑、四肢、五官、皮毛、筋肉、血脉等，都是依靠经络来互相联系的，故经络分布于体内、体表，错综联络。经络主要有十二经脉、奇经八脉，其他尚有十五脉、别络、孙络等。因为它通达表里，贯彻上下，人体内外无处不到。人体五脏六腑，四肢百骸，以致气血得以循环，筋、骨、皮、毛得以营养生长，阴阳能得以平衡，均有赖于经络的正常作用。

二、经络与咏春内功

经络的发现，是我国广大人民在经年累月与疾病做斗争中的产物。而咏春内功与经络更有密切的关联。因为通过练功，有时可以体会到气血在经络路线上走动的感觉。换言之，通过练功是可能体会到人体内经脉的运行的。因此，无论在咏春练功实践上，或理论探讨上，研究经络学说对咏春都有着重大的意义。

内功锻炼对于经脉气血的运行，还起着很大的作用。内功锻炼通过全身放松，把注意力集中，逐渐转向身体内部，再通过呼吸锻炼的鼓荡推动，更可以使全身经络中的气血畅通，某些阻塞的现象，能够得到改善，经气亦随之充实。

内功在经络方面与奇经八脉的关系更为密切。因为奇经的阴维、阳维、阴跷、冲、任、督、带八脉，有调节十二经脉的作用，所以，当练内功一个时期，正经的经气充实后，就可能在奇经八脉上有经气走动的感觉。

有些拳术拳种，把这种在任、督等脉上经气走动的感觉分为小周天、大周天两大类。只在任、督脉上走动的称为小周天，兼通其他各脉的称为大周天。这种感觉可能是经脉本身在执行它调节气血时所出现的活跃情况，是自然现象，必须正确对待，不能任意夸张，而引起盲目追求，以致出现副作用。

三、内功与腧穴

咏春内功练习时，注意力集中的部位，大都是身体表面的经络腧穴，如头部的印堂，胸部的膻中，腹部的神阙、关元、气海、命门，腿足部的足三里、大敦、涌泉等。在练功时，把注意力集中在这些腧穴上，通过较长时间的注意，会引起被注意的点而产生一定的练功作用。

第二节　经络学说

经络，是经脉和络脉的总称。经脉贯通上下，沟通表里，是经络系统中的主干；络脉是经脉别出的分支，较经脉细小些，其纵横交错，遍布全身。古代传统医学认为经络内属于脏腑，外络于肢节，是沟通脏腑与体表的通道。经络输送气血，调节人体内组织功能活动，并把人体上下内外、五脏六腑等器官、组织有机地联系起来成为一个统一的整体。

经络学说，是研究人体经络系统的循行分布、生理功能及其与脏腑相互关系的理论知识，是咏春内功理论的基础。

一、经络系统的组成

经络系统，由十二经脉、奇经八脉、十五络脉和十二经别、十二经筋、十二皮部，以及许多孙络、浮络、血络组成。其中以十二经脉和奇经八脉为主体。

二、经脉的循行（见下页图）

十二经脉左右对称地分布在头面、躯干和四肢，并纵贯全身。六条阴经分布在四肢的

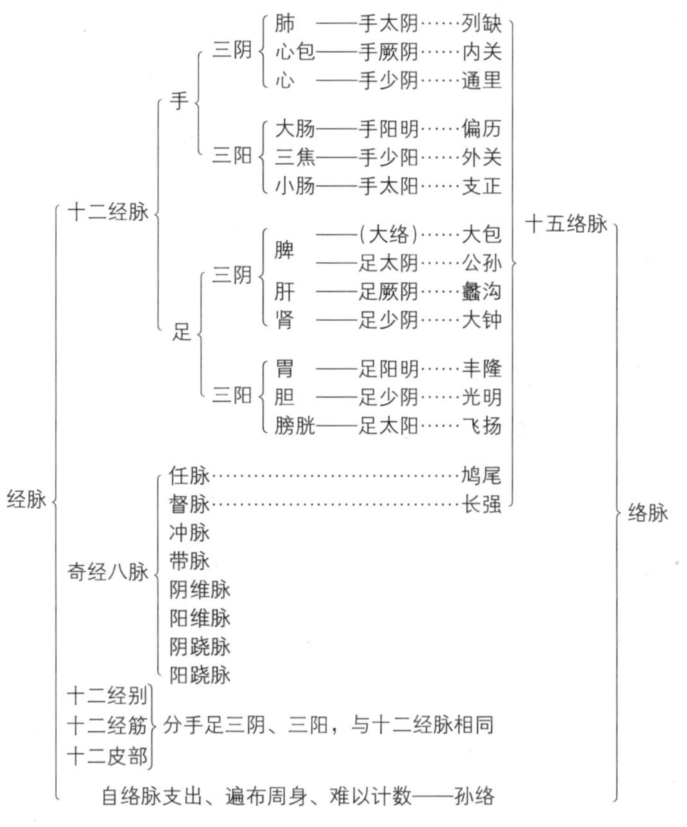

经脉的循行图

内侧和胸腹，其中上肢内侧为手三阴经；下肢内侧为足三阴经；六条阳经分布在四肢的外侧和头面、躯干，其中上肢外侧为手三阳经，下肢外侧为足三阳经。手足三阳经在四肢的排列是阳明在前、少阳居中、太阳在后；手三阴经在上肢的排列是太阴在前、厥阴居中、少阴在后；足三阴经在小腿下半部及足背，其排列是厥阴在前、太阴居中、少阴在后；至内踝上8寸处足厥阴经同足太阴经交叉，变为太阴在前、厥阴居中、少阴在后。

十二经脉的走向：手三阴经从胸走手，手三阳经从手走头，足三阳经从头走足，足三阴经从足走胸腹。

十二经脉通过手足阴阳表里经的连接而逐经相传，构成一个周而复始、如环无端的传输系统。

这里分别介绍每一经脉的循行路线。

经脉的循行：

（一）手太阴肺经循行路线

手太阴肺经，循行起始于中焦（中腕），向下联络大肠，然后回绕沿着胃上口，通过横膈属于肺脏。其后再由肺系（肺与喉咙联系的部位）横行出至中府，向下沿着上臂内侧，

行于手少阴经和手厥阴经的前面，下行至肘窝中，沿前臂内侧桡侧前缘出拇指内侧端少商；其支脉从列缺处分出，一直走向食指内侧端商阳处，与手阳明大肠经相接。

（二）手阳明大肠经循行路线

手阳明大肠经，循行起始于食指末端商阳处，沿食指桡侧上行，通过第一、第二掌骨之间，向上入两筋之间的凹陷处，再沿前臂前方至肘部外侧，向上沿上臂外侧前缘上走肩端，经过肩峰前缘，向上出于大椎穴（此为手足三阳经聚会处），再由此下行入缺盆联络肺腑，通过横膈，属于大肠；其缺盆部支脉则上走颈部，经面颊入下齿龈，再回绕至上唇，交叉于人中，分布在鼻旁两侧，再与足阳明胃经相接。

（三）足阳明胃经循行路线

足阳明胃经，循行起始于鼻翼两侧迎香处，上行至鼻根旁侧与足太阳经交会，向下沿鼻外侧入上齿龈，回出再环绕口唇，向下交会于颏唇沟承浆处（任脉），向后沿口腮后下方，出于下颌的大迎处，沿下颌角上行耳前经上关处（足少阳经）沿发际到达前额的头维；其面部支脉则由大迎向下沿喉咙入缺盆处，再向下穿过横膈属胃络脾脏；其缺盆部直行之脉经乳头则向下夹脐旁进入少腹两侧气冲处；其胃下口部支脉则沿腹里向下至气冲处会合，再由此下行至髀关，抵伏兔穴处，通过膝盖沿胫骨外侧前缘下经足跗，到达第二足趾外侧端的厉兑处；其胫部支脉从膝下的足三里分出入足中趾外侧；其足跗部支脉则从跗上冲阳处分出入足大趾内侧端隐白处与足太阴脾经相接。

（四）足太阴脾经循行路线

足太阴脾经，循行起于足大趾末端隐白处，沿大趾内侧赤白鱼际，通过大趾节后核骨上行至内踝前，经小腿肚沿胫骨后相交足厥阴肝经的前面，再经膝、股内侧前缘上行入腹，属于脾脏，联络胃，然后贯横膈上行，夹食管两旁上系舌根，散舌下；其胃部支脉上贯于横膈并注于心中，与手少阴心经相接。

（五）手少阴心经循行路线

手少阴心经，循行起始于心中，出属于心系（与心相联系的脏器）穿过横膈联络小肠；其心系向上之脉则是夹食管上行连着“目系”处（眼球联系着脑的部位）；心系直行之脉则上行于肺，再出于腋窝极泉处，沿上臂内侧后缘行至手太阴经和手厥阴经的后面，抵达肘窝后再沿前臂内侧后缘至掌后豌豆骨部，入掌内，沿小指内侧至末端少冲处与手太阳小肠经相接。

（六）手太阳小肠经循行路线

手太阳小肠经，循行起始于小指外侧端少泽处，沿着手背外侧至腕部出于尺骨茎突处，然后沿着前臂后缘向上，经尺骨鹰嘴与肱骨内上髁之间，沿上臂外侧后缘继续上行，出于肩关节处，绕肩胛部交会于大椎督脉，再向下入缺盆联络心脏，贯横膈到达胃脘部属于小肠；其缺盆部支脉则沿颈部上达面颊，至目外眦处，然后转入耳中听宫处；其面颊部支脉则上行经目眶下抵鼻旁，至目内眦与足太阳膀胱经相接。

（七）足太阳膀胱经循行路线

足太阳膀胱经，循行起始于内眦睛明处上额交会于巅顶百会处，属督脉；其支脉由头顶行至两侧颞颥处；其直行之脉则由头顶入里联络于脑，回出后分开往下行颈项后，再沿肩胛内侧下行，夹脊柱抵达腰部，沿脊旁肌肉进入腹腔，联络着肾脏，属于膀胱；其腰部支脉则经臀部往下行进入腘窝中；其后颈项之脉通过肩胛内缘一直往下，经臀部环跳沿大腿内侧继续往下行与腰部下行的支脉会合在腘窝中，再由此下行，经小腿肚内出于外踝的后面，再沿第五跖骨粗隆至小趾外侧端与足少阴肾经相接。

（八）足少阴肾经循行路线

足少阴肾经，循行起始于中小趾下，斜朝向足心，出于舟骨粗隆下，然后沿内踝后进入足跟处，再由腿肚内侧上行，出腘窝内侧，沿股部内后缘上行，通向脊柱属于肾脏，联络膀胱；其肾脏直行之脉由肾向上通过肝并贯穿横膈行入肺中，再沿喉咙上行夹于舌根处；其肺部支脉由肺部出，联络心脏，流注在胸中，与手厥阴心包经相接。

（九）手厥阴心包经循行路线

手厥阴心包经，循行起始于胸中，出属于心包络，向下穿过横膈，从胸至腹依次联络着上、中、下三焦；其胸部支脉沿胸中出肋部，至腋下并上达至腋窝，再沿上臂内侧下行，进入肘窝后处在前臂的两筋之中继续下行至进入掌中，再沿中指到指端处。

（十）手少阳三焦经循行路线

手少阳三焦经，循行起始于无名指末端关冲处，向上出于第四、第五掌骨间，再由腕背出于前臂外侧桡骨与尺骨间，并向上通过肘尖，沿着上臂外侧上达肩部，交出足少阳胆经的后面，接着向前入缺盆处，分布在胸中，联络着心包，向下则通过横膈由胸至腹，属上、中、下三焦；其胸中的支脉则是从胸向上出缺盆处向上走颈项部，沿着耳后直上至额角处，再曲而下行至面颊处到达目眶下处；其耳部支脉则是从耳后入耳中，出走耳前与前脉交叉在面颊处，到达目外眦与足少阳经相接。

（十一）足少阳胆经循行路线

足少阳胆经，循行起始于目外眦瞳子髎处，向上至额角部，向下行至耳后，再沿颈项部行于手少阳经之前，于肩上与手少阳经相交并行于其后，沿向下进入缺盆部；其耳部支脉由耳后入耳中，出走在耳前到目外眦后方处；其外眦部支脉则下走大迎处，会合在手少阳经而抵目眶下，再下行经颊车处，由颈项部向下会合前脉于缺盆处，接着入胸中，通过横膈联络肝脏，属于胆，顺沿肋内出于少腹两侧的腹股沟，经过外阴部毛际处，横行入髋关节处；其缺盆部直行之脉则下行腋部，沿侧胸部经季肋向下会合前脉于髋关节处，接着沿大腿内侧向下，出于膝部的外侧，经腓骨前方下行到胫骨下段处，再往下至外踝前方，沿足跗处进入足第四趾外侧端。其足跗部支脉则从足临泣处分出，经第一、第二跖骨之间出于大趾端处，并穿过趾甲，回至趾甲后方德阳处与足厥阴肝经相接。

（十二）足厥阴肝经循行路线

足厥阴肝经，循行起始于足大趾外侧的毫毛大敦处，沿足跗处向上，并经内踝前方向上，在内踝上方三阴交处相交出足太阴经的后方，再上行至膝内侧，接着沿股内侧上行至阴毛处，绕阴器上达小腹处，夹胃旁属于肝脏，联络胆腑，再向上贯横膈分布于肋处，沿喉咙后方上行入鼻咽处，连接着眼球联系于脑的目系处，向上出于前额与督脉会合于巅顶处；其目系的支脉则下行颊里，环绕着唇内；其肝部支脉从肝分出，贯穿于横膈并向上流注于肺，与手太阴肺经相接。

三、奇经八脉的循行与分布

奇经八脉交错循行分布在十二经之间。它们既不直属于脏腑，也无表里配合关系，是别道奇行，故称为奇经。奇经八脉的分布也不像十二经那样有规律，其中督、任、冲三经皆起于胞中，同出会阴，督脉则行于腰背正中，上至头面；任脉则行于胸腹正中，上抵颏部；冲脉与足少阴肾经相并上行，环绕口唇；带脉起于肋下，环腰一周；阴维脉则起于小腿的内侧，并沿腿股内侧上行，至咽喉与任脉会合；阳维脉冲则起于足跗外侧，沿腿膝外侧上行，在颈项后会于督脉；阴跷脉起于足跟内侧，随足少阴等经上行，与阳跷脉会于目内眦；阳跷脉则起于足跟外侧，并伴足太阳等经上行，与阴跷脉会合后沿足太阳经至上额，与足少阳经会于颈项后。

经络中，奇经八脉在沟通十二经脉之间联系的同时，又调节十二经脉气血的运行，故与咏春内功（或气功）锻炼密切相关。内功（或气功）锻炼到一定境界时，气运周天均与任督两脉有关。其中小周天为任督脉沟通，大周天则为任督脉与十二经脉沟通。

这里分别介绍奇经八脉的循行路线。

（一）任脉循行路线

任脉循行起始于小腹内，下出于会阴处，向前上行至阴毛部，再沿着胸腹向上到达咽喉部，接着向上行，环绕口唇，经由面部进入目眶下。

（二）督脉循行路线

督脉循行起始于小腹内，下出于会阴处，向后行于脊柱的内部，再上达颈项后风府，接着进入脑内、上行巅顶，并沿着前额下行鼻柱，至上唇内唇系带处。

（三）冲脉循行路线

冲脉循行起始于小腹内，下出于会阴处，并上行于脊柱内，其外行者经气冲与足少阴交会，再沿腹部两侧上达咽喉，环绕目唇。

（四）带脉循行路线

带脉循行起始于季肋部的下方，并斜向下横行绕身一周。

（五）阴维脉循行路线

阴维脉循行起始于小腿内侧，并沿大腿内侧上行至腹部，再与足太阴经相合，经胸与任脉交会于颈部。

（六）阳维脉循行路线

阳维脉循行起始于足跟外侧，向上经过外踝，并沿足少阳经上行至髋关节处，再经肋后侧由腋后上肩至前额处，再下至颈项后，合于督脉。

（七）阴跷脉循行路线

阴跷脉循行起始于足舟骨后方，并经内踝沿大腿内侧上行，经过阴部沿着胸内继续上行，再进入锁骨上窝处，接着经人迎的前方上行，过颧处，抵达目内眦处，与足太阳经和阳跷脉相合。

（八）阳跷脉循行路线

阳跷脉循行起始于足跟的外侧，经外踝向上行至腓骨后缘处，接着沿股部的外侧和肋后上肩处，再经颈项部上夹口角、进入目内眦处，与阴脉会合，上沿足太阳经上额处，与足少阳经会合于风池处。

第三节 腧穴学说

腧穴，是人体脏腑经络之气输注于体表的部位；是咏春内功训练意守气感，发放外气的部位。

在腧穴学说中，有经穴、奇穴、阿是穴三类。其中经穴是指分布在十经脉和任、督二脉上的腧穴，这些经穴也是腧穴的主要部分，目前约有300个经穴。奇穴，是指有一定穴名和明确的定位，但尚未被列入十四经系统的腧穴。阿是穴，是既无穴名又无固定位置的压痛点或反应点，这类穴多用于病变针灸穴位。

第四章

咏春拳与运动解剖学

咏春拳是有关人体运动用于实战搏击的一门科学，特别强调人体力学的巧妙运用。因此，这里作一章节的内容其目的是在于提出人体运动的基础知识、理论概念和普遍的原则，并回顾了运动解剖学、运动生理学、运动力学等方面的一些必要的预备知识，并且将这些来源于各自分离的不同领域里的知识逐渐累积起来时，在咏春拳这个中心思想指导下，被统一在一起。咏春拳在这些截然不同的领域中找到了实践和理论两个方面都较实用的东西，并与咏春拳结合在一起。

人体运动解剖学相关的知识，其实践、概念和原则对于任何一种武技或搏击技术都是普遍行之有效的，以及对日常生活的普通活动、娱乐活动、矫形治疗、保健操、制订训练计划、工业和职业劳动等都是适用的。因此，本书阐述相关的知识，不去妄求对这些领域作过多的介绍，不过愿意提出一些普遍应用的原则，使人体运动学能够分析和评价具体的人体动作的结果，或者设计选择适应的动作，以达到预定的效果，而这恰恰是咏春拳需要的。例如，在咏春拳训练和素质发展的原理，就注意到使它们能够应用到任何人身上，不论其年龄、性别和身体的素质状态如何；不论他们是职业性的还是业余性的。而且，还对咏春拳的人体运动进行人体运动学分析的方法和逻辑结构分析，以更适合于咏春拳爱好者，以及咏春拳教师、教练和那些从事研究咏春拳教与学的人的需要。

第一节　人体运动基本术语

运动解剖学是与咏春拳密切相关的一门重要的基础课，咏春拳招式本身就包含着较多的人体结构力学。运动解剖学与运动生理学、运动生物力学、运动创伤学、咏春拳卫生保健等学科关系密切，当然，这里在介绍运动解剖学的同时，概括了与运动解剖学相关的运动生物生理学、运动生物力学等方面的内容，以使本章节内容更加简洁、完善和实用。

为了理解人体的运动，应先了解有关人体运动的方位术语。

一、人体标准解剖姿势

人体标准解剖姿势为身体直立，两眼向前平视，两脚并拢，足尖朝前，上肢下垂于躯干的两侧，手掌向前。

二、常用的解剖学方位术语

解剖学描述人体运动时，身体各部分位置的变化都是以人体标准解剖姿势为基准，并由此定出下面一些解剖学方位术语。

上：靠近头部的称为上。

下：靠近脚底的称为下。

前：靠近腹侧的称为前。

后：靠近背侧的称为后。

内侧：靠近身体正中线的称为内侧。

外侧：远离身体正中线的称为外侧。

近侧：四肢靠近躯干部分称为近侧。

远侧：四肢远离躯干部分称为远侧。

桡侧：前臂的外侧称为桡侧。

尺侧：前臂的内侧称为尺侧。

腓侧：小腿的外侧称为腓侧。

胫侧：小腿的内侧称为胫侧。

浅：靠近皮肤或器官里表面的称为浅。

深：远离皮肤或器官里表面的称为深。

三、人体的基本切面

矢状面。

沿身体前后径所作的与地面垂直的切面，称为矢状面。

矢状面将人体分为左右两半，沿正中线所做的切面，称为正中面。

水平面。

横切直立人体与地面平行的切面，称为水平面，也称为横切面。

额状面。

沿身体左右径所作的与地平面垂直的切面，称为额状面。

矢状面、水平面和额状面彼此互相垂直。

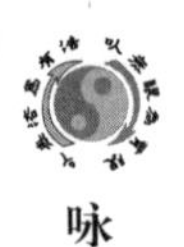

四、人体的基本轴

矢状轴。

前后平伸与地面平行，与额状面垂直的轴。

额状轴。

左右平伸与地面平行，与矢状面垂直的轴。

垂直轴。

与人体长（纵）轴平行，与地面垂直的轴。

第二节　人体骨骼与关节

成人骨骼共有206块，其中只有177块直接参与随意运动。多数骨是成对的，只有少数不成对。人体骨骼分为两大部分，即中轴骨和四肢骨。中轴骨包括颅骨、椎骨、肋骨和胸骨。四肢骨分上肢骨和下肢骨。

骨结构是一种动态的、有生命的、在发育生长的组织，它的新陈代谢会影响它的功能；反之，它又受功能影响。

一、骨的组成和构造

骨中25%～30%是水，剩下的部分是称为“双态”的物质。其中60%～70%由无机物（磷酸钙、碳酸钙）组成。这可使骨具有抗压力；其还有30%～40%是骨胶原（一种蛋白质），它使骨具有抗拉的能力。正常情况下，一根骨能够承受它在日常活动中受到的大约6倍的压力。成年之后的骨中液体和有机物质的比例随着年龄增长而逐渐减小。因此，再加上其他原因，老年人骨骼容易损伤，并且治愈较为困难。

骨的有机成分可分成：细胞，它只占骨全部重量的很小一部分；基质纤维，大部分是胶原纤维，胶原纤维可以提炼胶水和明胶；基质，主要是多糖蛋白，这些有机物质都渗透在骨的无机盐中。

长骨，分布在人体的四肢，例如肱骨和胫骨。

短骨，近似立方体，仅存于腕骨和跗骨。

扁骨，呈薄板状，薄而坚固，多分布于中轴和四肢韧带部，例如，颅骨对脑起着保护的作用，肩胛骨为强大肌肉的附着面。

不规则骨，呈现不规则形，例如椎骨、耻骨、坐骨、颌骨，其适合特殊的需要。

骨膜是一种结缔组织，覆盖在骨的外表面。关节面上没有骨膜，由透明软骨所替代。骨膜有两层，外层是胶原纤维，深层是生骨层。骨膜包含血管和神经末梢，对损伤特别敏感，如运动中的大部分骨折、骨碰伤和骨膜痛等。

二、关节的构造

两块骨头的连接称为关节或骨连接。一般如按关节的运动轴数目、运动的方式、构成关节的骨数，可分为单轴关节、双轴关节、多轴关节三大类；或分为单关节、复关节；或分为单动关节、联合关节。

单轴关节分为滑车关节和四轴关节两种。滑车关节，即关节头呈滑车状，另一骨上有相应形状的关节窝。运动环节在矢状面内绕额状轴屈伸，例如肱尺关节、指关节等。车轴关节，即关节头是圆柱的一段，关节窝是与其相适应的环，这环的小部分是骨，大部分是由韧带组成的，因此，关节是在四周，关节头则是绕本身的垂直轴在环内回旋，例如桡尺近侧和远侧关节。

双轴关节的活动性较单轴关节大，分为椭圆关节和鞍状关节。椭圆关节，即关节头是椭圆体的一部分，关节窝与它相适应。运动时能进行屈伸、内收、外展和环转运动，例如桡腕关节等。鞍状关节，即两关节面均呈马鞍形，彼此互成十字形交叉接合，每一骨的关节面又是关节头和关节窝。这种关节可做屈伸、内收、外展和环转运动，例如拇指腕掌关节。

多轴关节有3个以上的运动轴，构成关节的骨可做多种方向的运动，其可分为球窝关节、杵臼关节和平面关节。球窝关节，即关节头是球的一部分，关节窝浅只包罩着关节头的一部分。关节头与关节窝松弛相接，是关节中活动性最大的多轴关节，能做屈伸、内收外展、旋转和环转运动，例如肩关节和掌指关节。杵臼关节，即关节头是球的一部分，关节窝很深，包绕关节头1/2以上，能做屈伸、内收外展、旋转和环转运动，但其运动幅度较球窝关节要小，例如髋关节。平面关节，则是直径很大的球体的一部分，所以关节面曲度很小，接近平面。因其关节面大小互相一致，关节囊紧张而坚固，运动幅度也就极小，只能做微小回旋和滑动，故也可称为微动关节，例如肩锁关节和骶髂关节。

人体关节运动一般都是旋转运动，旋转运动经常是绕着某个轴来进行的。关节运动分为5种，即屈伸、水平屈伸、外展内收、回旋（旋转）、环转。

屈伸，运动环节（相邻两关节之间的部分）在矢状面内，绕额状轴运动，向前运动为屈，向后运动为伸（膝关节和踝关节相反）。

水平屈伸，上臂（大腿）在肩关节（髋关节）处外展90°后，向前运动为水平屈，向后运动为水平伸。

外展内收，运动环节在额状面内，绕矢状轴运动，环节末端远离正中面为外展，靠近正中面为内收。

回旋（旋转），运动环节在水平内，绕其本身的垂直轴旋转，由前向内的旋转叫内旋（或叫旋前），由前向外的旋转叫外旋（或叫旋后）。

环转，运动环节绕额状轴、矢状轴、垂直轴和它们之间的中间轴做连续的运动。运动

环节的上端在原位活动，下端则做圆周运动。凡是具有额状轴和矢状轴的关节，均可做环转运动。

三、咏春拳锻炼对关节的影响

咏春拳中有大量的关节相对运动的动作。系统的咏春拳锻炼可使人体的骨关节密度增厚，从而能承受更大的负荷。

长期的咏春拳练习可使关节软骨增厚，短时间的运动可使关节软骨肿胀，但在短期休息后肿胀会消失。

咏春拳活动可使肌腱和韧带增粗，在骨附着处直径增大，胶原含量增加，单位体积内细胞数目增多。

咏春拳锻炼增加了关节周围肌肉的力量，加上肌腱和韧带的增粗，关节软骨的增厚，加大了关节的稳固性。而关节的稳固性提高加强了对关节的保护作用，但这往往会减小关节活动的幅度。当然，系统的柔韧性练习可以增大关节囊周围肌腱、韧带和肌肉的伸展性，从而使关节活动幅度增加。因此，在进行力量性练习时，应配合做一定数量的基本的柔韧性练习，来使力量与柔韧素质同时得以相应的发展。

柔韧素质的发展有助于动作的协调，对提高咏春拳技术水平，减少伤害事故和预防损伤有重大意义。

第三节　骨骼肌

人体的肌肉分布如同一架机器，能量以化学形式在其中存贮，并由它转换成机械功。人体的骨骼肌绝大多数附着于骨骼上，骨骼肌收缩时牵动着骨骼，引起人体运动，产生各种各样的咏春拳架动作。

一、骨骼肌

骨骼肌的特点是收缩快而有力，但易于疲劳。骨骼肌在人体中分布广泛，全身有骨骼肌600多块，我们在分析动作中常用到的有75对左右。而其他的一些肌肉则用于控制着面部表情、吞咽和发音等。

正常成年人的骨骼肌占人体体重的40%（女性为35%）左右，不同年龄、性别的骨骼肌占人体体重的比例也不同。四肢肌约占全身肌肉总重的80%，其中下肢肌占50%，上肢肌占30%。

人体各部分肌肉因其机能不一，发达程度就有所不同，为了维持身体直立姿势，背部、臀部、大腿前面和小腿后面的伸肌特别发达。上下肢分工不一样，肌肉的发达程度也就有所差异。下肢起着支撑和位移的作用，下肢肌都较粗大有力。上肢进行抓握，上肢肌数量较多，并较细小灵活。

人体由于语言和表情活动，呼吸肌、喉肌、舌肌和表情肌都较为发达。

肌肉周围一些协助肌肉活动的结构称为肌肉的辅助结构。此包括筋膜、腱鞘、黏液囊、籽骨和滑车等。

筋膜，是包在肌肉周围的结缔组织，其分为浅筋膜和深筋膜。浅筋膜直接位于皮肤深面，由疏松结缔组织构成，其主要为脂肪，内中埋有浅动脉、皮神经和皮下静脉等。深筋膜位于浅筋膜深面，由纤维结缔组织构成。它包被全身如同穿了一件紧身衣。深筋膜的屈面较深而厚，在骨突之间增厚形成假韧带，深筋膜与肌肉关系密切，其伸入肌肉与肌群之间并附着于骨形成肌鞘和肌间隔，包绕着一块肌肉或一群肌肉。肌鞘则有两种，即纤维性肌鞘和骨性纤维性肌鞘，前者是由深筋膜形成，后者则是由骨膜和深筋膜共同形成。深筋膜构成的肌鞘和肌间隔，分隔各块肌肉或肌群，以保证每块肌肉或肌群能单独活动，互不干扰，同时还可以约束肌肉牵缩力量。

腱鞘，位于腱的两面（前面和后面）或两面以上的受到摩擦或压力的部分，用以减少摩擦保护肌腱。

滑膜囊，为密闭的结缔组织囊，大小由直径几毫米到几厘米。囊腔呈裂隙状，其中有少许的滑液，以增加滑润，减少摩擦，促进运动的灵活性。滑膜囊位于肌肉与坚硬组织之间，腱与坚硬组织之间，关节凸面及骨与韧带常受压迫的皮下。

籽骨，是由肌腱骨化而成，通常位于腱止点处腱与骨之间，其可以改变肌腱抵止的角度，加大肌肉的力臂，增大肌肉的牵引力量，造成对肌肉工作的有利条件。其中，人体最大的籽骨为髌骨。

滑车，实际上有两种，一种是覆盖有软骨的槽，位于腱通过骨面的地方；一种是通过肌腱的结缔组织环，肌腱通常在滑车处改变方向，由于滑车的存在，肌腱不致向旁移位，对于肌腱起着固定的作用。

肌肉中不仅有循环系统的血管穿过和供应，亦布满了神经。含有运动纤维和感觉纤维的一根或多根神经从中枢神经系统出发进入每一块肌肉。这些神经包含了大量轴突，每一个轴突被认为是供应一个独立的肌束。在这些肌束中，神经又分成许多小支，每小支均有自己的终端，嵌入一根肌纤里，使之同中枢神经系统发生直接联系。一根运动神经纤维所支配的肌纤维数可从3根至数百根不等。在正常的情形下，一根神经纤维所支配的肌纤维群作为一个运动单位整体地发生收缩。

二、肌肉的作用

肌肉的具体作用，很难准确或直接地解释，因为许多变化的因素都能调整肌肉收缩的结果。肌肉可以起一种作用，也可以起多种作用，这就要看情况而定。

一块肌肉向心收缩，其对于它所完成的关节动作来说是原动肌。例如肱三头肌是肘关

节伸的原动肌。有些肌肉是某个关节好几种动作的原动肌，许多肌肉在它们所跨越的多个关节中的每一个关节上各有一种或多种动作。例如肱二头肌，它既是肘关节屈又是桡尺关节旋后的原动肌。另外，它还是好几种肩关节动作的原动肌，因为它的两个头起自肩胛骨。

如果是在一组特定的情况下，对所观察到的关节动作中发挥最有效作用的肌肉称为该关节动作的主动肌，而有助于该关节动作，但作用较小的肌肉则是副动肌。在不同情况下发生同一关节动作时，主动肌与副动肌之分有时确会发生改变。

副动肌只有在需要一个非常大的用力时才起作用。例如肱三头肌的长头在完成肩关节外展动作中通常不发挥作用，但在十分需要时，它可以辅助肩关节做外展动作。

对抗肌是指其收缩产生的关节动作正好同另一特定肌肉所产生的该关节动作相反的肌肉。伸肌便是屈肌的潜在的对抗肌。因此，对肘关节伸的动作来讲，肱二头肌便是肱三头肌的对抗肌，对桡尺关节旋前动作来讲，肱二头肌又是旋前圆肌的对抗肌。肱二头肌不是肱肌的对抗肌，因为其不能对抗肱肌产生的任何动作。

固定肌，即固定、稳定或支持骨骼或身体的一部分，以使另一活动的肌肉有坚固的基点发力。在理论上，固定肌处于静止收缩状态，实际上它扩大到包括被稳定的部位有少许移动的情况，以便连续调整稳定位置以满足所要做的动作的需要。

协同肌即辅助协同作用。辅助协同是在这样的两块肌肉一起动作中产生的，即这两块肌肉有一个共同的关节运动，各自还有一个次要的作用，而这两个次要作用正好相互拮抗。当这两块肌肉同时收缩时，它们一起完成所要做的共同动作。当它们彼此对抗或中和对方不恰当的副作用时，它们都是对方的辅助协同肌。例如，从仰卧姿势开始做的仰卧起坐练习，即在这个动作中有好几块腹肌相互配合，使脊柱前屈的动作中，这两块肌肉是彼此合作的，因为它们都是这个动作的原动肌。但右腹外斜肌同时也是脊柱向左侧屈和向左回旋这两个动作的原动肌，而左腹外斜肌则是脊柱向左侧屈和向右回旋时这两个动作的原动肌。因为方向相反，侧屈和回旋的动作相互抵消，合成的动作便是单纯的脊柱前屈。

当一块跨越多个关节的双关节肌收缩，在其中一个关节上的某个动作作为另一块肌肉的静止收缩所阻止时，此时就产生了真协同。依据肌肉收缩时具有可能出现的动作趋势的原则，双关节肌要在它跨越的每一个关节上引起运动。只是有时一块双关节肌收缩要在其中一个关节上实现动作，在这种情况下，为了阻止在其他关节发生不恰当的动作必须有另一块肌肉收缩。例如，在紧握拳头时腕伸肌便起到协同肌的作用。如腕关节不保持伸直的话，那么指长屈肌在使指关节屈的同时就会引起腕关节屈。腕关节屈加上指关节屈会使指长伸肌腱受到拉伸，直到这些肌腱不能再被拉长，这时，如再屈腕关节就会使手指放开，拳头便放松了。这就是为什么在搏击中用力屈曲对手的手腕，可以使其丢下手里武器的诀窍所在。

中和肌是在收缩时起反作用，以抵消或中和另一正在收缩的肌肉所引起不适当动作的肌肉。

舒张可指放松的过程（收缩力减小的过程），也可指没有任何收缩的状态。但是，即使舒张的肌肉，也有轻微的残余盈胀或坚实感。在最低的限度下，这种残余盈胀即称为紧张或肌紧张。肌紧张是肌肉和纤维组织自然充盈的一种功能，此也是一种神经系统应答刺激的功能。

骨骼肌或者起“速动”肌作用，或者起“缓动”肌作用。速动肌的起点离开它所起作用的关节有一段的距离，而止点接近这些关节。它们施加给骨的力大部分垂直于骨头，而不是顺着骨的纵轴的方向。这些力是与动作过程中的骨运动曲线相切的，缓动肌起点靠近它所作用的关节，而止点离开它们有一段距离，因此，它们收缩力大部分是沿骨的纵轴方向发生作用的。此就具有使关节加固的趋势，所以它们大多是稳定肌，但也提供快速运动或抗阻力动作中所需要的向心力。例如旋前方肌便是速动肌，它是前臂旋前动作的原动肌，当动作加快或遇到阻力时，便要求旋前圆肌支援，旋前圆肌即是缓动肌。

人体在做动作时，一块肌肉作用在两个关节上时，它在一个关节上主要是缓动肌，在另一关节上主要是速动肌。肱二头肌正是如此，它对于肩关节来说是缓动肌，对肘关节来说则是速动肌。而且，在有些情况下，当肌肉收缩方向颠倒时肌肉的作用可能交换。一些肌肉可能兼备上述两类作用，例如内收大肌，其后部纤维是缓动肌，前部纤维却是速动肌。

三、肌肉收缩的类型

当肌肉产生的张力不足以克服一定阻力使身体某一部位发生移动，而肌肉长度保持不变时，便说收缩是静止收缩或等长收缩。

当肌肉产生的张力足以克服阻力，致使肌肉明显缩短，造成身体一定部位移动时，便说这是向心收缩。

一定的阻力克服肌肉张力致使肌肉实际上被拉长时，便说肌肉处于离心收缩中。肌肉虽产生张力（收缩）却被阻力所压倒。

向心收缩和离心收缩都是生理学家所说的等张收缩。

四、人体整体动作类型

在谈了肌肉所能起的作用和肌肉收缩的类型，现在可以通过对人体整体动作类型的分类进一步加以归纳。这一分类为协调动作进行正式分析提供了一个必要的基础，因为这种类型具有单一动作的特征，诸如上举、打击、保持平衡，以及练习基本动作等。比较复杂的连续动作，诸如攻击和防守连续动作等，在进行有规则的分析之前都必须分解成若干个阶段。

1. 持续用力动作

持续用力动作可能快也可能慢，可能强也可能弱。持续用力是主动肌收缩以对抗阻力，同时其对抗肌则松线（交互松弛）。例如，举起重物，主动肌向心收缩并克服阻力。如果放下重物，便是阻力克服主动肌离心收缩的力。握住重物不动则要求持续用力等于阻力。

2. 被动动作

动作一开始，肌肉收缩即告停止的任何人体动作均可归结为被动动作。被动动作又可以分为三小类，即操纵型、惯性动作和重力作用型动作。

操纵型被动动作的主动力来源于另外一个人，或者是除了重力以外的别的外力，例如，摔法中被对手托起旋转，同时身体放松。

惯性动作是前已建立的动作的继续，在惯性动作中没有原动肌收缩存在。为了方便和实用，我们认为惯性动作包括摩擦的影响，诸如空气阻力、组织黏滞作用、韧带和被拉伸的肌肉内的残余张力，以及其他阻滞运动的种种因素。

重力作用型动作，实际上是操纵型动作的一个特例，因为它是由方向及大小上均保持恒定的加速力产生的，而且这力在地球上一切实际问题中都存在。

3. 弹射动作

弹射动作是一种复合动作，第一阶段是持续用力动作，身体各部位受到主动肌向心收缩而加速，并且不受到对抗肌收缩的阻碍。第二阶段是惯性动作或滑行动作，肌肉都不收缩。最后阶段是对抗肌离心收缩或是腱及被拉伸的肌肉提供的被动阻力（或者两者兼而有之）。3个阶段只在过渡点相重叠，过渡是逐渐地平滑进行的。例如，咏春拳许多出击打斗剧烈运动的典型动作。

4. 导向动作或循轨动作

在需要高度准确和平稳而不要求力量和速度的地方，动作的对抗肌和主要的主动肌一样，都起作用。例如一摊三伏稳定时，一对对抗肌群就一起收缩。准确的平衡难以达到，由于互相对抗的两组肌肉交替占有优势而出现偏差时便发生震颤。而是否存在这类的偏差，是稳定性的一个量度。稳定性在循轨动作和保持稳定的动作中可能是需要的，当一组肌肉，即主动肌，它的力量超过另一组肌肉，即对抗肌的力量时，二者力量之差粗略地同总的动作速度用力成比例。循轨动作的例子有短距离短棍或长棍投掷这样一类的技巧。在这类动作中，除了对抗肌起着导向、拖曳和控制性收缩外，还有许多别的肌肉可能在分级收缩中起着持久的或间歇的作用，唯一的目的在于阻止动作偏离预期的方向。这些导向性肌肉有时可能同时对抗地起作用，有时可能交替地起作用。这种收缩是否存在，以及存在时间的长短几乎是不可预测的，因为它们主要是以反馈方式进行的。

5. 动态平衡动作

肌梭从一个预期平衡位置检测出差错，并启动控制系统，做出纠正。结果是一系列的不规则振荡，由某些肌群的反射收缩加以准确性地调整，维持平衡。例如，单腿固定平衡动作。

6. 振荡动作

一起收缩的对抗肌群交替地占有优势，因而使动作在每一次短促的振幅终了时迅速地逆转。例如，持棍敲打动作。这种交替动作的最大可能速度主要依赖于运动的练习，同时也取决于移动部分的惯性及起作用的肌肉的力量。

动作的力量和速度同各种人体测量指标之间联系似乎很少。高速动作的最大速率可能取决于反射回路的一些内在的生理性质。最大速度大概不仅受到肌肉本身性质的限制，而且受到为了使对抗肌能停止运动，必须放松原动作的限制。限制性因素可能是兴奋和抑制在中枢神经系统里进行交替的速度。

五、咏春拳锻炼对骨骼肌形态结构的影响

通过咏春拳锻炼和训练，可以明显地看到肌肉体积的增大。特别是力量性的练习，可使肌纤维得到最大限度地增粗，使肌肉内的结缔组织明显地增厚。

肌纤维中线粒体数目增多、体积增大。线粒体是肌纤维中的细胞器，它是肌纤维的供能中心，三磷酸腺苷（ATP）主要是由线粒体产生的。

通过咏春拳的训练，可以减少肌肉内的脂肪，从而提高肌肉的收缩效率。

长期坚持咏春拳锻炼，肌肉组织化学成分可发生变化。例如肌肉中肌糖元、肌球蛋白、肌动蛋白、肌红蛋白和水分等含量都有所增加。肌球蛋白和肌动蛋白是肌肉收缩的基本物质，这些物质的增多，可提高肌肉收缩能力，而且还可使三磷酸苷酶的活性加强，使三磷酸苷分解速度加快，及时供给肌肉能量。肌红蛋白具有与氧结合的作用，肌红蛋白含量增加，则肌肉内氧的贮备量也增加，使肌肉在耗氧量很大的情况下，有利于肌肉继续工作。肌肉内水分的增加，可有利于肌肉内氧化反应的进行，有助于肌肉力量的增加。

咏春拳的锻炼，使肌肉内的毛细血管增多，肌肉内的这些变化，改善了骨骼肌的血液供应情况，从而提高了肌肉的工作能力，有利于肌肉持续时间长而紧张的活动。

坚持咏春拳锻炼可以改善神经控制，增强神经冲动的传递。经常参加咏春拳锻炼的人肌肉力量较大，就是因为锻炼改善了神经控制过程使参加收缩的肌纤维数量增多的原因。

第四节　人体的杠杆系统

骨骼是由骨连接起来所组成的一种支持性结构。人体的关节是铰接点，肌肉收缩使环节绕它们的转动中心运动。运动只能在一定的方向上进行，运动幅度要受关节及其形状的限制。所有的关节运动都转动，可以用度或弧度作单位来衡量。关节运动范围的动态测量目前还不是很完善，咏春训练和练习对它们的作用目前所知也尚少。

关节和铰接点可能有多种组合，人体运动因而有广泛的变化。为了理解人体运动在咏春拳中的多种形式，以及科学地训练咏春，必须了解杠杆的作用及其各种分类。

杠杆是绕固定点转动的刚性杆，这个固定的点称为轴或支点。介于支点和重物（或阻力）作用点之间的一段杠杆称为阻力臂；介于支点和外力作用点之间的一段杠杆称为力臂。杠杆的机械利益等于力臂对阻力臂长度之比。杠杆通常的功用是为了获得机械的利益，在杠杆一侧相当远处施加很小的力便能在杠杆另一侧距离近处产生较大的力，如阻力点以一定的速度移动，则施力点移动的速度要快得多。人体中的动力通常是由肌肉收缩产

生的，阻力则是移动环节本身的重量加上与该环节连在一起的体重量，而轴即是关节。多数情况下，人体中力臂总是比阻力臂短，结果不是省力而是费力。从能量守恒定律上得知，力上有失必定在距离上有收益，反之亦然。当杠杆绕轴转动时，杆上各点均沿圆弧运动，移动的距离同该点到轴的距离成比例。因这些不同的距离是在同一时间内通过的，可知离轴远的点走得一定比近的点快一些。因此，距离上的收益也是速度上的收益。

人体肌肉的羽状排列使它能产生相当大的力，骨杠杆的排列有利于增大动作的距离和速度。因施力的力臂往往短，阻力臂往往长，肌肉总是贴紧骨体，形成一种紧密的结构。

杠杆分为三类，根据力、轴和阻力的相对位置而定。

一、杠杆

第一类杠杆。

第一类杠杆支点在力点和阻力点之间。结果杠杆两臂做反方向运动，如同撬棍或剪刀那样。这种杠杆常常牺牲力来换取速度。

第二类杠杆。

第二类杠杆的阻力点在支点和力点之间。这里是牺牲速度换取力。这类杠杆在人体内少见，张开嘴可以算是克服阻力的一个例子。

第三类杠杆。

第三类杠杆中，力加在支点和阻力点之间。这类杠杆在人体中最常见，因为它允许肌肉靠近关节，取得动作的距离和速度，但牺牲了力。

二、轮轴作用

轮轴是杠杆的变形，原理相同。它用在人体中起着产生或阻止环节转动的作用。例如扭腰动作，腹斜肌牵拉着躯干好像它是轮子的外缘，而躯干则向受牵拉的方向转动。这实际上也是形成一种第二类杠杆。

转动通常是许多肌肉协同作用的结果，它们的牵拉是斜向的而不是径直的。肌肉经常只在骨的粗隆部位或突出部位上，这便增加了杠杆臂的长度而使力矩增加。

三、滑轮作用

滑轮提供了改变力作用方向的手段，使人体可在不同方向上施力，或使运动路线同没有滑轮时完全不同。例如，腓骨长肌止点上的腱便是一个例子。此腱从腿侧径直下移，在外踝周围通过，通过骰骨的一个缺口，转到脚下，并止于内楔骨和第一跖骨。外踝和骰骨的滑轮作用便完成了两次方向的改变，如果不是滑轮作用，这是不可能的。其结果是，腓骨长肌的收缩使脚趾屈；没有滑轮时它会止于髁关节前面和脚的上面，使脚背屈。

滑轮改变施力方向，从而可以提供较大的附着角度，没有滑轮就办不到。髌骨也是一个例子。由髌骨韧带从籽骨上面通过，附着角度较大，从而增大了股四头肌的转动分力，减小了它的稳定分力。在这种情况下，力的方向的改变使运动中的有效力有所增大。

四、力量

力量，可以用它来表示产生或抗拒力作用的能力，但是，因它只是用力、力矩或功来量度，这个概念在定量物理上有些模糊不清。例如，肌肉的力量，可以用它克服阻力（向心收缩、等张或动态力量）的能力、抵抗伸展（离心力量）的能力或者支撑负荷（等长或静力量）的能力来量度。

第五节　肩关节

运动解剖学不同于正常人体解剖学。运动解剖学重点讲述运动系统的机械运动规律，并联系咏春拳的实际，阐明咏春拳对人体结构和形态的影响。例如关节运动幅度和肌肉发力的关系；机械力对骨组织的影响；训练对肌肉内血管形态变化的影响；训练对肌原纤维增生的影响；以及旋转和直线加速运动对平衡器官的影响等，都是运动解剖学要研究的问题。同时，这里也将运动解剖学结合运动生理学、运动心理学、运动生物力学、运动医学等的部分实用内容与咏春拳结合起来，从而为咏春拳的教学和训练提供理论依据，更科学地将咏春拳各式拳架动作进行训练，以利适合修习咏春拳的需要。

一、肩带

肩部包括肩带和肩关节部分。肩带是由两对骨组成的，即两侧各有一块锁骨和肩胛骨。如只考虑骨的连接时，臂所持的重量必须经肩胛骨、锁骨、胸骨柄和肋骨传到脊柱。因为肩胛骨并没有彼此直接的连接，也没有直接连接到脊柱上，因此，肩带并不完整。肩关节是由肱骨与肩胛骨连接而成的。

肩带所有的动作都是用肩胛骨的动作来描述的，因为锁骨的位置不允许它独立运动。

二、与肩相关的肌肉

斜方肌是一块扁平的肌肉，位于背的上部皮下。

从形态上说，斜方肌是一块三角形肌肉，它的纤维会聚于肩胛冈顶端和锁骨远端。此块肌不容易分开，神经支配允许该肌的4个部分做不同的活动。

第一部分收缩将使锁骨和肩胛骨上提，但力量甚小，因为该部分肌肉薄而弱。

第二部分的作用是上提、上回旋，并协助肩带内收。

第三部分是以几乎水平线的方向作用于肩胛冈把它拉向脊柱。它们是肩胛骨内收的原动肌。

第四部分能使肩胛骨向上回旋，并协助内收。

上肢侧平举（外展），特别是当外展超过肩的水平时，全部斜方肌是同时参加活动的。

肩胛提肌，是位于项部侧后方的一块小肌肉，在斜方肌的第一部分的深层。肩胛提肌是上提肩带的原动肌。拉力线是从肩胛骨重心出发，然后几乎直接向上，而坚硬的锁骨阻止任何可能的内收趋势，因而肩胛提肌收缩的结果得到的几乎是使肩胛骨纯粹地上提。肩胛提肌作为一块纯粹的提肌，在耸肩动作中，以及在手提重物或肩上负重时，都起着决定性的作用。通常其得到斜方肌第一、第二部分向上转动的趋势能够中和由臂的重量及手中所持物体重量产生下回旋的趋势。

菱形肌，即平行四边形状的肌肉，其位于斜方肌中的下面（深层）。它使肩胛骨下角内收，上角却一点也不产生内收，故能使肩胛骨向下回旋。菱形肌同背阔肌同使肩胛转动，使关节盂转向下方，如此手臂就不能抬过肩的高度。

前锯肌是其前缘如同锯齿状而得名。其位于胸廓外侧肋骨外面，其后部被肩胛骨所覆盖，前面被角大肌所覆盖。它在腋窝下面，稍大于手掌，紧贴于皮下。在手臂抗阻力而向上抬起时，可以透过皮肤清楚地看到前锯肌下位的五大肌齿。前锯肌是肩带外展及上回旋的原动肌。其上部的纤维很适合使整个肩胛骨向前外展，并不转动，下部的纤维同斜方肌下部构成肩胛转动时所需力偶的下面的合力。

在训练时，可以把前锯骨看作为完成推的动作的“专家”。无论何时只要同时需要肩带外展和向上回旋，例如像拳击或卧推杠铃时，前锯肌的收缩便起着决定性的作用。另外，唯一强有力的肩带外展肌是胸小肌，但此肌在外展的同时又有使肩带向下回旋的趋势，因此对前锯肌的上回旋来说是一种内耗。

胸小肌是位于胸部上部前面的一块小肌肉，被胸大肌覆盖。胸小肌是肩带外展及向下回旋的原动肌。它在喙突上牵拉的方向是向前、下、内，各个方向力量大体相同。锁骨形成一个牢固的支柱，它阻止向内的拉力，从而不使肩胛向内移动。

锁骨下肌是肩带肌群中最小的一块，位于锁骨的下面。锁骨下肌的作用只能从它所在的位置推测，因为它既不容易被摸到，又不便于施加刺激。锁骨下肌处在使锁骨下垂的位置上，但因为体积小，拉力角也小，因此促使锁骨下降的力矩也很小，此可忽略不计。因为牵拉方向只同锁骨长轴稍有偏转，故它最重要的功能是向内牵拉锁骨，保护胸锁关节，使其不会在身体悬垂之类的动作中分离。

肩带活动十分自由，它的位置取决于以上所述6块肌肉的相对张力，加上胸大肌和背阔肌张力的影响。

三、肩关节

肩关节是由肱骨与肩胛骨连接而成的。它属于活动幅度最大的球窝关节。

肩关节受到突出于它上面的肩峰的保护，肩关节前面受到喙突的保护，另外还受到喙肩韧带和肱韧带的保护。

肩关节动作是由11块肌肉产生的。其中的两块（二头肌和三头肌）主要是对肘关节起作用的，但它们也跨越肩关节，故有双关节肌之名。肱二头肌长、短头在肩关节上起着两块不同肌肉的作用。肱三头肌的3个头中只有长头在肩关节上起作用。

三角肌是三角形多羽肌，位于肩部上方，以一定角度向下指向上臂，其他两束分别绕过肩部的前面和后面。三角肌分为前、中、后三部分，前、后部分是单羽状，中部是多羽状。三角肌的三部分在功能上是分开的。前部是屈及不平屈的原动肌，又是内旋和外展的辅动机。中部是外展及水平伸的原动肌。中部的大部分位于前面的纤维除外，它们正常的功能为三角肌前部的辅动肌，中部的后面纤维亦同三角肌后部有相似的功能。三角肌后部是水平伸的原动肌，又是后伸及外回旋的辅动肌。其在内收和外展动作中都能起作用，明显不是原动肌，而是作为稳定肌用于对抗原动肌所产生的不必要的内旋或水平屈动作的倾向。

冈上肌是小而相当有力的肌肉，其填满了冈上窝，上面为斜方肌所覆盖。冈上肌是外展的原动肌。它在外展动作中构成第一类杠杆，其作用是使肱骨获得很好的机械效率，同时其也有助于把肱骨头部直接拉进关节窝，在一定的程度上防止关节错位。

胸大肌是一大块羽状肌肉，紧贴皮肤，覆盖在胸前。胸部肌肉原来是一整块，胸大肌在表层，胸小肌在深层。有时也可以找到一块小胸肌，从第一肋软骨伸展到喙突上。胸大肌的锁骨部分是屈曲动作的原动肌，又是手臂外展到水平位置且以继续外展的辅动肌。胸骨部分是伸及内收的原动肌，这两部分纤维在水平屈运动中作用都很大，且它们都是内旋动作的辅动肌。

喙肱肌位于三角肌深层和胸大肌前面，在手臂的前面和内侧面，得名于其附着点的一小块肌肉。喙肱肌是肩关节水平屈的原动肌，又是前屈动作的辅动肌。由于其体积小，故不能在前屈动作中有效地替代原动肌作用。如果原动肌瘫痪，将由它来稳定肩关节，防止肱骨出现向下位移的趋势。在手臂处于外旋位置时，喙肌使它内旋到中间位置。相反，当手臂处于内旋位置时，喙肱肌使它旋到中间位置。

背阔肌是一块很宽阔的肌肉，位于背的下半部分，除了一小块区域被斜方肌所覆盖之外，其余都直接位于皮下。背阔肌是肩关节内收、伸及过伸动作的原动肌。其又能协助水平伸及内旋。

大圆肌是一圆形的小肌肉，沿着肩胛骨腋缘排列。大圆肌作为一种羽状肌，肌纤维直接起于肩胛骨，在无阻力的运动中，大圆肌不表现活动，但是，在抗阻力做内旋、内收和伸的动作时，它是原动肌。它还能够协助水平伸。

冈下肌和小圆肌都在肩胛骨背面，其作用相同。从形态上讲，小圆肌算是三角肌的一部分。冈下肌和小圆肌都是肩关节外旋和水平伸的原动肌。它们参加构成外展及屈曲所需的力偶。

肩胛下肌得名于它的位置，因该肌附于肩胛骨，靠近胸壁。肩胛下肌同冈下肌、小圆肌可视为一个功能单位，形成外展和屈曲所需的力偶。肩胛下肌又作为肱骨内旋的原动肌而发挥作用，在这方面是同冈下肌及小圆肌相对抗的。肩胛下肌在防止肩关节错位上起着重要的作用。

肩袖是一个由肩胛下肌、冈下肌和小圆肌等肌腱在肱骨头周围形成的“帽盖”状结构，这些肌腱的协同作用，把肱骨头牢固地保持在关节盂里，从而防止肱骨发生向下脱位，并能使手臂得以回旋和外展。而这些回旋肌的腱一起合并进入关节囊，起着稳定的作用。

四、肩带和肩关节的基本运动

以上所述有关肩带和肩关节运动的内容大部分都着眼于个别的骨、关节和肌肉。为了正确理解整体的功能和运动，对个别的组成部分，不管它是解剖学的部分，还是运动中的一个阶段，进行分析研究也是完全必要的。但是，肌肉从来不是孤立地起作用的，这在前面的章节内容中已说过。从人体运动实用的观点来说，我们的兴趣还在整体运动上，而整体运动则是由这些个别活动合成的。

下面来说说强调包含肩带及肩关节的各块肌肉相互作用而形成的某些重要关系。实际上所有的肩部运动，其最终目的都是为了增加手的活动范围。几乎所有手臂的运动，都会与肩带的运动作用产生联系。如果把手臂保持在某一静止位置肩带必须稳定，以便支持手臂。但有意识地注意动作过程，可以进而改变（肩带）动作的形式。

1. 上提

手臂屈曲和上展都伴随着肩带上回旋。在手臂开始上提30°~60°时，肩胛骨可能保持不动或使其产生上回旋，而上回旋则取决于起点的位置、运动速度、阻力的大小和方向，以及当时的各种不同情况。在外展30°或屈曲60°之后，上提手臂与肩胛上回旋的关系明显地变得一致起来，即肩关节每运动2°肩胛回旋1°。

如果手臂向后方提起（过伸）很少伴随着肩胛上回旋，但常常发生肩带的上提，正常的肩关节屈曲与肩带外展及上回旋相联系，特别是在手臂前屈触及目标或推一物体时更是如此。这里前锯肌在上述动作中特别重要，因为它是能使肩带外展同时又能上回旋的唯一的一块肌肉。

2. 手臂下降

肩关节常常伴随着肩带下回旋及内收；单独内收则常常只牵连到下旋。如果阻力只是上肢的自重和手持重物，而且躯干又处于直立位置，那么此动作通常由肩带上回旋肌和肩关节上提肌以离心收缩来完成。在肩关节抗阻力用力内收时，背阔肌得到胸大肌胸骨部的帮助，使肩带一面内收一面下回旋。背阔肌和胸大肌胸骨部引起手臂和肩带的前后的偏移正好相互中和。例如，在双杠上做双臂屈伸动作，能清楚地看见背阔肌和胸大肌对肩带动作的作用。

3. 臂的回旋

肩关节内旋通常都伴随着肩带外展，外旋则伴随着肩带内收。当极度回旋时，这些倾向则十分明显。

4. 手臂的水平运动

肩关节水平屈经常伴随着肩带外展，水平伸则伴随着内收。

5. 手臂外展的幅度

手臂的外展和回旋动作能够展到何种程度，在极度外展时，发现不能得到大幅度的内回旋动作，我们认为，肱骨大结节撞击关节盂顶部，或挤压着关节盂顶部和肱骨大结节之间的软组织是其根源所在。

五、肩关节对咏春拳训练的意义

肩关节的肌群复杂，结构松弛，这使得其活动范围很大，但抵御外伤能力比较小。它是人体关节中最灵活但也是最不稳固的一个关节。运动中受伤约有20%同肩有关，特别是在摔跌动作中发生率更大。对于运动的损伤，研究清楚地指明，在参加咏春拳运动项目之前，进行素质的预备训练中必须突出增强肩部力量的练习。即便如此也并不能保证万无一失。

如果肩关节受伤后，应尽一切努力使它活动，即使有些不舒服也得运动。热敷、按摩和锻炼都有助于克服纤维粘连的趋势。

肩关节也是咏春拳训练中发展的重要关节之一，特别是各式手法中都对肩关节有着较高的灵活性要求，在咏春初习期间经常有遇到强调落膊之类的，当然，这也是提高咏春拳必须进行的肩关节部位的练习。例如，及肘、跪肘、劈肘，以及拳法、掌法等技术都需要肩关节配合达到最佳动作效果。

第六节　肘关节和桡尺关节

肘关节和桡尺关节在功能上显然是不同的。肘关节允许桡骨和尺骨对肱骨做屈和伸，而桡尺关节则允许前臂做旋前和旋后。

一、肘关节和桡尺关节

肘关节是一种屈戌关节，其关节面是尺骨滑车的半月切迹对肱骨滑车，大部分重量就

是由这里承受的，桡骨头近端关节面（桡骨小头凹）对肱骨小头。关节囊和滑膜把这一关节包在一起，同时把桡尺近端关节也包在里面。关节囊纵向增厚部分称为前韧带、后韧带、桡侧副韧带及尺侧副韧带。

肘的屈伸范围约为150°，其也取决于解剖结构关节使用情况的个体差异。屈曲时受到上臂和前臂软组织皱褶的限制，伸则受到尺骨鹰嘴与肱骨接触的限制，也可受到对侧韧带和肌肉拉紧的限制。当然，有些人能够使肘关节过伸，从而在双手倒立或做推的动作时把它“锁住”。体操运动员、举重运动员或其他的一些运动员，常可用力做完全伸的动作，也能够使肘关节过伸。

桡尺关节有3个不同的桡尺关节。桡尺近端是桡骨头同尺桡切迹组成的车轴关节，它共同使用肘关节滑膜和关节囊的一部分。环状韧带包裹着桡骨小头，其两端附着在尺桡切迹处，把桡骨头牢固地保持在其位置上。

桡骨在旋前过程中围绕着自身的长轴旋转，大拇指从上侧转向内侧，桡骨头在尺桡切迹和环状韧带之中转动。在旋后过程中，拇指从内侧转向外侧。

在肘关节处于伸位时，上臂在肩关节处的内旋和外旋可能伴随桡尺关节的旋前和旋后，来增加由前臂单独所能完成的旋转幅度。上述这两个关节旋转运动总的范围接近270°。

桡尺中间连接（骨体间连接）是无腔隙的微动的韧带型连接。桡骨和尺骨骨干的内缘由一名为骨间膜的韧带组织和不大的斜索连在一起。骨间膜纤维是斜行，它们在桡骨上的附着点高于尺骨，如此是除了防止桡骨和尺骨过度分离外，还有传送并缓冲承受纵向力的作用。在依靠手臂支撑的位置上时，体重首先由肱骨传给尺骨，而从手上来的抵抗力则在腕关节处首先传给桡骨。阻止桡骨和尺骨彼此发生纵向滑移的趋势在很大程度上也是依靠骨间膜。

桡尺远端关节是由尺骨远端同桡骨的尺骨切迹之间形成的车轴关节。联系桡骨和尺骨并把尺骨远端同腕骨分隔开的关节囊和韧带似的关节盘保护着关节。桡尺远端关节有它自己的滑膜腔和薄薄的关节囊。在旋前和旋后的过程中，桡骨远端部围绕着尺骨小头做滑动，同时围绕自己的长轴转动以使它的关节面靠近尺骨的连接面。

二、肘关节和桡尺关节的骨骼肌

肱三头肌在上臂的后面，它有3个分离的起点。

尺骨鹰嘴延伸到肘关节下方，三头肌止于鹰嘴顶端，这样使尺骨成为第一类杠杆，肱三头肌便成为肘关节伸的原动肌。杠杆有利于发挥速度而不利于发力。在肱骨运动的大部分的过程中，三头肌的拉力角度为90°，肱骨下端作为滑车肌腱即在此通过。滑车肌腱肌短纤维较多，而且拉力角度大，如此使肱三头肌既可获得速度又可得到力量。长头在肩胛骨上的起点使它既能对肩关节起作用，又能对肘关节起作用。

肱三头肌各部分收缩都引起伸肘，内侧则是原动肌。长头单独收缩可以帮助肱骨在肩关节做内收、伸以及过伸。

肘肌是手臂背面的一小块三角形肌肉，此看起来似是肱三头肌的延续。肘肌的主要功能是伸肘和加固肘关节。

肱二头肌是上臂前面一块突出的肌肉，其有两个起点，肱二头肌呈梭形。肱二头肌对3个关节，即肩、肘和桡尺关节所起的作用为：在肩关节，二头肌长头收缩能加固关节，还可协助外展；短头收缩则协助屈、内收、内旋及水平屈。

肱桡肌是位于前臂外缘的梭形肌，使肘至拇指基底部呈一圆形隆起。肱桡肌是肘屈曲的原动肌，当动作快或对抗阻力时，尤其是这样。当前臂旋后并超过中间位置时，只能轻微地协助屈曲。

在旋前位，肱桡肌协助旋后，在旋后位，它又能协助旋前。因此，在肘关节屈曲过程中，它有助于把桡尺关节移向中间位并保持在那里，从而使前臂稳定在最“自然”的位置。只是，当肘在伸位时，无论想旋前还是旋后，肱桡肌都保持不动。在这种情形下，能够通过肩关节回旋把前臂稳定在中间位置。

肱肌就是上臂肌，它位于肱二头肌和肱骨之间靠近肘处。

肘关节的屈曲。无论前臂是在旋后、中间或旋前位置，肱肌都有同样的效能，因它的拉力方向不因前臂的回旋而改变。

旋前圆肌是一小块纺锤形的肌肉，它斜向穿越肘的前面，有一部分被肱桡肌覆盖。每当需要高速运动或遇到阻力时，旋前圆肌就会在前臂旋前运动中协助旋前方肌。如果没有负荷时，屈前臂不需要旋前圆肌参加。如果在抗阻力做纯粹的屈曲时，它可以和肱二头肌一起发挥作用。它的旋前作用可中和某些较大肌肉的旋后作用。

旋前方肌是由一薄片平行排列的纤维组成的方形小肌，其位于近腕处前臂前面深层。不管肘关节角度如何，旋前方肌是前臂旋前的原动肌。

旋后肌是一块宽的肌肉，其位于肱桡肌和伸腕肌群的下面，附着于肱骨外上髁。旋后肌只能在缓慢或没有阻力的旋后动作中发挥作用，或者是在肘伸时快速旋后时起作用。如果在旋后遇到阻力，或在屈肘时快速旋后，就需要肱二头肌的帮助。

三、肘关节和桡尺关节的基本运动

肘关节和桡尺骨连接的基本运动是屈、伸、旋前和旋后。在诸如推、拉、打击或投掷一类的基本技能中，手臂的几乎每一个动作都不仅仅涉及肘关节和桡尺骨的连接，且同样涉及肩关节和腕关节。这里虽然有研究它们孤立的动作的必要，但实际的动作毕竟不是孤立的。在分析手臂及其有关关节完成的简单熟练动作时，必须要把它们相邻部分联系起来考虑。

前臂在保持其纵轴不动的条件下旋前时，会发生两个微小的动作。那时尺骨略有伸及“外展”。如果在同样条件下做旋后动作时，尺骨则会产生相反的动作。

不同的前臂位置、屈曲力量的差别必定是随着肱二头肌、肱肌、肱桡肌和旋前圆肌长

度以及力学效应而改变的。其中肱肌不受前臂回旋影响。当前臂由旋后转为旋前时，肱二头肌长度不断增加，但其力学效应却不断降低，因为肌腱绕在桡骨上，使有效的力臂缩短了。如果肱桡肌在中间位置时力学效应最佳，但是旋前转为旋后，或旋后转为旋前、力学效果增加的同时，肌肉长度却缩短了。这两个因素可能在很大程度上是相互抵消的，但旋前圆肌在旋前位置上长度最短，同时力学效应也相当小。因此，其总体效果在很大程度上是在于旋前圆肌的改变。

四、肘关节和桡尺关节对咏春拳训练的意义

受到突然的冲击力，肘关节和桡尺关节特别易受损伤，最常见的是发生在摔法和擒拿中或打斗中，在这些训练中可导致骨折、肌肉劳损和扭伤，或者骨片撕裂。因此，在咏春拳训练中就要预防这方面的事故发生。

另外，有关肘底力以及肘部要求在咏春拳日字冲拳、伏手、摊手、膀手类技术动作中，对于肘部有特殊的要领要求练习，具体方法参阅咏春拳各拳架动作技术方法要领。

第七节　腕和手

手是人触觉灵敏的器官，通过它，可以知道物体的表面质地、形状、大小、轻重、软硬以及其他性质。因此，大脑皮层有相当大的区域管理着手的运动。

手包括27块骨，20多个关节，它的活动涉及33块肌肉。

一、腕和手的关节

桡腕关节加上几个腕间关节共同构成腕关节。

桡腕关节是椭圆关节，位于桡骨远端和第一列腕骨即舟骨、月骨和三角骨之间。尺骨和豌豆骨都在其中并合，尺骨与腕骨之间被纤维软骨隔开。3块腕骨排列在桡骨远端关节面即桡腕关节面，其滑动的方向取决于动作的性质。腕关节韧带主要是尺腕掌侧韧带和桡腕掌侧韧带，加上牢固而松弛的关节囊。

腕骨间关节是两排腕骨之间的滑动关节。每一列的腕骨同本列别的腕骨之间也有关节，称为摩动关节，由粗大有力的韧带支持着。

腕关节，可实现除了回旋以外的各种运动。外展是腕向拇指方面弯曲。还原并继续内收使腕向小指方向弯曲为内收。屈腕使前臂前面同掌心接近叫作屈，还原叫作伸。这些运动组合产生环转。肩关节和桡尺关节联合回旋可使手转到270°。

腕掌关节是除了拇腕掌关节以外的滑动关节。拇腕掌关节是鞍状关节，有一个厚而松弛的关节囊。第二到第四腕掌关节由背侧韧带、掌侧韧带和骨间韧带同相邻的掌骨连成

一体。

腕掌关节的运动。第二、第三腕掌关节实际上是不能运动的，但第四腕掌关节可做一些屈曲，第五腕掌关节活动范围更小，它们只在手掌窝成球形屈面的动作中有帮助作用。

第一腕掌关节是一不规则的关节，能做广泛的独特的运动。拇指同食指分开的距离比其他手指间的距离大，而且它还可围绕自己的轴转动，使得第一掌骨在平行于手掌的平面里做屈曲运动。还原运动叫作伸。如果从解剖的位置开始，第一掌骨在垂直于手掌的平面内做离开第二掌骨的运动，称为外展。内收则是外展的还原动作。另外，第一掌骨还可做外展、环转及回旋的联合运动。

5个掌指关节各有一个关节囊、一条掌侧韧带和两条侧副韧带。第二、第三、第四、第五掌骨由掌面的腕横韧带把它们相互连接起来。

掌指关节的运动。第一掌指关节是屈戌关节，只能屈伸，其活动范围为90°。第二至第五掌指关节，通常称其为球窝关节，它可在两个平面内运动。首先是可以屈范围在90°左右。另外，还可以过伸。食指和小指运动范围，从几度到40°之间。而且还可以向侧方运动(外展和内收)。

拇指有一个指间关节。其余诸指每个有一个近端关节和一个远端关节。所有的这些指关节都是屈戌关节，只能屈伸。每个指关节各有一个关节囊、一条掌侧韧带和两条侧副韧带。这两条副韧带则在正常情况下将阻止过伸运动。

二、作用于腕关节上的肌肉

作用于腕关节上的肌肉共有6块，其可分类为桡侧腕屈肌、掌长肌、尺侧腕屈肌、桡侧腕长伸肌、桡侧腕短伸肌和尺侧腕伸肌。

另外，还有穿越腕部的非固有肌，它们可以在腕关节运动中起辅助作用。作用于手上较大的肌肉都位于前臂，而且都通过细而长的肌腱同各自的止点连接。这些肌腱被约束在腕管内，此带即名为屈肌支持带，其是由腕掌韧带和横韧带组成的。

手的外展是由桡侧屈肌及桡侧伸肌联合作用产生的，而尺侧屈肌和尺侧伸肌联合作用使手内收。

桡侧腕屈肌是纺锤形的梭形肌，在前臂前面上半部分，紧贴皮下，在肱桡肌内侧。桡侧腕屈肌的作用是使腕关节屈和外展。

掌长肌是一条细长的肌肉，在桡侧腕屈肌内侧。其作用是拉紧掌腱膜。掌长肌体积小，在屈腕中只有微弱的辅助作用。

尺侧腕屈肌在前臂内侧。尺侧腕屈肌的作用，是腕关节的屈及内收。反抗阻力用劲使手腕屈曲时，3块屈肌的肌腱很容易摸到。

桡侧腕短伸肌在桡侧腕长伸肌的下方。其作用是使腕关节屈和外展。

尺侧腕伸肌在前臂后面尺侧。其作用是使腕关节屈伸。

三、运动手指的肌肉

前臂有3块肌肉，它们对4根手指都起着作用，其中两块有屈肌，一块是伸肌。其名称分别为指浅屈肌、指深屈肌和指（总）伸肌。

这些肌肉中的每一块都有4块肌肉通往4根手指。从前臂下端1/4开始，每根肌腱受到各不相连的肌纤维的作用，这样有可能使手指分别进行屈伸，也可同时进行屈伸活动。当然，不同的人完成这个动作的能力差异很大，这是因训练量及训练类型不同而造成的配合不当，并不是肌肉结构上的差异。

另外，还有两小块非固有肌有选择地作用在不同的手指上，它们为食指伸肌和小指伸肌。

指浅屈肌位于前臂前面，正好在桡侧腕屈肌及掌长肌下面。但每个人的指浅屈肌变化多端，很少见到这块肌肉的形状是相同的。指浅屈肌的作用是第二节指骨及第一节指骨的主要屈肌并协助屈腕。

指深屈肌在指浅屈肌的下面。指深屈肌使所有手指屈曲，并协助屈腕。

伸指肌为纺锤形（梭形肌），位于前臂背侧中段。伸指肌的作用是收缩使第一节指骨和腕伸。

食指固有伸肌是长而细的肌肉，在拇长伸肌内侧，并与之平行。食指固有伸肌使食指的第一节指骨伸，并协助内收；其还能协助伸腕。食指固有伸肌可通过背面的扩张部分使第二中节和第三节指骨伸，特别是当第一节指骨保持在屈曲位时尤为明显。

小指固有伸肌是细长形梭形肌，同伸指肌平行，在它的内侧，而且常常附着在它的上面。小指固有肌伸的作用是伸小指第一节指骨并协助伸腕。通过背面扩张部（背腱膜）来伸第二、第三节指骨，特别是当第一节指骨保持在屈曲位时。

四、手肌

手本身有三群小块肌肉帮助屈伸手指，同时也帮助它们外展内收。手肌共有11块，即4块蚓状肌、4块背侧骨间肌和3块掌侧骨间肌。

蚓状肌在掌侧，骨间肌在掌骨之间。所有11块肌肉都有屈第一节指骨，伸第二、第三节指骨的作用。

另外，还有3块肌肉只对小指起作用，即小指外展肌、小指短屈肌和小指对掌肌，它们对手有特殊的作用。

蚓状肌是梭形的4块小肌肉，因其外形与蚯蚓相似而得名。蚓状肌在指间关节伸位时是掌指关节力量弱的屈肌，但在伸指肌配合下又是指间关节的主要伸肌。当掌指关节固定在屈或伸时，蚓状肌可使四指向拇指方向弯曲，即食指外展，中指向桡侧屈，无名指内收，小指内收。

背侧骨间肌是4小块双羽肌，其位于手背侧4块掌骨之间。其作用是第一背侧骨间肌外展食指，第二肌呈放射状可屈中指，第三肌屈中指，第四肌外展无名指。全部能协助屈食指、中指、无名指的第一节指骨，还可以协助上述各手指的第二、第三节指骨。

掌侧骨间肌是3小块单羽状肌，在第二、第四、第五掌骨中心一侧的掌侧面。掌侧骨间肌使食指、无名指及小指向中指方向内收。同时，它们各自都能协助上述三指的第一节指骨做屈以及上述各指骨的第二、第三节指骨的伸。

小指展肌在手的尺骨边缘，较易触摸到。小指展肌可外展小指，并协助屈其第一节指骨。

小指短屈肌纤维并入小指外展肌，它实际上是后者的一部分。小指短屈肌的作用可屈小指的第一节指骨。

小指对掌肌呈三角形，紧贴在小指短屈肌深层。小指对掌肌的作用是当手做窝形动作时，使第五掌骨略屈曲及回旋。

五、运动拇指的肌肉

使拇指运动的8块肌肉中，有4块位于前臂——拇长伸肌、拇短伸肌、拇长展肌和拇长屈肌。另外4块构成鱼际（手掌拇指侧的隆起——拇短屈肌、拇指对掌肌、拇短展肌和拇收肌）。

拇长伸肌在前臂背面，食指固有伸肌旁边。同食指固有伸肌一样，可以将其看成伸指肌的一部分。拇长伸肌是拇长展肌的特殊部分。拇长伸肌伸拇指末节指骨。如果继续收缩便会使第一节指骨伸，并内收第一掌骨，从而牵拉拇指向手的其余部分靠拢。另外，还可以协助伸腕。

拇短伸肌在前臂背面，伸指肌的深面。拇短伸肌的作用是伸拇指第一节指骨，如果继续作用可使第一掌骨也伸并协助其外展。另外，还可协助腕外展。

拇长展肌位于前臂，是唯一屈曲拇指的肌肉。因拇指没有第二节指骨，所以拇指肌肉自然也就没有对应的指浅屈肌和屈曲第二节指骨的肌肉。拇长屈肌在前臂上位于指深层肌外侧，并像后者一样附着于末节指骨。拇长屈肌的作用是屈拇指的末节指骨，继续收缩时则可使第一节指骨、掌骨及腕也屈曲，并能使掌骨及腕内收。

拇短屈肌位于两个短屈肌（拇收肌和拇指对掌肌）的中间。拇短屈肌的作用为屈拇食指的第一节指骨，拇指侧掌骨（第一掌骨）屈曲及内收。

拇指对掌肌是一小块三角形肌，在拇短展肌深面。拇指对掌肌的作用是对掌运动，此是拇指掌骨做部分环转。有了对掌肌使拇指尖能逐个和四指指尖接触。

拇短展肌位于手掌鱼际外侧皮下，其呈纺锤形，分成两部分。拇短展肌的作用是使拇指掌骨外展及内旋。

拇收肌是鱼际中最深的一块肌肉。拇收肌的作用是使拇指内收及过屈。大拇指处于伸和外展位，它将使第一掌骨内收，使之接近掌面。

六、腕关节运动

如果只考虑腕关节运动的原动肌，4个对角线的动作中每一个动作都有一块原动肌是处于适当的位置完成该运动的。桡侧腕屈肌，以完成屈和外展；尺侧腕屈肌，以完成屈和内收；桡侧腕伸肌（长肌和短肌可视为一体），以完成伸和外展；尺侧腕伸肌以完成伸及内收。这里所有这些的原动肌中没有一块能产生纯粹的展、伸、外展或内收。如一旦要求完成这种纯粹的动作，需要有一对原动肌协作，即两块肌肉同时收缩，配合起来产生所希望的动作，同时又中和对方原来具有但不希望产生的其他动作。

多关节肌收缩时，它对于被跨越的每一个关节都有产生运动的趋势，这是一个规律。许多的长肌都是以桡骨、尺骨或肱骨为起点，然后跨越腕关节，就在腕关节上起辅动肌作用。而它们的主要作用则在于远端关节，最重要的长肌是指浅屈肌、指深屈肌和伸指肌。

七、手指的运动

了解背伸或伸肌扩张部的复杂而高度专门化的结缔组织系统，便可合理地解释伸手指的机制。

伸肌扩张部位于四指中每一手指的背面，其结构与拇指稍有不同。

伸肌扩张部使得伸指肌既能伸第一节指骨，同样也能伸第二和第一节指骨。当然，蚓状肌和骨间肌在侧带和骨间肌部进入伸肌扩张部，这一扩张部以第一指骨屈和第二、第三指骨伸的形式围绕于第一节底的侧面。正因为有了这一机制才可能完成捏等动作。

伸指肌潜在地能伸4根手指的诸关节，但实际上很少有人单独使用伸指肌这3个关节同时都伸的，这是因为总的收缩能力不够。

深、浅屈指肌各由分隔开的纤维束构成，可以分别对它们施加刺激，即可以一根手指一根手指地激活4根手指的长屈肌腱。伸指肌不像屈肌那样灵活，因为其有3根纤维带穿越手背同伸肌腱交叉联系在一起。无名指特别受到这种限制，食指和小指有自己的伸肌，名为食指固有伸肌及小指固有伸肌。这两小块肌肉止于相应的伸指肌腱及伸肌扩张部，加上手指各自的其他小块肌肉，便使得手指运动可以达到极为精细的地步，从而表现出惊人的灵活性，诸如咏春拳各手法的不同路线方向的功夫。

八、拇指的运动

拇指相对于四指对掌运动是一种独特的动作。虽然拇收肌和长屈肌、短屈肌本身处在相对的位置，但对于对掌肌的收缩则是决定性的因素。

用力握紧拳头，或做简单的手部动作时，拇展肌把拇指拉离手掌，而拇指对掌肌则使拇指侧掌骨回旋，使拇指在掌心前面同四指相对。四指则因深、浅屈肌收缩而屈曲。伴随着发生或紧接发生着发生的拇收肌及拇屈收缩再加上伸腕，便完成了这个动作。

手的砍的动作中也包含了有力的手腕内收。这个动作起主要作用的是拇指3块屈肌。细微的捏、揪动作中，拇指和四指指尖必须并拢，这里需要让拇指处于对掌位，并把近端的指骨屈成接近直角，因为拇指要比其他四指短得多。

九、腕和手的运动对咏春拳训练的意义

腕和手上肌肉的大小、力量和附着点的差异或存在与否，以及类似的因素，都可能是运动中握或抓动作方式存在着个体差异以及其他运动技巧上存在着明显的特异性的原因。

咏春拳训练或比赛损伤中有大约7%是手伤。特别是在摔法中出现的侧副韧带损伤是普遍的。因此，咏春拳运动造成手指和腕骨骨折最常见。

在进行训练或比赛时，或打斗中就要注意这方面的生理因素，以预防不必要的损伤事故发生。

另外，咏春拳是特别注重手法的搏击术，在腕和手上有较多的手法动作锻炼方法，例如各种摇手、摊手、伏手等手法技术对腕部就有着特殊的要求。

第八节　脊柱

人体躯干的骨轴称为脊柱，它由33块脊椎骨组成；其中24块共同形成一根可弯曲的圆柱体。7块脊椎在颈部称为颈椎，12块在角区称胸椎或背椎，5块在腰区称腰椎以及由5块骶椎愈合为一块骶骨即骨盆的后部，最下面的4块只得到局部发育，形成尾骨。骶骨以上的脊柱可以弯曲。每块椎骨都承担该椎骨以上身体全部的重量，因此，越是下位的椎骨承受的重量越大，长得也就越大。脊柱的柔韧性使它无论在坐位或是站位都能保持脊柱上的重量平衡。

一、脊柱的构造

每块脊椎都有几个重要的特征。椎体是最大的部分，也是最重要的部分，重量就是经过它来传递的；后面是两个椎弓，然后是两块椎骨板。这五部分包围着椎孔。棘突伸向后部，两侧各有一个横突。4个关节突，两个在上面，两个在下面，分别同上下的椎骨连接。每一个椎弓根下面是椎间切迹，脊神经则是由此孔穿出。所有的椎骨除了具有上述那些结构之外，胸椎还有4个关节面连接着肋骨，供肋骨附着。

胸部骨骼（胸廓）包括胸骨和12对肋骨，每块胸骨连接着一对肋骨。上面10对肋骨由肋软骨附着于胸骨，下面两对则只同椎骨连接。

椎间关节有两类，即相邻椎骨体间的软骨型无滑膜微动的连接和相邻椎骨的关节突之

间的滑膜型滑动关节。此两类关节又受到上胸区的肋椎关节运动的补充和制约。因此，椎骨间的运动是上述三类关节有限的合成。

软骨性椎间盘牢牢附着在椎骨体上，并把相邻的椎骨体分隔开。椎间盘是由髓核和纤维环组成的，髓核是位于中心的凝胶状物质，纤维环包围着它。纤维环是一层粗厚牢固的纤维软骨，它的纤维斜向排列，阻止任何方向上的过度的运动。软骨盘可以变形，其保证了椎骨间的活动性，同时又为之提供了缓冲垫。在脊柱承受负荷时髓核受到压缩，其在环状纤维上旋加相当大的离心力，而使纤维受到拉伸，而不是压缩。此种情况能够导致髓核突出。在每个椎间盘上、下两面牢固黏附于椎骨骨质面上的软骨薄片。除了椎间盘的结合以外，椎骨还由韧带联系着；即前纵韧带和后纵韧带，其从颅骨一直延伸到骶骨，另外还有联系相邻椎骨骨体的外侧短韧带；联系椎骨板的黄韧带；联系棘突间的是棘间棘韧带。颈区棘突短，棘间韧带被一根整体的强韧有力并有弹性的韧带所代替，此根韧带称为项韧带。

正常的脊柱从前或后面看，都接近一条直线。实际上，脊柱在胸区略微向右弯曲，有人认为这是由于主动脉的压力，其他的一些人则认为这是由于右侧斜方肌和菱形肌的牵拉，因为习惯使用右手的人其右侧斜方肌和菱形肌比左侧用得多。但上述的这种偏差太小，在正常的活体上很难观察到。

如从侧面看脊柱，它有4个正常弯曲，即颈和腰曲向前凸，凹面向后，而胸曲和骶曲则向后凸。这些弯曲彼此衔接平滑，唯一接近尖角的地方是最末一节腰椎与骶骨结合处；这里产生剧烈弯曲是由于骶骨项向前倾斜约45°造成的，称为骶角。

胸曲实际上在出生前就已经存在了，因为胸椎体边缘较薄。

二、脊柱的运动

脊柱因其弹性椎间盘受到压缩和变形，以及关节突相互滑动而产生脊柱的运动。除了寰枕关节和寰枢关节外，其余每一个椎间关节单独的运动范围都较小，尽管所有关节总的运动范围显得很大。一般来说，椎间关节运动受到韧带张紧程度、关节面的形状和方位，棘突对合情形（限于伸），以及肋骨的存在（限于胸区）等诸多因素的影响。当然，对于少年儿童进行的训练，可以培养出惊人的脊柱运动范围，而且这种柔韧性能够保持到成年，这说明多数人身体上绷紧的韧带是限制运动范围的主要结构。

屈是向前弯曲，有使前面彼此接近的趋势。在颈部和腰部屈曲是自由的，但在胸部因肋骨而受到很大的限制。年轻的运动员能消除颈曲和腰曲并能增加胸曲。因为脊柱运动涉及关节太多，所以屈曲的程度和其他的脊柱运动一样，很难进行测量，而且还有脊柱屈曲不易与髋并联屈曲区分开。

伸是从屈曲位返回解剖位置，以及继续后弯。脊柱从竖直位向后弯曲的动作有时也叫作伸。

侧屈是指脊柱向旁边的弯曲，或是向左或是向右。为了同我们对关节运动的叙述习惯保持一致，从右（侧）屈返回解剖位置中做左（侧）屈，反过来也一样。侧屈在颈区和腰区最为自由。

回旋是脊柱绕长轴扭转，称之为向左回旋或向右回旋。头或肩相对于固定不动的骨盆向右回转，或者骨盆相对于固定不动的头、肩或脊柱上段向左回转，都是右旋。

三、脊柱肌

产生脊柱运动的肌肉成对地存在于（脊柱）左右两侧。每一块都能够而且也经常是独立收缩。脊柱前面的肌肉经常是直接地附着在椎骨上。例如腹直肌，它联系附着下面几根肋骨和骨盆的耻骨。腹直肌缩短时，胸廓要向骨盆位移，或者骨盆向胸廓运动。而这都是脊柱受到牵拉屈曲的结果。除了腰方肌之外，所有脊柱屈曲的原动肌，或者是伸的原动肌，可以归纳为如下的几类：

胸腹肌群。

腹肌群（腹直肌、腹外斜肌、腹内斜肌）。

胸锁乳突肌。

3块斜角肌。

椎骨前群（颈长肌、头长肌、头前直肌、头侧直肌）。

腰肌。

伸肌群。

脊后深肌群（横突间肌、棘间肌、回旋肌、多裂肌）。

半棘肌群（胸半棘肌、颈半棘肌、头半棘肌）。

骶棘肌（腰髂肋肌、胸髂肋肌、颈髂肋肌、胸最长肌、颈最长肌、头最长肌、胸棘肌、颈夹肌、头夹肌群）。

枕下肌群。

纯侧屈肌。

腰方肌。

四、肌群

脊柱区域包括了近140块肌肉。对于运动作一般性分析，包括人体力学的非医学方面，可对肌肉群进行研究，较为明了些。把肌肉再分为两类，即一是作用在颈椎上的肌肉；二是作用在脊柱胸腰段上的肌肉。

如从本质上使关节产生相同的活动的肌肉可归为一类。腹肌群包括腹直肌、腹外斜肌和腹内斜肌，一般情形下它们产生屈曲和侧屈，如在回旋方面的功能则不同。骶棘肌群包括颈髂肋肌、颈最长肌、头最长肌、颈棘肌、角髂肋肌、腰髂肋肌、胸最长肌和胸棘肌，它们共同产生脊柱的伸、侧屈和同一方向的回旋。脊后深层肌群包括横突间肌、棘间肌、

回旋肌和多裂肌，它们共同作用，使脊柱伸、侧屈和向对侧回旋。胸半棘肌在功能上也是这个肌群的组成部分。

五、单纯的侧屈肌

腰方肌在脊柱的两侧，左右各一，于髂肋肌深面是一块平板状扁肌。

腰方肌是同侧侧屈的原动肌。两块肌肉同时作用时，使最后骨根肋骨下降，并在膈肌收缩时帮助它固定以协助吸气。腰方肌的主要功能在于稳定脊柱。

六、脊柱屈肌

腹直肌比较细，竖直地通过腹壁面。左右腹直肌被一条名为腹白线、约2.5厘米宽的腱质性的带状物分隔开。

脊柱直肌是脊柱屈曲的原动肌；一侧腹直肌单独收缩可以帮助同侧屈。在直立位时，以骨盆为固定点，腹直肌的前面牵拉向下，其力作用在两组关节上即肋椎关节和椎间关节。腹直肌静息时呈曲线形状，一旦发生作用首先是使腹壁变平，这样使其成为直线。

腹直肌和腹外斜肌的收缩是限制最大随意性呼吸深度的重要因素。也许它们是在完成呼气动作中起作用，而不是在开始的阶段起作用。

腹外斜肌覆盖着腹部的前面和侧面，其位于腹直肌与背阔肌之间。

腹外斜肌是屈曲、同侧侧屈及对侧回旋的原动肌。牵拉作用方向与它附着的肋骨走向十分一致，可使它有很大的力量让胸部凹陷下去。如果一侧的腹外斜肌单独起作用，其会把起点拉向前下方，产生屈曲、侧屈和对侧回旋的复合运动；如果是双侧同时起作用的话，侧向的牵拉和回旋趋势中和，得到纯粹的脊柱屈曲。因腹外斜肌绕过直肌的前外侧，故它的收缩可使腹部变平的趋势更甚于腹直肌。

腹内斜肌位于腹外斜肌深层，纤维走向与腹外肌几乎成直角。

腹内斜肌是屈曲、同侧侧屈及同侧回旋的原动肌。在胸、腹前面牵拉（躯干）向下、外。如果是单侧收缩使腹部变平，向同侧回旋，躯干屈曲；两侧共同工作时将产生纯粹的屈曲。

所有用力屈曲躯干的动作，例如仰卧起坐中，腹直肌和两块腹斜肌都一起工作。如果动作的开始慢，先是抬头，腹直肌单独起作用，到双肩开始提起时腹斜肌才参与进来。侧屈是一侧腹肌起作用；而回旋则是对侧腹外斜肌和同侧腹内斜肌起作用。

胸锁乳突肌是成对出现的，位于颈部的前外侧，其形状呈“V”字形。

胸锁乳突肌的作用在头及颈椎上，它是屈曲、侧屈和对侧回旋的原动肌。如果头部固定，它可以起呼吸肌的作用。

前、中、斜角肌是按其相对的位置，以及三角形的外形命名的。

斜角肌的作用是侧屈的原动肌，以及颈椎屈曲的辅动肌。如果头固定，亦可充作呼吸肌。

另外，还有脊柱伸肌（竖脊柱肌）是许多成对的小块肌肉组成的，不同肌肉有不同功能。脊柱辅助屈肌也是脊柱和头部的辅肋屈肌。

七、躯干的运动

脊柱肌成对地出现在两侧，并且对称。躯干因此不左右摇晃，就是靠中心线两侧的肌肉间歇收缩来维持的，同时每一侧的肌肉又起着抵消倒向对侧方向趋势的作用。腰方肌，腹内、外斜肌和竖脊柱肌群是主要的固定肌。在负荷应力作用下，背部深层的短肌稳定着一个个关节，同时减少脊柱腰段的前凸。若是重力线落在腰骶关节轴线前面，负荷的增加则都将会引起并增加背部浅层长肌收缩的增强；若重力线落在此轴线后面，则腹肌收缩。而且随着身体的偏移，收缩量呈现间歇性及渐变性的变化。有时，直立的姿势并不是一动不动的僵硬位置，而是一系列连续的动作性调整所取得的准确合成的结果。这种调整是依赖发自肌肉、韧带、肌腱、前庭器官和眼球运动器官的动觉反馈来完成的。

直立位。

在脊柱的诸关节上稳定身体比膝关节或髋关节上更难。因为下肢起着承重的作用，因此在横向平面内的稳定问题得到简化。脊柱是一单独的承重圆柱体，其全靠肌力保持前后左右4个方向的平衡。如果脊柱肌弱，或者缺乏耐久力，任何方向的弯曲程度都可能显著增加，韧带便可能受到剧烈或长期限的应力作用。因此，在训练中要加强脊柱柔韧性的练习，以更好地发挥咏春拳的攻守动作协调、灵敏。

直立位运动。

假若在直立位时呈现短暂的完全平衡，如想使脊柱在任何方向运动，只需要作用于有关关节的原动肌做短暂的同心收缩即可。随着平衡受到破坏，重力作为继续运动的原动肌，使躯干倒向同一方向。在重力性运动开始的几分之一秒以内，与之相对抗的肌肉投入工作，做离心收缩，以调节或制止重力加速，并在所希望的方向上控制减弱躯干运动的速度。当运动继续进行时，做离心收缩的肌肉被拉长，直到韧带（筋膜）拉紧为止。若运动的动量足够大，韧带可能撕裂，但韧带通常情况下都足够坚固，足以吸收应力制止运动。在韧带接受重力的作用处，肌肉放松，人的躯干实际上完全由椎间韧带在受力。

如从躯干屈曲返回直立位，先是髋关节，接着是脊柱，为此要求臀部和大腿起作用。

脊柱，实际上包括整个腰部在咏春拳中的作用非常重要，各式咏春拳攻守动作中多数有要求脊柱（腰）与马配合，以体现整体合一的动作效果。

第九节　胸廓

胸廓部位包括12块胸椎，10对肋骨和肋软骨、胸骨。每根肋骨与相邻两椎体间的肋凹

关节面组成滑膜型关节，有关节囊韧带等结构。但第一肋和第十、第十一、第十二肋除外。每根肋骨都有一个结节，即连接椎骨的横突构成滑膜型关节。肋骨头与肋结节间的部分称为茎，其他剩余部分是长而弯曲的肋骨体，在其中曲率最大的点称为肋角。肋骨前端延续着肋软骨，其是透明状的条状物称为骺软骨，它在青春期之后可能部分骨化或全部骨化。上位7根肋软骨同胸骨直接相连，或者经过滑膜关节相连。第八到第十肋软骨没有同胸骨连接，而是与上面的一根肋软骨合为一体。第十一、第十二肋软骨则是自由的，因此称其为“浮肋”。胸骨由三部分组成，即从上到下分别为柄、体和剑突。在中年以前由不会骨化的骺软骨连在一起。

一、胸廓的构造

胸廓运动通常被视为一个整体，分别称为上提和下降。上提和下降运动不能与整个胸部在胸段脊柱的屈伸作用之下发生的上、下运动混为一谈。同理，若肩带内收而出的胸腔扩张，不应与真正的胸廓运动混淆。从技术上来说，胸廓的上提和下降只有同呼吸运动一起发生。

呼吸运动是胸廓上提与下降会同膈肌收缩弛张发生的下降与上升两方面配合的结果。胸廓里面为胸腔，它由纵隔将其分为左、右两部分。纵隔部分包括心脏（外面有心包），还有大血管、淋巴管、神经、胸腺、食管、气管、支气管以及结缔组织等。肺是在纵隔两侧，表面复以两层膜称为胸膜，两层膜之间为一潜在性的腔隙称为胸膜腔。此腔内有少量的液体，且因完全封闭，空气不能进入而形成负压。

吸气时，肋骨上提，胸前后径增大。肋骨体，特别是下面几根，向外侧运动，从而也增大了胸腔横径。此时，圆顶状的膈肌收缩使胸廓底变平，从而加大了垂直径。随着胸廓容积增大，大气压力使空气进入肺，使肺得到扩张。这里要指出的是，即使只吸一小口气，也都需要肌肉收缩来实现。

安静状态下呼吸不需要肌肉收缩。肌肉放松，胸部自重可使肋骨下降。肺的天然的弹性可把膈肌拉回圆顶状位置，且还有腹壁结缔组织和肌肉中剩余的张力产生压力的协助。另一方面，如用力深呼吸或者快速呼吸便需要腹部肌群和胸廓下降的肌肉做一定的收缩。

在呼吸运动中涉及的胸肌主要有肋间外肌、肋间内肌、膈肌、肋提肌、上后锯肌、腹横肌、下后锯肌。

肋间外肌是位于肋间隙的11块片状肌肉。肋间外肌在吸气中起着上提肋骨的作用，其是上部几根肋骨由斜角肌固定着。从肌电图表明，平静呼吸时肋间外肌只在吸气过程中收缩。

肋间内肌是11块片状肌肉，其正面是肋间外肌深面。肋间肌肉的作用在平静呼吸中活动量是十分有限的，但在用力呼吸时起呼气作用。

膈肌是圆顶形薄片肌肉，部分为肌纤维，部分为腱质，形成胸腔和腹腔间的间隔。腱在穹隆顶，四周为肌纤维。膈肌是主要的吸气肌，在安静呼吸时可能是唯一起作用的呼吸肌。其纤维的收缩使中央腱向下牵拉是主要的，而使肋骨和胸骨上拉是极微小的。正常的呼吸中，膈肌和肋间肌的运动密切地相互配合。膈肌下沉时变平，以使胸腔扩大。膈肌同腹部的关系，与它和胸部的关节一样，是非常重要的。膈肌下沉使胸腔增大多少，其必定使腹腔减小多少。膈推动胃、肝和其他腹部器官。但这些器官柔软并不容易被压缩，因此都被挤贴到腹壁上，此时腹壁退让，使内脏器官向前和向侧方扩张。若腹壁厚而有力的话，便会使膈肌下沉受到较大阻力，而增加了膈肌对肋骨的上拉力。

肋提肌是脊柱两侧的12块小肌肉。肋提肌的作用主要有上提肋骨，扩大胸腔，并能引起脊柱、侧屈以及轻微地向对侧回旋的作用。

上后锯肌呈现菱形、片状，肌纤维在肩胛骨上部的深层。上后锯肌深藏在肩胛骨、斜方肌和菱形肌深面，它的作用从其位置和附着点来看，可以上提肋骨。

腹横肌形成腹壁的第三层，它接近腹壁的内面，在腹内斜肌深层。腹横肌的作用是压缩腹部，协助排尿、排粪、呕吐、分娩和用力呼气。如果是在屈曲的位置举重时，重量从躯干由背阔肌传给下面背部，此时腹肌及膈肌收缩，使腹内压力升高，稳定胸廓，以对抗背阔肌施加的压力。

下后锯肌因其位置如同锯齿状而得名。下后锯肌的纤维处在能使肋骨下降的位置，并且拉力角较大，因此一般只称作是呼气肌。

二、呼吸运动

习武者对于呼吸运动的了解是较清楚的，但对于具体肌肉独特的作用，则有较大的分歧，究其原因是呼吸状况因人而异。构造上的个体差异十分惊人，例如肋骨数目、关节性质、体格一般状况，以及皮下脂肪的数量等差别较为悬殊。同时，其也受个体的姿势等因素的影响。

平静呼吸与用力呼吸完全不同。

膈肌是专一的最重要的吸气肌。吸气过程中，其圆顶变平可能是正常吸气过程中造成吸气容量的主要因素。尽力吸气时腹肌收缩平衡了膈肌的作用，从而限制了肺的进一步扩张。例如，用拳击中要害，有可能使膈肌麻痹和引起膈肌暂时的痉挛。特别是在有训练的练习者身上，膈肌所起的呼吸作用相对地超过缺乏的训练者，这样使得其得以避免因用肋骨呼吸而使扩大胸壁的肌肉疲劳。

肋间外肌作为吸气肌的重要性可能仅次于膈肌，而肋间肌则在用力呼气中主要起呼气作用。

膈肌总是活动的，并且是在平静呼吸中首先起作用的一块肌肉，第一肋间肌通常是起作用的；第二肋间肌只是偶尔才起作用；其余的肋间肌从来不起作用。随着呼吸逐渐地加深，从上到下，一块又一块的肋间肌依次开始发挥作用。

颈椎保持在伸位，如此使胸锁乳突肌有一个施力的基点，它便是一个重要的辅助吸气肌。胸锁乳突肌的作用是上提胸骨，以增大胸膛的前后径，但要估量它在力学上的重要性

是困难的。

如从解剖学上的角度看，3块斜角肌具有相同的功能。正常的人安静呼吸不需它们起作用，但通气量增大时它们可能成为最重要的辅助吸气肌。

当然，也有人认为斜角肌的作用有时是固定上方的几根肋肌，以阻止腹肌把胸廓往下拉，或者避免肺尖向上凸出。

腹肌在安静呼吸中是不活动的，腹内斜肌和腹外斜肌在用力呼气使劲时参与活动，其作用的程度同活动剧烈的程度成正比，腹直肌是相互不活跃的。

有人认为腹肌是用力呼吸时最为重要的呼气肌。腹肌对呼吸系统的影响可能反映在它们因收缩而引起腹内压力的改变上。腹内压力又要影响膈肌的位置和运动。在安静呼吸时，重力和胸廓反弹作用是足以产生呼气的。

其他肌肉如腰方肌和下后锯肌常被作为用力呼气的辅助肌，另外，上后锯肌、肋肌、竖脊柱肌和纤维斜向的伸脊柱肌则是被看作用力吸气的肌肉。在呼吸困难时，胸段颈段脊柱伸肌和胸部与肱骨相连的肌肉（例如胸大肌）、胸肩胛肌（例如前锯肌）可有效地用来稳定脊柱，并把胸廓保持在上提位置。

呼吸运动中，胸围在开始用力呼吸时增加；随后的胸廓运动的幅度相对地变小了。因此，胸部在处于扩张状态使膈肌有效面积增加，而改善了通气条件，这一发现证实了使胸部保持高位，并在剧烈活动及恢复时不受束缚的重要性。

这里仅指出，若运动员精疲力竭乃至虚脱时，应让他仰卧，双臂完全外展，如此可使被拉伸的胸大肌帮助保持胸廓上提，可让拉紧的胸锁乳突肌能够有效地参加呼吸运动。

事实上，胸廓运动可以随意调节，但观察到的胸廓上提大部分是胸段脊柱伸同时上提了肋骨和膈肌的运动而造成的，并不额外增加胸腔的容积。要指出的是，至少有些人可以学会不用收缩膈肌进行呼吸。

若没有生理或运动上的需要，武断地进行深呼吸练习没有什么用处。许多教练甚至相信，运动员力图主动调节呼吸常常会干扰动作的进行。但一般情况是，只有当繁重的工作刺激了呼吸机制时，深呼吸才会有用。这里要指出的是，在有些情况下随意调节还是有用的，其中包括以下几种情况：

（1）有意识地猛吸一口气，能够维持较长的时间，但若憋气时间太长，使氧分压过低以致缺氧，结果可致知觉丧失。

（2）深吸气有助于改善一般的姿势，从而有助于学习所必需的最佳的体位。

（3）有意识地注意连续呼吸，可以防止在繁重工作时那种不希望发生的紧张倾向。

胸廓具有保护心肺免因身体接触致伤的作用。肋骨的曲线形状，以及它的柔韧性和保持它们在一定的位置上的肌肉系统，从表面上看这些都是脆弱的，但对外伤却具惊人的抵抗能力，特别是对拳打或脚踢的抗击力。

第十节　盆带和髋关节

盆带和髋关节，即骨盆和髋关节部位。

一、骨盆

骨盆。每一侧盆带都由3块骨组成，即髋关节上方的髂骨、前下方的耻骨和后下方的坐骨。在成年以前三骨是分开的，到成年后愈合形成一个坚固的结构，称为髋骨。骨盆后方有骶骨封闭，骶骨楔入二髋骨之间，并附于其上。由骶骨和髂骨形成的关节是软骨性的，同时有3条最有力的韧带加固着，这3条韧带分别是骶髂前韧带、骶髂后韧带和骶髂骨间韧带。骶髂关节的活动度因两个关节面粗糙不平而大为减小，并因骶髂关节的运动范围极小，而把骶骨和左右两侧髂骨看作一完整的结构。

骨盆的前方通过耻骨联合使两侧髋骨联系在一起，耻骨联合面之间有一肥厚的纤维软骨。此关节连接紧密并得到耻骨上韧带、耻骨弓状韧带，以及联系于耻骨间的纤维软骨的加强。

因盆带（包括骶骨在内）是作为一个单位起作用的，这就使骨盆相对于脊柱运动时，腰骶关节便成为一个重要的关节。腰骶关节得到韧带支持，方式上同其他椎间关节十分相似。

骨盆的基本运动。髋关节和腰骶关节某些运动的组合被看作骨盆的倾斜。骨盆倾斜既描述骨盆相对于上面脊柱的关系，又描述它相对于下面股骨的关系。骨盆倾斜可作如下分类：

（1）前倾，是髋关节屈和腰骶关节过伸的结合。

（2）后倾，是髋伸和腰骶关节屈的结合，即和前倾方向相反的运动或者说是前倾运动的还原。

（3）向右侧倾斜，是腰骶关节左侧、右髋关节外展以及左侧髋关节内收三者的结合。

（4）左侧倾斜，和右侧相反。

在脊柱腰段和髋关节一起向同一方向运动时，这个运动不能称为骨盆倾斜。骨盆倾斜表示腰骶关节和髋关节相反的运动。

二、髋关节

髋关节。髋关节是由股骨头和髋臼连接而成的。髋臼在髋骨外侧面，由髂骨、耻骨和坐骨体联合成臼窝形而得名。这个关节为球窝形关节，臼窝较深而且配合紧密。训练有素的运动员能够具有惊人的柔韧性。髋关节的囊韧带肥厚，前面有髂股韧带，在前下方有耻骨囊韧带，在后面有坐骨韧带，因而使其变厚。

髋关节的基本运动。股骨是人体最长的骨，其相当于上肢的肱骨。在形状上它有头、体和两个踝；没有结节，有两个大突起，分别称为大转子和小转子，在骨体背面有一纵向的粗线。

屈：髋关节允许股骨能做大范围的向前运动，这一运动称为屈，其运动范围可达10°甚至更大，最后因为大腿接触躯干前面才受限。如果在膝关节伸的情况下，髋关节只能屈到腘绳肌张力允许的范围。

伸：是屈的相反运动，即股骨向下后方运动，称为伸。从后伸运动开始到大腿与躯干成一直线以前的后伸运动不受约束，如再行后伸则因受到髂股韧带和髂腰肌张力的限制而中止。髋关节也可以做水平屈和水平伸的运动。

外展：一侧肢体远端另一侧肢体向外侧方运动称为外展，其运动幅度可达45°或更大一些，这是因为受对抗阻力的限制。但就关节本身来说可允许外展到接近90°，特别是在脚尖转向外侧时更是如此。躯干也可以产生外展运动，例如当右脚站立时，因躯干向右倾斜而使右髋关节外展。

内收：运动肢体因与对侧肢体的接触而使内收受到限制，如运动肢体与对侧肢体或前或后错开一点，或者躯干向一侧倾斜（如同上侧一样），内收即可进行下去。

环转：环转不是单一的运动，而是上述4种运动的结合。股骨以髋关节的锥顶，使股骨本身转动画成一圆锥体，而使膝关节循大圆或小圆运动。

回旋：回旋是股骨绕长轴转动，按脚尖转动的方向可分为内旋及外旋。股骨的长轴是一条介于髋膝之间的连线。因为股骨颈与体之间有角度，回旋的长轴不在股骨干中，而明显地偏移在骨干内侧，当股骨碰上髋面边缘时，内外回旋便受到限制。

三、作用在髋关节的肌肉

作用在髋关节的肌肉共有22块，其分别如下：

3块屈肌：腰大肌、髂肌和股直肌。

1块屈——内收肌：耻骨肌。

3块伸肌：股二头肌（长头）、半膜肌和半腱肌。

1块伸——外旋肌：臀大肌。

外旋肌：梨状肌、闭孔外肌、闭孔内肌、上孔肌、下孔肌和股方肌。

1块屈—外展—外旋肌：缝匠肌。

腰大肌几乎都在腹腔内，藏于内脏器官后面，因此不易看到它的活动。腰大肌是髋关节屈曲的主要原动肌，其又能协助外展和外旋。它在髋外展中的作用随着动作程度的增加而增加。腰大肌协助腰段脊柱屈曲，在攀绳和仰卧起坐一类需要髋及脊柱同时屈的运动中，其起着重要作用。静止站立时腰大肌作用极小，但在平衡一旦受到威胁时，它在稳定髋部及脊柱中起着重要作用。

髂肌为一扁平呈三角形的肌肉，其得名于它起点的骨。髂肌的作用使髋关节屈并有固定髋关节的作用。这因为腰大肌和髂肌有公共止点腱，其作为一块双羽状肌发挥作用，因而被称为髂腰肌。

缝匠肌呈梭形，它是人体最长的肌肉。缝匠肌的作用是直接协助大腿在髋关节屈曲、外展和外旋，以及膝内旋。缝匠肌也是髋关节薄弱的外旋和外展肌，在用力伸膝中，它可能起稳定膝关节的作用。

股直肌是一块大的双羽状肌，因此肌在股骨前笔直向下，而称其为股直肌。股直肌的作用是髋关节屈曲的原动肌，又能协助髋关节外展。股直肌的力臂较短，其拉力方向几乎与股骨并行，有利于速度但不省力。单靠股直肌就能以巨大的速度和力量屈髋伸膝，这是踢击动作所需要的，这是唯一能做出这一动作的肌肉。股直肌收缩时，在大腿的前面形成一道显著的隆起，在屈髋和伸膝的联合运动中都能看到、摸到。

耻骨肌。耻骨肌短而粗，正好处于腹股沟之下，一部分为缝匠肌和股直肌所覆盖。耻骨肌是髋关节屈及内收的原动肌，也是力量较弱的内旋辅动肌。在股骨被向前和向内移动可改进其杠杆作用时，耻骨肌能单独提起大腿。在所有用力屈曲髋关节的动作中都实际用了耻骨肌，特别是在要求力量而不是要求速度的动作中。

阔步筋张肌比较小，在髋前面及侧面，其得名是因它能拉紧大腿筋膜的作用而定的。阔筋膜张肌是髋关节内旋的原动肌，也是屈曲和外展的辅动肌。

臀大肌在髋骨的背后，其是一块肥厚的肌肉。臀大肌使大腿在髋关节处伸、外旋和外展。上部的纤维协助外展，特别是当体重完全由一侧肢体支持时更是如此，例如单脚跳动作。

股二头肌呈梭状，其多方面都与肱二头肌相似。股二头肌只有长头在髋关节上起作用。即它是伸的原动肌及外旋的辅助肌，其两个头都在膝关节上充当屈和外旋的原动肌。

半腱肌为单羽肌，其得名于细长的止点腱，该腱相当于大腿的一半长度。半腱肌使大腿伸，并协助髋关节内旋。在膝关节它是屈和内旋的原动肌。

半膜肌呈现单羽状而得名于其膜状的起点腱，位于大腿后内侧。半膜肌同半腱肌相似，但长腱长而下腱短，肌腹在下部，如此它同半腱肌的肌腱共同形成圆柱体。半膜肌使大腿伸，并可协助髋关节内旋。在膝关节它是屈和内旋的原动肌。

臀中肌短而粗，在髂骨的侧面，因臀中肌而使臀部的外形呈半圆形。臀中肌的杠杆作用很适合髋关节有力地外展。但很少需要这个动作，其主要功能似乎是相对的静力收缩，以避免在运动中因提起对侧肢体时发生髋关节内收。

臀小肌在臀中肌的后部深层。臀小肌的作用是前半部纤维在髋关节上产生有力的内旋并协助屈，后半部纤维有时协助伸，整个肌肉协助外展。

股薄肌呈细条状，在大腿内侧向下。股薄肌的作用是使髋关节内收，协助屈曲及内旋。在膝关节上协助屈曲及内旋。

长收肌紧靠在耻骨肌内侧。长收肌的作用是使髋关节内收，协助屈曲及内旋。该肌单独作用是屈曲和内收的结合。

短收肌是一块呈三角形的短肌，在长收肌的后上方。短收肌使髋关节内收，协助屈曲及内旋。

大收肌是人体最大的肌肉之一，其位于大腿内侧，为羽状肌。大收肌整块肌肉可内收髋关节。上部纤维还协助内旋及屈曲，下部纤维协助内旋和伸。

能使髋关节外旋的多种肌肉中，只有名为“六块外旋肌”的肌群起着外旋作用而没有其他作用。六块外旋肌的作用是外旋。在大腿屈伸超过90°以后，六块外旋肌肉也能产生水平伸。

四、髋关节屈肌的作用

腰大肌和髂肌有公共止点腱，其作用也相似，因此常称为髂腰肌。在某些情况下，腰大肌对腰段脊柱有复杂的影响。腰大肌（间接）和髂肌（直接）若在股骨不动的情况下收缩（例如站立负重时），或反抗较大阻力想使髋关节屈曲（例如仰卧举双腿动作中，或地趟举腿撑踢动作中），那么，它们便都有使骨盆前倾的趋势。腰大肌和髂肌都相当的发达，几乎所有需要用力的屈髋动作它们都要参加，因它们是唯一没有其他原动肌作用从旁干扰的屈髋原动肌。

虽然髂腰肌在用力屈髋关节时很重要，但它和其他屈髋肌在直立时一般总是放松的。因为躯干略微有一点后倾，松弛完全可以办到，使得重力线刚好落在股骨头后面。

如果是同时进行伸膝和屈髋（例如踢击动作），股直肌便是明显的主动肌。同时进行屈膝和屈髋，则需缝匠肌有力地收缩。

五、髋关节伸肌的作用

股二头肌、半腱肌和半膜肌形成一个名为腘绳肌的肌群。这些肌肉小，使髋关节伸的力量则不如臀大肌大，即使这样，它们在运用中也是比臀大肌有用得多，因为它们在走路和站立中起着作用，而臀大肌却没有。

六、髋关节外展肌的作用

髋关节的几块辅动肌中，只有一块作为原动肌，即臀中肌。

对于练习者来说，需要专门锻炼髋关节外展肌，这样不只是加强了臀中肌，也加强了脊柱和其他关节侧方的固定肌。

七、髋关节内收肌的作用

髋关节有力的内收动作在咏春拳动作中非常重要。每块内收肌在髋关节上至少还可以起到另外的两种作用，有些还协助膝关节运动。人体在咏春拳许多活动中功能灵活多变，需要运动有形形色色的组合方式，证明内收肌的发达不是无根据的。即使有时内收阻力很小，但需要内收肌来实现这些动作。

髋关节不只是对于下肢的踢击作用重要，亦对上肢手法的发力同样可协调整体的效果，这些可以从咏春拳各式练习中体会到。

第十一节 膝关节

膝关节是人体内最大最复杂的关节，它又包含3个独立的关节，并只有1个关节腔，但仍可以分辨3个分开的关节，即股骨和胫骨内髁之间的关节，股骨和胫骨外髁之间的关节，以及髌骨和股骨之间的关节。

一、膝关节构造

股骨远端有两个重要的骨性标志，即内髁和外髁，其分别具有同胫骨及其软骨保持接触的关节面。前面，内髁和外髁被浅而凹陷的髌骨关节面分开，后面和下面则由较深的髁间窝隔开。

胫骨近端同样有两个重要的骨性标志，即内外踝。内外髁完全分开，只有上面例外。上面有两个小平面，其间是前后髁间窝和髁间隆起。离近端约18毫米处，胫骨前面有一个粗隆。在外侧，腓骨小头部与胫骨外髁形成胫腓近端关节，它即使与膝关节分开，但腓骨头与膝关节的作用也有功能上的一些关系。

髌骨（膝盖骨）是一块籽骨，是股四头肌肌腱内发育的膜内肌。髌骨的形状接近三角形，尖端向下突出，为髌韧带近端的附着点。该韧带远端附着在胫骨粗隆上。其在功能上是由股四头肌肌腱纤维延续而形成的肌腱。在髌骨的后面上有一块小平面，与股骨髌面连合形成关节。髌骨保护着膝关节前面，起着一种滑车作用，增大髌韧带在胫骨粗隆上止点的角度，而改善股四头肌的机械效率。

胫骨上关节面上有内外侧半月板（也称为半月形软骨），它是一种不易磨损的纤维软骨。这种软骨可以使股骨髁与胫骨关节面相互适应，缓和走路和跳跃时的冲击，避免磨损，并可通过自身的变形以使得膝关节活动自如。

髁间间隔不完全地把膝关节腔划分为左右两半，形成这间隔的主要结构是坚韧的前后交叉韧带。

在膝关节后方有腘斜韧带连接着股骨和胫骨关节面边缘，并有弓状腘斜韧带从股骨外髁下行，到达关节囊下面，两者会合后抵腓骨头。

胫骨、股肌和髌骨的所有关节面全部覆盖着一层透明软骨。关节囊不规则，并且宽。关节内的滑膜覆盖着两块半月板的上下面，把半月板隔在关节腔以外。

膝关节的周围有许多黏液囊。髋前囊在前面，位于髌骨与皮肤之间，髌上囊藏于股四头肌肌腱下面。髌下囊在髌骨韧带深层，但比髌下脂肪垫浅。另有一囊在皮下胫骨粗隆的上面，还有几个囊形成腘肌、腓肠肌两端以及其他双关节肌腱的缓冲垫。

包围在膝关节周围的筋膜同韧带有些混杂。当各肌肉紧张时，这些筋膜对稳定关节起着不小的作用。双关节肌腱（股直肌、腘绳肌、缝匠肌、股薄肌、腓肠肌的肌腱）在保护关节、支持关节、抵御非自然及超强度运动中起着重要的作用，但是膝关节则主要是由关节前的股四头肌和其后的腘绳肌的内外侧部分组成的三脚支撑物支持着。

人体在直立姿势位置时，胫骨几乎精确地保持在竖直方向上，胫骨和股骨内外髁关节面在水平面内，而股骨骨干却不是竖直方向上的，因此两侧膝关节靠得很近。两侧股骨头和大转子显然远离中线。当然，股骨干的倾斜度会因人而异，这取决于遗传、性别、营养、疾病、职业性与文体活动等情形。

对膝关节起作用的肌肉有10块，可将它分为三群，即腘绳肌群（半腱肌、半膜肌、股二头肌）、股四头肌群（股直肌、股外肌、股中肌、股内肌）和无法分类的肌群（缝匠肌、股薄肌、腘肌、腓肠肌、跖肌）。下面对其逐一介绍。

腘肌是由三部分纤维组成的肌腱，最强的一支起自股骨外髁外面，分支起自腓骨头部后、内侧以及外侧半月板后角。腘肌的作用是在颈骨内旋，或当负重时胫骨被固定，使股骨在胫骨上做外旋。在开始屈膝时，腘肌还使外侧半月板撑向后面；这个作用和回旋都包含着膝关节的头和窝分离。腘肌的起点腱可以阻止膝关节在屈曲时向前错位。由此可见，腘肌没有直接起到屈肌的作用，而是起着使关节面彼此分离以及稳定的作用。

股外肌是一大双羽状肌，其位于大腿外侧中段，使得此处呈现出明显的柱状隆起。股外肌和肱三头肌外侧有些相似。股外肌为伸膝的原动肌，但需要有辅动肌从内侧牵拉髋骨。

股内肌为双羽状肌，其同肱三头肌内侧对应。股内肌位于大腿内侧，比股外肌位置稍低一些，一部分为股直肌及缝匠肌所覆盖。股内肌为膝关节伸的原动肌。它的斜向内侧的拉力同股外肌的斜向外侧拉力相互构成合力，形成以直线牵拉髌骨。股内肌的一个重要作用是对抗外肌向外侧的牵扯的作用，使髋骨维持在正常方向上。

股中肌是肌外肌和肌内肌二肌的同伴，在它们的中间，又是在肌直肌深面，有时很难将它同股内肌分离开。股中肌是为膝关节伸的原动肌。同股直肌一样，它直接向上牵拉髌骨。

髂胫束是一条宽大的韧带，它连接于髌骨和胫骨外侧结节，即髌骨、股骨粗线和股骨外髁。阔筋膜张肌止于髂胫束，而髂胫束本身又止于胫骨，并同股外肌及股二头肌的纤维的扩大部分混杂在一起。髂胫束的张力使膝关节外侧支持装置得到很大加强，因而对维持直立姿势作用很大。

二、膝关节的运动

膝关节的基本运动是屈和伸。但它不是简单的屈戌关节。膝关节全伸时，股骨髁从骨干中心向后突出。

膝关节运动的正常范围一般认为是负-10°~135°，在屈曲到极限时，大腿和小腿后面的组织互相接触而迫使运动终止，并同时受到关节囊和交叉韧带的限制。这因为膝关节角度对力量的大小有着决定性的影响。因此，只有把膝关节屈到一个特定的角度才能决定出伸膝的力量。

膝关节在正常姿势固定时，具有极微小的过伸。因受到前交叉韧带，或加上部分阔筋膜、侧副韧带和其他结缔组织的限制，不可能做进一步的过伸。如果身体在直立位取平衡时，重力线落在股胫关节接触点前面一点的地方。因此，股四头肌能够放松，这时膝关节已由微小的重力矩使膝关节固定在过伸的位置上。

在身体处于直立承重姿势下，固定膝关节由过伸单独完成的。无承重时伸膝结束前所发生的“止回运动”，也许这意味着膝关节完全伸时不必固定。

腘肌的作用是重新屈膝前使相连两骨松开，在胫骨可以活动的前提下，假设胫骨作为一个运动部分（即足离开地面）时，腘肌可算作膝关节内旋的原动肌。在重量是由下肢承担时（即足固定于地面时），胫骨十分稳定，于是腘肌的收缩使股骨外旋，此就有效地倒转“止回运动”。

回旋。脚在踝关节以及髋关节虽然可以回旋，但如果膝固定在伸位时是不能回旋的。当膝屈曲时，侧副韧带和筋膜越来越松弛，因此可以有内、外旋。大约屈膝90°之后，回旋可达60°~90°。伸膝时没有回旋的余地，此有利于姿势的稳定，但较易受到侧向力的伤害。在活动时，将膝屈至一定的程度，由于回旋能力的存在，使得多种多样的运动都有了可能，例如原地脚尖旋转、侧撑踢等。

膝关节不只是对于踢击，对于基本的钳阳马、上肢拳法或其他手法发力亦有着重要的协调作用，可参阅各式拳架动作体悟。

第十二节　踝和足

踝和足，即踝关节和足部关节部位。

一、足部的构造

足是相当坚固、能承受重量的支撑器官。足上有26块骨，与关节聚集在一起形成半个穹隆。穹隆的底从跟骨沿着足的外缘延伸到5块跖骨的远端。从跟骨至第一跖骨远端通常称为纵弓。人走路时重量由距骨传给足周的承重部分。足骨靠韧带联系在一起，穹隆形不致扁平也靠韧带的作用，加上跖腱膜，足外部肌肉的腱作用，以及足内部肌肉的作用。

脚骨有：

7块跗骨：距骨、跟骨、骰骨、舟骨和第一、第二、第三楔骨。

5块跖骨：大脚趾侧为第一跖骨，小趾侧为第五跖骨。

14块趾骨：除大脚趾外，其余各趾均为3节。

维持纵弓主要靠弓弦韧带。弓弦韧带共计有跖长韧带、跟骰跖侧韧带和跟舟跖侧韧带。除了这些所述之外，还有其他的韧带和足部肌肉的协作。

二、足的运动

距骨小腿关节（踝关节）。

踝关节是由胫骨、腓骨同距骨连接形成的屈戌关节。胫腓两骨束缚得很紧，其主要靠骨间膜和韧带的作用，同时也靠前后胫腓韧带，以及横韧带，横韧带并排相连。胫骨把体重传给距骨滑车。胫骨的一个突起（内踝）同距骨的内踝关节面相连。

踝关节随意活动的角度约为60°，如运用身体重量还可以使运动范围扩大。从直位开始，足底平贴于地面，膝关节能使胫骨前倾25°~30°；如继续运动，踝关节后的韧带将后跟提起。足的前部可向下方下压45°。踝关节横轴同膝关节横轴是平行的。

跗骨间关节是7块跗骨之间的关节，属于摩动型关节，允许滑动。

跗跖关节是跗骨和跖骨近端之间的关节，属于摩动型关节，允许滑动。

跖趾关节是跖骨远端同趾骨近端之间的关节。属于椭圆形关节，同手的掌指关节相似，可以屈伸及少量的外展内收。

趾间关节属滑车型（屈戌）关节，允许趾尖屈伸。

踝关节和跗间关节的运动如按传统以脚的动作来描述，脚的动作可以有4种，即：

背屈（屈）：将脚向上提起接近小腿前面。背屈主要是踝关节运动，跗间关节也起一点儿作用。

跖屈（伸）：在脚的长轴与小腿长轴一致的前提下，使脚向下运动。跖屈主要发生在踝关节，跗间关节也起少量作用。

外翻：足底向外侧转动。外翻动作纯粹是跗骨间关节的运动。

内翻：足底向内侧转动。内翻动作纯粹是跗骨间关节的运动。

与所有上述4种运动有关的足的非固有肌共有12块，分别为胫骨前肌、趾长伸肌、第三腓骨肌、拇长伸肌、腓肠肌、跖肌、比目鱼肌、腓骨长肌、趾长屈肌、拇短伸肌、胫骨后肌、腓骨短肌。

另外，还有19块足的固有肌协助支持足穹隆并产生足趾的细微运动。

三、踝关节和足的非固有肌

踝关节和足的非固有肌中，胫骨前肌、趾长伸肌、第三腓骨肌和拇长伸肌通常称为脚的屈肌（背屈肌），在走路、奔跑和类似的所有的动作中起着提高足趾和足的前部，不使它们碰擦地面的作用。胫骨前肌和趾长伸肌还起着提高足弓的高度的作用，拇长伸肌起着配合的作用。

胫骨前肌细长，位于胫骨前外侧面。胫骨前肌为背屈及内翻的原动肌。在跖屈时胫骨前肌没有内翻的作用。

趾长伸肌在胫骨前肌外侧，与胫骨前肌相似。趾长伸肌为伸趾、背屈及外翻的原动肌。

第三腓骨肌的外观呈梭状。它的作用是足背屈及外翻的原动肌。

拇长伸肌是一块较小的羽状肌，其位于胫骨前肌及第三腓骨肌深面。拇长伸肌为伸拇指的原动肌，并协助背屈及外翻。

腓肠肌即小腿的后面呈圆形的一块大肌肉。腓肠肌为跖屈的原动肌，协助屈膝，并把股骨稳定在胫骨上。

跖肌在人身上是退化的遗迹。其对屈膝及跖屈有很微弱的辅助作用。

比目鱼肌同腓肠肌相联系，并紧挨在它的深面。比目鱼肌为跖屈的原动肌。使小腿的下部稳定于跗骨上。有时比目鱼肌和腓肠肌共同形成一个功能单位，称为小腿三头肌。

腓骨长肌在小腿外侧紧贴在皮肤下面沿着腓骨移动。腓骨长肌的力量与体积成正比。

腓骨短肌是腓骨长肌的一个协助肌。腓骨短肌为外翻的原动肌，并可协助跖屈。

趾长屈肌位于胫骨内侧。其起点在胫骨的后面，腘线下方，胫骨后面的筋膜，止点于第二至第五趾的末节趾骨底。每一腱均穿过相应的趾短屈肌腱的腱孔。其为第二至第五趾屈曲的原动肌，并可以协助趾屈及内翻。

拇长屈肌在腓骨的外侧面。其为拇趾屈曲的原动肌，并可协助跖屈及内翻。

胫骨后肌在胫骨后面的小腿三头肌深面。胫骨后肌为内翻的原动肌，并协助跖屈。胫骨后肌起着足的支撑物的作用，因此有必要使用阻抗练习，增强此肌。

踝和足，在咏春拳中基本的钳阳马、走马中即可体现其协调协作的重要作用，意气训练的作用，以及在各种手法或踢法中亦同样达到协调动作的作用。

以上各节叙述了人体运动解剖、生理学，以及相关的知识是为了让练习者更好地进行咏春拳训练，且结合这些知识认清咏春拳各式动作的合理性、科学性，以及如何避免在训练中出现错误的动作，避免损伤的发生；或更好地施用咏春格斗打法绝技。

第五章 咏春拳的科学探究

咏春拳，是中国武术的精粹，是一项人体运动技艺。没有技艺，咏春拳无以依存。然而，无论咏春拳是一种什么样的技艺，这种技艺都有其专门的规定性和特殊的规律性。作为人体的运动，咏春拳离不开人体科学的指导，特别是运动人体科学的指导。生理学、生理力学、生物化学、解剖学、医学等无一不是证明咏春技艺原理的科学。如果懵懂地进行咏春运动，只能是事倍功半，甚至得不偿失，轻则伤筋动骨，重则断筋、骨折、伤病。从古至今，不懂咏春习练的科学而致伤、致残、致死者不可胜数，不懂科学的咏春教员会误人子弟，不懂科学的咏春学员会自毁前程。咏春拳在百年来的发展中曾经与神秘、玄虚甚至迷信为伍，如今要以科学的观念使咏春这一富有哲理、文化气息浓重的名拳发扬光大。

第一节　咏春拳与仿生生命科学

《道德经》云："人法地，地法天，天法道，道法自然。"既然连"道"都效法于自然，那么人类以自然万物为师也不会错。《易经》中说："观鸟兽之文……"告诫人类要拜生物为师。这是因为生存竞争是无情的。人类进化历史才仅仅几千年，而生物进化已经是亿万年，各种生物在进化的长河中为了生存各显神通，直到今天能够保存下来的生物生存都无不具有各自的绝招，而向各种生物学习取经，模仿借鉴它们的生存经验。人类仿生生命科学几千年来不断发展，各种拳术拳种和咏春拳也是这样进化着的。

一、仿生思想

世界上一切的生物包括人类都要遵循最基本的宇宙规律。生物在亿万年的进化过程中，在严酷的环境中锻炼着强大的适应能力，战胜一次又一次的灾难而存活下来。无数的生物在竞争，为了避免无情的自然淘汰，它们不得不拼命发展自己的适应装置，在进化的历史长河中各显神通。现在能保存下来的各种生物都无不具备着各自的绝招。人类，虽然是生物中最高等的，但人类也只是千千万万种生物中的一种，犹如沧海中的一滴水而已。人类具备了许多其他生物所不具备的高超本领，但亿万种生物的一技之长，又往往是人类所欠缺的，甚至有的又恰恰是人类所需要的，因此仿生领域是拳术家一个广阔的领域，是一个拳术家取之不尽的灵感源泉。

仿生，是把生物原理应用于咏春拳（或其他拳术拳种）实践的科学，是古老的而又年轻的仿生科学。

远在祖国文明史的早期已经开始有仿生出现。在我国出土的6000多年前的彩图上就有鱼的形象，后就有了人类发现了鱼并学会了捕鱼，然后就跳起来模仿鱼儿的舞蹈，这种舞蹈至今在部分少数民族和广东沿海地区仍流传着。

3000多年前的《周易》记载中就有重视仿生学知识，在《易·系辞》已明确记载要观鸟兽，要从仿生中取经，以指导实践。《易经》的卜筮都是起源于灵龟的兆纹创编的，这在《易经》中有明确的记载，如《易·颐·初九》中说："舍尔灵龟，观我朵颐·凶。"

殷周时期的甲骨文，其中有不少是仿生而来的文字。因为甲骨文中大部分是象形文字，诸如干支文字中，"巳"字为像蛇之形，"子"形像鼠，"寅"字像立着的虎面等。

战国时期的《山海经》也有记载着仿生学的成就，是我国仿生学研究的重要参考资料。

仿生学知识源远流长，长期以来对中国人民的生产实践及社会实践做出了卓越的贡献。目前渗透到武术中，对武术的发展起到了促进作用，而从中国大武术架构中脱离出来的咏春，同样受到仿生的影响得以发展流传着。

二、仿生蛇

咏春气功仿生，是中国武术仿生的重大成就，对中国武术气功的发展起到了重大的促进作用。

仿生气功，在远古时代就已有记载，在《山海经》中即有蛇气功的描述："西北海之外……有神，人面蛇身而赤，身长千里，直目正乘，其瞑乃晦，其视乃明，不食，不寝，不息，风雨是谒，是烛九阴，是谓烛龙。"《海外北经》中也有蛇气功的记载："钟山之神，名曰烛阴，视为昼，瞑为夜，吹为冬，呼为夏，不饮，不食，不息，息为风，身长千里。在无启之东。其为物，人面，蛇身，赤色，居钟山下。"

生物在漫长的进化过程中，为了适应环境有许多动物不得不采取冬眠的办法节约能量，保存实力，以便度过寒冬，蛇就是其中之一。目前，就有科学家仿照冬眠动物，准备设置人睡冰柜，以求使人可以活到200岁。蛇冬眠时，只有平日耗氧量的10%。人类是恒温动物，不能变温，但可以采取减慢呼吸的办法节能。于是，就有仿生蛇创编的外静内动的气功，以节约能量，并不断增强贮备能力。咏春静态气功就是锻炼减少阳气的耗散，以有效地保护生机，强健身体，延长寿命，这与其他拳术拳种的静态气功法都有着相似的作用。

水平高的咏春气功修习者，甚至可以用腹式呼吸运动，这就是仿蛇。如图5-1-1，蛇是用

图5-1-1

腹部行动的，因此它们的寿命都很长，是因为腹腔内藏着除心、脑、肺之外的全部脏器。包括消化系统、造血系统、泌尿生殖系统及内分泌系统和淋巴系统的一部分，并拥有大量的血管神经，所以腹腔是非常重要的部位。人类自从进化直立行走之后即以胸式呼吸为主，腹式呼吸开始退化，如此腹部运动就会随之减弱，造成了废物易于堆积，血流易于滞缓，严重时由于腹腔血流变窄的原因可能影响到脑的供血。而加强腹式呼吸，促进腹腔运动是非常重要的。

咏春气功腹气功法（很多其他拳种拳术气功都是如此）就可以促进肠蠕动，加速毒素的排出，减少自体中毒，达到减慢衰老的目的。肠道系统是人体最主要的毒源，粪便中的细菌量更是惊人，粪便的滞留，会加快细菌的繁殖，增加毒素的吸收，而腹部气功锻炼是非常有效的通便药，故对抗衰老有着重要的意义，而且对结肠癌和痔疮的预防都卓有成效。

咏春气功对腹部锻炼的方法简单实用，正如咏春散式中介绍的气功一式，只要练习时收腹深吸气，然后用意念把气从鼻直引入下丹田，稍定息，扩张腹部呼气，然后再收缩腹部，引气从腹腔而下。如果水平高些能够打通任督二脉，从督脉上行再呼出则更好。照此法重复多次直至丹田下腹部感觉到发热为止。然后可配合自己按摩和轻轻拍打腹壁数次。或配合自己用指轻压中枢穴（脐部）足三里穴（足膝外侧下3寸）以及合谷穴（手食、拇指根）至发酸即可。

咏春进行腹部气功运动包括盆腔运动，即在做腹部大呼吸的同时，配合收肛及舒肛运动和缩腹上举，以此来达到促进盆腔血流加快的目的。盆腔中的脏器涉及人的内分泌系统、生殖泌尿系统，是不可忽视的人体部分。

腹气功无论在咏春气功练习中以行、坐、卧或小念头拆分练习时皆可进行。这类功法方便易行，如果每日能坚持下去，对消除腹部脂肪、排除腹部废物、改善腹部血液循环、促进腹部及盆腔脏器的生命活动等有着重要的作用和意义。这类方法除咏春气功，其他拳术发展出来的气功锻炼法或瑜伽都有类似的方法，只是咏春的功效不只是在这方面，更可以气补劲，促进武艺的功成。

脊柱，是人体的大柱，也是内藏脊髓和其神经根，是神经系统的重要部位。加强脊柱的坚韧性对保护脊髓、维持人体生命活动都有着十分重要的意义。仿蛇做伸缩运动颈部，可以改善颈部血液循环，防止颈椎病和颈动脉血栓形成。颈动脉血栓容易导致脑脊椎动脉供血不良而常出现头晕、头痛病症，因此颈椎运动可以解决年长者的一大病患。

稍大些的蛇身上有400多节脊椎，并因蛇经常做脊柱运动，使其始终可以保持出没神速的能力。人则相反，尚未老时就有些年轻男女即已弓腰驼背了。人弓腰驼背，易形成椎间盘增生，影响下肢运动。因此，人应仿蛇，学做脊柱功法，以保持其功能。咏春中及肘、拜佛式、转马等运动，都可助于使颈、脊柱得到良好的锻炼。

模仿爬行动物的功法，使脊柱和腹的运动强度增强，同时又可进行腰腹运动，使胸式呼吸和腹式呼吸负荷都比较均衡。另外，颈部运动量也较大，可弥补人类直立行走后身体其他部位得不到锻炼的不足之处。仿生蛇类的爬行功法，吸收了蛇运动的优点，补充和矫正人体的不足，对养生极有好处。

三、仿生鹤

仿生鹤，以模仿鹤的悠然挺拔，如双扬手、单双膀手等，以扩胸强心肺，如图5–1–2。

鹤的仿生，咏春仿鹤特点，形成不同的技术技巧，而鹤拳又为福建南拳独立的拳术拳种，鹤拳又分宗鹤拳、鸣鹤拳、飞鹤拳、食鹤拳4种，其中飞鹤拳最接近咏春的桩马动作。鹤拳中，有双扣步，这种桩马步，与钳阳马步，在两腿脚动作上非常相似，只有手法要求不同。

图5–1–2

图5–1–3

咏春气功模仿鹤，就是练桩步与动作的稳健，练落地生根的钳阳扣马，要求动作时稳如泰山，轻如鹤戏水般，如图5–1–3。换言之，就是桩功时要求静止稳定，桩功就动中求静，并配合呼吸，使呼吸深长有力，气沉丹田，在紧张运行时仍能保持浮中有沉，沉中有浮。经过长期的锻炼，达到浮中不躁，浮中有沉。只有经过长期训练，才能使四肢运动器

官和内脏器官得到锻炼，有助于这些身体部位的强健。

咏春武艺与气功，在仿生方面不仅仅只是仿蛇、鹤的优点，在其他仿生方面都有其独特的地方。

第二节　咏春气功能量物质

气功流派支系很多，功法有成千上万种之多，但不管哪种流派或支系的气功法，都有着相似的练功之法，即涵养道德，默运意识，调整呼吸，引动形体。咏春武艺和气功的结合，在进化多种的各式气功功法之后，以使咏春气功法更加简洁实用。引动形体是一切体育运动所共有的，只是具体要求各有不同。各种体育运动都讲究呼吸，目的在于满足形体运动的需要；咏春气功调息，主要是为了练气练内功，形体运动则是辅助的，因而咏春气功调息要比一般的体育运动稍复杂些。

一、科学存在的人体场

人生存在一个万有能场之中，通过自身的能场介质从宇宙万有能场中吸取能量，并有向万能场发射能量的能力。多种科学测试结果都证明了，人能对外发射某种微粒流和电磁波，训练有素的咏春气功修习者或其他拳种气功修习者发射出的微粒流和电磁波比普通人要更为强烈而明显些。

人体之所以能发射电磁波，是由于人体存在着生物电，医生可用心电图、脑电图来诊断疾病。有电必有磁，只是人体的磁场太弱了，因此对于一般人的人体磁场较难测出来。经过训练的咏春气功修习者运气时，可以使自身的人体电磁辐射强度大大提高，所以在某些时候，会产生触电的感觉。

对于人体微粒流的发射，其波段很复杂，射出的微粒流速度慢，不会电离。若是在高频电场中将人体发射出的微粒加速，与空气分子激烈撞击，使其电离，人体的周围就会产生一层生物等离子气体，并会发出雾状的闪闪辉光。这些现象中外科学家都做过数次实验证明。

西方的科学家在很早以前就认为，万有能场遍布于整个自然界。帕拉塞尔苏斯（Paracelsus）在中世纪时就把这种能量称为“依丽埃斯特”（Illiaster），并解释说“依丽埃斯特”是由生命力和生命物质组成的。

19世纪，赫尔蒙特（Helmont）和迈斯默（Mesmer）对这种万有能现象的特性进行了观察，他们指出，生命体和非生命体都带有这种“流体”，且能间隔一定距离而相互作用，但这与引力却无关。12世纪的包瑞克（Boirac）和里标尔特（Liebeault）在探索中发现人类有类似的能，并在一定距离内使个人与个人之间的能相互作用。

19世纪的冯·赖欣巴赫花了30年时间对这种“场”进行了实验，并称这种“场”为

“自然力”组成，类似于气流。其并进一步验证人体内这种力也产生极性，类似于晶体中沿主轴方向出现的极性，并根据实验证明，他把人体的左边说成是负极，右边说成是正极，而这一概念正好与我国古代的阴阳学说较为相似。

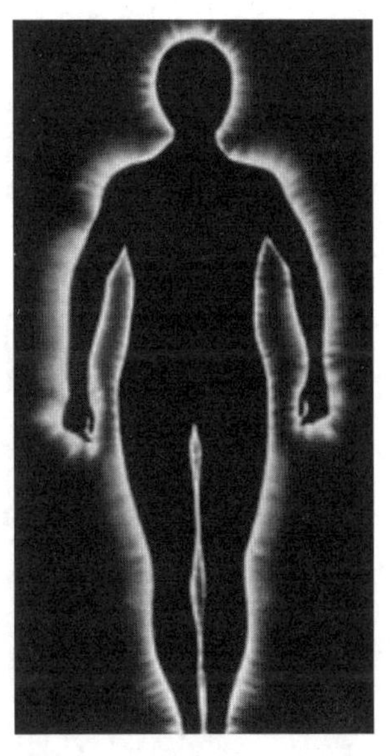

图5-2-1

人体能场，经过中西方科学家验证，它是一种万有能的特征的表现，这种能是与人的生命紧密相联系的，它可以被描述为发光体，且这种发光体向外辐射，常常被称为“气”。基尔纳在1911年做实验，通过色隔板和滤色器所看到的现象，发现了人体能场的研究结果。基尔纳描述实验结果，发现人体全身周围有鲜明的雾，分为3层，最靠皮肤的1/4英寸（0.64厘米）厚的暗色层，其外面是2英寸（5.04厘米）厚的颜色较淡的一层；再向外是一圈外廓不清的，约在6英寸（15.24厘米）厚的外部弱光，如图5-2-1。

基尔纳实验发现，“气”的出现还会因人而异，并取决于被测人的年龄、性别、智力、健康情况。如果是有某些疾病的人其“气”的斑点就显得极不规则。

20世纪初，著名的精神病学家威廉·赖希（Wilhelm Reich）博士在实验中对万有能产生了兴趣，并重新将其命名为“奥戈尼”（Orgone）。其研究了人体“奥戈尼”流的紊乱与机体疾病和精神疾病之间的关系，探索出了一种心理疗法，以用来疏通体内“奥戈尼”能的阻塞，达到解除精神和情绪的消极状态。

通常传统的东方和西方文献把“气”描述为7种一层套一层的不同的“气”体所组成的，这7种“气”体互相渗透，每一种内层“气”体的能量体都比外围“气”体更加精微，内部的3层“气”体，其中最靠机体的一种“气”体称为精微体（etheric body），它与人体的生理过程相关；魂体（astral body）与人的感觉有关；而精神体（mental bady）与发生的思想的过程则有关。虽然每种体都与一种人体的功能相联系，但它们却共同组成了一个单一的连锁系统中的一部分。

本迪特博士夫妇发现“气”是由互相垂直的能流组成的，就像电场总是与相关的磁场垂直一样。

实验中，本迪特夫妇观察到在人体的“气”中有能流，像交流电那样沿着相应于脊柱的人体中心轴线上下垂直的能流，这些能流是在脊柱与“气”外部边缘之间流动，这些次级能流进而又感应产生了另外的与之成直角的能流，这些能流围绕着“气”场不断地流动着，这样就得到了能流所交织而成的维持生命所必需的“气”，本迪特称其为“那弟斯”（nadis），它就像是一个三维篮子那样的编织物般，以脊柱流为轴，这个轴能使“气”聚集在一起，并使“气”有连贯的形状。

人体中这个能体或能基质中存在着漏斗状的能涡，这些漩涡通常被称为“查克瑞”（chakra）。戴维·坦斯量是电子学专家博士，在研究中发现精微体中的“查克瑞”是在能

线（那弟斯）彼此反复交叉点上形成的。7个主要“查克瑞”是在能线彼此交叉14次的点上，更次要的聚焦点形成于能线交叉7次的地方。除此，还存在着很多细小的力的中心，在那里能线交叉次数更少。这些都不只是在气功、瑜伽中被证实，且在中医学的针灸穴位正好都是相对应的，如图5-2-2。

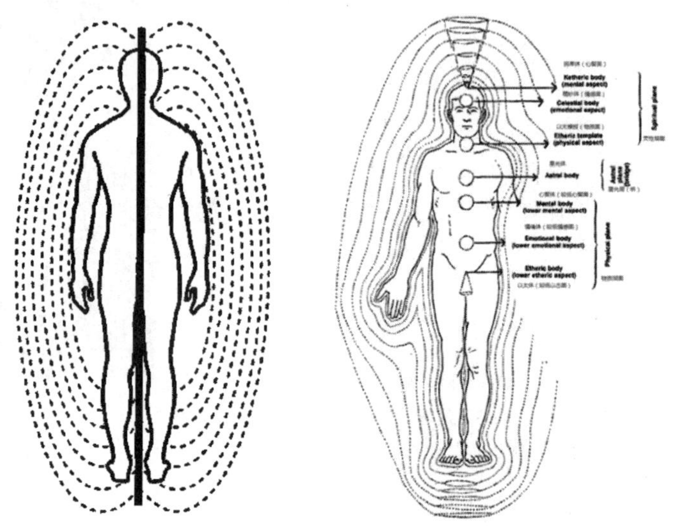

图5-2-2

二、人体能量

“气”在人体中是一种具有能量的物质。正常生理学认为，人吸进气（主要是氧），通过血液在肺内交换，转换成为另一种物质通过心脏血管输送到人体的周身，供给生命的需要。因此，“气”是不能直接在人体周身运动的。实践发现人体的能量与电磁的现象有着类似之处。在人体上进行针刺实验，捻针时产生麻的感觉，从中医学上来说，这是经络的感传，而西医则认为这是神经反射。多种科学也证实，这种现象是通过一定的电子运动产生的生物电流在体内的传导，如图5-2-3。

人体是一个有生命的磁体，它同地球磁体一样，在其周围有磁场存在着。地球磁体在宇宙中围绕着太阳运行，在不停的运动和自旋过程中，向空间放射出各种能量，并吸收着各种能量；生命磁体同样在随地磁场运动，具有其本身的旋转和运动规律，不停地与大自然之间交换着各种物质，向空间放射各种能量。因此，可以说生命体与非生命体同样都受宇宙间的电磁场的作用，生命体的存在和发展，必然有着自己的运动特性。换言之，人体生命场对于地磁场，既有依赖性，又有着不同性。

人体能量在实践观察中有下面一些现象和特征。

1. 能量流的运动形式

人体是活的生命体，是三维组合的“磁体”，这个“磁体”分阴、阳（正、负），以

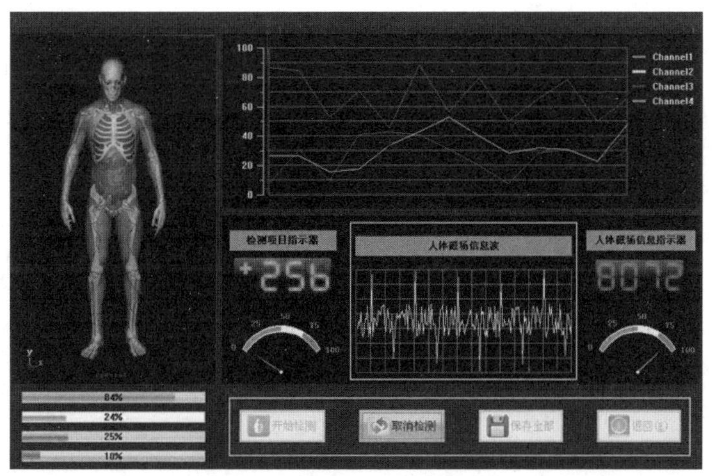

图5-2-3

“丹田”（脐部）为中心，上、下，左、右、前、后相组合，在体内沿“∞”字形“回复”运动。

2. 能量流运动的特点

人体能量流，其运动是在身体内部进行的，一般情况下，不需要空间物质作媒介。受体通过空间磁场产生的“电流”感传并不受供体的影响，其自身能够产生能量流的“回路感传”，这种现象称为“磁”场的运行。

能量流的穿透力很强。当发放“外气”时能够穿透所有阻碍物，甚至能穿透X射线透不过的铅板，目前的科学实验还不能发现有什么物质可以屏蔽它。

能量流的可变性很强。随着物质的改变，信息载体的颜色也会起着变化。

人体肌肉、骨骼、血液、脑等部位的能量流运动的速度各不相同。例如，脑部的光图比肌肉光图运动速度要快得多；左侧的能量速比右侧的能量速快得多。

3. 能量流的形成与运行

在人体中有3条能量流。

第一条为胃和脑能量流。胃位于人体上腹部，在肝和脾两脏器之间，通过胃的蠕动，吸取外来食物作为能源，产生“机械能”，可称其为“外源”能量。其所产生的能量由脑调节，通过神经系统输送到身体的各个器官。

第二条为肺和脾能量流。肺位于胸腔部，是人体内、外气体交换的场所。肺吸进氧气，呼出二氧化碳，不停地进行着吐故纳新。其主要产生光能和电能，产生的能量也是“外源”能量。这个能量由脾脏调配，通过淋巴系统输送到身体的各个器官。

第三条为心和肝能量流。心脏位于胸腔左侧部，是人体生命活动的动力所在。其通过毛细血管把吸进的氧气与肝脏释放的红细胞结合，氧化后产生一种“化学能”，进入动脉血管。这种能量的汲取和转换是在体内进行的，是贮存态，称其为“内源”能量。这个能量由心脏沿着动脉血管输送到身体的各个器官。

人体胃和脑、肺和脾、心和肝3条能量来源，是动与静配合的3条渠道。胃、心、肺是动的部分，是三能源的“源”。心脏收缩，肺腔张弛，胃的蠕动，三者都做简单的、重复的且又协调的动作。每心跳6次，呼吸1次，胃也定时蠕动。脑、肝、脾，是三能源的“流”的部分，处于相对的静止状态。它们每时每刻都在无声无息地将胃、心、肺所产生的能量，通过神经、心血管、淋巴系统等输送到全身各个器官、各个部分。人体就好似一组三相发电机般或三相电动机般。心、肺、胃为动态，脑、肝、脾为静态，各组分布的位置为三角形，互成120°夹角，合起来成为六角形。

第三节　人体能量运行转换规律

对于气功物质基础的测试，各种科学实验证明并发现了人体能量运行转换规律，初步认识了人体在微观方面的对立统一关系。而人体能量运行转换规律方面令人惊奇的是，它们在某些方面，竟与八卦图中的方位不谋而合。当然，今天人们所达到的理论高度或许是古人所不能比的，但古人严密朴素的那种辩证逻辑思维，对人体微观方面的深刻见解，也是让今天的人们不得不惊叹。

一、八卦图

八卦图，是一个黑白回互的图案，就如同两个眼睛般，在其周围，是8个方位，分别用长短线表示出来，分别称为坤、艮、坎、巽、震、离、兑、乾。此图俗称“太极图”，又名“八卦”。据考证，这个图案源于汉魏伯阳所著的《周易参通契》，由后来的宋代炼丹方士外传，如图5-3-1。

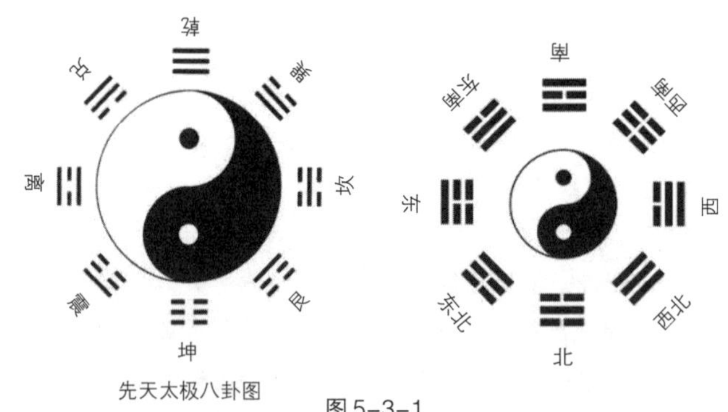

先天太极八卦图

图5-3-1

从古至今，很多人研究它，多是往往“目眩神迷而掩卷叹”，终不得要旨。《易外别传序》中有记载朱熹异常勤奋，终夕不寐，“虽然考其字义，然不得其嫡传，未免臆度而已”。国外至今也有人在不断地研究它。世界著名量子力学的主要派别之一“哥本哈根”学派就是以“八卦”图作为其学派的会徽。

今天电子计算机所采用的二进位制，就渊源于八卦图。在中国的耶稣会传教士鲍威特，在华期间发现了《易经》，并将它带给著名的数学家莱布尼兹。莱布尼兹虽对于中国文字认识困难，但对中国学术极感兴趣。他得此图后，朝夕相对，反复揣摩，竟悟出了二进位制的原理，他发现从63至0的二进位数字。以“阴女〔——〕代表0，以阳女〔—〕代表1；也可以用奇偶来替代它们，阳为奇，阴为偶。如此，“八卦”的符号就可以用数字语言来代替了。

在多种长期临床实验观察和对气功物质基础实验的测试中，初步发现的人体能量运行转换规律，在微观方面与八卦图中的方位也竟然惊人地相似。

二、人体方位

从人体正常状态进行方位划分。人体左、右臂上举，直立，可以得到一个以躯干为轴心的人体坐标系，如图5-3-2。

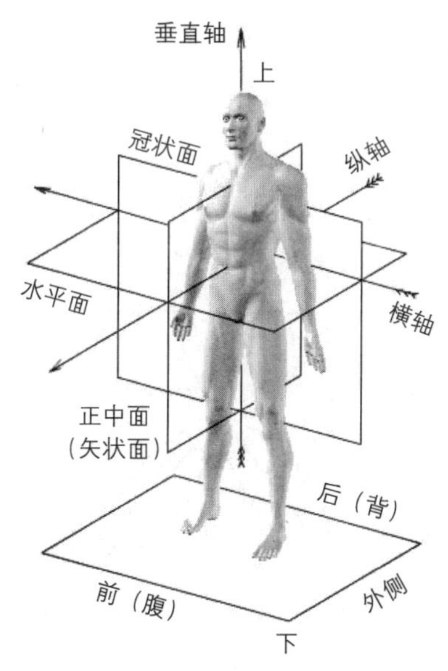

图5-3-2

人体上、下为立向（八卦称乾坤）；人体左、右为“横向”（八卦称离坎）；人体前、后为“纵向”，与人体上下左右“回互”。

人的上体部分是生命能量的总源。心、肝，胃、脑，肺、脾，形成三动（心、胃、肺）三静（肝、脾、脑）3个组合的能源。人体所需能量的原材料、燃料和养料，均来自呼吸和饮食，并经由各器官加工制造之后被人体吸收。

人体左、右能量互换，它使能量运行于周身。古人提出的“天人合一”的整体思想，

用日、月的运行说明人体气血的运行。“坎戊月精，离已日光，日月为易，刚柔相济”（见《周易参同契》），就是以日、月比喻人体左、右的能量运行，都是非常恰当的。前、后同样也有阴阳之分。古称人身前为阴，身后为阳。人体，是以“脐”为中心，上为阳，下为阴；左为阳，右为阴；前为阴，后为阳的三维各向导位的生命“磁体”。在“八卦”中的“乾、坤、坎、离”，本质上体现了人体方位问题，中间那个黑白回互的图案，则就是人体方位的中心，即肚脐（磁场中心）。

三、人体五个磁偶极矩与八卦

对正常人体进行观察测试可得出，人的上体从百会穴到会阴穴的长度相当于两臂（从天突穴到手的中指）的长度，约等于从会阴穴到脚的中趾的长度。这就是相互有区别而又密切联系着的5个人体“磁偶极矩”。而每个“磁偶极矩”都存在着正、负“电偶极子”。处于咏春气功（或太极或形意或八卦或少林内功）练功状态中，胸腔（即脐以上部位）运气时，两手掌感应重，手背轻，脚背的感应重，脚掌轻。腹腔（脐以下部位）运气时，手背感应重，手心则轻；脚掌感应重，脚背则轻。在一臂举起或一腿抬高改变体位时，感应就有左、右的分别。这都说明了人体的任何部位都是正负或阴阳的对立统一体。

人体体位“磁偶极矩”的正负“电偶极子”，可用“+”“−”符号表示，如图5–3–3。

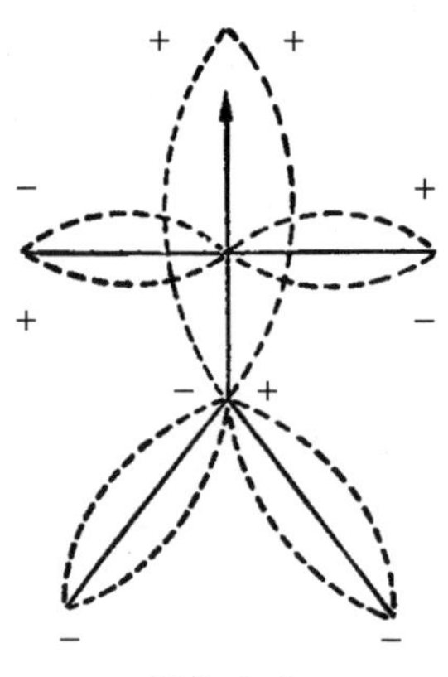

图5–3–3

由于“乾阳在上，坤阴在下”，因此乾是以“+ +”表示，坤是以“− −”表示，这是因为“坎升离降”，所以坎是“+ −”，离是“− +”；“脐”的前后阴阳为“+ −”。

每个方位都是3个阴阳的组合，这是与人体能量运行的上、下，左、右，前、后三维坐标系的能量运行轨道密切相关的。

四、人体部位的阴阳划分

阴、阳是对立统一的两个方面，古人对阴、阳属性划分各式各样，今天咏春武艺气功

（或形意或太极或八卦或内家拳或其他武术气功方法）仍然使用着。诸如，水为阴，火为阳；月为阴，日为阳；阳为气，阴为味；如此等等。有的则从事物的变化特点和发展趋势来分，诸如阴为静，阳为动；阳为生，阴为长；阳化气，阴成形；等等。

对于人体部位的阴阳，多从以下3个方面进行划分。

1. 从人体体位划分

人体体位有上下、前后和左右之分，内外之别。

人体的能量流可分为5个循环单位，即躯干（包括头部），从百会至会阴为一个循环；右臂，从大椎经手指至天突为一个循环；左臂，从天突经手指到大椎为一个循环；左腿，从急脉经脚趾到环跳为一个循环；右腿，从环跳经脚趾到急脉又为一个循环。这就是人体的5个阴、阳循环单位，如图5-3-4。

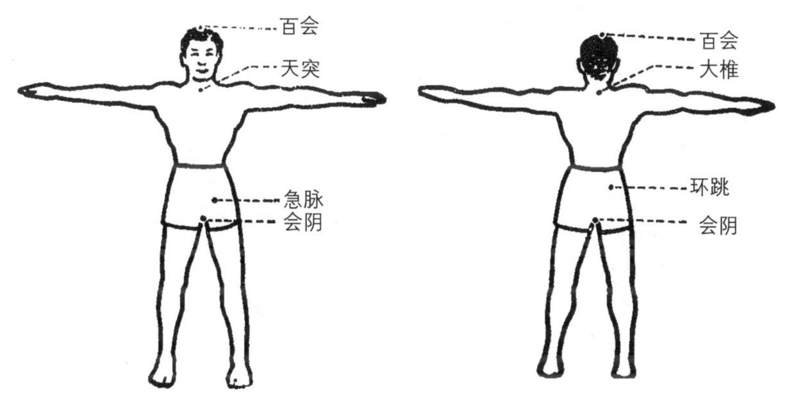

图5-3-4

物理自然科学把地磁场划分为东、南、西、北4个方位。如果把人体作为一个小宇宙，即生命磁体，进行划分为东、南、西、北4个方位，则人体南北为总方位，东西为阴阳两个相反方向的运动，其分别代表相对静止的运动状态和相对强烈的运动状态。

2. 从人体能量流运动趋向划分

人体存在着两种相反方向的运动矢量，在左右、内外、上下的能量循环运动中都表现得非常明显。在顺式呼吸情况下，左手表现为升力（向心力），右手表现为降力（离心力）。

图5-3-5

逆式呼吸则相反。这两种互相对立的运动状态则表现在身体各个体位，以及产生了互相依存、相互转化的“阴”“阳”规律，在中医学中称其为内外阴阳平衡规律，如图5-3-5。

3. 从人体运动性质划分

人体的运动方式，可分静态运动和动态运动两种。

静态运动，在咏春气功功法中（或其他武术气功中）称之为静功。入静，就是意念活动（信息运动），它可以调节身体内的能量流运动，如站桩、静坐等。

动态运动，在咏春气功功法中称之为动功。寸拳或铁砂掌是一种动态运动，它把体内的能量集中到一个部位向另一物体冲撞，就能产生异乎寻常的强大的力量。动态运动，也是人体在空间的移位。

静态运动和动态运动，可以看作是相互对立的阴阳两个方面，在体内不停地进行着能量交换。

五、人体和八卦的十二个阴阳

人，是一个生命磁体，也是一个三维体的结构，它与八卦中所述的“上为阳，下为阴；左为阳，右为阴；前为阴，后为阳”的说法是相吻合的。人体的三维磁体是根据躯干和四肢5个磁偶极矩的组合，运用5个磁偶极矩的12个阴、阳的电偶极子，以三字组合，即可描绘出与八卦类似的8个方位图案（即12个阴、阳，共计24个），如图5-3-6所示。

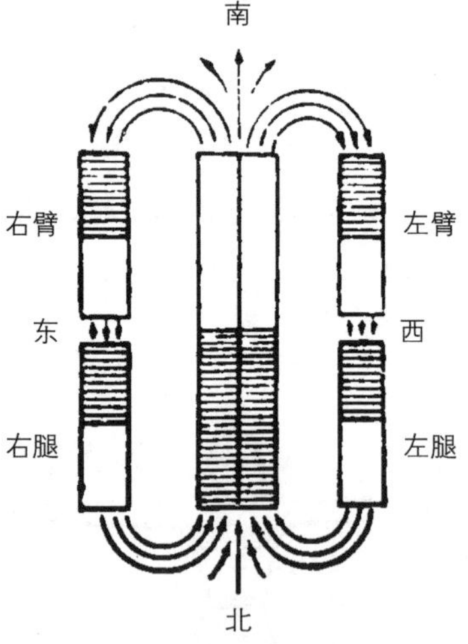

图5-3-6

把人体的躯干列为一个大磁体量，躯体分为左侧、右侧和体前、体后共计8个阴、阳（正、负，2×2×2=8）。

两臂为人体的小“磁场”，分为臂前与臂后，其计8个阴、阳（2×2×2=8）。两腿为人体的小“磁场”，分为腿前和腿后，其也是8个阴、阳（2×2×2=8）。

两臂和两腿4个小“磁场”的能量合为大磁场的总能量。

人体的三维“磁体”的24个阴、阳组合（1×2×3×4=24），如图5-3-7所示。

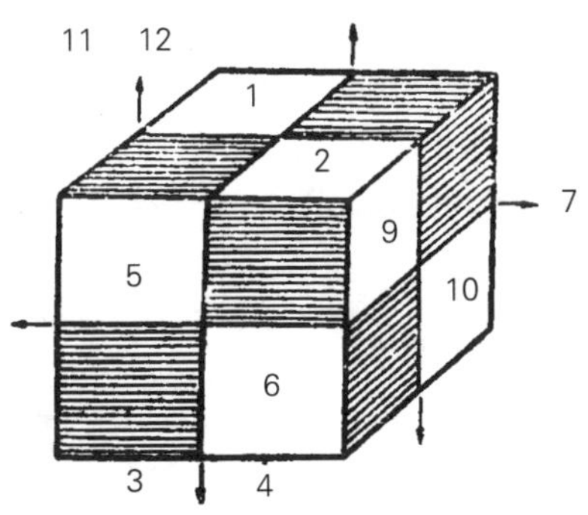

图5-3-7

如果按人体三维“磁体”的六合模式，这个磁体的组合如图5-3-8所示。

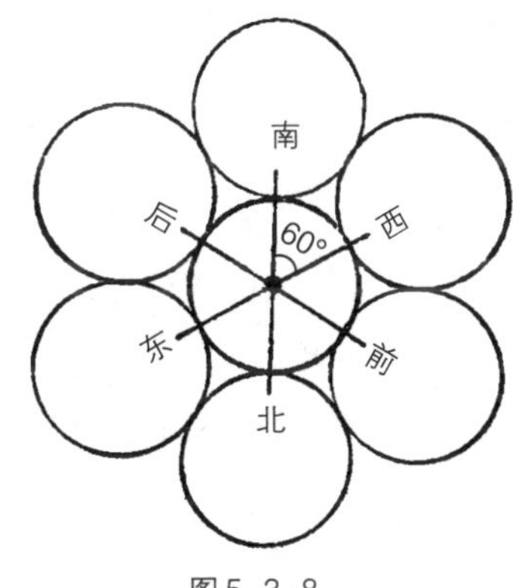

图5-3-8

人体三维能量运行与八卦三字组合。

细心观察，就会发现胸式运气，胸起腹伏；腹式运气，腹起胸伏，两者结合，就形成了一个“8”字形。

左右两侧的能量运行也是呈“8”字形交叉，是横、纵、立方位的转换变化而形成的斜交。左侧，从左手的中指开始，沿内侧向胸至“脐”转至臀部，沿腿后侧直达脚的中趾，再沿腿的前侧向上，至“脐”转至背部，再沿手臂的外侧回到中指。右侧情况则同样类似。这两个“8”字形都是以“脐”为中心的。

人体能量运行是以中线为基轴形成的三线分流。因此上体和下肢的每个方位，分别各为3个“电偶极子”的组合，在八卦中就成了三字阴阳的组合。

如果以乾坤对立，以脐为中心，则是各循着不同的方向运行。把它们用正负式表示，乾则为“+ + +”，坤则为“- - -”；用阴阳爻表示，乾则是“天”，坤则是“地”。

坎离是左、右之间，用正负式表示，坎为“－ ＋ －”，离为“＋ － ＋”；用阴阳爻表示，坎则为“阳”，离则为“阴”。

艮，用正负式表示是“＋ － －”，与之相对应的“兑”是“－ ＋ ＋”，用阴阳爻表示，艮则为“阳”，兑则为“阴”。

震用正负式表示是“－ － ＋”，巽则为“＋ ＋ －”，用阴阳爻表示，震则为“阳”，巽则为“阴”。

如果把以上这些所述组合起来，就可以得到一个完整的人体状态的八卦图，如图5-3-9、图5-3-10所示。

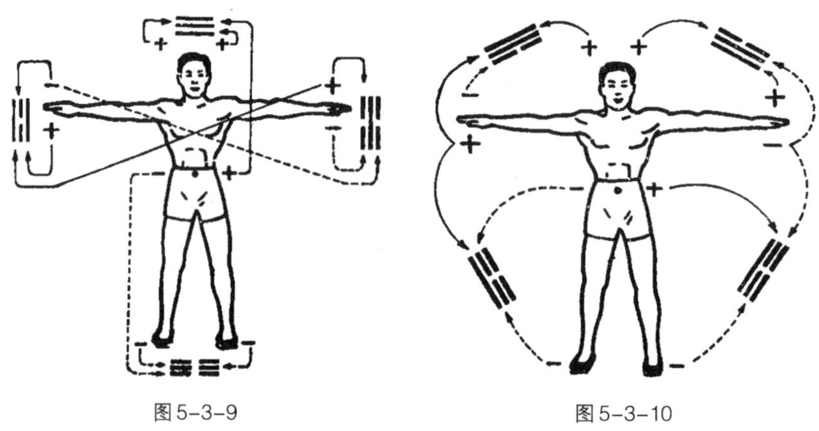

图5-3-9　　图5-3-10

从某种意义上来说，八卦图也是一个严谨的人体能量运行状态图。

如果从六十四方位看人体磁场运动与排列。人体的磁场中心在肚脐。用针刺法刺“脐中”（神阙）穴，感传是以涡流式向脐周围扩散传播的，如图5-3-11所示。

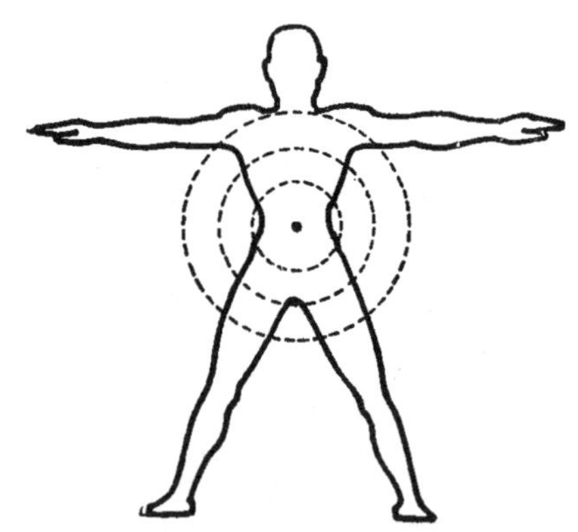

图5-3-11

从图中所示可以看出“脐中”是人体定位（向）点。根据“八卦图”中分位中的阴、阳“回互”规律，用0~63数字“回互”排列在圆形中的8个方位上，如图5-3-12所示，从中央小圆到大圆向外计1~8个圆形，大圆的数字之和减去相邻的小圆的数字之和，都等于64。

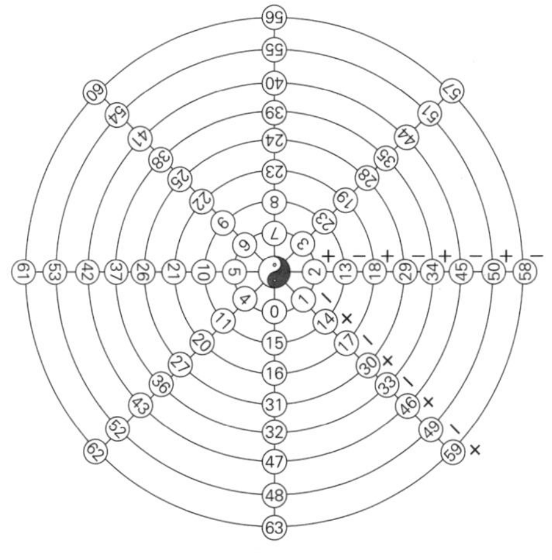

图5-3-12

再根据“八卦图”64个方位点，再用64~127的数字排列在8个方位上，会发现64~127的64个方位点减去0~63相同的方位点，就会发现得出的数字则刚好也是64，因此就成了38×8个64。如图5-3-13所示。

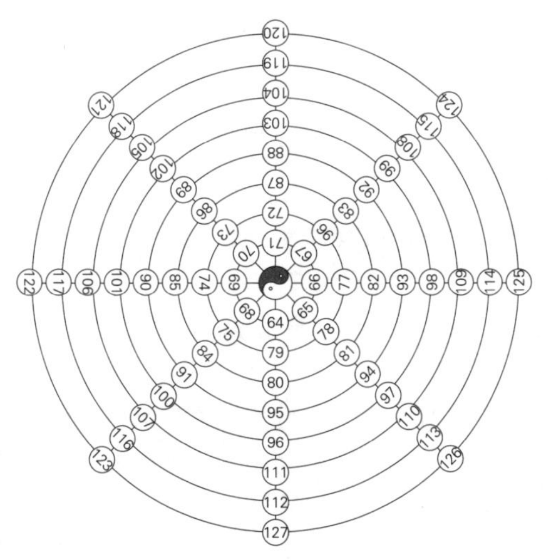

图5-3-13

由以上的数字排列的平衡可以得知，磁场从中心由小到大，是呈涡流形向外传播的，这种波体现的是后浪推前浪，在数字计算上非常平衡。如此表明了生命磁场也同样是受磁场运动规律影响的。

如果是以线的中央向外数，而每个方位的直线数又刚好是外数减去内数。从乾开始逆境运行和坤开始逆向运行，则可得数字1～15，15～1的“回互”运行规律。

再以0～63为阴（人体以前为阴，后为阳），64～127为阳，那么其前后阴阳周期也是

以8个方位的八八六十四为循环一周。如果前后相同的方位点用阳减去阴，则每个方位的数字都等于64。

能量是在人体内以“8”字形运行的，这个“8”字形的能量运行则刚好是“回互”的轨道。如果以数字排列可表示人体能量“8”字回互运动是平衡的。古人已经在“八卦”中用二进位制的形式，将人体能量“8”字形回互运动绝妙地体现了出来，如图5-3-14所示。

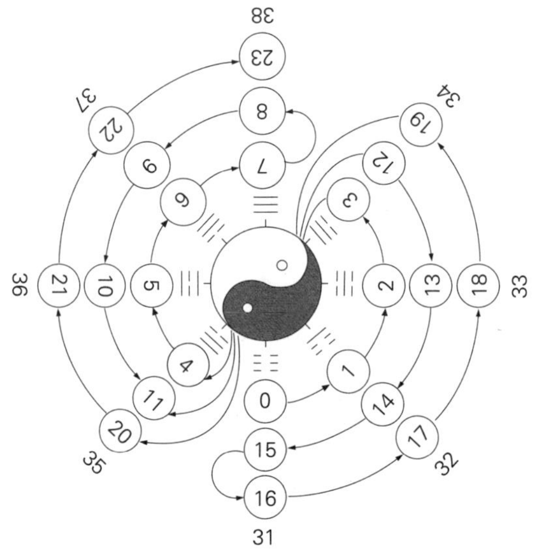

图5-3-14

在图中，“坤、艮、坎、巽、震、离、兑、乾”，可以用0、1、2、3、4、5、6、7表示，因此0、1、2、3、4、5、6、7就组成第一个“S”形数字回互（在此是指人体上、下能量的运行）。

8、9、10、11与12、13、14、15组成了第二个“S”形回互（在此是指人体左、右能量的运行）。

16、17、18、19、20与21、22、23组成了第三个“S”形回互（在此是指人体前、后能量的运行）。这三个“S”形本质上和前述的人体的左（东、西）、中（南、北）、右（前、后）3条能量运行轨道相同。

外围的31、32、33、34、35、36、37、38是每条直线方位上互相对立的两个数字之和。例如：31+38，32+37，其和都是69。以上都证明了以肚脐为中心的等距离的人体体位关系，以及能量的“回互”转换关系，在这些数字排列上可以看到人体能量的守恒原则。

八卦图中，有两个黑白回复像两只眼睛般的图案称为“太极图”，也称为阳动、阴静。它喻人体中万物化生的结晶，为阴、阳的结合。它黑中有白，白中有黑，是喻阴中有阳，阳中有阴。将其定位在八卦中心，它实质就是指人体生物场的中心，将脐象征着人体三维能量流的转换点（也指拐点），这也是人体中两种相反方向运动的能量流汇集和转换的中心。

除此，另有“五行”说法。“五行”不是指金木水火土，而是指人体5个磁偶极矩的能量。“五行”运行的8个方位刚好是360°。因此可以说人体能量运动与自然界的方位和时间是密切相关的，如图5-3-15所示。

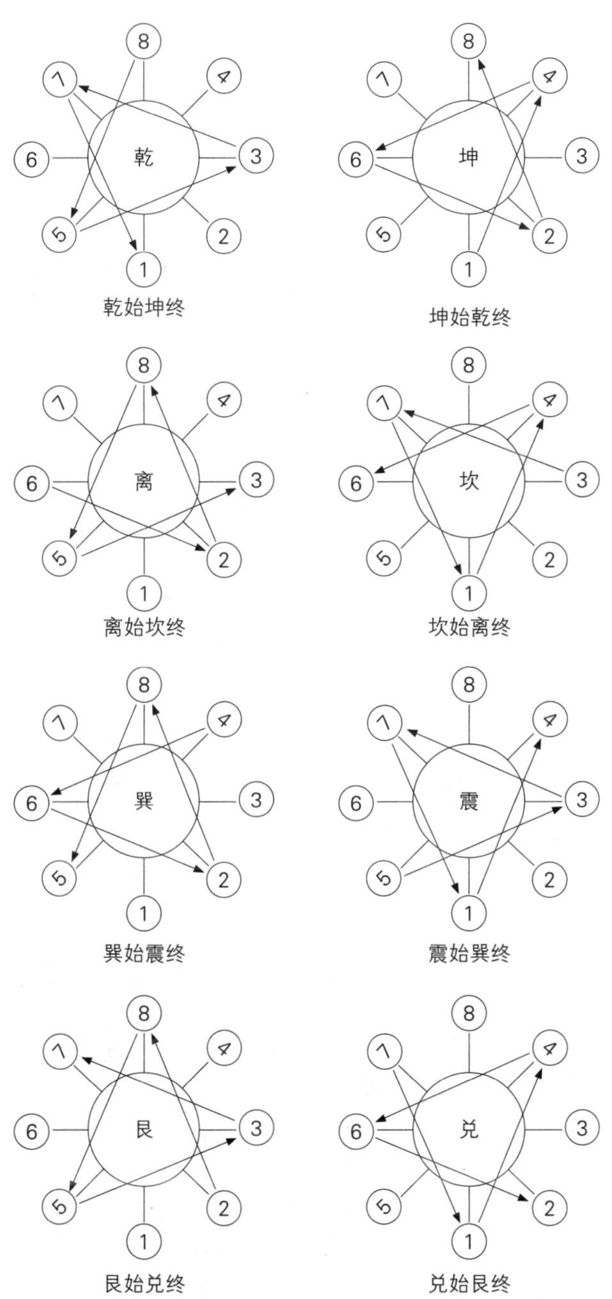

图5-3-15

图中“五行”数字的排列，表明了方位的平衡和对立统一。从上面图中可以发现乾、离为一个感应流（在此是指磁场对人体的感应），坎、坤为一个感应流，巽、艮为一个感应流，兑、震为一个感应流，如图5-3-16所示。

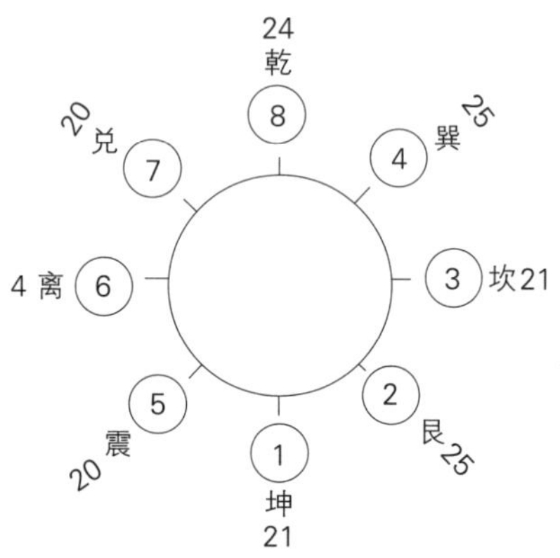

图5-3-16

如果把图中8个方位运行的数字，按对角直线相加，刚好每个方位等于45°，则45°×8=360°。

作为三维磁体的人体，每一维体包含8个方位，3×8=24个阴、阳。人体能量就是在体内按照每个坐标系8个方位用“8”字形轨道运行，按3个坐标系，8个方位的数字把它排列起来，就可以标示出人体能量运行原来是守恒的，如图5-3-17所示。

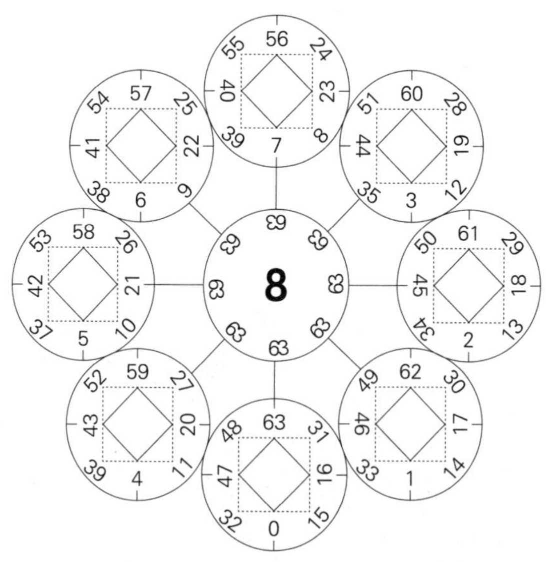

图5-3-17

在图5-3-17中可以看出，每个方位的小圆对角数相加都会等于63。如：56+7=63，40+23=63；每个方位的小圆中方格的角上的数相加，同样都等于126。如：55+24+39+8=126，56+40+23+7=126。每个方位的小圆与对角小圆中同位置的数相加的话，都会得126。如图5-3-18所示。

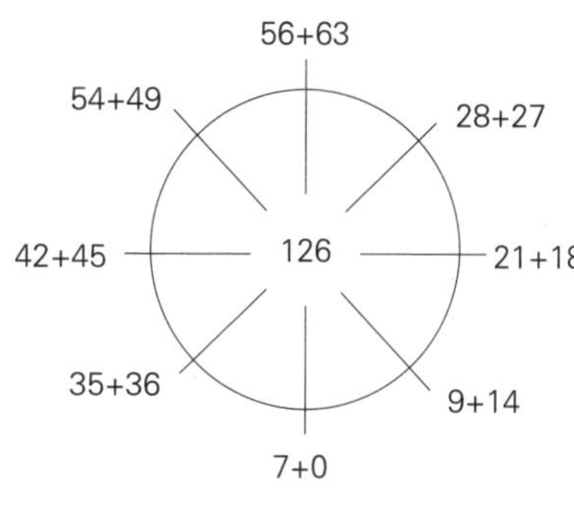

图5-3-18

若是把图中每个方位的小圆总数252与对角的小圆252相加等于504的话，那么504÷8（方位）的话就刚好等于63。这些惊奇的巧合对于研究人体生命和八卦都有着重要的启示意义。

六、生命遗传物质与八卦

人类生存的自然界中，存在着生命体和非生命体，非生命体不断地为生命体提供不可缺少的各种生存条件，例如阳光和水等；而生命体系也支配着非生命体系，在对自然界进行着改造。

非生命体系中存在着大量化学反应和催化剂，这些化学反应与生物体内的化学反应基本是类同的。生命现象是原子和分子之间的相互作用的结果。任何物质都是由原子核和电子组成的，原子核又是由质子和中子构成的。因此，可以说世界上所有的物质都是由质子、中子和电子3种基本粒子所组成的，这3种基本粒子在核力和电磁力的作用下，通过不同的组合形成了宇宙间的各种物质，而人体也同样是由电子和原子组成的。观察可以发现原子的运动是球形对称，就如同一个“8”字形运动，人的呼吸同样是以胸腹以波形往返沿“8”字形相反方向运行的。

由前面所述内容中数字“回互”排列现象可以看出，物质运动的平衡，必须是“回互”（往返）的；物质守恒的统一，必须是相对（对立）的。因此，人体内阴、阳平衡，能量流方向必然是相反“回互”运动，如此才能使生命的生长和转化保持平衡。

科学探究出包含人体生命信息的64个基本遗传密码的物质“DNA”，是“双螺旋”结构，每个遗传密码由3个核苷酸组成，称之为3字密码，合成生命的基本物质“蛋白质”则

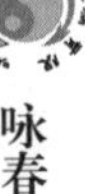

是由它控制的。在“八卦”中8个方位的64卦，说明每个方位都是在磁场的作用下用3个阴、阳符号组合起来的。如此“DNA”与“八卦”基本组合形式看起来都是类似的，都是三字组合，同时遗传密码B—DNA右旋为10圈，Z—DNA左旋为12圈，这又与“八卦”中所说的天干为10数，地支为12数组合运行相吻合。由此可以得出，DNA和“八卦”的相互关系与人体3种能量的转换是存在着一定的联系的。

人体的能量“8”字形运行和DNA“双螺旋”，与“八卦”的“S”形回互，都是回互运动。磁场（方位）影响人体能量，“DNA”的信息传递与人体能量转换又密切地相关。由前述两方面的相关联情况，得出8个方位64卦（阴、阳）、DNA正负链上64个（A，T，C，G4个字码编排刚好是64个）遗传密码与人体能量“8”字形运行，象征着互递信息过程刚好是对号入座形式的。

七、物质的回互运动现象

世界上任何物质的平衡，除了引力的互相作用外，还决定于物质本身的运动性质。换言之，物质的平衡要求其本身就必须是一种“回互”（往返）运动，保持物质重量和体积互相制约，才能保持平衡。

在这里说平衡，必然会涉及两种物质，有正就有负，有阴必有阳，如果只有一种属性，那是不能取得平衡的。观察自然界从有生命的物质运动到无生命的物质运动，都会表现出对立和统一的现象。

从生命体上讲阴、阳平衡；无生命体上讲正与负的平衡，都可以得出任何物质平衡必须存在着两种相反的属性及相反运动的力。阴、阳也好，正、负也好，它们的方向是不会相同的。只要运动，就有方向，任何物质只有当受到相反方向的引力影响时，才能平衡，否则就不会平衡。

物质的运动现象，有去就有回，有左必有右，这是物质运动的规律。人体内的能量就分阴、阳，阴是离心运动，阳是向心运动。如果一个属性被干扰，就会失去平衡，人体轻者发生病患，重者甚至死亡。

物质靠运动平衡，平衡就是对立统一规律，对立统一破坏时，物质运动也就终止了。

第四节　咏春与生命现象探索

从古至今，人类虽然有了几千年的所谓历史文明，但对人类自身的研究和认识还是肤浅的。只是近百余年来，随着人体解剖学、人体生理学、组织学等方面研究的开展，才使得人们对人体有了深入的了解。人类的生命现象是十分复杂的，人体的未知世界是无穷尽的，对于人体奥秘的探索，揭示种种复杂的生命现象等，需要期待今天乃至以后武术工作者和科学工作者不懈的努力和追求。

一、人类生命的奥秘

人类生命与赖以存在的自然界之间有着千丝万缕的联系。经过无数的科学观察，当太阳黑子活动强烈时，高血压患者的血压会升高，心跳明显加快；月亮可直接影响人体的生理变化，甚至影响到人的情绪。日起月落，兔走乌飞，日复一日，月复一月，年复一年的自然循环现象，同样影响着人类的饮食起居，就好似微妙的时钟控制着人体的各种节律，干预着人的生老病死。生活中有时遇到太阳剧烈活动，则能引起地球上的磁爆现象，而地磁场的活动则会影响人体能量的转换。月球的引力可引起地球上潮水的涨落，月圆时人的头部和胸部的电位差比平时要大些，同样影响着人体能量的运动规律。因此，种种现象证明，人与自然界、生命体与非生命体之间是不能截然分开的。为了更好地探索生命的奥秘，了解生命与非生命、人体与大自然的关系，是咏春武艺气功修习者和其他武艺气功修习者等有必要研究的。

人，作为一个有生命的磁体，事实上与无生命磁体（诸如地球）有着类似的现象，只是性质不同。现代物理学、化学理论和实验都证明了，生物与非生物是由同类原子组成的，换言之，可用电子一级的水平来解释生命现象，研究生命活动和物质的过程。今天有些生物学家和医学家提出了新颖的力学问题，新兴的生物力学打破了传统力学以无生命物体为研究对象的局面，把它的研究同生命运动有机地结合起来。有时，在某些场合看到硬气功师表演时，其可用头撞石碑。测试硬气功师的头撞石碑力时可达2000多千克，击掌时最大的力可达400多千克，脚踢铁柱的力甚至可达1000千克。这种表演时的力体现，除了平时身体表面的练习，还与气功使人体内的力产生质的变化有着重要的关系。气功使人体内的力产生质的变化，即“磁力线”相交带来的变化。人体中血液经过心脏，通过血管和毛细血管，同周围组织进行质量和能量交换，以此来维持人的生命。科学测试证实，人体毛细血管的总长度可绕地球三周半，整个循环系统是人体内的一个奇迹。

在这里说心脏的跳动和肺脏的呼吸问题，咏春武艺气功就是练气（能量），说呼吸，就是说血液的新陈代谢，人体的能量就是从这里开始的。因此，主要从咏春武艺气功（同样适合其他武艺气功）的角度，对生命的奥秘进行探索。

有激光教学研究的专家们在测试实验时，测试出气功师右手发射出光电流，其电压有11毫伏，证明了人体是可以发光的。且一部分气功师或坐禅修习者闭着眼睛能觉察到彩色光图，正常情况下以为这是偶然的练功现象，但大量测试证明这个现象是客观存在的。

对气功师测试时，从彩色光图的运动规律中发现人体内存在一种新的感传现象，即：左手是定向，右手是指向。掌握了这个规律，气功师发功就可以把感传上下、前后、左右连接起来，有目的地使感传到达身体某个脏器。

生理学和解剖学的观点告诉人们，人体是有着严密的对称和次序的，且有着运动的对应性和人体数学结构性。因此，身体就分上下、左右、前后，同时又有阴阳之分，有偶必

有奇，有男就有女，有动就有静，有由外向内循环，就有由内向外循环。所以，人体是一个有序的物质结构和有着内外匹配运动规律的小宇宙体，是一个矛盾的统一体。

人类，这个生命的存在要与两个方面进行着斗争，即一是与自然界的斗争；二是人体内部各种阴阳关系的矛盾和斗争。当然，第一种斗争虽然重要，但在科学技术发展到今天这样的水平，生产力也已达到今天这样高度的情况下，仍要与自然作斗争。第二种斗争要更加引起人类的重视。

人类要健康或长寿，自身各个器官的功能必须要保持正常，首先是心肺的功能必须正常。增强心肺功能的强健，有利于保障各个脏器的能量供应。看一个咏春武艺气功师（或其他武艺气功师）是否训练有素，主要也是看其心肺功能情况。

正常人每分钟心跳约70次，经常进行身体锻炼的人以及一般气功锻炼者，每分钟心跳约60次，优秀的运动员每分钟心跳可降至约45次。而训练有素的少林气功师或瑜伽气功修习者竟可使心脏处于暂时休眠不动的状态。

科学测试实验也发现，人体内部能量流运行是有其周期性的，有一定的节律，基于这一点，科学家们提出生物钟理论。生命节律的周期快慢与寿命长短有着密切的联系。

呼吸如同人体时钟的发条，空气是生命活动不可缺少的能源，一呼一吸之间，生命时钟运行一周。人的自然呼吸与心跳一般为1：6（专业修炼者或运动员可达1：4）。换言之，人心跳6次，生命钟的指针就运转一周，即360°。每跳一次就等于生命时针运行60°。如果呼吸与心跳为1：4，心跳一次则等于指针运行90°。如果心跳速度慢，则搏动力量强，在生命活动中具有明显的优势。练习咏春武艺气功（或其他类似气功）达“入静”之时，人体生命钟的指针走动速度明显放慢，此时，人体电磁反应稳定，阴阳趋于协调，对延年益寿自然有益了。

科学家们研究牛、马、羊、狗、蛙，发现了一个共同的规律，即寿命是由出生到发育成熟期的8倍。人从出生到发育成熟，男性需要25年，女性需要20年。按此规律推算，男性寿命应该是200岁，女性寿命应该可达160岁。这些证明了人类的寿命的延长还是有潜力可发掘的。

生命的延长是人类非常关心的问题。按照医学、生理学、生物学的研究实验，降低新陈代谢，减少能量消耗，就可能使生命延长。在生活中，会发现乌龟是较长寿的动物，乌龟的长寿有什么秘密呢？如果仅从新陈代谢降低、能量消耗来说，乌龟的基础能量是很难解释清楚的。如果对乌龟进行具体观察，会发现乌龟背壳的左右侧边是不规则的多边形，刚好是左12个，右12个，与人体的12阴与12阳及八卦中的12阴、阳相似，中央一块完整的六角形，左右各12块地分布着，其象征着磁场方位的排列。而乌龟的基础能量就与磁场有关，如图5-4-1。

来观察人体，人的脊椎有32节，影响着人体各内脏器官的作用。如果将脊椎左右一分为二，刚好是32个阴阳，为“64”，如图5-4-2。这恰恰与八卦的64卦、人的遗传DNA密码的64组合排列相吻合，这些也是与磁场方位密切相关的排列。如果用“磁场”的重新排列来解释人的生命的延长，不得不让许多科学家和研究者们重视起来了。

咏春武艺气功或其他类似的气功的作用，是提高和改善人体生物场的重要手段。探索咏春武艺气功或其他类似气功与生命的关系，就是挖掘生命的潜力。

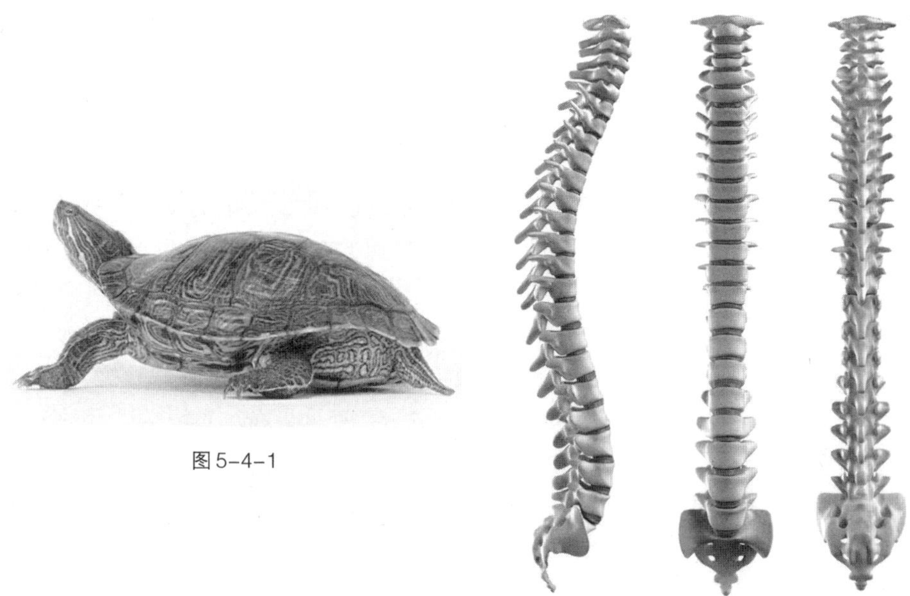

图 5-4-1

图 5-4-2

二、生命的螺纹

人们可以在生活中或大自然中观察到许多动物，有许多动物的体表外形呈螺旋形纹状，例如蜗牛、田螺、海螺、河蚌、毛毛虫等，这些动物的体表螺纹有的呈左旋，有的呈右旋，但这些螺纹却与它们的生命活动息息相关，如图 5-4-3 所示。

如图 5-4-4 所示，在人类的身体上同样也存在着各种螺纹，这些螺纹主要分布在手掌和脚掌，头皮也呈螺纹状，男性的阴囊和女性的阴户都呈螺纹状。在人体的会阴和百会处

图 5-4-3

图 5-4-4

的螺纹生长在胴体两端处，前是督脉，后是任脉。督任两脉恰恰是人体中能量流运行轨道的两端。手指和脚趾是人体四肢的极端，也就是生命磁体的极端，左是太阳脉，右是太阴脉，这两脉在人体左右两侧，是人体向心和离心两大能量流运行轨道的终点部位。

科学的观察测试，环流轨道端点的螺纹对能量流的运行有着重要的意义。从古人编创导引气功功法，并在练功实践中就注意手心和脚心向上，这在咏春武艺气功、少林武艺、太极拳、八卦拳、形意拳、瑜伽等气功练法中，都有类似的动作，因此提出“五心朝天论”，这五心就是左右手掌心、左右脚掌心和头心。细心观察会发现，“五心朝天”实际上就是5个螺纹朝天，以表示与天相应，即与自然界的风、雨、雷、日、月相应。这对咏春武艺气功、少林武艺、太极拳、八卦拳、形意拳、瑜伽等气功功法，甚至其他方面都有着重要的启示意义。

手指和脚趾作为人体的四肢，其螺纹生长方向，右手的“畚箕”纹往左旋（向内旋），左手的“畚箕”纹向右旋（向内旋），显得较为对称，互相对应。右脚的“畚箕”纹向右旋（向外旋），左脚的“畚箕”纹向左旋（向外旋），这种螺纹正好同人体磁场运行方向是一致的。

当人在直立时，将两臂上举，掌心向前，这一方位与脚掌趾纹是同方向的。如果在人直立时，将两臂上举，掌心向后时，这一方位与脚趾纹是反向的。这时，上体前胸为阴，背为阳；下肢前为阳，后为阴。

在人体部位中，手脚是人体能量运行路线的两端，这些部位螺纹密布，是与自然磁体的情形相同的。通常来说，磁体两端磁力线总是最密集、磁性最强，人体磁场也是如此。手脚两端是生命磁体的两极。两手与两脚是一前一后，即南北两极，有了这个极性，人体的手脚力量就大，灵敏性就强，方向性也准确。

人体的场的运动不仅是一种圆的运动，同样也存在着螺纹（螺旋线）运动。不只是如此，有生命的动物和植物，都与螺纹息息相关。人的生命细胞DNA遗传密码是以螺旋线结构组合构成的，如图5-4-5所示。

图5-4-5

大自然中，树的生长是沿着螺旋线增长的，所有的动物都是以螺旋线结构组合的。因此可以说生命是沿螺旋线运动的，螺旋线可称为生命的曲线。

三、有生命的磁体

有时听到或看到有些人身体能够发射电之类的新闻或奇闻等，人身体能够发射的电称为“生物电”，人体除了能够发射“生物电”，还可以接受“生物电”，这是因为人体也是一个磁体。人体与太阳、月亮、地球的区别在于，人是有生命的磁体，而太阳、月亮、地球则是无生命的磁体。人，这个生命体，是在自然界长期发展中的产物，同一切大自然中的磁体一样，在人体和其周围都存在着“磁场”，由此产生电场。

有生命的人体磁体与无生命的磁体有着根本不同的特点。太阳、月亮、地球和人体内部虽然都存在着电流，但太阳的内部存在的是环流电流，地球内部存在的是地磁电流，人体内部存在着的则是生物电流。这种无生命磁体产生的是高物理能，而生命磁体产生的则是微物理能。有生命的人体磁体与无生命的磁体都存在着南北两极，只是有生命的磁体，即人体的极线，是以肚脐为中心，向上到手的中指为南极（S），往下到脚的中趾为北极（N）。人体这个生命磁体，具有上下、左右和前后之分，是各向异性的磁体，如图5-4-6。

地球分为南北两极，北极的温度低，而南极的温度则高。

将人体分为南北两极，上部为南极，其温度高；下部为北极，其温度低。磁体上左为正，右为负，其磁体的上为阳，下为阴，磁体的前为阴，后为阳，如图5-4-7所示。

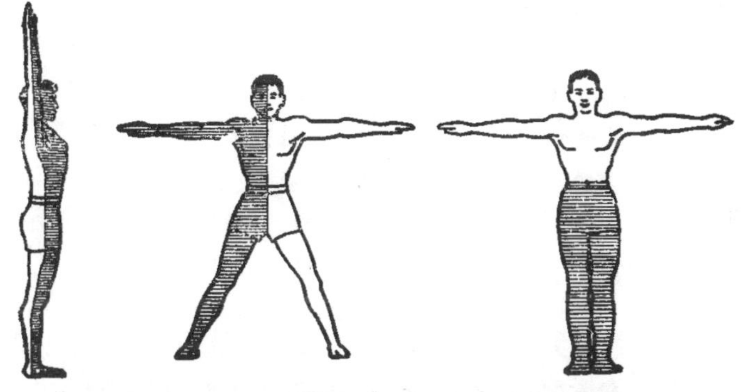

图5-4-6

图5-4-7

人体，这个有生命的磁体，与磁场关系十分密切。近年来，各种形式的科学研究都证明了生命磁体方位的问题，例如，有些人睡觉时顺南北方向就睡得香，而顺东西方向则会失眠；有的人则相反，这些都涉及生命磁体的方位问题。

从古至今发展形成的咏春武艺气功或其他各式气功功法，在练功的过程中，就强调起始与终结的方位，多以面南背北的方位练功为主。

在《周易》八卦中所述“太极、两仪、四象、八卦”的概念，对探讨生命磁体的方位有着启发的意义。八卦所说的“太极点”，就是气功中所说的丹田，即生命磁体的中心（肚脐）。人体能量流就是丹，丹田是人体能量流汇集和转换的地方。“两仪”所指的线，是把人体分为上下、前后和左右部分。生命磁体方位线的划分是将人划分上下为“竖”，前后为“纵”，左右为“横”，组合为人体的三维坐标系。人体能量流则是循此而运行不息的。“四象”，是指人体的面。人体上面（指脐以上）与天相接，下面（指脐以下）与地相连，前面与月相对，后面与日共寝。“八卦”，是指体，即人体与天地垂直的8个方向（方位）。

除了人体有磁体和方向之说，和人类相关的自然界中的植物也有南北两极之分。例如，树的枝叶向高空生长，吸收阳光和二氧化碳，可认为它是南极，树根扎于泥土之中，吸收水分和土壤中的养料往下生长，可认为它是北极。磁体中心，在树干分枝的地方。日本曾对人和树之间做测试实验，如果有人想用手折断树枝时，此时树磁体就会产生紊乱的电波。因此，树对人的信息感应是很灵敏的。

人，为万物之灵，与太阳的关系更为密切。从古至今以咏春武艺气功或其他气功功法练功的修习者，都注意直接从太阳光中吸取能量。特别是古气功法，有采日精法，以壮阳益气、补光益中的练法。甚至有些气功功法练功强调练“三星”法，即日、月、星辰。从这些都可以看出从古至今人类观察到太阳与人的生命的关系的重要性。

月亮是除了太阳之外，同样和人体磁场关系密切的星体，如图5-4-8所示。人体内70%是水，既然月亮的万有引力能影响海洋的潮汐，同样会影响人体内的水分。人体内的液体就像原始海洋的复制品，钠、钾和氧化物在血液中的浓度，以及钴、镁、锌在机体中的浓度，竟然和它们在原始海洋的海水中的浓度相同。

图5-4-8

因此，月亮和太阳一样，对人体都会产生某种程度的影响。古传的气功功法都流传有对月亮吸收能量的练功方法，以期提高练功的效能。

如果从物质的微观结构层次看，各种层次的物质都是具有磁性的。太阳、月亮、地球都是具有磁性的，因此可以说磁性是物质的一种普遍的性质。而对于人体的认识，除了从解剖学的角度来认识人体及其运动规律，现代电磁学在医学上的应用，可帮助人们从微观方面去认识人体，例如，脑电波的测量、磁疗的应用等。最早应用的是可以追溯到2000多年前就开始应用的针刺和气功，针刺和气功是运用“电磁波”调节人体生理功能，以达到治病强身的目的。针刺和气功是运用电磁波对人体中的病体施以正确的干扰，使受体发生电磁波共振，强制病体的电子恢复正常功能。

由过去到今天积累的各种科学实验发现，人体内各脏器磁场的强弱及其运动规律都是不相同的。人的喜、怒、哀、乐，七情六欲的产生，心理情绪的变化，都会影响磁场的强度。换言之，人可以通过意志的控制、情绪的抑制来改变体内磁场的强弱。各种实验也证明了，不同的人心脏磁场强弱是不相同的。不只是心脏存在着磁场，在肝、肺等其他脏器部位等都存在着磁场。人体磁场的强弱跟其所从事的职业有一定的关系。例如，电焊工人的肺磁场就比一般人强，运动员的肌肉磁场比一般人强等。

电磁场除了对人体这个生命有影响，对自然界的其他生命也有一定的影响。蜜蜂能依靠地磁场安全返回蜂巢；鸽子能辨别地磁场的强度和地球自转产生的科氏力（转功系统中出现的一种惯性力）的细微差别，可凭借这一特殊能力准确无误地飞回家。但如果是信鸽在无线电台或雷达附近时，则会因强大的电磁信号的干扰，使它们丧失导航能力。还有其他鸟类和鱼类的导航与地磁也有着密切的关系。

植物生理功能被电磁影响也非常明显。如果在电视旁放置盆栽的花木，就会导致花木枯萎。而用磁处理过的水来灌溉豆类、萝卜、西红柿、玉米等作物，可使其开花、成熟期提前和产量提高等。

第五节　自然的身体

咏春拳，不仅仅是一种拳术拳法，它是一种将武艺和气功融为一体的武艺，因此，将咏春拳称为咏春武艺与气功，或称为咏春武艺，是告诉人们修习咏春，不只是为了练习某种拳术，而是咏春可以帮助人们减肥、美容、长高、聪明和修正精神障碍等。因为有越来越多的人在练习时感受到咏春的功效，所以不只是在国内，同时在世界各地都流行着咏春拳。

咏春拳采用其独有的技巧，配合饮食、呼吸法，告诉修习者“由内而外”地修习，即由心推举身体的训练；还有“由外向内”地修习，即由身体推及心的修养，懂得这个道理是帮助修习者在练习的过程中进而改造身心，并能潜移默化，收到意想不到的效果。

从过去到现在的咏春拳，并没有一般人想象的那么神秘，它就是一个谁都可以练习的

拳术拳种。身体也一样，咏春拳的动作也只不过是将知识加到身体实践上，使修习者安定的一种形态，身体以此为动后，便会觉得轻松愉快又稳定。

咏春的根本大法就是让修习者身心安定，从呼吸、营养、头脑等的用法来说明，因此咏春适合运动者、工作者、身体缺乏运动者、学者等各种人练习，并不与其他拳术拳种或任何体育运动的思想冲突。

生活中的坏习惯及坏脾气就像生病一样，如果不加理会就会积劳成疾，发生病痛，想要随心所欲就必须借着训练来克服，让身心认识最自然的状态，就像生病要吃药打针，坏毛病要改掉一样，而咏春就有让人能自我支配的效用。因此，咏春使人类与生俱来能维持平衡的本能发挥到最高极限，如此一来人生便充满了无限的欢乐了。

咏春源于逾百年前，创始人有很多位，他们将常年累月所得的经验汇集起来而成“咏春”。它既是武艺，也是哲学。

通常很多修习咏春的修习者，他们只教或只会咏春形体这部分，如果就会这些，则与外力运动没有什么区别，仅是肉体的训练而已。咏春，应该是综合性的学问，断章取义则有失原本风貌了。学练咏春，在摆姿势时，同时也在做精神上的训练，两者相辅相成，缺一不可。

使身心自然的法则，就是不断地新生、维持平衡、保持安定，因为不平衡和勉强做不应做的事会给身心带来障碍，也就是不自然。平时生活中要对自卑、坏习惯、不中庸、过与不足、不适等罪孽常留意，使之平衡者是使身心自然的重要法则。

咏春及其哲学就是解决不自然的产生及消除、保持、恢复的方法。

第六节　咏春气功的流传

咏春武艺与气功的流传发展过程中衍生了不同的方法体系。这些不同的武艺和气功法衍生出不同的派别或支系，在发展的过程中不时发生互相贬斥抵牾。咏春武艺与气功，在中国大武术架构下脱颖而出，并借众术之共成，博见而善择，以使咏春武艺与气功体系更加完善、科学。

基于咏春武艺与气功众术之共成的特点，以及对人体健康的正确认识，咏春武艺与气功强调预防的重要性，主张把疾病或问题消灭在隐患之中，即“防重于治，以防为主”。而要做到这一点，显然，养生内练是必需的最重要的手段，咏春武艺与气功是其可采用的重要的手段。

一、咏春气功与西方体育运动的比较

咏春武艺与气功和西方体育运动对健身方面，从文化形态来说，有很大的区别。

体现着强烈的西方传统文化精神和近现代意识的近代体育运动（包括体操，以下内容

类同）趋向于表现自我；而渗透着中国古代文化精神的咏春武艺与气功（适合包括其他武艺与气功，以下内容类同）则满足于自我。因此，咏春气功丝毫不热衷于那种热烈气氛下的人的肌腱和力量的显示。西方那种充分发挥人的潜力而努力完成的动作和为了荣誉、审美乃至财富而追求动作技术的至善至美是与咏春气功健身的精神格格不入的。咏春气功健身是内在的、自我的，没有竞争意识的。咏春气功并不追求在动作完成的质和量上战胜对手获得胜利者的殊荣，也不需要观众的喝彩和胜利者的花冠，它沉浸于一种超然的、宁静的、自足的、内向的个人身心体验与实践之中，通过蛇形鹤颈、扑膀走转、左右兼顾等栩栩如生、惟妙惟肖的动作练习获得自身的乐趣，体验一种神奇的、超意识的快感。

西方的体育运动是动的，而咏春气功用于健身是动的，也是静的。运动是近现代体育运动的灵魂和生命，同样，也是咏春气功的灵魂和生命。东西方思维模式中动与静的观念却有着不同。西方人的动静观是建立在逻辑思维方式上的，动的便是动，静的便是静，二者泾渭分明，不可混淆。东方的动静观却建立在辩证思维模式上，动与静是相对的，动中有静，静中有动。在西方体育中运动是绝对的，而在中国的咏春气功中（甚至适合瑜伽），运动是相对的。咏春气功要求形体运动但心理上却要至虚至静，凝神于中，反观于心。在静态的气功动作中，形体处于静态却要用特殊的方法促使调整人的内部生理系统进入一种微妙的、高度的活动状态。

西方的体育运动是外在的，而咏春气功的健身是内在的。建立在运动解剖学层次上的西方体操着眼于发展人的运动器官和肤体肌腱，按一种直观的审美意识和标准来塑造人的理想形象，赋予人以雄健伟岸的体魄和力量。而咏春气功健身是建立在中国古代生理认识层次上的，着眼于发展人的内脏器官的生理功能。练习咏春气功的人和练习现代体育运动的人所追求的目标是不同的，前者是精神旺健，神气充足，身心健康，洋溢着内在的生命力；后者则是肌腱凸隆，筋肉发达，充满外在的力与美。

西方的体育手段是激烈的、紧张的、运动量大的，恰如暴风雨般充满喧嚣、呐喊、狂热激动。而咏春的健身是平和的、冷静的、小运动量的，有如和风下缓缓流动的小河，弥漫着温馨、理智和神秘。

西方的体育运动形态是单纯的、一元的。尽管这些体育运动会令人眼花缭乱，血脉偾张，扼腕踊跃，但其基本内容不过是人的肢体动作，其基本要素是人的动作与器械场地之间的关系。而咏春气功健身则是多元的，是多种方法要素的组合；通过蛇形鹤颈、扑膀走转、左右兼顾等动作，以呼吸吐纳为主的行气术与模仿动物动作的肢体活动相结合的，通过"养形"来追求健身长寿的养生方法。

由此可见，咏春气功（适合包括其他武艺与气功）既是一种养生术，又是一种体育医疗方法。它的基本内容包括肢体活动、呼吸吐纳和自我按摩等。这同以肢体运动（包括体操）为唯一构成的西方近现代体育是十分不同的。

二、健康新概念

近现代社会诞生于19世纪中叶的欧洲产业革命，产业革命使人类社会发生一系列的深刻变化，其中最突出的就是城市化。城市化的生活与几千年来人们所习惯了的农业社会的生活相比有明显的区别。城市生活，人口高度集中，生产分工精细，能源以机械、电力，环境以人工环境为主，心理紧张度高，人际关系疏远，社会角色多样化。而农村人口分散，生产分工不细，能源以人力、畜力为主，环境以自然环境为主，心理紧张度低，人际关系密切，社会角色单一。

经过近两百年的发展，在世界各国，特别是经济发达的资本主义国家，城市化已经深刻地改变了人们的生活条件、工作条件和生活方式，在大大提高了人们生活水平的同时，又给他们的健康带来了新的威胁。

古代人类的健康威胁主要是瘟疫和饥荒，只是到了第二次世界大战以后，世界局势相对稳定时，社会生产发展迅速，医学科研的不断突破，使曾经猖獗一时的急性流行性疾病不再是人类的主要威胁，代之而起的是心脏病、高血压、癌症、肥胖病、神经衰弱等“文明病”。这些“文明病”病因不再是病毒或细菌，而是现代社会人们不合理的生活方式，过度不当的营养摄入，体力消耗不足，过细的分工造成的身体片面发展，神经系统的长期紧张，吸烟或喝酒，等等。对付这类疾病，现代医疗手段则显得回春乏术。社会迫切需要一套不仅有维护身体正常功能之效，且还有纠正和改善不良生活方式的特殊功能的健身之术。

今日社会精神高度紧张是人们的一大特征。工业化社会的快节奏的工作、复杂的社会关系、多重的社会角色和激烈的社会竞争使人们经常处于应激状态，不良的精神能量的不断积累，导致有些人行为失常、神经衰弱，甚至出现精神病例不断增加。人们越来越认识到在现代社会中，一个人仅有良好的形态结构、发达的骨骼肌肤，是不能称为健康的，还必须具有强健的心理素质。因此，现代社会的健身之术还必须具有心理锻炼的功效。

随着现代资本主义社会矛盾的深化，人们越来越感到先进的科学技术和高度发达的生产力往往成为与人格对立，支配人的力量。人们不断地革新科学技术本来应是更好地为人类服务，但到头来人支配比小，为物的附庸，失去了应有的尊严和自由，迷失在物欲横流的社会中。特别是在今日的特大城市生活中，茫茫人海，人们却有步入沙漠般的孤独，感到世界和他人疏远了。于是寻找失去的自我，是当代西方人的一股潮流。当然在这种资本主义条件下人的异化问题不可能得到根本的解决，不过人们仍然试图找一种方式能够缓解它，减少它对作为社会的人的健康的威胁。

于是，在新的社会条件下，健康的概念发生了质的变化。那些所谓传统的健康概念，仅仅是指一个人不为疾病所困扰，而这种纯生物学的健康概念已经过时。在现代社会中，健康是一个多维度的综合概念，是指一种生理、心理、社会和情感诸方面的良好状态。

这种全新的健康概念的核心是强调肉体与精神的统一，人与环境的统一。而这种系统的生命观与健康观正是东方哲学与中国传统保健的精髓所在。因此，在这一文化发展趋势影响下的人们的保健价值取向，就不能不决定着健身向身心统一的方向发展了，不能不决定着中国传统身心炼养在未来世界的作用与地位了。

东方文化从最高层次的哲学思想到社会文化的各种形态形成均有别于西方文化的独特特色。这在中国的生命观、健康观和保健等方面表现得尤为突出。咏春气功，借众术之共成不断地完善，把阴阳平衡视为生命与健康的最本质因素。阴阳平衡一旦受到破坏，便会危及健康。阴阳的相互依存、相互消长与相互转化，构成咏春气功的基本原理。与阴阳学说相联系的另一最重要的观点是形神统一观，即强调构成人体生命的除肉体之外，人的精神意识有着极其巨大的作用。咏春气功，这一重要理论是东方与西方对于生命观、健康观和体育的认识最主要的差别之处。咏春气功的关键是讲求意识的锻炼，即“意守”“冥想”“以意领随”，做到“炼精化气，炼气化神，炼神化虚”，达到生命的最完美的境界。咏春气功中蕴含着有关人体科学的丰富内容，这也是它能在人类保健体育中发挥如此巨大功能与作用的根源。

三、咏春气功的流传

世界体育发展的历史进程中，20世纪末至21世纪初，世界体育从观念到内容曾发生一次巨大的变化，就是以娱乐为主要特征的竞技体育的兴起及其对旧体操的取代。距上次变革近一个世纪的今天，世界体育正酝酿着一个新的发展趋势，即高科技时代使人们对体育运动产生了多样化的理解与要求，即除了体现竞争性、娱乐性及商品意识、集团意识的竞技体育外，以消除各种“文明病”促进身心健康为主旨的体育观念已经正在兴起，这类体育活动日益成为大众体育的主要内容，许多国家的不同肤色的人们强调了体育的目的内容应是促进身心健康的。在这种新观念的冲击下，世界上不同肤色的无数人参加了以保健养生为目的的锻炼。如瑜伽、导引术、五禽戏、八段锦、太极拳、形意拳、八卦拳等，咏春气功则是借众术之共成，以自己的独特风格从咏春拳的身心健康观念出发，同样深受世界各地不同肤色的人们的喜爱。

咏春气功在世界各地流传，这种以注重身心协调统一，以意识、呼吸锻炼和放松入静为主要特征的东方养生保健项目，成为当今西方及其他国家和地区人们热衷选择的锻炼项目也就不足为奇了。咏春具有古老的东方保健作用，以其固有的特点和优点，达到了与世界最新文化观念的契合一致，这个非常有趣的现象，再次显示了东方文化的生命力。

第六章 咏春拳散式

咏春拳散式，也有称为咏春散手的，名称不同，意义相近。咏春拳散式，多是将传统的练习方法保留下来的，有些内容排序合理，但有些内容今天练习可适当调整，以科学的修炼提高练功之效。咏春拳散式，是咏春的基础，也是咏春最基本的内外兼修的练习，由钳阳马、蛇形、穿梭、抱球、劈肘、箭拳、起马、打灯、圈手、独脚马等组成，主要练习步型、步法、手法、腿法，以及松肩、活腰、圈脚、呼吸等。咏春散式，练习咏春拳入门内外兼修动作的力点、边觉、力向、力度，为以后学练三套拳法、器械套路、黐手等打好基础。咏春散式，其结构紧密、动作科学，包含了很多咏春拳的基本原理，通过反复的训练去重新建立身体的结构，将身体的肌肉、关节、筋肉、劲道打通。这种训练是咏春感觉和技巧的训练，咏春拳散式和三套拳法，作为整个咏春训练系统，与套路具有同等重要的价值。

咏春拳散式，在咏春拳多年来的传承中衍生出咏春基础散式、十二散式等功法，其作用都是基本相同的，都是咏春拳基础训练或辅助训练内容，唯个人风格稍显不同罢了。今天所传咏春散式，多是外形的内容，内功练法多已失传，在此披露出来咏春各散式内外练法，以不至于这些功法湮没。

第一节　钳阳马

钳阳马，是根据咏春拳的风格特点形成的桩马，它也是咏春内功中静功的锻炼形式，以钳阳马桩练内培本作为咏春的筑基功夫，同时又可达到健身强体、延年益寿的功效。

一、标准动作

（1）预备势：两脚自然并拢站立，两脚脚跟和脚大拇指互相触碰，两脚掌伸展平放于地面；膝部自然挺直，大腿和膝部肌肉自然放松；自然收腹、挺胸，脊椎骨顺平时站立姿势自然挺直，头颈部自然挺直；身体重量均匀分布在两脚脚跟和脚趾上；两眼向前平视，精神意念要集中；面部自然，口自然合闭，全身放松；自然呼吸（图6–1–1）。

（2）屈膝伏手：精神意念集中，使自己尽量安静下来，两眼向前平视，两手由体侧向前靠拢成双伏手，意念以两手掌根为力点猝然伏按于小腹前，两臂伸直，两掌根离腹约25厘米。两腿同时屈膝使身体呈半下蹲，手腿上下齐动紧守中线，成屈膝伏手势（图6–1–2）。

（3）弹手开马：两手同时屈腕背成鹤颈手守中线，意念以腕背为力点，猝然上提成弹手，手指朝下，腕背离胸约25厘米，高度在心窝上5厘米；两腿随屈膝成下坐守中线，两脚尖同时分别向两侧极力打开，上下齐动成弹手开马势（图6–1–3）。

（4）开马双挂拳：两手由鹤颈手由内向外同时翻掌、变拳靠拢守中线成双挂拳势；同时，两脚跟极力向两侧打开，两手与两脚上下齐动，成翻腕开马双挂拳势（图6–1–4）。

（5）钳阳马：两手成双挂拳，意念以两肘尖为点，猝然后扯（扯或撞）收至两胸侧，两手拳面同胸平，两拳眼同乳头高，同时两肘有向后顶撞的意识；两脚成钳阳马式扎马稳定身体（图6–1–5）。

现在简化的常用的钳阳马，忽略了其中一些动作步骤，它主要用于实战或打斗摆桩，由此直接化为问手或各式摆桩对敌（图6–1–1~图6–1–5）。

图6–1–1　　图6–1–2　　图6–1–3　　图6–1–4　　图6–1–5

二、动作要领

准备动作时，身体适度放松，意念保持警觉；从预备势到钳阳马势，整个动作要连贯，一气呵成做完；上体正直，不俯不仰，正向前方；目视前方，头向上顶，项要自然竖直，面部自然，牙齿轻扣，下颏略有向内收之意；沉肩、含胸、落膊、收腹、归肘、钳马；双膝钳马距离并排约双拳宽，即8厘米左右；脚尖宽度与肩宽度相等，两脚尖互为45°使双足呈三角架构之形，为咏春代表经典扎马架构；伏手时，两手并拢整齐，手臂伸直，

与屈膝上下同时做动作；弹手时是以鹤颈手型动作，与坐马上下同时做动作；扯拳后收钳阳马时，摊腰、落膊、收胸、收腹、双臂向后收；拳握八分，拳心放平，向上，拳面与胸平；呼吸自然，精神尽量集中，身体力求稳固。

保持站立预备势时，头部随脖颈自然悬顶，内心要有舒适感，使这种感觉自然流露到面部上，下颏自然稍内收，使唇齿自然轻扣，意念体悟周身内外都处在恬静平和的意境之中。头颈部做到保持自然的状态，眼神自然就能做到视而不见、听而不闻的状态，头部也就自然轻松了。眼神在准备行拳架时，眼光向前平视并非眼光凝滞呆板，而是眼神与心意相通，将眼神融入拳架动作之中。落膊是广东话音意，是指两肩臂自然向下沉坠，两肩臂如能自然落膊，肩部的姿势自然放摆得正确。落膊正确后，两肩腋有稍虚拢靠两胸侧感觉，这是在两肩臂落膊的同时，两肩臂既处于放松又处于相合的对立的奇妙腾虚劲势状态，如此要求也是使落膊时两肩臂的内气自然畅行以助拳架行功。两肩落膊后，两肘自然配合下坠，两腕也自然下坠并意念保持灵活状态，功夫高者甚至犹如无手般（蛇无骨般）的空灵之感觉。两肩臂落膊正确，胸腔自然处于不紧张的状态，如果僵滞就是方法不正确。当上体和上肢姿势合理，腰胯往下就正常地自然站立，意念胸腕至腰胯部位如一整体的体感，全身上下形成一整体。

咏春钳阳马是由三角形的扎马组合，脚尖尖端对敌，要求两腿间保持稳定的距离，无论转马、进马、退马，重心皆在后，两腿距离一致，形成三点构成的平面之势。

以上要领要点，在练习时务必处处安排好，不可忽略某一点。这个钳阳马基本姿势，对于培养练习者的内在力量、调节呼吸都很有帮助，促进气功锻炼的基础。更重要的是，它集中体现了咏春拳的基本要求和特点，并贯穿整个咏春拳中，初学者可以从这里体会到练习的要点和意义，打好基本功，给以后的练习铺平道路。即使是有一定基础的老手，也会经常做这种桩马的练习以培养咏春的风格，以便进一步巩固掌握咏春拳法要领要点，形成咏春风格。

钳阳马式桩法用于养生，是以两腿平均负担重量，适合不同的人练习。两手由身侧如蛇般涌动猝然成伏手伏于腹前；两手弹手成鹤颈手状和翻掌成双挂拳状充分锻炼指腕的灵活，两手成拳后扯是为了不压迫肺脏导致影响呼吸，肩背胸部肌肉必须放松，使呼吸畅通自如，钳马使臀部、大小腿部肌肉得到锻炼。练习时摆好钳阳马式，从中体会身体内部所发生的变化情况，直到两肩或两腿膝肌肉酸麻胀痛得不能再支持时止。初练时，身体各处可能有轻重不同的酸痛反应，这些反应一般都可在两三周自然消失。站桩如同一树木，树虽不动，但内与外部生理结构却生生不已，不断发育成长，坚实壮大，桩法亦然受其启发。

三、技术说明

钳阳马，是咏春最重要的基本功，它把人体各部按照咏春拳的要领安排成一个科学合理而又完整的姿势。基本上，所有的咏春拳动作都离不开这个姿势的基本法则。各种拳路尽管千变万化，但原理和要领与钳阳马是一致的。无论问手还是摆桩，甚至可以说万法出于钳阳马。

钳阳，即动则生阳，阳是指人体的阳经、气、肾阳、心阳、肝阳；督脉、阳跷脉和足太阳膀胱经。凡带钳阳的动作都要用些力，含蓄阳经脉紧些，使阴经畅通，练以达阴阳平衡功效，故名钳阳马。

练习者如能将钳阳马练习运用自如，咏春三盘功夫形成，咏春三套拳法中多用这种钳阳马步，并由此贯穿各式变通运动之中。

练习钳阳马过程中，学员都会出现膝关节疼痛的问题，且有轻或重者的表现。初习钳阳马时，练习者往往方法不正确，或只注重耗氧量和运动量等方面，却忽略了关节的负重。在行走时，膝关节的负重约为自身体重的3.02倍，上楼梯约为自身体重的4.25倍，跑步时膝关节负重随着步伐的短促和剧烈程度而增加，钳阳马状态下，除稳定自身体重，膝关节又处于不在正常状态下的攻架姿势，加重了膝关节的负担，使膝关节在练习中发生疼痛现象。如果自己能够承受轻微的疼痛，练习十多天疼痛现象基本会消失，而随便出现的钳马钳膝的稳定蓄劲现象。如果钳马钳膝疼痛非常明显且严重，就要停止练习，检查自己所学的或别人教的是否出现问题，或是否科学，再重新进行钳阳马练习。

钳阳马，种种传说及要求都体现在5个方面，即体形、心态、呼吸、经脉、气劲。整个小念头就是建立在这个钳阳马桩之上的，这些片面的说法是因传承中保守的原因。

四、内功气法

钳阳马内功气法，即桩马与呼吸结合的方法。练习内功气法时，应安排在清晨，此时空气经过一夜的过滤，树木花草初见光芒，正徐徐吐出氧气、负离子等，清气上升，非常洁净，这阶段从口中呼出浊气也易于消散，吸入的空气自然清纯。练习的地点应选择空旷、人少、树木多而幽静的地方，尽量不在狭小的房屋中或建筑物密集的地方练习。

呼吸时，选择一小块平坦的地方以钳阳马桩站定，并按钳阳马动作要求要领安排好姿势，身体放松，口眼微闭，静待片刻，除去杂念，集中精神。然后以口吐气，以鼻吸气将肺中浊气驱出，如此进行3～7次练习，之后改用鼻呼吸，可避免浊气侵入肺部。

呼吸时的深度，以呼气和吸气均匀为主，呼和吸都要一口到底，不要间断，深浅以肺部稍感张缩为度。

如果以吸或呼为10度，则在初级练习呼吸时应以4.9度为起点，然后随功深逐渐增加至8.1度为止。

在初练时，呼吸的节律应徐缓从事，行时徐徐纳之，缓缓吐之，不能过猛地呼吸，也不能前后参差，第一次呼吸速度就是以后各次呼吸的速度。练习一定时间之后速度才可逐渐加快，但过程仍是以和缓为宜。

练习中须注意，最忌呼吸过猛或速度不一致；忌完全用鼻吸气，用口呼气；忌呼吸时心志不宁，否则气散神耗，会自损身体。

在以上呼吸练到一定程度，气力增加之后，即可加入意念进行运气法练习。如此功成之后，全身筋脉灵活，骨肉坚实，血气行动可随呼吸贯注，意之所至，气无不至，气之所至，力无不至。这时，钳阳马桩与拳法或其他散式或套路等功夫结合，可以使拳法或脚法等充实内力，威力倍增。

呼吸，对于练内功和外功都是非常重要的，这种吐纳之功，使肺活量增大，身体活动能力自然就强。

咏春拳练习中，对于呼吸非常重视，有专门练习呼吸、增强气功的功夫，只是在传承中失传了很多，特别是今天所传咏春拳中都是些外形练法，内练少之又少了。

这种基本的呼吸方法，适合南北少林武术、形意、太极、八卦练习使用，也适合空手道、合气道、泰拳、跆拳道使用等。

钳阳马桩，即钳阳马桩功，是保持静站姿势，进行以意领气、以气运身锻炼的一种外静内动的内功练习方法。站桩时身体肌肉处于等长收缩的状态，能有效地增强下肢肌群的力量。桩功锻炼中获得的感觉能在大脑皮层形成一定的条件反射通路，即静站姿势的动力定型，这能保证一定的桩势在变化疾速的拳路运动中不致变形。桩功能肌肉舒缩感知能力的提高，能改善运动中枢对各部肌群的支配能力，提高肌肉的随意活动性，桩功锻炼中获得的意气流走感，能增强意识支配气息的能力，使气随意行，意到哪里，气感就到哪里。肌肉感和意气感对大脑皮层的联合作用，能促使人体内外系统密切协调地同时运转。当意识指挥某部肌肉运动时，该部肌肉随令收缩，气感也就同时随意识到达该部，逐步形成意到、气到、力到、身到的内外合一的技能。

五、锻炼功效

钳阳马式桩法用于养生，是以两腿平均负担重量，适合不同的人练习。两手弹手呈鹤颈手状和翻掌呈双挂拳状充分锻炼指腕的灵活，两手成拳后扯是为了不压迫肺脏导致影响呼吸，肩背胸部肌肉必须放松，使呼吸畅通自如，钳阳马使臀部、大小腿部肌肉得到锻炼。练习时摆好钳阳马式，从中体会身体内部所发生的变化情况，直到两肩或两腿膝肌肉酸麻胀痛得不能再支持时止。初练时，身体各处可能有轻重不同的酸痛反应，这些反应一般都可在两三周内自然消失。站桩如同一树木，树虽不动，但内与外部生理结构却生生不已，不断发育成长，坚实壮大，桩法亦然受其启发。钳阳扎马，两脚一开一合，扎马钳膝使大小腿肌肉运动发热，这样下肢血管运动有活力，使下肢血液起到回心的作用，可有效地预防静脉血栓。

第二节　转马

转马，是在钳阳马式的基础上最基本的左右转体桩马变式。转马，同样可以在钳阳马的基础上，使身体有利于机动地施展出攻守的动作，它同样也能让身体放松，使肌肉做出迅速反应，并开始在转马的基础上活动筋骨气血的运行。

一、标准动作

（1）正身钳阳马：由自然姿势做钳阳马式（图6-2-1）。

图6-2-1

（2）左转马：以左脚掌心为轴，身体向左转，重心落在右腿上，两脚形成45°角对角线平衡相对，左膝与右膝同时保持内钳，此也称为侧身钳阳马（图6-2-2、图6-2-3）。

（3）正身钳阳马：接着以左脚掌心为轴，身体向右转，呈正身钳阳马式（图6-2-4、图6-2-5）。

（4）右转马：动作不停，由钳阳马式，

图6-2-2

图6-2-3

图6-2-4

图6-2-5

紧接以右脚掌心为轴，身体向右转，重心落在左腿上，两脚形成45°角对角线平衡相对，右膝与左膝同时保持内钳，此也称为侧身钳阳马（图6–2–6）。

（5）正身钳阳马：动作不停，接着以右脚掌心为轴，身体向左转，成正身钳阳马式（图6–2–7）。

按以上步骤可以左右转体交替进行练习。

图6–2–6

图6–2–7

二、动作要领

保持正确的正身钳阳马式以备随时左右转马；精神集中；向左或向右转马时，身体重心由后腿支撑，前腿随势平稳有力地自然踏在地上，保持身体重心的平衡稳定；左或右转马时，上下要随转体协调一致，全身放松，保持警觉；避免精神、肉体紧张，并随时做好由转马发动攻守的准备。

三、技术说明

咏春拳中，由正身钳阳马转至侧身马的过程称为转马。转马在咏春拳中有着重要的作用和意义，需经常进行练习。

转马练习时，如果向左转，以双脚脚跟为中心摆动，身体重量移右脚重心脚，左脚成虚踏脚，轻轻用力内钳；虚踏脚膝关节要保持微屈，既要踏实于地上，也要做随时起脚的攻防准备；身体与重心脚保持正立；俯视两脚掌，双脚脚趾均朝向左方；注意虚踏脚膝关节不可蹬直；否则，两脚间便失去了内钳力维持，地面会产生反作用力，引致马步重心偏离或升高，或摇摆不稳；或虚踏脚滑离站正身马的位置；此也使转马抵御冲击力变弱，做卸力亦难以依借。向右转马与向左转马动作方法相同，唯方向相反。转马后，双脚脚掌不可超过45°线，否则，马步会摇摆不稳，于单式练习，常配合膀手或摊手连同护手或冲拳一起做运动。

初练转马时，可能会出现两脚间距不时变宽或变窄，这是因为练习者未能掌握两脚间以内钳力维持的法度，转左或右至侧身马时，上身会多靠右或左边偏倚，注意上身与重心脚需保持正立。

四、内功气法

由正身钳阳马转马时，要将腰、裆、腿、膝劲结合，劲贯两脚掌，双手稳定不动。呼吸要用鼻自然吸气和呼气。

重心转换时，腰、腿、膝、上体要协调一致，全身皆动。

转马时，要意感上悬下沉，两拳臂稳重，两胯根向下松沉内合，臀部回敛。吸气时，注意体会气贴背脊之感；呼气时，注意体会气沉丹田之感。

五、锻炼功效

咏春拳中有侧身以膊为子午的拳理，其意是说当由正身马转侧身马时，本身的子午线（中线）已变成与敌人的肩膊相对。相反，对方的子午线亦变成与自己的肩膊相对。例如，运用时以对手用直拳打向我方上路时，我方如果以正身马转为侧身马，即可令对手的拳处于我方肩膊之外了，对手的拳自然也就落空。

由此看来，转马，即侧身马的作用主要是将自己整个上身移离被对方攻击的范围之外。然而，这需要正确及时的转马动作才能达到。

转马还能锻炼腰马的运转能力，以备搏击时腰马能够随时灵活地转动或侧闪。

第三节　出肩

出肩，佛山咏春音意，比喻如蛇出击般动作的意思，即肩、臂、手锻炼柔软性和灵活性的功法。肩部的锻炼，在咏春拳上肢技术技法中非常重要，上部是咏春拳上肢技法动作变化的关键，拳法、掌法、指法、肘法、肩撞、摔跌，以及六点半棍和八斩神刀器械的技法动作，都离不开肩臂的灵活配合，同时也是内功练法放松肩部的重要功法，在这里保留了咏春拳的传统内容。在流传中已少有此法，致使个人传授的咏春无规无矩，失去咏春风格。

一、标准动作

（1）直立抱拳：两脚并拢直立，两手向上抱拳，拳心向上（图6–3–1）。

（2）单臂回旋：左拳变掌，左臂向上垂直，以肩为轴，由前经上向后做大回旋动作（图6–3–2）。

（3）双臂回旋：以肩为轴，两臂伸直由前经上向后做大回旋动作（图6–3–3）。

(4) 伸臂出肩：两臂放松，由前向后做大回旋动作一周，然后两臂向前平举；同时两臂向前伸出、送肩、出肩；两掌心朝下，两拇指相靠拢（图6–3–4）。

练习数次向后扯拳成直立抱拳势。

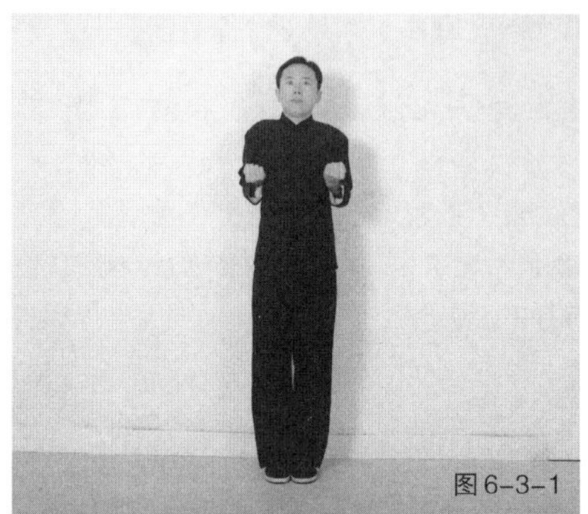
图6–3–1

图6–3–2

图6–3–3

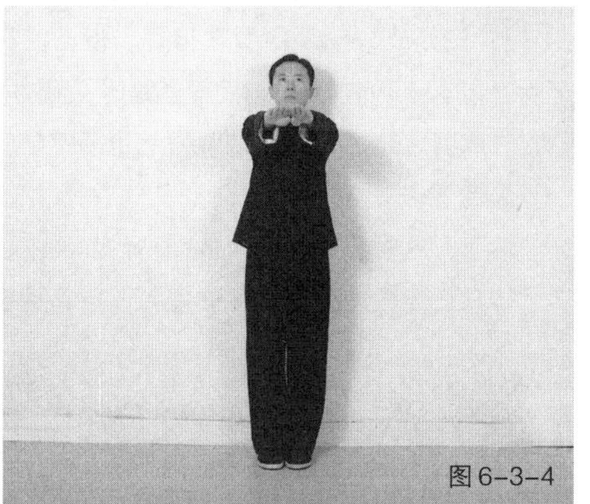
图6–3–4

二、动作要领

直立抱拳时，屈肘，前臂与手腕平直，肘尖向后拉，拳面与胸平，要求与钳阳马基本相同；单、双臂回旋时，手臂均要伸直，肩部放松；回旋臂时，以肩为轴，尽量大回旋动作；两臂前送、出肩，要适度放松。整个动作过程中，两腿挺直站立不动。

三、技术说明

拳术中，肩臂为全身的上节，主管上肢一切运动。肩则为上肢的根节，是上肢活动能力范围最大的轴型球状关节，出肩功法就是锻炼肩臂的屈伸、收展、环转等多种方位的运动能力，以适应咏春手法的基本需要。不只是咏春的手法需要肩臂的动作，甚至在打法与拿法中，也需要运用手臂动作施展技法作用，有甚者在踢与摔法中也有肩臂的配合动作。

四、内功气法

动作中，直立抱拳，即要逼气全神，要挺胸、收腹；两臂伸直，两肩推送，掌心意念含力，回旋幅度要均匀；呼吸自然。

伸臂出肩时，胸椎骨要向后，两肘伸直，肩勿上耸，腕与肩平；活动肩背、肘腕等关节及上肢筋肉，增加力量。

五、锻炼功效

出肩，与其他拳术拳种的压肩活肩之类的功法有着相同的功效，甚至效果更甚。出肩也是咏春拳传统的称呼。

咏春拳散式出肩功法，可以增强肩臂肌、韧带的柔韧性、协调性和灵活性，以及三节的稳固性，同时加大肩臂三节的活动范围，发展力量，提高上肢动作的灵活、环转、松展等能力。

第四节　蛇形

蛇形，即模仿蛇的形态形成的手法。蛇其状如长绳，却游行夭妖，节节灵通。咏春拳蛇形，就是模仿蛇的动作，练通全身气穴，使全身的气能够吞吐抑扬，沉静柔实。蛇形除了锻炼咏春手法，同时强调锻炼中夹脊之功法，这对强身健体也有着重要的意义。如今流传中的部分个人咏春已不提及蛇形，蛇形是咏春气功和科学练法，不懂法门者改动致失去咏春原意，使后来学练者不知内理。

一、标准动作

（1）钳阳马：两手抱拳，两脚打开成钳阳马式（图6-4-1）。

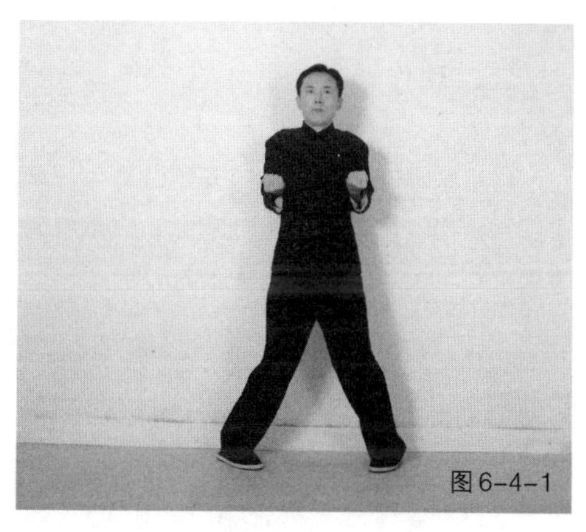
图6-4-1

（2）蛇形手：左拳随即变掌，掌内旋随屈肘向前如蛇般伸出，手肘向内靠近中线（即心窝），内肘距心窝约18厘米，手腕背标直，五指伸直与下颏同高，腕背距下颏约37厘米（图6-4-2）。

（3）右蛇形手：以左手腕内侧为力点向

右如蛇般摆动，腕内侧不超过右肩的外侧线，指尖稍向左指（图6-4-3）。

（4）伏手：以左手腕为轴，由右上向左下成半弧形伏至胸前，指尖朝上，归肘（图6-4-4）。

（5）左蛇形手：以左腕外侧为力点，由下向左上方如蛇般摆动，腕外侧不超过左肩的外侧线，归肘（图6-4-5）。

图6-4-2

图6-4-3

图6-4-4

图6-4-5

二、动作要领

由正确标准的钳阳马式开始做动作，掌似蛇游般走向中线，向右或向左摆动相同；向中线前伏出，指尖尽量上翘朝上，以掌根为力点；归肘，即用肘保护心窝之意。整个动作过程仅有手法动作，其他身体姿势保持不动。

三、技术说明

蛇形，在咏春拳中多是指蛇形类手法，以蛇的形象做成动作来增强体质，创造出仿生的蛇形手。蛇形手，很像蛇的动作，以手运功带动上肢的运动，在钳阳马的基础上，使此动作动静兼有，灵活敏捷，柔刚俱备，优点俱多。除了模仿蛇的形象成咏春手法，事实上咏春很多技术技法上都有蛇的影子，不只是比喻像蛇一样行云流水那样的优美动作，同时兼具了流水的思想（即水的哲学，老子道家中水的哲学思想），即使是衍生支系的咏春个性内容都具有蛇形手法的影子及具体练法，只是部分传人或可能不得真传又将咏春演变成所谓的硬桥或软桥类的练法，这些都是片面的东西，误己误人。

四、内功气法

蛇形内功气法练习时，可采用自然呼吸法和潜呼吸法进行。初练时应采用自然呼吸法，当练功日久，即功夫纯熟与入静掌握得当时，可逐渐过渡到潜呼吸练功中。

自然呼吸法，即比平时的自然呼吸要稍深长、柔和、平静，以仿蛇形内功气法要求精神内守、气沉丹田，动作上讲究蛇形柔动规则。手法动作则以走中线同时向左、右、上、下涌动，意念力点在腕内、外侧、掌根，练功中需注意这些要求。

潜呼吸法，是一种以腹部稍微起伏的绵、长、深、静的呼吸方法。潜呼吸也不同于顺、逆式腹式呼吸法，后两者注重腹部的起伏。这种方法多是在教学训练中告诉学员正确进行练习的过程。

五、锻炼功效

蛇形手，以仿蛇的形象动作，练上肢与全身气穴贯通之功，使上肢与全身的气能够吞吐抑扬，沉静柔实。手在没有着物时，似乎无其力量，一旦着物，即迅速收敛，胜于勇夫。

通过蛇形锻炼，手法上多是以柔形而出，臂活肩灵，随动作起伏而摆动，屈折回环，有行乎不得不行、止乎不得不止的意境，以炼钢成柔，行气如虹。

第五节　蛇形穿梭

蛇形穿梭，在过去的年代称为美女穿梭。这种动作如同蛇形穿梭，又如同美女持梭织渔网般动作而得名。蛇形穿梭，更进一步在蛇形手的基础上，结合内功气法，仿生蛇的形态及其运动来锻炼外动内静的功法。

一、标准动作

（1）钳阳马：两手抱拳，两脚打开成钳阳马式（图6-5-1）。

（2）双蛇形手：两臂同时屈肘向右前方如蛇般伸出，两拳同时变掌；以右掌在上，左掌在下，掌心朝下，相距约15厘米；两掌指朝向前方，右腕背距右肩约37厘米（图6-5-2）。

（3）蛇形伏手：左手以左腕内侧为点，由右上向左下成半弧形如蛇般伏至腹部中线前，指尖上翘，归肘；同时右手以右手腕内侧为力点，向左方如蛇般横摆，其幅度不超过左肩外侧线，手指向前伸，归肘（图6-5-3）。

（4）蛇形伏手：左手以左腕内侧为点，由下经左向上成半弧形如蛇般摆动，同时右手以右腕内侧为力点，由上向左成半弧形如蛇般下伏至腹部中线前，指尖上翘，归肘（图6-5-4）。

两手如此重复进行动作。

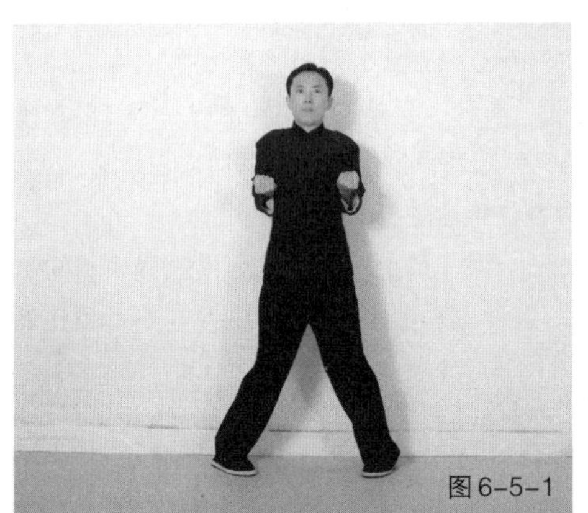

图6-5-1

图6-5-2

图6-5-3

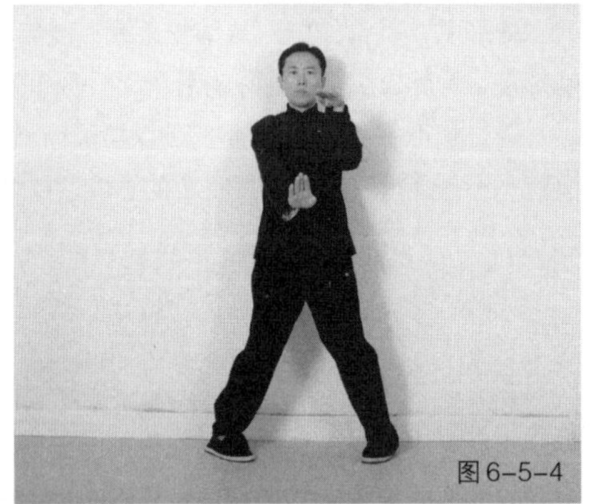

图6-5-4

二、动作要领

由钳阳马式开始，手成蛇形标准动作；成双蛇形手时，两臂屈肘，上下相对；蛇形伏手时，在上的成蛇形手，在下的掌臂适度屈曲130°左右；两掌成蛇形交替变换中，均注意归肘，紧守中线运动；腰马保持不动，仅两手运转。

三、技术说明

蛇形穿梭散式，在保持标准的钳阳马式基础上，精神内守，虚心实腹，气沉丹田，形成上虚下实之势。两手如同蛇般游摆上企下伏。两手要呈标准的蛇形手掌掌型，手心屈空。动作中上下缠绕圆润、忽伸忽缩、忽展忽合，上肢三节节节贯穿，细节之处，各掌骨节又节节贯穿，上动则下随，下动则上领。

四、内功气法

钳阳马式时，两脚掌涌泉穴着地，意注此穴，促使下肢稳健，根基牢固，犹如树动根不动之态。树动根不动的先决条件是必须在锻炼中形成上虚下实。上虚即腹脐以上的上体虚，下实则是指脐以下腹部充实与下肢稳实。咏春这种内功气功练法讲究的上虚下实，是依赖于思想入静和气沉丹田的。练功中，蛇形手法有左式循环柔动，必有右式循环柔动；动作有升必有降，这种运动方式可使上肢得到充分的锻炼，并可调和气血、畅通经脉，且能将留存在脑中的过多血液，流散于四肢，实行血液均衡分配。

五、锻炼功效

蛇形穿梭散式，使两手在运动中吞吐抑扬，以沉静柔实为主。如蛇之气，节节灵通，上下企伏，练手部功夫气柔而出，臂活指灵，游荡动作路线曲折不定，以柔为主，柔中有刚，刚柔相济。这一蛇形穿梭散式功法，既可锻炼上肢的软功，又是硬功锻炼法门，即软硬兼施，相得益彰。

第六节　抱球

抱球，过去的传统多称为抱球式或抱球手，即两手如同抱一球运行状因而得名。球体是自然界中最完美的运动体，它的运动是最平衡对称的，中华古代哲学思想就把“圆”看作“天道”之一。但是，人体并非圆球状的，呈有凸有凹之态；而且，人体静已非球，一旦动起来，则更难圆满如球，保持平衡或对称了。这就要求练习时为保证人体在运动时的球感意识，于咏春内功由钳阳马桩中锻炼内功气法，强化人体前后、左右、上下的同动共力，使身体形成一股既对抗又统一，左右相撑，前后相争，上下相争，六面支撑，皆生弹劲或掤劲的浑圆球状力。

一、标准动作

（1）钳阳马：两手握拳，两脚打开成钳阳马式（图6–6–1）。

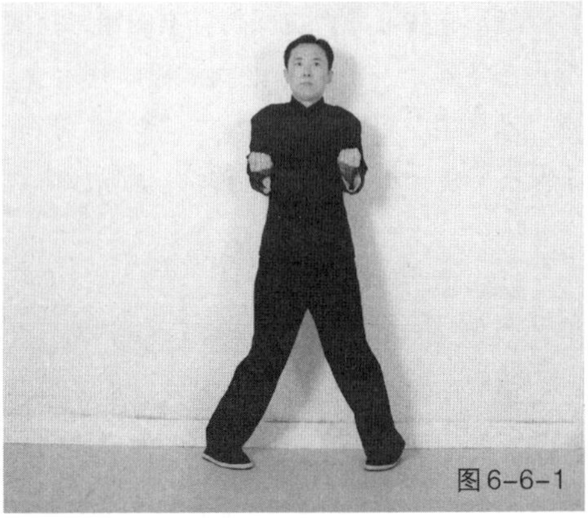

图6–6–1

（2）左抱球：两拳同时变掌，右掌臂内旋沿着胸前向左游摆，左掌同时后扯；右掌心与左掌心相对呈抱球状，两掌侧离左腰侧约15厘米（图6–6–2）。

（3）交换抱球：两掌呈抱球状，上下交换位置，使右掌心向上，左掌心向下，两掌仍呈抱球状（图6–6–3）。

（4）腹前抱球：两手腕同时由左向右沿心窝游转，手腕高腹前约15厘米；当两手掌游摆至腹前时，左掌同时慢慢指向右方（图6–6–4）。

（5）右抱球：动作不停，左肘由下而上至中翻游摆出，左肘外侧约与心窝同高；两臂出肩（图6–6–5）。

图6–6–2

图6–6–3

图6–6–4

图6–6–5

如此，左右式抱球重复动作。

二、动作要领

由正确的钳阳马式开始动作，两拳要同时由拳变掌呈抱球状，两掌心凹涵；向左抱球式时左掌向后扯，向右抱球式时则右掌向后扯；两掌要撑成抱球态势游摆，游摆两掌时，两肩放松，两肘放松，两臂腕放松，两腰肋放松；钳马下盘不动，仅以上肢游摆运动。

三、技术说明

抱球式，是以两手掌凹屈如同抱一球体左右运动，这种动作使两肩、臂、肘、腕、掌得到充分的伸展运转。其外形练法隐藏着融入了上肢的柔韧基本功夫锻炼，因此在咏春拳中不多见到基本功，都是将基本功隐藏在散式、套路、黐手、打桩或棍刀之中了。

四、内功气法

抱球式，在外形练法上，锻炼了上肢的柔韧及活肩功效；在内功练法上，在钳阳马桩的基础上，抱球练意图气势，使人体前动则意后，上动则意下，左动则意右，让整个身体都基本处于意圆的平衡和对称相争之中，使练功中通过抱球游摆运动动作气势感觉到平是圆，立是球，神气鼓荡，一触即弹；同时，练功中可由此而领会全其神、全其气、全其力、全身齐动的圆活之趣。一旦动起手来，拳动周身势如圆，又如天网相罩，使敌难脱其身。

五、锻炼功效

咏春中各式练习运用器械器具的并不多见，而在力量的训练上就依靠咏春拳徒手本身来解决了。咏春第一步功法为钳阳马桩功，桩功是求取力量的最佳方法。这种静式的桩功可以稳定修习者的神经系统，使神经肌肉放松，可以加速气血运行，减少体力消耗，增长内劲，达到内练一口气的功效。而抱球式类的功法，就是把桩功蓄养的内劲，在微动中引发，小念头中的各式手法均是如同功效练法。在抱球式这种运动量不大的微动运动中，将初期练习的机械力、惯性力引化，逐步锻炼成为随机变化应敌自如的能力，将力与技在日久的练功中达到合二为一。平日所见的各咏春拳中所教学的抱球多散式，多是外形练习，其理其法知者甚少，能练功成者更少。

第七节　劈肘

劈肘，是标指拳路中三式肘法之一。有称批肘或披肘的。劈肘，其动作如同刀斧劈砍般而得名。此类肘法是以桩功为根本，运肘行法试力，扩张肺气功能，锻炼肩、肘、腰、胯、步上下协调配合、左右呼应的能力。劈肘法，也是以蛇鹤形取意，以意象形，似像非像。

一、标准动作

（1）钳阳马：两手抱拳，两脚打开成钳阳马势（图6–7–1）。

（2）钳马叠掌：两手由拳变掌，同时向内翻腕，两臂屈肘平屈于胸前成叠掌；右掌在上，左掌在下，两掌心均朝下，两掌上下间距约3厘米（图6–7–2）。

图6–7–1

图6–7–2

（3）左转马劈肘：接上式，动作不停，上体左转90°成侧身马势；同时，全身蓄劲，以右前肘随转体动作向左劈出，左肘随右肘同时动作，出肩（图6–7–3）。

（4）右转马劈肘：接上式，上体向右转180°成右侧身马势，同时，全身蓄劲，以左前肘随转体动作向右劈出，右肘随左肘同时做动作，出肩（图6–7–4）。

如此左右转马劈肘重复动作练习。

二、动作要领

练习转马劈肘外形动作时，精神要集中，动作前保持正确放松的钳阳马势；发肘前，屈肘放松灵活；发肘过程中，肩臂要放松；拧腰、转体、摆肩、劈肘时全身上下协调配合；出肘发力短促匀整；转马协调、敏捷；整个动作要追求准确、连贯；精神与技法融合为一地做动作。

图6-7-3

图6-7-4

三、技术说明

劈肘，在散式中是一整体锻炼的动功，可锻炼人的神经系统，逐步达到统一性、稳定性、规律性，可锻炼人的内外身躯，让人的内里与外形同时得到锻炼。因此，劈肘与转马上下结合，形成劈肘式。

四、内功气法

劈肘配合转马，以全身上下齐动为主，而上下齐动又是以身动为主，身动则以腰动为主，以腰带动身，带动臂腿，带动手脚，做到身手齐动，周身一家。

咏春散式劈肘，其姿势、动作都和人身的生理组织相配合，使机体得到适宜的锻炼。以内练时，要尽量摒弃杂念，使肌肉和内气相呼应，自然而然自在地发挥整体和本能的作用，不要有丝毫的矫揉造作的多余动作，以防破坏了肘与马上下整体和本能的作用。锻炼方法虽简，要求则细腻。练功行气时，上肘下马浑身大小关节都形曲力直，神松意紧，肌肉含力，骨中藏棱，神犹如雾鹤，气若腾蛇般。其劈肘转马横摇之力，有撞之不开，冲之不散，湛然寂然，居其马而稳如山岳之势，外形如蛇鹤，意力灵巧。

五、锻炼功效

咏春散式或咏春拳，肢体调配，不外高低、左右、单重、双重，不论头、手、身、肩、肘、胯、膝、足各处，都有单双、松紧、虚实、轻重之别，劈肘与转马配合仅是此类肢体调配的一种，凡体会得到的精微细小之处，也都如此，要使用骨骼支撑，或力量的弥合、肌肉的联系等法。内脏调配，则是神经支配，意念领导，心理影响生理，生理作用心理，互相为用。

第八节　箭拳

箭拳，在咏春中又称为箭捶或拉箭捶，其出拳动作使身体如同待发弓箭般而得名。从身体侧面看这种动作像一把拉满弦之弓，而拳桥如离弦之利箭。有衍生支系的咏春将箭拳、子午拳、毒龙拳、偏身拳合并称为咏春四大捶法，这都是箭拳的衍生拳法。箭拳也是长短桥配合的散式，同时也是解决咏春拳未采用器械而徒手解决拳法功力练习的方法。

一、标准动作

（1）钳阳马：两手抱拳，两脚打开成钳阳马势（图6–8–1）。

（2）左冲捶：左拳随屈肘向左前方中线冲出，拳心朝右，左内肘靠近心窝，左腕内侧距胸前约22厘米，拳眼朝上（图6–8–2）。

（3）侧拳：以左肘尖为力点向左侧方打出，此时拳心朝下（图6–8–3）。

（4）左箭拳：动作不停，左拳随即直臂向左如箭般射出，拳心朝前（图6–8–4）。

图6–8–1

图6–8–2

图6–8–3

图6–8–4

（5）右箭拳：上体向左转90°成侧身马，同时右拳随转体转马向左前方如箭般射出，左拳同时后扯收回左胸侧（图6-8-5）。

（6）左冲捶：接上式，上体右转90°，右拳同时后扯收回右胸侧，同时随势以左肘尖为力点向左侧方打出，此时拳心朝下（图6-8-6）。

（7）横掌：动作不停，左拳后扯收回左胸侧，同时变掌，以掌根为力点直臂向中线前打出，掌指朝左，归肘（图6-8-7）。

（8）抵肘：同时以左前肘为力点，屈肘由下向上方抵出，肘高与胸平（图6-8-8）。

图6-8-5

图6-8-6

图6-8-7

图6-8-8

（9）脱打：随即，右拳变掌，归肘，以右腕外侧为力点，直臂向左腕内侧脱打出，成两腕交叉势（图6-8-9）。

（10）钳马收势：动作不停，两掌向外翻，掌心朝内成双铰剪手势，两掌同时变拳后扯收回成钳阳马势（图6-8-10）。

循环以上动作过程重复练习。

图 6-8-9

图 6-8-10

二、动作要领

钳阳马时动作标准，全身适度放松，精神警觉；左冲捶动作短促、直接冲向中线，并注意归肘；侧拳紧凑、利落；左右箭拳侧射和前射疾速、有力；横掌、抵肘变换协调、灵巧；脱打干脆，收势和缓。做每一式动作时，均要正确、协调、连贯完成。整个箭拳散式动作中隐含了蛇鹤的灵巧之动，在具体练习时去体悟。箭拳，有各式不同路线的手法配合身法马法，同样要求全身放松，不要有分毫的拙劲，以使留滞于筋骨血脉之间可以没有束缚，然后在动作上能轻灵变化，各不同路线动作换转自如。

三、技术说明

钳阳马几乎为各散式必备起势练法，因此要注重这个最初入门的桩功动作。侧拳时，如同拔箭，左箭拳如同拉弦，右箭拳就如同箭般射出。抵肘，在佛山坊间咏春流传也有称为底肘的，一种由下向上抵挑的肘法。脱打，即脱手连削带打，咏春小念头中常用手法，也是搏击中简洁实用的技术。收势，即把一简短拳路演练完收尾的动作。有些拳法招式具体细节为了延伸理解，可以参阅《咏春三套拳法》内容或参阅《传世咏春拳内功小念头》，了解这方面的招式理法。

四、内功气法

散式各功法中，起势为钳阳马时，从站立预备势就要注意集中精神，身体和头顶保持正直，钳阳马时两腿膝脚适度紧张以利灵活动作，钳阳扎好马同时，轻松地喘一口气，同时感觉上身轻松舒适，从横膈膜以下感觉沉稳，两脚如植地生根。左冲捶时，视线注于左拳食指中节，同时意在左拳随时向左箭拳。转身、转马和右箭拳上下同时协调动作，同时感觉右拳和两大、小腿发胀、发热。侧拳、横掌时，感觉胸宽、背圆、力全，两腿脚转马定势正身钳阳马时，同样感觉两大、小腿发胀、发热。抵肘时，用意念松右肩，意在右肘前和左横掌根处，同时感觉全身力量完整有劲，气势澎湃雄厚。脱打、扯拳收势时，两膝放松松力，两肩放松松力，两臂成交叉铰剪势，重心在两脚，两眼由两手之间向前平远看，意在两指尖；此时感觉全身轻松、舒适，妙不可言。即使全身是汗，也会感到轻松愉快，全身各部关节动作灵活，血贯指尖，精神焕发。

五、锻炼功效

箭拳散式功法，要获得较好的功效，就是在练功中做到形神相依相存，注意形神的统一、身心的一体修炼。内功练法主要着重练意，强调意在领先。在锻炼中用意识引导动作，在练散式拳法时，结合箭拳动作做某种想象，利用心理作用来影响身体的活动。但要注意掌握箭拳技术程度的不同，用意的内容和效果也会不一样。因此，练拳时要精神贯注，尽量排除杂念，将意识集中在练拳上，然后再做出箭拳的各式想象。这样有的放矢，用意识引导动作，既可做到神形兼备、内外结合，增加了练拳的兴趣，同时也提高了动作的质量。

第九节　扱肘连抵肘

扱肘连抵肘，是以扱肘和抵肘两种肘法为主构成的散式。扱肘，又称为及肘、级肘或盖肘之名的。抵肘，在前面箭拳散式中出现。扱肘连抵肘，同时配合转马、进马充分锻炼短桥配合桩马的意气练法。

一、标准动作

（1）钳阳马：两手抱拳，两脚打开成钳阳马势（图6-9-1）。

（2）左扱肘：向左转使身体成左侧马势，同时左拳自然变掌，以左前肘为力点，以肩为轴，由后下而上绕过头向中线前盖打出；左前肘向下，左腕弯曲，掌背向内，距胸约8厘米（图6-9-2）。

（3）右扱肘：右脚向前进步，左掌同时变拳后扯收回左胸侧，右拳同时变掌，以右前肘为力点，以肩为轴，由后下而上绕过头向中线前盖打出；右前肘向下，右腕弯曲，掌背向内，距胸约8厘米（图6-9-3）。

（4）抵肘：左脚向前进步，右掌同时变拳后扯收回右胸侧，左拳同时变掌，以左前肘为力点，屈肘由后下向左前上方抵挑出，肘与下腭同高，手掌护于左耳侧（图6-9-4）。

按此动作过程重复进行练习。

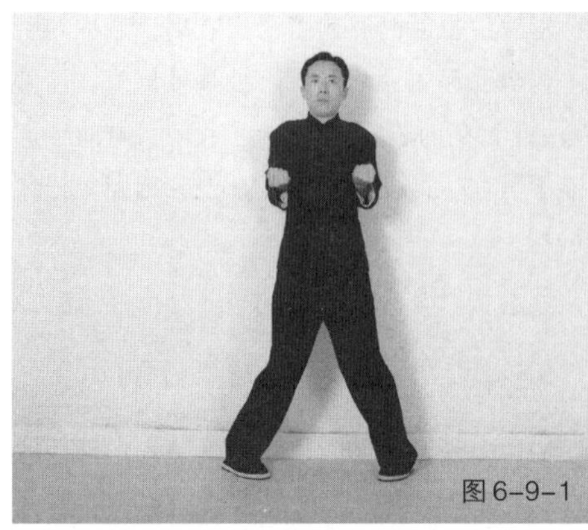
图6-9-1

图6-9-2

图6-9-3

图6-9-4

二、动作要领

动作时，由正身钳阳马开始，左扱肘与转马上下同时协调动作，由拳变掌成自然掌型，以肘前部位为力点，腕部配合极力弯曲，整个动作路线是由后下而上绕过头部动作的，扱肘一发出定型瞬间，需注意腕部与胸部的间距。进马右扱肘时，左扱肘旋转后扯收回的同时就要发右扱肘动作，且与进马是同时进行的。抵肘同样是在与进马上下同时动作。整个动作基本是进马配合短桥灵活变化，上下合一紧凑完成。

三、技术说明

扱肘，是以屈臂时用肘尖和肘关节紧邻臂的部位为力点，多在近距离攻守的技法。女子由于生理特点，为了避开自己力量及身体上的弱势，咏春拳在创拳过程中将肘法有效地改进，形成了具有咏春特点的扱肘法，这种肘法利用肩、胸、臂部并不较大的发力与转腰马的合力发肘即可达到突袭重创的效果。抵肘也是如此。

四、内功气法

扱肘连抵肘内功在练时，由正身钳阳马即要头顶百会穴，下颏微内收，唇轻闭，齿轻合，用鼻呼吸；双眼自然地平视前方，有兼顾左右、上下意识。两耳静听身后，心静气和，思想集中，听觉自然灵敏。两肩松沉，两肩中间脊椎有鼓起上提之意，其意是上与百会穴轻轻上顶相呼应，日久练功就有内气贴背和气敛入骨的感觉。胸部要自然宽舒，不凹不凸，由于两肩随两拳后扯贴于胸侧，两肩关节此时有微向前拱合和大椎的上提，构成了含胸拔背之势，两肋微敛，是有助于气沉丹田。腹部自然充实、松静，使下盘自然稳固，重心稳定。两胯随两膝内钳则微微撑开内收，裆与尾闾就显中正，臀部也不外突了。咏春百法，以眼为纲；眼是先锋，在由正身马转马时，眼要随势而动，始终注视目标。通常目光的转移要先于动作，凡意欲去何处，目光必须先去，随即身手足前去。由正身马转马转身发肘，此散式却一波三折，运动量很大，动作时下路腿脚与上路肘臂要左右逢源，手脚并用。转马时，膝尖不可超过足尖，勿使前后足站在一条直线上，有利于桩马稳固。转马时，以腰为轴带动四肢，身体仍保持正直，以意指挥动作，意到气到，气到势到。

五、锻炼功效

咏春各式动作多种多样，依赖于大脑皮质神经细胞的兴奋与抑制的调节，而动作的变化、协调和平衡，则全由中枢神经系统来指挥。这就要求演练咏春时，要精神贯注，意守丹田，尽量去除杂念，在意识的支配下，思想始终集中在动作上，排除了大脑其他思绪的干扰，专注于指挥全身各器官系统机能的变化和协调动作上，使神经系统受自我意念控制的能力得到提高，日久就能迅速正确地传达和接受各器官系统变换动作的信息。随着练拳熟练程度的不断提高，肌肉收缩和舒张的交替、转换能力也会随之增强，神经系统活动过程的均衡性和灵活性，即自我意念控制力的加强，传递信息的速度就愈快，正确性也就愈来愈高，从而使神经系统的功能得以不断地改善。不仅如此，咏春各式同时对畅通经络都有着同样的锻炼功效。

第十节　走马

走马，即走马步法，咏春步法之意。咏春走马步，讲究以足领膝，以膝领股。在移动走马时，足趾要轻轻领足运行，胸腹同时随足运转，上下相随，一气贯通。这正应验了咏春短桥打时须步法敏捷、长桥打时身手步一致的风格特点。

一、标准动作

（1）钳阳马：两手抱拳，两脚打开成钳阳马势（图6–10–1）。

（2）进马：由钳阳马势左转成左侧身马，摊腰、落膊、收胸，上体稍向下坐，此时称为坐马；随即左脚进步，右脚跟进，如此连续进步（图6–10–2）。

（3）交替进马：由侧身马开始，左脚向前进，接着右脚再向前进步，如此左右脚交替前进（图6–10–3）。

（4）坐退马：由侧身马开始，左脚向后退步，然后右脚后退，如此左右脚交替退马（图6–10–4）。

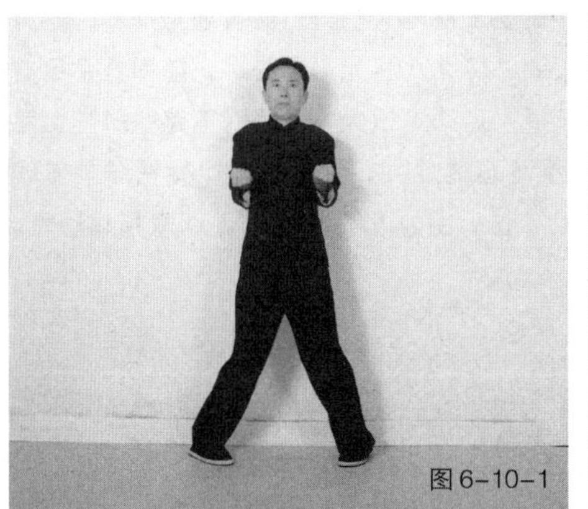

图6–10–1

图6–10–2

图6–10–3

图6–10–4

（5）侧身马穿梭：由侧身马开始，两掌向左做穿梭蛇形（图6–10–5）。

（6）进马穿梭：由侧身马开始，右脚向前进步，两掌随即同时向右做穿梭蛇形（图6–10–6）。左脚进步则向左做穿梭蛇形，如此交替进行。动作中，可走直线、左线、右线、前线、后线或扇面形或四方形方位练习。

图6-10-5

图6-10-6

二、动作要领

钳阳马时，动作要标准，随时有转马意识。进马时，步、身、上肢同时前进移位，身体重心稳定，不可偏移。交替进马，两脚稳定灵活地变换步伐。退马，步、身、上肢同样要求上下协调稳定后退。侧身马穿梭蛇形，手与身、步同时动作。进马穿梭蛇形同样要求上下齐动。无论进马，还是退马，或配合穿梭蛇形手法，全身上下的变化，都要随步法的移位上下随势而动。

三、技术说明

走马步法，是咏春拳下肢运动变化的动作方法，也是咏春拳技术技法变化的基础。脚是步型、步法的根基，根基不稳，步法则乱，全身动作进退无根，立定无形。

步型步法的稳健、轻灵和敏捷，直接影响着咏春的水平，将技法与步法协调一致、密切配合，才能使走马动作完整、和谐。

咏春走马步法，多是以进马、退马、交替进马、交替退马、侧身进退马蛇形组成的。

四、内功气法

咏春走马步法的运用重在阴阳虚实，左足为虚时，右足则为实；右足成实，左足为虚；虚者为阴，阳者为实；前者为阳，后者为阴；阴中有阳，阳中有阴；阳者支撑，阴者打人；有进有退，进退不空；攻不显迹，退不露形。这就是为什么咏春有些圈马或交替进退马法的原因。

由正身钳阳马时，两眼向前平视；重心在两脚，意感大腿和小腿发胀发热而有劲，下盘稳固。侧身进马时，在前的脚心意感蠕动，大腿和小腿发胀发热。交替进马或退马时，意感两脚掌心蠕动，两大、小腿发胀发热，进马过程中动作意有澎湃之感。进马穿梭蛇形

手时，意感在前的脚和手掌轻微蠕动，大腿和小腿发胀发热，全身上下力量完整有劲，气势澎湃雄厚。呼吸是以鼻随势自然一呼一吸，为势蓄劲发力。

五、锻炼功效

钳阳马步型和走马步法，可以提高腿部、足部肌肉、韧带的运动速度、力量和弹性，增强两腿脚的进退转换、虚实变化和上肢技法等配合的灵活性、协调性和稳定性。

第十一节　玄空掌

玄空掌，在咏春拳的传统中称为打灯，是一种阴手练法，在咏春内功中属阴柔劲路手法，是过去咏春前辈劳作之余在夜晚中常进行的练功方法。其名虽称玄空掌，但其练功法却不只这一种，多隐藏在咏春各式功法中，可作练掌练拳练肘练腿膝足等，因此玄空掌练法仅作为咏春内外功法练习的引导启蒙功法。事实上这类练法在中国武术其他拳种中均有此类功法，只是具体练法随各拳术拳种有所区别。

一、标准动作

（1）准备烛火：先准备好一支蜡烛或煤油灯一盏，点燃，以仅能燃烧的火苗为宜，火烛的高度与心窝同高。

（2）钳阳马：两手抱拳，两脚打开成钳阳马势面对烛火站立，以左掌正掌直臂正对烛火，间距约20厘米（图6-11-1）。

（3）玄空打烛火：以左掌变拳后扯收回同时，右拳变掌玄空向灯火打出，以掌风打熄烛火（图6-11-2）。

或者用横掌或用拳打，在此基础上逐渐增长距离打烛火练习。

图6-11-1

图6-11-2

二、动作要领

练习此功要坚持有耐心，不可急进，循序渐进，日久功成。打烛火之前，以正身钳阳马站立好，身体放松，注意前臂的角度与高度，用正掌打击，并注意产生弹性的回弹还原动作。一掌击出打直瞬间，手腕突然配合发力促掌推击；另一手随时准备弹性出击。掌出时，腕臂同时伸直。

用横掌或冲捶打烛火，其动作要领基本相同，唯拳掌手型区分不同。

三、技术说明

玄空打烛火，即玄空掌或拳击烛火功法。这类功法不只是咏春，其他南北少林均有相似的练法，它是一种阴手，过去年代称为阴拳功，属阴柔劲路，也是过去年代老一辈咏春师傅常用的练习方法。因此，在今日咏春传承中已不多见此功了。

四、内功气法

玄空掌或拳打烛火练习，一定要有清晰的正确动作和发力感，掌或拳要像有根弹簧拉着，一击出掌或拳后即可收回，这样还能更好地培养弹性出招收招的能力。以钳阳马姿势练习时，保持这一弹性的打收特点，前臂和掌或拳要依靠出击时被拉长臂肌的回弹使之迅速回到原来的位置。这一动作细节有两个好处，其一是对今后学习连击有利；其二是可以体会拉长距离和节省体力。

以内功练习玄空掌击烛火时，由钳阳马势开始，出掌掌心朝前，以正掌为佳，出掌时，掌就像一被抛出玄空的巴掌，把臂肌向前拉长，一击出后，臂肌一放松，掌或拳头就自然弹回原来的位置。所以，在咏春钳阳马中经常强调收掌或收拳后扯的缘故。出掌时，用意念稍带绷劲，形成稳固的间架，可增加掌击的威力。利用丹田的鼓荡，腹直肌发力并可伴以“哼”的发音，同时利用身体整体的沉坠力，伴随出掌或出拳。再有就是利用筋骨力。这是咏春独特的发劲方法，可以最经济地传递肌肉收缩产生的力。在内外三合的前提下，经济、迅捷、意到力至。

五、锻炼功效

玄空掌功法，在咏春技击中有一定的对攻搏击效用。此功练成，与敌搏斗可掌击（或拳击）人倒，重者伤及对手内部脏腑。用于防御，可拨之伤敌筋断其骨，重时可亡敌恶徒。过去年代老一辈咏春师傅都是门人互相交流练习，很少随意传给不宜之人。

第十二节　圈手

圈手，即黐手对练的两人以基本的摊手和伏手配合以单手相搭圈绕的运动，也称为圈手循环。这种功法练习是为黐手对练打下基本的手法绕转所需的灵活性基础，它和咏春三套拳法练习相辅相成，也是训练周身皮肤触觉和体内感觉的最基本、最有效的训练。圈手运动如同交搭圈绕的蛇般，锻炼阴阳相济功效。

一、标准动作

（1）钳阳马：甲方与乙方两人以约一臂距离相对以钳阳马势站立（图6-12-1）。

（2）摊手-伏手：然后，甲方与乙方分别由钳阳马伸出单手；甲方以左手腕外侧与乙方右手腕内侧相黐，甲方以左掌心朝上成摊手（也可称为内帘摊手）；乙方以右手朝下成伏手，随着右臂弯曲，以腕内侧从外伏住甲方左手腕处（也可称为外帘伏手）（图6-12-2，图中分别为摊手、伏手动作，注：图中摊手、伏手图动作细节参阅咏春三套拳中的具体要领、方法，以下同）。

图6-12-1

图6-12-2

（3）圈手：接着，甲方以左手腕外侧为力点，黐住乙方右手腕，由内而外绕环一周圈成外帘伏手，伏住乙方右手腕；乙方同时以右腕内侧为力点，黐住甲方右手腕，由外而内绕环一圈成为内帘摊手（图6-12-3）。

（4）圈手：接着，甲方以左手腕外侧为力点向下圈割乙方右手腕，成为内帘摊手；乙方随即变成外帘伏手（图6-12-4）。

如此重复循环交换圈绕练习。

先练习左手，再换右手进行练习。

图6-12-3

图6-12-4

二、动作要领

准备练习时配合的两方均应保持正确的钳阳马势；两方由钳阳马势成摊手与伏手时，动作要正确、自然、放松、协调；两方必须精神集中，呼吸自然地配合动作；做动作时，两方摊手与伏手要互为转化，即以圈手互相变化动作；由摊手、伏手互相圈绕，两方手腕相黐变换灵活；身体适度放松动作；精神与技法融合为一地做动作。

三、技术说明

圈手，实际上是由摊手、伏手相黐形成的圈绕互相变化的练习。

摊手、伏手是咏春三套拳中基本的代表性手法动作，也是基本的阴阳手法，将这些手法动作以两人配合相黐形成圈绕黏黐循环练习，是为以后的正式黐手对练打好手法相黐的基础，以利黐手对练时手法动作更加灵活、协调，有助于练习的两方培养协调配合的能力，以及锻炼内功气法的体悟。

动作时，可由慢些速度逐步掌握摊、伏的动作要领，力求以正确的动作为基础，逐步提高摊、伏手动作的相黐连贯、流畅。

练习时，先要明确摊、伏手动作路线、动作步骤、着力部位，并在相黐练习中细心体会。

四、内功气法

圈手外形手法运动，如同蛇鹤相缠相绕般来锻炼自身知觉，是锻炼身体中神经末梢的灵敏性最基本的练习。两人互相圈手对练时，以基本的摊手、伏手相互配合，研磨皮肤及皮肤接触压迫的温凉感觉，从而察知对方用力大小、轻重、虚实，如蛇鹤缠绕般，又似流水般。

两人圈手对练，同样都要扫除妄念，以静定钳阳马为基本，用呼吸之气联络身和心，使精、气、神合而为一。外形手法动作放松自然，最忌肌肉僵硬紧张，否则姿势不正确会引起气不顺，导致血流不畅。动作初练，自然呼吸；功深加快圈手动作时，就不用过分用意呼吸反而会令人呼吸不畅，要随势而自然地呼吸。圈手整个运动如蛇鹤盘动、似脱离、跃水、腾空、滚球等形态姿势。

五、锻炼功效

圈手，是以摊手、伏手外形手法与钳阳马配合相黐锻炼手腕如何用力圈绕动作的感觉，以及两人相黐如何协调配合完成动作，为黐手对练打下基础。

圈手功法，由钳阳马进入圈手的运动过程，锻炼上肢肩、肘、腕、掌的灵敏性，调和气血，一动处处暗含阴阳虚实，动作姿势有升有降，有开有合，对立又统一。

第十三节　单手黐桥

单手黐桥，就是黐手对练中的单手黐桥，是一种先锻炼单手互相相搭的基本能力，此也是为黐手对练中的单黐手和双黐手打好基础，让习咏春拳者掌握好桥手（手臂）相搭的动作正确、准确性，此也是黐手对练中单黐手或双黐手必须准备的基本训练。单手黐桥，也是在圈手的基础上进一步的强化训练，练习者的两手相搭如同灵活的两蛇或蛇鹤相黐黏般屈伸、旋转、前后俯仰。

一、标准动作

（1）钳阳马：甲方与乙方两人以约一臂距离相对以钳阳马站立（图6-13-1）。

（2）伏手：甲方以内帘手，乙方为外帘手；甲方用左腕背黐住乙方右腕关节内；乙方用右腕内侧轻伏住甲方右手腕背（图6-13-2）。

（3）带手：接着，甲方以左手为带手，甲方与乙方两手腕相黐，用圈手黐桥的方法，使左腕背从上向右、向下、向左呈圆形走动（图6-13-3）。

（4）带手：然后，甲方以右手为带手，甲方与乙方两手腕相黐，用圈手黐桥的方法，使右腕背从上向左、向下、向右呈圆形走动（图6-13-4）。

二、动作要领

两人动作时以正确的钳阳马势相对合适距离站立；两人各以单手相搭成黐桥时，两人手臂轻松、自然如蛇般黐黏接触；一方带手时，以腕部同样如蛇般灵活地绕圆转动，不要

图6-13-1

图6-13-2

图6-13-3

图6-13-4

用拙力转动；另一方随带手同样轻松顺势配合如蛇般绕圆转动；整个单手黐桥绕圆协调、自然，桩马保持不动；两方配合均要保持身体与手臂的放松，以利灵活地动作；精神与技法融合为一地做动作。

三、技术说明

单手黐桥，就是两人各以单手相互配合搭在一起形成相黐桥动作，然后，一方以带手带动另一方的手进行绕圆运动，绕圆幅度大小要自然、适度。

最初练习时，会有不习惯的动作，要在身体及手臂放松的情况下完成练习。

两人配合练习时，可以先放慢速度体会两人单手相黐的细节，然后掌握正确的相黐动作，并保持匀速节奏的绕转，两人相搭腕臂就如同蛇般灵活运动。

四、内功气法

单黐手或圈手或双黐手，相搭的腕臂其运动轨迹就如蛇般灵活，除了提高肢体外形的

柔韧和肢体牵引的负荷能力，且能使桩马和手法的上下配合端正、健壮，在练习内功气法上更比其他功法得气快、调动气血快和畅通经络快的功效。因此，其他衍生支系咏春不提蛇鹤，或是隐藏了部分的功法，甚至误解了咏春的真意，或是了解了不科学的咏春知识，仅仅是蛮力练练外形，使很多咏春修习者在学练中也不得法，练习效果不科学。

为了更好地达到单黐手内功练法的功效，对练中以咏春独特的手法进行，精神贯注，动作如蛇体，加强上肢的活动，促进气血的运行，甚至使气血达到上肢末梢。动作中，圆柔匀缓、阴阳虚实交替和以柔济刚的运动，促进血液循环效果更佳。蛇形般手法，同时注重腹部气血充实，因多次循环式的升降开合圆柔动作与呼吸的结合，使腹肌、膈肌收缩和舒张运动。

五、锻炼功效

单手黐桥，锻炼黐手时以单手黐桥相搭的基本技巧，为以后的单黐手对练打好基础，在练习中体会到放松、力度、触觉等能力，同时锻炼了手腕的柔韧性、灵活性、协调性和气血的运行。

第十四节　双手黐桥

双手黐桥，是在单手黐桥的基础上进行的双人双手黐桥训练法。只有当单手黐桥熟练之后才可以进入修炼双手黐桥。单手黐桥使练习者掌握了基本的单手黐桥要求、动作方法、要领，以及手相黐桥的触觉锻炼等。双手黐桥中开始有更多蛇鹤形相缠相争的手法动作。

一、标准动作

（1）钳阳马：甲方与乙方两人以约一臂距离相对以钳阳马势站立（图6-14-1）。

图6-14-1

（2）蛇形手：接着，甲方两臂屈肘向右前方伸出，右掌在上，左掌在下，掌心向下，相距约15厘米，两掌指稍向左，右腕背离右肩约40厘米；乙方则按蛇形手法，以两臂屈肘向左前方伸出，左掌在上，右掌在下，掌心向下，相距约15厘米，两掌指稍向右，左腕背离左肩约40厘米；甲方与乙方各成蛇形手时，甲方为内帘手，乙方则为外帘手；甲方左右腕背黐住乙方右左腕关节内；乙方右左腕内侧轻伏住甲方两腕背（图6-14-2）。

（3）带手：然后，甲方与乙方两手相黐，甲方先为带手，左手腕背呈圆形上下走动，甲方左手变成在上，右手在下；乙方随着甲方的带手，左右手上下交换位置随势走动（图6-14-3）。

图6-14-2

图6-14-3

二、动作要领

以正确的钳阳马势进行双手黐桥动作；身体与手臂放松，精神集中，呼吸自然；两方以相对的蛇形手相黐搭桥；一方以蛇形手带手呈圆形上下走动时，另一方随势呈圆形上下紧随走动；蛇形手上下走动，两人双手配合协调、放松，不可用蛮力；两人手臂在圆形走动中与蛇形手要求相同，要注意两手走动中归肘；精神与技法融合为一地做动作。

三、技术说明

双手黐桥，是在单手黐桥的基础上进行双手互搭形成的黐桥练习。双手黐桥时，是以蛇形手进行练习的，蛇形手具体动作要求可以参阅《咏春三套拳法》或《传世咏春拳内功寻桥》中寻桥蛇形手动作做法。即使是衍生支系的咏春所谓的搭手或帘手，都是蛇形手的衍生技术，只是称呼上不同。

进行两手蛇形手相黐桥以圆形上下走动时，作为带手的一方其动作过程是，带手的一方以左腕内侧为力点，由右上向左下呈半弧至腹前，指尖稍向上，归肘；同时以右手腕内侧为力点，向左方横摆，其幅度不超过左肩外侧线，手指向前伸，归肘；然后，以左手腕外侧为力点，由下经左向上呈弧形摆动；同时以右手腕内为力点，由上向左呈半弧形下摆，左掌在上，右掌在下，掌心向下，掌间相距约15厘米，两掌指稍向右摆；被带手的一方，则随这个过程紧随上下蛇形手走动变化着。

具体练习时，可以先掌握好蛇形手的动作方法，两人配合相黐桥手时，注意都是采用

蛇形手动作，且上下刚好相对。

练习时，必须掌握正确的蛇形手动作相黐桥方法，从中细心体会蛇形手上下走动的动作路线、动作步骤、着力部位、归肘的变化。

当能够正确地以蛇形手相黐桥进行上下走动时，可以在此基础上逐步加快黐桥双手上下走动的速度，为以后的双黐手对练打下良好的基础。

四、内功气法

双手黐桥或单手黐桥或圈手时，相黐的腕臂在对练中会出现接触肢体部位发麻发热情况都属正常，做动作时注意腹部丹田、脚掌涌泉等处有气感，这是功法中手部动作因呈抱球状圆形活动所致。练功中有上述之感觉是体内行气现象，也是畅通经络的反应。

进行蛇样的黐手对练的动作是重复多次的、循环式的，左右相衡，这对调动气血积极性颇大。做动作时是以意识上的松为先导，与柔结合在一起，然后以柔促松，互为促进。力求尽可能仿效蛇样柔软灵活的运动，以带动肢体与身马的配合，使血液循环旺盛和改善神经系统，达到内练的目的。

五、锻炼功效

双手黐桥，是继单手黐桥之后进行的两手双手配合相黐桥的练习，此也是为双手黐手对练做好准备，并锻炼双手黐桥时的基本归肘、圆形走动及二桐手正确的位置、尺寸、力点，以及正确的基本技巧，而这些也正是双黐手对练所必须要掌握的，也是内外功深入练法的根本。

黐桥黐手，这一妙法唯有亲身体验方可知其意，语言上无法对其形容得具体。

第十五节　环形脚

咏春拳对于腿部技法要求极高，只有通过严格的腿部功法锻炼，才能使出腿迅速、有力；下盘坚实稳固，行拳走架，动似蛇鹤争锋，静则稳如蛇鹤企立，快似蛇鹤厮杀。环形脚，就是仿蛇鹤争斗形成的咏春风格的脚法。

一、标准动作

（1）正身钳阳马：由自然姿势做钳阳马势（图6–15–1）。

（2）探脚：重心落在右脚，左腿向中线前提起，左膝稍屈，脚拇指离地约15厘米，脚背绷紧（图6–15–2）。

（3）内环踏脚：接上式，左脚背向上拉紧，与左膝同高，脚趾向前，以脚腕内侧向中线右侧横摆踏出，脚内侧不超过身体右外侧线，脚趾稍向左摆（图6-15-3）。

（4）外环踏脚：随即，左脚缘外侧向左下方摆，脚趾向上，左脚腕外侧向左、向上提起，脚趾稍向右方，向左横摆踏出（图6-15-4）。

如此内、外踏脚，左、右脚交替重复练习。

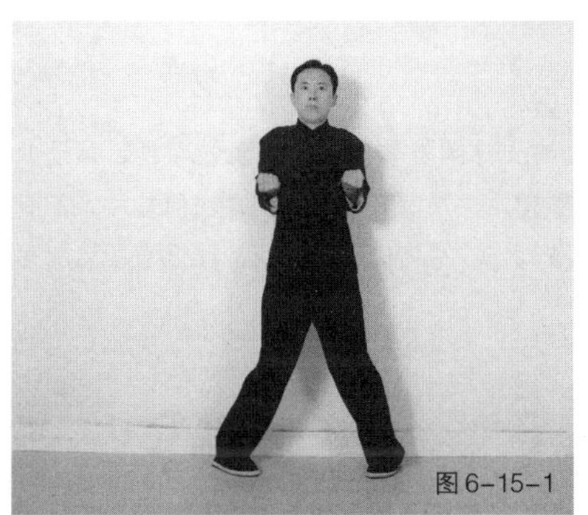

图6-15-1

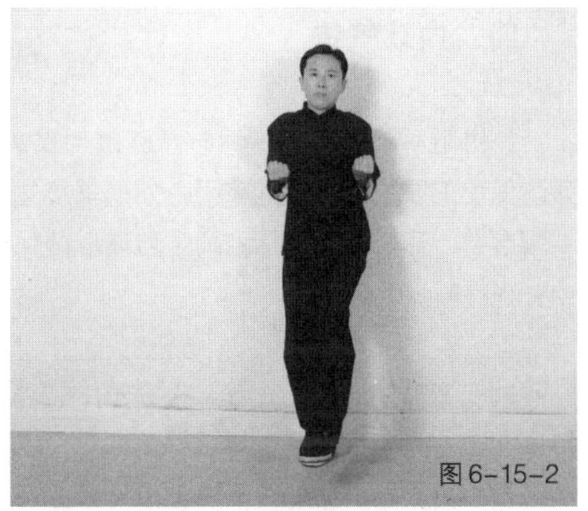

图6-15-2

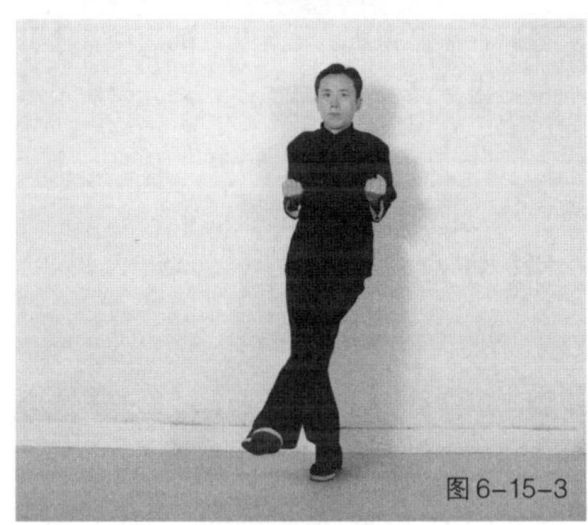

图6-15-3

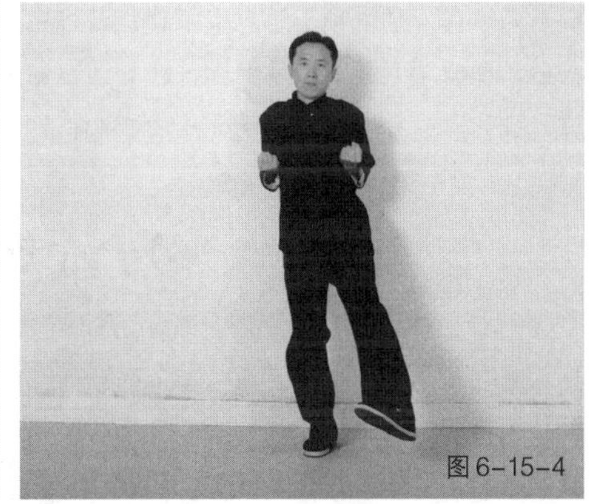

图6-15-4

二、动作要领

做动作时由正身钳阳马势集中精神起脚，先前伸探脚控制平衡，右内环踏脚和左外环踏脚形成环形左右动作。动腿时，支撑腿要稳固。整个动作要紧凑，协调一致；出脚发力短促，内、外踏猛狠；动作快击快收；由桩势开始、结束动作；精神与技法协调合一地进行练习。

三、技术说明

环形脚是一种低位腿击打法技术，出脚时如同鹤左右踩踩纠缠的毒蛇般。这种腿法动作隐蔽，小巧快速，适用于近距离时运用。它起源于鹤拳中的腿法铲腿类踢法。环形踏脚多数用来实施阻截对手低腿攻击或前逼攻击。它也可以配合其他手法或腿法，达到指上踢下的作用。有时它也可以踢击下路作为引腿，为后续攻击创造条件，是种较为实用的战术性踢法。

环形脚主要攻击膝以下小腿胫部和脚腕、脚背部为目标。

四、内功气法

由钳阳马势时，探脚同时意感腰部发热，右支撑腿发热，脚掌涌泉穴着地，意注此穴，促使下肢稳健，根基牢固，如鹤单足站立般稳定；左腿发酸、发热，左脚蠕动，左脚特别有劲，环形内外灵活踏踢。随环形内外踢腿动作，身体仍保持正直。腰竖直配合胯可助意到气到脚发的功效。

五、锻炼功效

环形脚，以单脚支撑，上身保持两拳后扯不动，锻炼上虚下实的功效。练内功气法讲究上虚下实，是依赖于思想集中和气沉丹田的。因此，环形脚法也是全身性的运动，气沉丹田，使意顺气顺，桩基稳固，在脚法左右变换中，虚实交替，暗合阴阳，处处相衡，对立又统一，符合咏春阴阳与气机运动规律。

第十六节　独脚马

独脚马，是咏春散式中一种平衡功法，以单腿支撑体重，另一腿悬起，独立的静立姿势，也是仿鹤单脚独立的功法。这种独脚马平衡功法，可以分为持久性平衡和非持久性平衡的练习，也是过去年代咏春修习者们常练的功法。

一、标准动作

（1）正身钳阳马：由自然姿势做钳阳马势（图6-16-1）。

（2）独脚马：身体重心落在右脚上，左腿向前提起，左膝可直腿或微屈，脚掌离地约15厘米；或者重心落在右脚上，左脚向前提起，脚拇指、膝、心窝三点成一直线，膝与心窝距离约30厘米（图6-16-2）。

练习时，左右腿交替进行。

二、动作要领

动作时，身体尽量保持正直，两拳不变；胸挺背直，腰立腹收；支撑脚趾抓地；精神集中，呼吸自然。不可摇晃身体或偏斜身势。

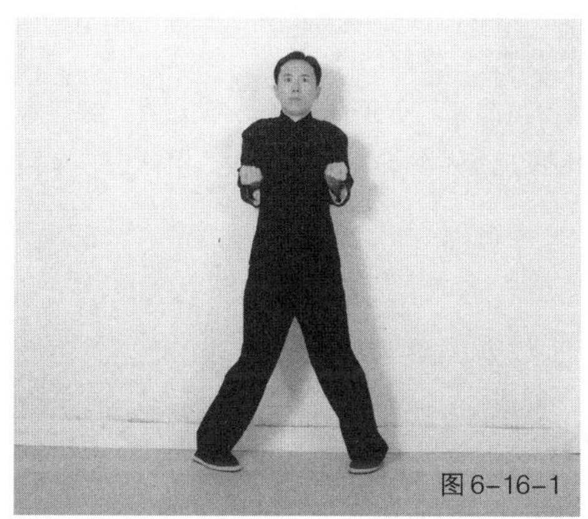
图6-16-1

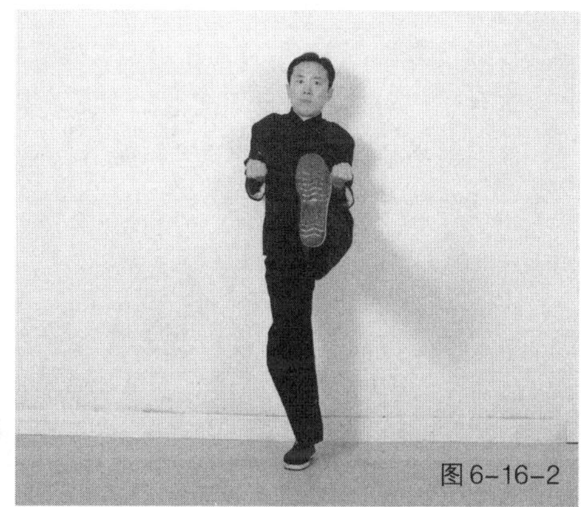
图6-16-2

三、技术说明

独脚马，是一种较为简单实用的平衡功法，但却是非常实用的功法。它以一腿支撑体重，另一腿提起，独立的静止姿势，使练习者得到平衡的锻炼。虽然这种功法看似简单，同样也需要练习者有坚强的意志与毅力，通过长期反复的练习，才能从实践中认识，掌握其中的规律与作用。

以持久性练习独脚马时，平衡时间应保持在2秒以上的静止状态；如果是以非持久性平衡练习，具体时间上没有要求。

四、内功气法

独脚马，是一种仿生鹤对蛇时的防中带攻招法，除了在静止性练习平衡功力，也是在此技法上隐藏着膝法和随时出脚的技巧，膝即顶膝技巧。因此，在独脚马中强调提膝与手的动作协调一致，即喻其意。

进行独脚马外形动作标准练习之后，在进入内功气法中要意感腰部发热，支撑腿发酸、发热；右膝有力；两拳后扯保持不动状态时意感两拳蠕动。这一简单手脚并用散式功法，在锻炼中培植元气，促进血液循环。重复地练习此功法，对促进血液循环，调和气血，效果明显。当单一的一招或一式还不足以调动气血时，那么就靠重复循环动作来调动气血。这是咏春多个招式既细腻又简洁的原理。

五、锻炼功效

独脚马，主要锻炼单腿独立支撑平衡的能力，同时对于提高腰、腿部位的稳定性与控制能力，增强前庭器官的调节机能，使神经系统也能得到良好的锻炼。

在实战上，独脚马这种平衡动作起到一腿支撑身体，稳定重心，另一腿提起以膝、脚等部位进行防御或进攻对方的作用，或提膝配合腿脚进行连环防守。

这种仿鹤对蛇的单足平衡散式功法，其动作虽简单，但形象优美，难度大，练习艰苦，练习时必须具有坚强的意志与毅力，通过长期反复的练习，才能从实践中认识、掌握这类功法的规律。

第十七节　独脚拳

独脚拳，也称为独脚马冲拳，就是在独脚马的基础上进行冲捶（日字冲拳）的练习。这是咏春拳独特的练习方法。冲捶也是咏春拳最常用、最基本的主力拳法。独脚拳，也是在平衡的基础上配合拳法内外结合的强化练习。

一、标准动作

（1）正身钳阳马：由自然姿势做钳阳马势（图7-17-1）。

（2）独脚马：身体重心落在右脚上，左腿向前提起，左膝可直腿或微屈，脚掌离地约15厘米；或者重心落在右脚上，左脚向前提起，脚拇指、膝、心窝三点成一直线，膝与心窝距离约30厘米（图7-17-2）。

图7-17-1

图7-17-2

(3) 独脚马冲拳：保持独脚马姿势；左脚保持不动，左拳从心窝向中线前打出，拳眼向上，微归肘（图7-17-3）；动作不停，左拳回收左胸侧，同时右拳从心窝向中线前打出，拳眼向上（图7-17-4）。如此反复进行动作。

先以左脚支撑练习出拳，后练右脚，两腿交换练习。

图7-17-3

图7-17-4

二、动作要领

独脚马时，支撑稳固，保持身体平衡；注意冲拳时，守中、攻中（中线）；拳由胸侧直接打向中线前；出拳时，手臂要打直，动作越迅速越好；动作快击快收；精神集中，呼吸自然配合。

三、技术说明

独脚拳，传统中也将这种功法称为独脚马冲拳，是在独脚马的基础上进行冲捶（日字冲拳）的练习。过去的年代并无太多器具供拳师训练使用，独脚马冲拳就是一种不借助器械既练平衡又练出拳的功法，也是最常用的练习功法，且功效明显。

独脚马，是基本的咏春拳中仿鹤单脚支撑桩马。

冲捶，易运用身体力量于动作中，拳法的动作简捷直接，预示小，灵活性大，启动快，命中率高，攻击时力量可轻可重，运用的范围也十分广泛。

四、内功气法

进行独脚马冲拳练习，虽单足支撑冲拳，仍要求放松，并注意松与紧是对立又统一的。动作姿势上，有松必有紧，松是全面的。收回是松，出拳是紧，支撑腿足松，脊背适当的紧。独脚马冲拳外动实际上是一种相对平衡的运动，以内功阴阳对立统一与消长平衡

的理论来说，这种动作中处处含阴阳、虚实、开合，动作中求平衡。因此，在练习此功法时，在动的问题上需细细体验仿生鹤单足立支撑身体的用意，冲拳则要轻重适当，过轻无力，过重不柔。

右足支撑身体时，意感右脚似植地生根，左腿、左右拳蠕动、发热。

五、锻炼功效

独脚拳主要锻炼独脚马与冲捶的结合技巧。这种练习方法可使人体的平衡以及控制出拳的技巧得到较好的锻炼，同时增强吊马与冲捶的威力。

第十八节　蹬脚

蹬脚是咏春拳最基本的腿法之一，在咏春散式中，仅阐述正身钳阳马前蹬脚。它不仅仅是最基本的腿法练习，也是腿技功力练习。

一、标准动作

（1）正身钳阳马：由自然姿势做钳阳马势（图6-18-1）。

（2）蹬脚：身体重心落在右脚上，左腿向前提起，大腿极力向胸前收，脚腕背收尽；紧接着前脚掌向前猝然用力蹬出，脚跟离地约30厘米（图6-18-2、图6-18-3）。

如此，重复练习之后，换另一脚进行练习。

图6-18-1

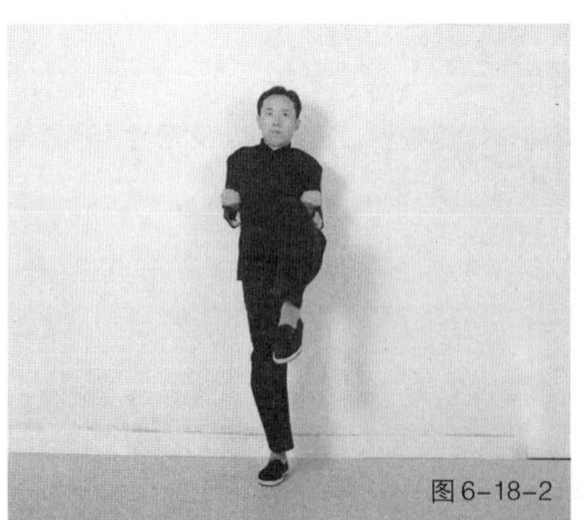

图6-18-2

图6-18-3

二、动作要领

由正身钳阳马势起，身体适度放松，起左腿脚时，右脚稳固支撑，保持随时的警觉之心；以大腿稍屈膝上提靠近胸部，猛然前蹬踢，蹬脚时要连贯协调。动作弹性踢出、快速收回；充分利用腹部和膝关节的弹性蹬踢动作；精神与技法协调合一地做动作。

三、技术说明

蹬脚是向正面直线前蹬踢的腿法，咏春散式用这种最基本、最简单的腿法来锻炼能充分运用身体协调之力发力攻击，其踢击动作直接、快速、凶猛。

掌握了蹬腿脚动作技术即可进行徒手空踢练习。在此基础上保持钳阳马状态中起脚踢击的身体感觉，对日后其他腿脚做好先导。

四、内功气法

蹬脚时，两拳保持钳阳马势状态，意感两拳蠕动、发热。支撑脚五趾抓地，蹬起的脚用力贯脚跟或脚全掌。单足支撑时如仿生鹤单足立般稳固，又犹如鹤蹬足击蛇般犀利出脚。这种功法也是一种全身性的运动。

五、锻炼功效

蹬脚散式，进行最初的咏春腿法锻炼，使修习咏春者感受踢脚与支撑平衡的经验，练习最基本的外形形体动作与内功的配合方法。

第十九节　拨脚

拨脚，在咏春拳中是一种左、右横拨的腿法，是仿生鹤左、右横拨缠绕的蛇般得名，因此称其为拨脚。它是一种适用于进攻和防守或截击的连环腿法。

一、标准动作

（1）正身钳阳马：由自然姿势做钳阳马势（图6-19-1）。

（2）右拨脚：身体重心落在右脚，左腿向前提起，脚跟离地约30厘米，离右脚尖约38厘米；以左足弓部内侧为力点向右横拨，横拨幅度不超过身体的右外侧线（图6-19-2）。

（3）左拨脚：接着，以左足弓部外侧为力点向左横拨，横拨幅度不超过身体的左外侧线（图6–19–3）。

（4）蹬脚：随即，左大腿极力向上提起，以脚前掌为力点向前用力蹬出，脚跟离地约30厘米（图6–19–4、图6–19–5）。

按此动作过程重复进行，然后换另一脚练习。

练习过程中，拨脚的最高幅度不能超过腹部。

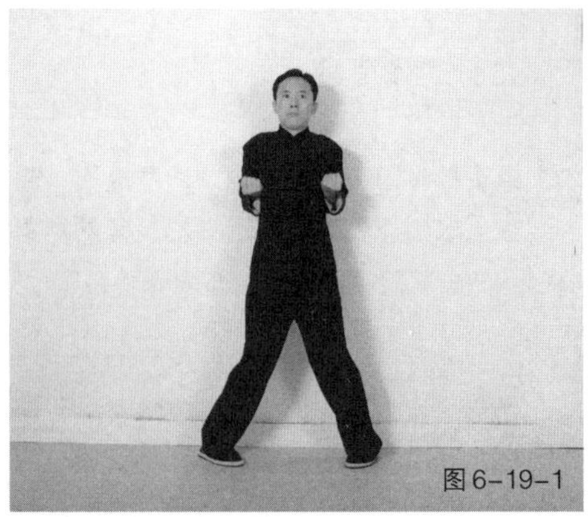

图6–19–1

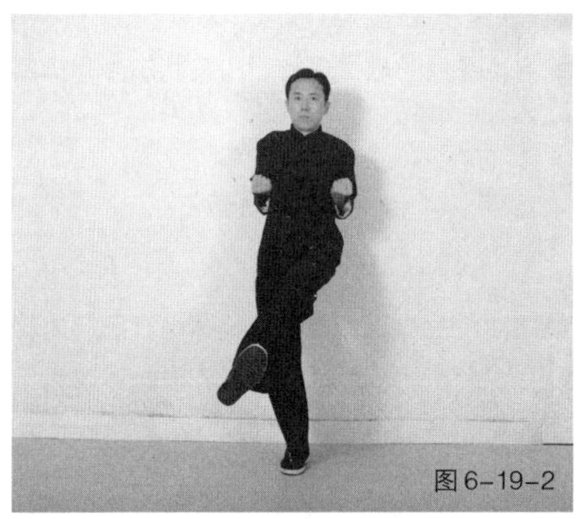

图6–19–2

图6–19–3

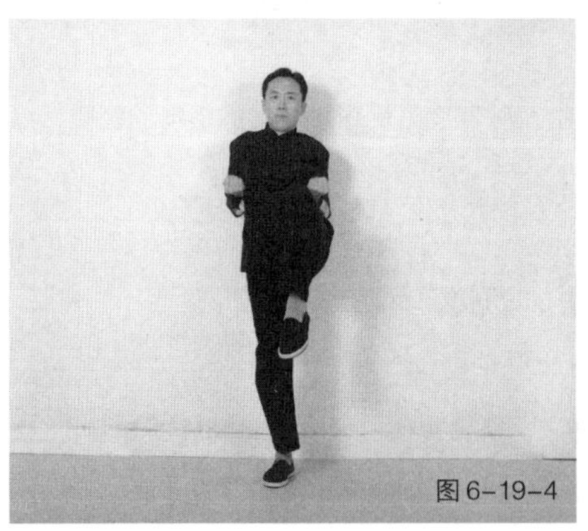

图6–19–4

图6–19–5

二、动作要领

保持正确的钳阳马桩式和警觉心；动腿时，支撑腿要稳固；左、右拨脚和向前蹬脚整个动作要紧凑、协调一致；出脚发力短促，拨蹬猛狠；动作快击快收；由钳阳马桩式开始、结束动作；精神与技法协调合一地做动作。

三、技术说明

拨脚类腿法，多是在腹部下，在咏春传统中称为暗腿打法，或被称为防不胜防的“无影脚”（过去又称裙底脚），因这种脚法运用时动作幅度不大利于快速动作，当对手察觉时因腿脚在下路不易被察觉而防护太迟。

左、右拨脚配合蹬脚形成不同的路线腿法，它也可以配合其他手法或腿法，达到指上踢下的作用。有时它也可以踢击下路作为引腿，为后续攻击创造条件，是一种较为实用的战术性踢法。即属下路暗腿打法，其也主要攻击膝关节、小腿胫部和脚腕、脚背部为目标。

四、内功气法

内功气法练习拨脚时，两拳保持钳阳马势状态不动，意感两拳蠕动发热，腰部发热；支撑腿发酸、发势；动腿发胀、发热、发酸。左、右拨脚和蹬脚如同鹤对蛇纠缠相斗般，仿生贯穿整个腿脚运动中。这种腿法，动中有静，静中有动，虽以腿脚动，事实上是动静结合，带动全身运动，运动腿脚促进血液循环，调整、改善脊柱神经和大脑神经。

五、锻炼功效

拨脚这一简洁腿法，动作幅度不大，但运动量较大，因其是多式配合循环的动作。练习时，以精神集中，气沉丹田，适度松身，以助动腿脚运动量大时消除来自外界与内部的紧张所产生的对中枢神经和交感神经的不良刺激；有助于机体内稳与自控。这种腿法的锻炼，阴阳虚实交替和以柔济刚的全身性运动，对机体是种适量的运动应激，能促进人体内的内啡肽分泌，这对增强免疫力、促进血液循环效果颇佳，也令体质得到明显改善或提高。对于咏春学员在实践中都可得到检验。

第二十节　内功气功

内功气功，在古咏春拳中称为气功，这里保留原意之名称为内功气功。内功，是根据咏春拳其功法的性质而论的，它与具体的咏春拳法又有所区别。因此，在过去的年代修习咏春拳的前辈除练咏春各拳路之外，还兼练一两种内功，以备其拳法的不足。内功，练的是行气入膜，充实身体的功夫。它虽制敌于不足，但练到炉火纯青的境地，就可抵御拳打脚踢。

一、标准动作

（1）抚胸拍打：两脚并拢站直，左掌抚胸，轻快拍打3次，然后自上而下按摩3次，自然呼吸，吸时凝神于心眉中间，提肛；呼时快而量大，当气将尽时，小腹随呼气而凸起。配合呼吸，口吐“嘘、呵、呼、呬、吹、嘻”六字诀（图6-20-1）。

（2）收势：左手练习之后，接着换右手如此重复练习。随后，收势（图6-20-2）。

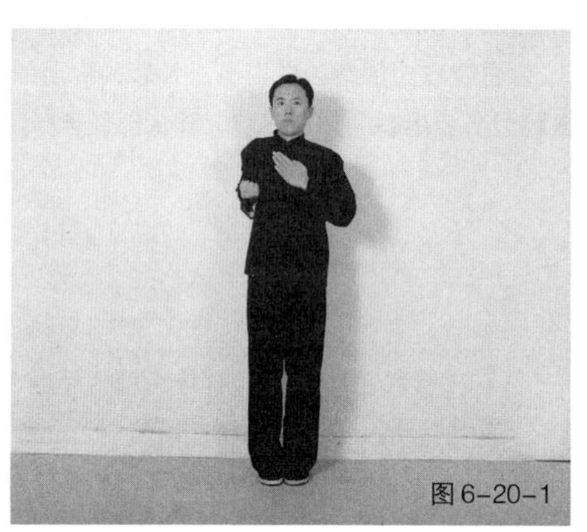
图6-20-1

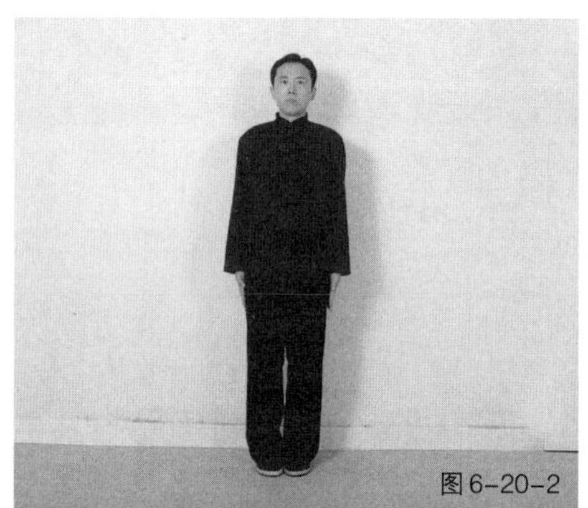
图6-20-2

二、动作要领

练习时，以自然的立正姿势站立，抚打胸部用力轻巧、均匀，不可用蛮力或狠打，抚打完之后按摩，初练自然呼吸配合。口吐六字诀轻灵。

三、技术说明

内功气功练法，专练柔劲，如抚按、捶拍等。外功是练劲，内功则是练气。劲显于外，则力抵千钧，筋骨强健。气行于内，可祛病延年，强健脏腑，保持精神集中，气血健旺。

外功和内功的功理不同，因此所练花费的时间也不同，外功练劲，技术简单，学练起来较为便利，所费的时间也较短。通常多则三年，少则一年即可功成见效，如冲捶，一年即可击破硬物。而练内功就较为复杂，一层进一层，其理深奥，学起来较为困难些，且花费的时间也可能数倍于外功。

四、内功气法

以自然的站立姿势，进行呼吸抚打练功，以丹田为动力，注重腹部气血充实，又因其多次循环抚打按摩，对肝、胃肠都起着按摩作用，加快胃肠的蠕动，增强消化吸收功能，同时也加快体内物质代谢过程。

五、锻炼功效

咏春的内功特点是它尚属武功。除了行功以强身健体，祛病延年，还常常被拳师用来贯注于拳法之上，增加内力，使招沉力实。更进一步修炼，可以行气入膜，抵御拳打脚踢，甚至行气击人。

第二十一节　肾气归元

肾气归原功法，有人认为这种功法是咏春的壮阳强肾固精气功法，将其列为咏春的养生气功中。传说肾气归原功法源于峨眉五枚大师所创，咏春个别衍生支系就将咏春和峨眉拳扯上关系，因此将其归于峨眉派内功宗法，其法遵循尚法自然练法。咏春中已有大量内功和外功的功法，肾气归元功法，是否列入咏春气功功法，都是个人见解。有来自各地的学员或其他修习咏春者多问询肾气归原功法情况，所以在此收录此功法仅供参考。

一、标准动作

（1）预备式：两脚左右分开约同肩宽站立，全身肌肉和大小关节放松。肩平，两手自然下垂，两掌垂于体侧，掌心相对，手指并拢，尤其是中指和无名指并紧（交中指手厥阴心包经与无名指手少阳三焦经），鼻自然呼吸。思想高度集中，不守丹田，任其自然。嘴唇轻合并拢，舌尖自然抵上腭（交任脉和督脉）。双目微闭平视（高视则气上，下视则气下）（图6-21-1）。

（2）吐故纳新：接上式，两手掌四指并拢，大指翘立，屈前臂缓慢地自体侧运至体前贴身提起，掌心向上，大指翘立，提至胸前，自然呼气吸气（图6-21-2、图6-21-3）。然后，向内翻掌，掌心向下，把大拇指扣向掌心，缓慢放下至还原（图6-21-4、图6-21-5）。

图6-21-1

图6-21-2

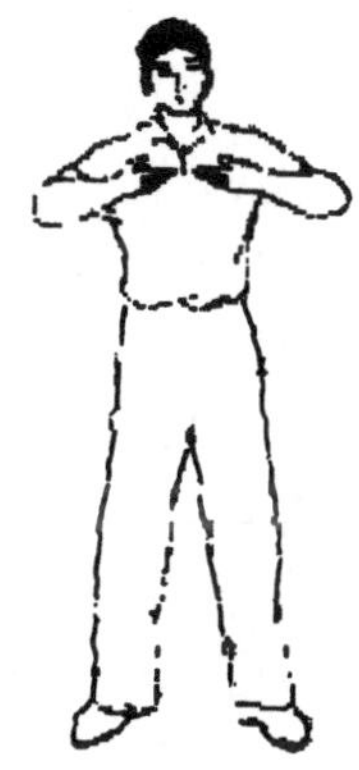
图6-21-3

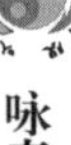

接着，还原后再做第2次，如此循环此动作过程，连续做6次。此式功能，使手三阴、三阳经脉的气机同时运行，促进脏腑气血的运行。由于大拇指向上翘起，使手太阴肺经的气机从少商穴牵动中府穴，可促进肺部的循环，加速肺内氧气和二氧化碳的交换，使四叶肺感到轻松，达到名副其实的吐故纳新的作用。

（3）提身纳气：接上式，双手垂直在身体两侧成勾手，紧贴两股骨处，两手同时用手腕向后屈上提。同时两脚跟向上提起稍许，以两脚掌支撑在地上，自然呼吸（图6–21–6、侧视图6–21–7）。随后，慢慢还原图6–21–1姿势。按此动作过程连续循环做3次（即此式在5、7、9、11、13式都要做一次，即在每次不同式完毕之后，都要重复做一次）。此式功能，可使足阳明胃经、足少阴肾经、足太阴脾经、足太阳膀胱经、足少阳胆经、足厥阴肝经、足三阴三阳经脉气机运行。随身上提而并，随身还原而降纳至肾部。

（4）左右转腰：接上式，双手平提于胸前，手心向下成微握拳状，自然呼气吸气（图6–21–8）。然后，以腰为轴向左转体，左手弯曲在左肩前，右手伸直外展，自然呼吸（图6–21–9）。接着，再转回正面成图6–21–8动作。双手放下还原成图6–21–1动作。此时完成左转体后，接着做右转体，动作相同，方向相反（图6–21–8、图6–21–10、图6–21–8、图6–21–1）。按此动作过程左、右各做3次。此式功能，可调理肝气，疏平抚柔。主治肝气郁逆，胸肋疼痛。

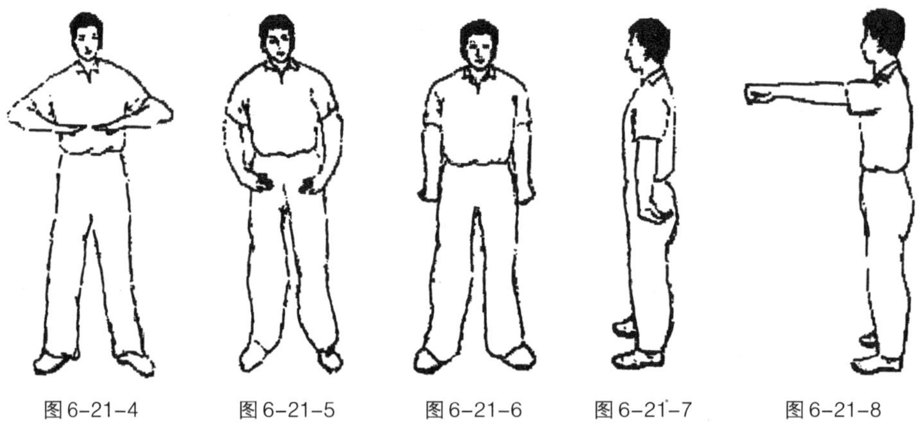

图6–21–4　图6–21–5　图6–21–6　图6–21–7　图6–21–8

（5）提身纳气：在上式的基础上，重复做第三式各一次。

（6）左右侧屈：接上式，两臂在身体两侧一字平肩高伸举出，掌心向上，自然呼气吸气（图6–21–11）。然后以腰为轴，躯体缓慢向左侧斜侧屈。同时左臂下垂身旁，右臂随体侧屈继续上举过头，自然呼气吸气（图6–21–12）。随即，身体慢慢恢复成双臂在两侧平肩高伸举出，自然呼吸（图6–21–11）。双臂下放还原成图6–21–1动作。再做侧体右侧屈，动作相同，方向相反（图6–21–11、图6–21–13、图6–21–11、图6–21–1）。如此左侧屈3次，右侧屈3次。此式功能，调理脾胃，宽中下气。主治脘腹胀滞，消化不良。

（7）提身纳气：在上式的基础上，重复做第三式各一次。

（8）左右揽腰：接上式，双手成图6–21–3半提状，自然呼吸。然后，躯体前倾，伸左手掌，掌心向上，从右侧向左画弧，自然呼吸（图6-21-14、图6-21-15）。接着，躯体向后仰，左手随躯体后仰画弧从背后绕至后脑上头顶过百会穴躯体恢复正面（图6-21-16、图6-21-17），左手随躯体还原画弧回到腰部，掌心自始至终都向上，自然呼吸（图6-21-18）。左手回腰部后，即出右手画弧揽腰式，动作相同，方向相反（图6-21-19~图6-21-22）。按此过程做左、右各3次，交叉进行，做完毕动作之后掌心慢慢向下，双臂慢

图6-21-9　图6-21-10　图6-21-11　图6-21-12

图6-21-13　图6-21-14　图6-21-15　图6-21-16　图6-21-17

图6-21-18　图6-21-19　图6-21-20　图6-21-21　图6-21-22

慢下垂至体侧还原，自然呼吸如图6-21-1动作，还原。此式功能，扶阳生气，舒筋活络。主治气滞血瘀，经络壅塞，尤其是腰部的损伤。

（9）提身纳气：在上式的基础上，重复做第三式动作一次。

（10）宽胸纳气：接上式，两臂上提，掌心向上，经腹前上提胸前同图6-21-3，自然呼吸。上提至胸前时，两手掌背相对，指尖向上，自然呼吸（图6-21-23）。接着，两手掌沿旁向上伸臂过头顶，自然呼吸（图6-21-24）。两手臂伸尽后，两手掌转向正面，呈半握拳状，从正面慢慢下降至与肩平的胸前（图6-21-25、图6-21-26）。然后，两拳同时化掌，掌心向下，两肘分别向背扩胸一次即恢复，再从胸前慢慢下按至腹部，自然呼吸（图6-21-27、图6-21-28）。双手继续从腹部下垂至身侧还原成图6-21-1动作。接着，再做第2次，反复做6次。此式功能，可宣调肺气，宽胸解郁。主治气紧，气喘促。

（11）提身纳气：在上式的基础上，重复做第三式动作一次。

（12）升降气机：接上式，两臂上提，两掌心向上经腹前上提至胸部，如图6-21-3所示，自然呼吸。上提至胸前时，两手掌背相对，指尖向上，自然呼与吸（图6-21-29）。接着，两掌沿耳旁向上伸臂，过头顶，自然呼吸（图6-21-30）。两臂伸向左右外侧画弧

图6-21-23 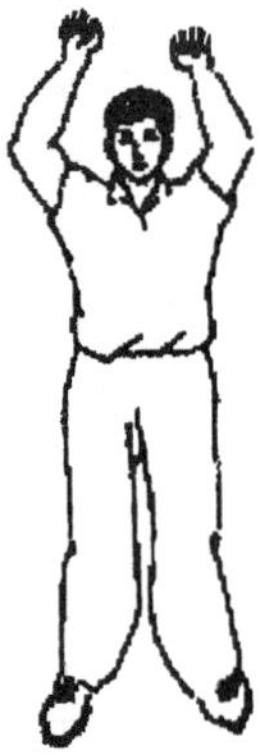　图6-21-24 　图6-21-25 　图6-21-26

图6-21-27 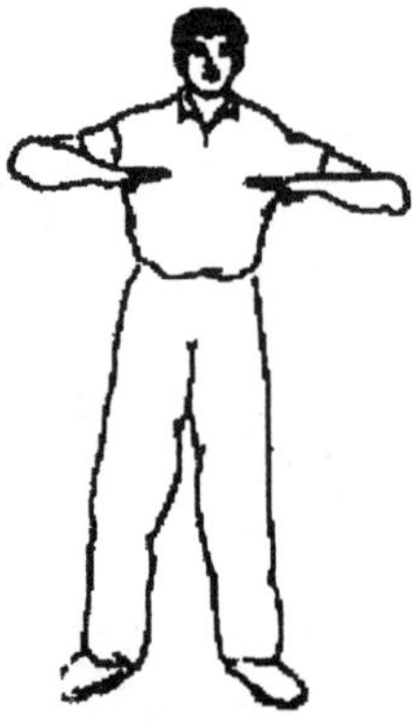　图6-21-28 　图6-21-29 　图6-21-30

下降（图6-21-31），同时两腿蹲下，两手掌画大弧至膝前合拢，两掌心向上，自然呼吸（图6-21-32）。随即，慢慢站立起身，两掌同时慢慢向上提至胸前，自然呼吸（图6-21-33）。两掌掌心转向下慢慢下放，自然呼吸，两臂同时慢慢垂直还原（图6-21-34）。接着，按此动作过程再做第2次，如此反复循环做6次。此式功能，可养阴潜阳，生精，生血。主治气血亏虚。

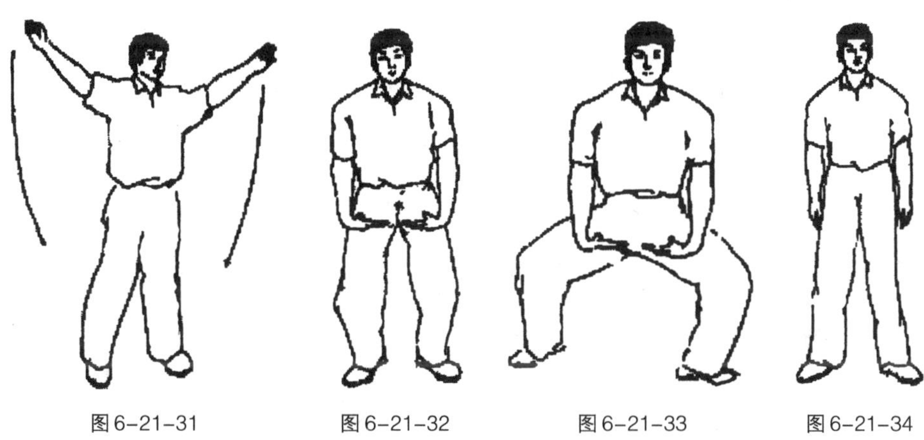

图6-21-31　　图6-21-32　　图6-21-33　　图6-21-34

（13）提身纳气：在上式的基础上，重复做第三式动作一次。

（14）收功式：然后，两掌心互搓10次，两手以指为梳，梳头5次。功毕，休息10分钟，可以再接着做第2次。

二、动作要领

练习肾气归元功时，需要注意以下三点。

（1）练功时间。练习时间最宜是申时至亥时，即17:00—23:00，在这段时间练功可以活跃肾纳内气，促进心肾相交，滋养五脏六腑，以起到练气化精、练精化气、益肾养精的作用。如果时间上不允许，可以安排在早晨或其他时间练功也可，不会有任何负作用。

（2）练功环境。练功应选择空气清新、比较安静的地方，脚下的地面要平坦，要避免惊扰。如果是在室外练功，要避免炎日照身；在室内练功要空气流通。如果是在冬天练功，要避免冷风吹袭，出汗后要避免着凉。

（3）练功细节。不要在过劳、过饱、过饥时练功。在精神过于兴奋、情绪不稳定或心情不愉快时也不宜练功。练功时，要注意精神锻炼，避免心情急躁，生气动怒。不要盲目追求某些效用。练功的过程中，会在口中产生津液，此时要随时吞咽，不可吐掉。

三、技术说明

肾气归元功尚法自然，只求松静，就是在练功时对练功的姿势、呼吸、意念各个要素的自然，不受约束。松，就是在练功时，全身各部位肌肉和大小关节要放松，这样如此有利于气血的运行。静，是指在觉醒的状态下，使大脑得到一定时间的安静，以达到消除疲劳、贮备能量的目的。练功中，再结合以腰为轴的动，就有其生理变化，就会产生内气。内气多先起于腰后命门，也有起于涌泉的。练功中内气产生后亦听其自然，任其自然周流，其过程是先点，后线，后片，慢慢气满全身，周身温暖微汗，精力充沛，也就达到肾气归原的目的。练功中的动静相兼，自然呼吸，一吸百脉皆生，一呼百脉皆开，呼吸往来，百脉皆通，自然气一生血必长，气血畅通则气血满足百病皆除。也正如峨眉内功宗法所说，放下后天（即外部杂念）先天自明，心分着像（守物执着）大道自生。

四、内功气法

肾气归原功，作为气功锻炼同样是利用人体内的五脏六腑和经脉穴位的功能，借助空间的气物质元素，通过吐纳或导引的方法强化人体的机能，促进气血循环，来保持气血兴旺的方法。峨眉内功宗法认为肾气归元功是尚法自然，因此在功法上是自然呼吸，不把呼吸压抑为腹式的慢、细、悠、长；也不守丹田，不强迫自己意念守在丹田，约束在丹田。峨眉内功宗法认为，着意固守，刻意导引，实乃后天模仿，一任自然，行云流水，方是先天修炼；如若刻意固守，着意导引，犹出此圈中（排除体外杂念），入彼圈中（又以身内之念代之），何时得以解脱（自然）。所以用内功导引之方汉，实缚身之绳索也。且五百罗汉，岂能一面，三行揭谛，怎能一身，人各有异，岂能以一死法之，若此，不入歧途，则怪乎矣！

五、锻炼功效

从医学角度来说，肾气归元功锻炼的这种气是人体内在一种保健与抗病的物质，与血液有着密切联系，具有可增强脾胃功能、疏通全身经脉的作用，因此坚持练习肾气归原气功，对软组织损伤、慢性腰肌劳损、肺气肿、胃下垂、便秘、神经衰弱等疾病都有疗效。

第七章
咏春格斗打法绝技

咏春格斗打法绝技，即徒手手法格斗技法，多指咏春综合格斗打法技术技巧。打法绝技，就是根据对方体能、技能、临场表现特点和薄弱环节等情况而采用的有利于发挥自身体能和技能、战胜对手的攻防原则。人具有高度的智慧，对打时，双方打法变化莫测，因此打法也没有固定的招式。打法讲究战术，制敌取胜也靠的是战术。在打法中，只有采用相应的战术配合打法，才能达到制敌取胜的目的。咏春是进化大中华武术系统的自由综合格斗术，其打法充满了辩证法，其核心是一个“变”字，这个“变”字又被后来的截拳道或其他拳种或武道武技无数次地引用着。

咏春格斗打法绝技多是由掌法、拳法和肘法构成，形成了各式各样的格斗攻守技法。

咏春格斗打法、踢法、摔法、拿法等格斗绝技，在以下各章节内容中实际上已包含了拳掌、手腿、肘膝、肘手、肘腿、膝腿、膝手、擒摔配合的综合格斗打法，在各章节内容中不再单独列举注明。

各章节由咏春打法、踢法、摔法、拿法等技术技法配合，形成了咏春综合格斗简捷搏击法、配合搏击法、封手搏击法、渐进间接搏击法、引诱搏击法。每一式，每一法，皆如蛇鹤相缠相争相斗般机巧。每章节每一式每一法中，仅以部分的蛇鹤简单提示，其寓意咏春修习者自我体会。

第一节　格斗掌法绝技

咏春格斗手法绝技，是以掌法开始，并由掌衍生出掌、爪、勾等数种攻守技巧。在技击中，手为上肢之梢，在咏春中称为第一道防线。咏春的各种攻防手法变化均在于此。咏春拳打、掌切、勾刁、爪拿、指戳等技法，都是由手型、手法变化而成的，因此手法在格斗中占据极重要的地位。

一、标指戳眼

冲捶突袭。甲方与乙方对峙中（图7–1–1），甲方突然发动攻势，右手成冲捶猛击乙方面门；乙方来不及防守而受重创（图7–1–2）。

标指戳眼。乙方遭到攻击欲起脚还击，甲方紧接前伸右脚踩踏乙方欲起的脚迫使其注意下路防守（图7–1–3），乙方起脚被截上身本能地欲前倾，甲方此时突发标指手意气暗劲发力标戳乙方眼部，乙方遭到重创（图7–1–4）。

图7–1–1

图7–1–2

图7–1–3

图7–1–4

标指作为长桥远距离直接攻击时，可突袭以收到准击效果。手与腿配合打法凶狠，伤眼挫膝。

标指，是小念头拳路中就出现的手法，标指击打要害或眼睛为目标可致残甚至致命。

二、侧闪标眼

侧闪避拳。甲方与乙方混战中，乙方突发左拳击向甲方面门（图7–1–5）；甲方迅速闪避乙方左拳，迫使乙方出拳击空（图7–1–6）。

标指标眼。乙方击空收拳准备调整姿势（图7–1–7）；甲方紧跟挺身靠近乙方同时左手成标指标向乙方眼部，重创乙方（图7–1–8）。

侧闪避拳攻要及时，身法上要灵活侧闪动作。标指打眼，手法凶残。

侧闪也是咏春基本的防御技巧，标指多为致残或制止侵袭的手法。

图7–1–5

图7–1–6

图7–1–7

图7–1–8

三、揿手标眼

揿手消踢。甲方与乙方对峙时，乙方向甲方逼近并起脚欲踢击（图7–1–9）；甲方反应及时调整身势，以前伸的右手成揿手准备揿按乙方腿膝部（图7–1–10）。

标指插眼。甲方揿消乙方腿攻起势（图7–1–11），未等乙方变势，顺势起身出右手标指发力标插乙方眼部，使乙方被重创（图7–1–12）。

揿手消卸踢法要及时、准确、有力，标指攻上路眼部突然。

揿手是小念头中出现的手法。标指多为凶残打法。

图7-1-9

图7-1-10

图7-1-11

图7-1-12

四、搭手标眼

搭手消拳。甲方与乙方对峙中，乙方晃动左手（图7-1-13），突发右手拳横向贯打向甲方头左侧，甲方迅速上抬左手成搭手以掌外缘发力割挡乙方右拳腕（图7-1-14）。

图7-1-13

图7-1-14

搭手标眼。乙方出拳不及，欲收拳；甲方左手搭挡乙方右腕，迫使乙方收势（图7-1-15），随即右手成标指发力突袭标向乙方眼睛，使乙方遭到狠击（图7-1-16）。

搭手消拳，如蛇形击出，掌侧暗劲发力。标眼时，突然准确袭击。

搭手，是咏春蛇形手法，也是常见的基础手法。

图7-1-15

图7-1-16

五、攦腕劈颈

进马攦腕。甲方前伸左脚向乙方逼近，迫使乙方反应（图7-1-17）；乙方发出右拳直击向甲方头部，甲方乘机进马上抬左手成攦手攦抓住乙方右腕臂（图7-1-18）。

图7-1-17

图7-1-18

攦腕劈颈。甲方攦住乙方腕臂前拉，使乙方身体前倾，顺势发出右砍掌意气发力劈砍乙方颈部（图7-1-19），使乙方被重击（图7-1-20）。

主动战术试探逼真，攦腕牵拉猛狠；砍掌砍击有力，达到重创攻效。

砍掌是咏春常用基本手法，也可在打斗中重创打击。

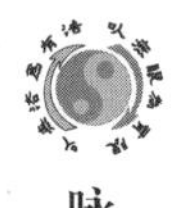

图7-1-19

图7-1-20

六、拍手铲颈

拍手消拳。甲方向乙方靠近时，乙方抢先发出左拳击向甲方头部（图7-1-21）；甲方迅速稳定桩马同时上抬左手成拍手拍挡乙方左拳，消解乙方拳攻（图7-1-22）。

转马铲颈。乙方击空欲动；甲方紧接左转马同时前伸右手成铲掌（图7-1-23），突发力铲击乙方颈部，使乙方被击受挫（图7-1-24）。

拍手消拳及时、有力；铲手铲颈要狠击收到重挫效果。

拍手、铲手是咏春基本手法，拍手是在小念头就已经出现的手法。

图7-1-21

图7-1-22

七、圈马砍颈

圈马避拳。甲方与乙方对攻中，乙方向甲方逼近（图7-1-25），发右拳击向甲方上路，甲方紧跟向前圈出右脚，同时以右伏手避开乙方拳攻（图7-1-26）。

圈马铲颈。甲方动作不停，快速圈左脚，再圈右脚于乙方身后（图7-1-27），借助圈

图7-1-23

图7-1-24

马右转身的动作左手成铲掌发力铲击乙方颈部，使乙方被击受挫（图7-1-28）。

圈马避拳攻，移脚圈步及时、灵活，铲手铲击猛狠，要重挫攻击。

圈马，在标指拳路中出现，是咏春代表性攻守步法。

图7-1-25

图7-1-26

图7-1-27

图7-1-28

八、扰臂铲颈

扰手挡臂。乙方快速移向甲方挥动双臂（图7–1–29），突起两手拍打甲方两耳部，甲方迅速上抬双手成扰手向外扰压挡消卸乙方双臂（图7–1–30）。

双掌铲颈。乙方出招落空欲调整姿势，甲方回手变换两手成铲掌发力铲击乙方两颈侧（图7–1–31），使乙方被重击颈部（图7–1–32）。

扰手挡臂及时、有力，变换铲手灵活、凶狠。不同的手法混合运用变通要快速重击。

扰手出现在寻桥拳路中，为咏春代表性手法。双铲手也是常用手法。

图7–1–29

图7–1–30

图7–1–31

图7–1–32

九、拍腕铲颈

拍腕消拳。乙方抢先发动攻势，突发右拳直向甲方胸部；甲方迅速左闪身势，同时用左拍手顺势拍挡开乙方右拳腕（图7–1–33），然后左拍手化势成膀手下旋消卸乙方右腕臂（图7–1–34）。

铲手铲颈。乙方出拳击空，欲收拳；甲方紧跟稍左拧身靠近乙方同时，突发右铲手（图7-1-35），暗劲发力铲击乙方颈根部，乙方遭到狠击后退（图7-1-36）。

拍手、膀手配合消卸拳法攻势，动作要变化及时、消卸有力。铲手铲击颈根凶狠。

拍手、膀手都是小念头中的代表性手法，也是咏春综合格斗中常用技法。

图7-1-33

图7-1-34

图7-1-35

图7-1-36

十、正掌击鼻

磕肘消拳。甲方与乙方互相靠近中（图7-1-37），乙方突发左拳直击向甲方头部，甲方迅速以左臂屈肘成磕肘随身体右转磕挡乙方左臂，迫使乙方出拳落空（图7-1-38）。

正掌击鼻。甲方未等乙方收拳，乘机左转身，右手成正掌顺转体的动势发力猛击乙方鼻部（图7-1-39），使乙方遭到重创（图7-1-40）。

磕肘消卸拳攻多是在近距离或贴身时的短桥消打法。正掌震击鼻处为目标，动作要凶狠、突然。

磕肘是标指中的肘法之一，也是咏春综合格斗短打中的常用肘法。正常是小念头中就出现的手法。

图7-1-37

图7-1-38

图7-1-39

图7-1-40

十一、转马铲颌

纠缠转马。甲方与乙方纠缠中，甲方用两手反拿乙方左手臂（图7-1-41），并欲将乙方左臂扭向背后；乙方迅速转马转身使甲方不能发力拿制（图7-1-42）。

图7-1-41

图7-1-42

肘击铲颌。甲方动作不停，顺势转体，用右肘击撞乙方头部（图7-1-43）；乙方埋头躲闪，甲方在乙方头部刚起时，用右铲手发力猛铲击乙方右颌处（图7-1-44）。

纠缠中被拿手臂，要顺势转马转身使对方不能发力拿制。肘击随转身及时动作，铲颌要直接、凶狠。

近距离纠缠解脱或还击，要随势灵活消打。

图7-1-43

图7-1-44

十二、捞腿推颌

捞手消腿。乙方逼近甲方时，乙方突起右腿扫踢甲方腰部（图7-1-45）；甲方迅速稳定桩马用左捞手挡消乙方右腿（图7-1-46）。

图7-1-45

图7-1-46

正掌推腭。甲方动作不停，随即身体左转，右手成正掌借助转体的动势猛推击乙方下颌部（图7-1-47），使乙方被击后退（图7-1-48）。

捞手消腿攻要及时、有力。变化身步用正掌要猛击，达到重创攻击。

捞手是寻桥中的手法，也是对付中路腿攻的防御手法。

图7-1-47

图7-1-48

十三、正掌震胸

扰手格挡。甲方与乙方纠缠中，乙方用双手抓扣住甲方双肩（图7-1-49）；甲方上抬双臂成双扰手向外扰格开乙方双臂（图7-1-50）。

双掌震胸。未等乙方动作，甲方乘机以两手成正掌向前借助沉肘的力量，发力猛震推击乙方胸部或心窝（图7-1-51），使乙方遭到重创（图7-1-52）。

图7-1-49

图7-1-50

纠缠中，用双扰手扰挡及时、有力。双正掌震推需要肘部及臂的配合发力增加掌击的威力。

双扰手、双正掌在综合格斗中运用要随时灵活变化，借助整体劲力增加掌击的劲力。

十四、搭手扇耳

搭手避拳。甲方与乙方互相逼近的同时，乙方抢先用右手拳击向甲方上路，甲方迅速右手成搭手搭挡乙方右拳腕（图7-1-53）；乙方出拳落空，欲收势（图7-1-54）。

图7-1-51

图7-1-52

回手扇耳。甲方动作不停，随即回弹右手掌，猝然发力弹抽向乙方耳门（图7-1-55），使乙方遭到重创（图7-1-56）。

搭手避消拳攻及时、弹性发力。手掌弹抽如同蛇击般快速、猝然地做动作。

搭手、弹手是黐手中常用的基本手法，锻炼蛇形发力的特点，使手法如蛇般有刚有柔。

图7-1-53

图7-1-54

图7-1-55

图7-1-56

十五、拍臂扑面

拍手消拳。乙方用右拳突袭向甲方上路，甲方迅速用左拍手拍挡乙方右拳臂，消解其攻势（图7-1-57），紧接未等乙方变势，甲方靠近乙方出右掌袭向其面门（图7-1-58）。

正掌扑面。甲方动作不停，右手成正掌发力猛扑击向乙方面门（图7-1-59），使乙方遭到重创后倒（图7-1-60）。

图7-1-57

图7-1-58

图7-1-59

图7-1-60

拍手消挡拳攻要及时、有力。正掌扑面，是将正掌灵活运用，以全掌为力点如蛇般动作扑击，以达重创攻击效果。

拍手，是咏春常用的防守消解手法。正掌扑击，是正掌手法的灵活运用。

十六、双掌震耳

后闪避击。甲方与乙方互相靠近（图7-1-61），乙方抢先前伸右手或双手欲贯击甲方头部，甲方迅速后缩闪避（图7-1-62）。

双掌震耳。乙方出手落空欲收势，甲方在乙方回手时前伸双掌（图7–1–63），同时发力震扇乙方左右耳门，使乙方被重创（图7–1–64）。

图7–1–61

图7–1–62

图7–1–63

图7–1–64

后闪避手法攻击要及时、快速。用双掌震扇动作凶狠。

后闪是咏春常用身法防护技巧，双掌震击是将手法灵活变通运用。

十七、抌手扇面

抌手挡拳。甲方向乙方逼近时（图7–1–65），乙方抢先发出右拳击向甲方头部，甲方迅速使两手成抌手抌压挡消乙方右拳臂（图7–1–66）。

进马肩面。乙方出拳击空，随即调整拳架欲重新发动攻势（图7–1–67）；甲方乘机用右手成掌发劲猛扇击乙方右耳门（图7–1–68）。

抌手挡拳攻准确、有力。进马扇面要狠击，达到重创效果。

抌手是咏春双手配合的消解手法。以掌扇攻击，是将掌法活用，使出掌如同蛇击般扇抽。

图7-1-65

图7-1-66

图7-1-67

图7-1-68

十八、膀臂扇脑

膀手消拳。甲方与乙方纠缠中（图7-1-69），乙方突发右拳击向甲方头部，甲方迅速下旋左臂成膀手膀消乙方左拳臂（图7-1-70）。

图7-1-69

图7-1-70

进马扇脑。甲方乘乙方被消拳攻同时，向前进马上右脚靠近乙方（图7-1-71），突发右掌猛扇击乙方后脑部，将乙方重击前倒（图7-1-72）。

图7-1-71

图7-1-72

膀手消拳要及时、有力，进马出掌上下动作灵活、协调。

膀手，是小念头中就出现的咏春代表性防御手法。用掌扇是在综合格斗中掌法的灵活运用。

十九、膀拳勾裆

上下膀拳。乙方突发左拳击向甲方中路，甲方迅速下旋右臂成膀手消解乙方左拳（图7-1-73），乙方又发右拳上击，甲方右臂顺势上旋成膀手消解乙方右拳臂（图7-1-74）。

勾手勾裆。乙方左右拳击空欲变势；甲方乘机右臂下旋成勾手发力勾点击乙方裆部（图7-1-75），重创乙方（图7-1-76）。

上下膀手消拳及时，变化快速、有力。勾手勾击准狠。

上、下路膀手在咏春三套拳路中均出现。勾手，是咏春使用不多的手法，多是以掌勾击或点打脆弱的部位为目标，击打准确，可重创或致残。

图7-1-73

图7-1-74

图7-1-75

图7-1-76

二十、掐肘勾裆

掐肘挡手。甲方与乙方互相逼近（图7-1-77），乙方先发左掌或拳摆打甲方头左侧，甲方迅速上抬右臂用右手掐挡乙方左肘弯内侧（图7-1-78）。

图7-1-77

图7-1-78

掐肘勾裆。未等乙方动作；甲方紧跟上掐乙方左肘不动，前伸左手发力勾击或抓击乙方下裆部（图7-1-79），使乙方被重创（图7-1-80）。

掐肘准确、及时、牢固，达到消解拳攻目的。勾裆直接、凶狠。

掐肘手法、勾裆技巧都是咏春手法的变通运用，以适应综合格斗的需要。

二十一、拨肘啄眼

拨肘消拳。甲方与乙方迂回纠缠中（图7-1-81），乙方穿出右拳或掌击向甲方面门，甲方迅速用左拨肘手拨挡乙方右腕（图7-1-82）。

拍手啄眼。甲方未等乙方变势，顺势快速下拍乙方右腕臂（图7-1-83）；乙方欲抽

图7-1-79

图7-1-80

手，甲方紧跟左转身前伸右手右蛇形手发力啄击乙方眼或鼻部，使乙方遭到重挫（图7-1-84）。

拨肘消解及时、准确，发力短促，拍手直接、有力。啄眼是蛇形手法的变通运用。

拨肘出现在小念头拳路中，蛇形手（或鹤嘴手）啄击都是手法的巧妙发挥，可致残或重创。

图7-1-81

图7-1-82

图7-1-83

图7-1-84

二十二、拍手啄眼

拦桥消掌。甲方与乙方互相逼近，乙方用右掌反扇甲方上路，甲方迅速上抬右臂成拦桥手拦挡乙方右臂（图7-1-85）；乙方欲动，甲方紧跟下落右手拉住乙方腕臂，防御乙方突袭（图7-1-86）。

拍手啄眼。乙方欲伸手成掌攻击甲方，甲方顺势左手变拍手下拍乙方右腕臂（图7-1-87），同时前伸右手成蛇形手发力啄击乙方眼睛，使乙方受挫重创（图7-1-88）。

拦桥手拦挡消掌攻及时、直接、有力，拉手变拍手，手法变换灵活、快速；啄击凶狠。

拦桥手出现在寻桥拳路中，拍手是常用基本的防御手法，蛇形啄击，手法综合运用。

图7-1-85

图7-1-86

图7-1-87

图7-1-88

二十三、膀臂抓肋

膀手消掌。甲方与乙方在近距离纠缠中，乙方突起右掌击向甲方头面部，甲方迅速上旋右臂消卸乙方右手臂（图7-1-89），乙方出掌被消欲动；甲方紧跟下落右手（图7-1-

90)。

俯身抓肋。甲方动作不停，紧跟下落右手成掌暗劲发力猛抓击乙方右软肋处（图7-1-91），使乙方要害被挫受击（图7-1-92）。

膀手消解掌法或其他形式的攻击，都要准确、及时、有力地消卸，以掌抓肋要凶狠、牢固，发力于指掌重击。

膀手是咏春常见的代表性手法，用掌抓击是咏春综合格斗技巧的灵活运用。

图7-1-89

图7-1-90

图7-1-91

图7-1-92

二十四、抓发卡喉

近身靠臂。甲方抢先发右拳击打乙方面部，乙方迅速左侧闪避过攻势（图7-1-93），两方同时进身，两方左右手插入形成近身靠臂（图7-1-94）。

抓发卡喉。甲方动作不停，紧跟左手变掌抓住乙方头发（图7-1-95），右手发力紧卡乙方喉头两侧，使乙方受到重创（图7-1-96）。

近身靠臂要及时，抓发卡喉要重挫攻击。

近身纠缠是综合格斗的常见状况，要随势而变实施不同的手法狠击。

图7-1-93

图7-1-94

图7-1-95

图7-1-96

二十五、拍臂卡喉

搭手退闪。乙方前伸左手掌欲劈砍甲方头面，甲方迅速伸左手成搭手挡消乙方左掌（图7-1-97），乙方紧跟欲发右拳击甲方胸部（图7-1-98）。

图7-1-97

图7-1-98

拍手卡喉。甲方随即左手成拍手拍挡乙方右拳臂（图7–1–99）；乙方出拳击空欲收手，甲方顺势上伸左手猛卡乙方咽喉部（图7–1–100）。

图7–1–99

图7–1–100

搭手可随时成为消解防护手法，消解掌或拳的攻势。拍手及时、准确，卡喉牢固、凶狠。

搭手是咏春对练中常见的基本手法，在综合格斗中也常试探使用，卡喉是咏春各式手法的灵活运用。

第二节　格斗拳法绝技

格斗拳法绝技，是以拳法形成的冲捶、铲捶、抄捶、插捶等适合综合格斗打法的各种拳法技巧。中华民族的性格含而不露，善于以柔克刚、以静制动和后发制人，因此在咏春的拳法上，也不像西方拳击那样一开始出拳就咄咄逼人，连连击中。咏春的拳法打法很多，主要体现在虚实动静的运用方面，如虚实相生、实中有虚、虚中有实、虚而实之、实而虚之等，也由此衍生了三星捶、捶打、无影手等各种拳法打法。

一、冲捶击头

警戒进马。甲方向前进马与乙方互相逼近，甲方同时保持警戒（图7–2–1），乙方挥动前手同时保持警戒（图7–2–2）。

冲捶击头。甲方在接近乙方同时，前手拳借助身体前冲迅速猝然发力射向乙方头部或面门（图7–2–3），使乙方遭到拳击受挫（图7–2–4）。

冲捶击头或面部，作为直接攻击时，可先发制人。或用此类拳法阻截对方进攻。

冲捶是小念头拳路就出现的咏春代表性拳法之一。这种拳法要利用身体整体劲力将拳弹射出，以达狠击攻效。

图 7-2-1

图 7-2-2

图 7-2-3

图 7-2-4

二、冲捶击腹

进马击腹。甲方与乙方纠缠中（图 7-2-5），乙方突发右拳击向甲方头部；甲方迅速前进马同时发出左冲捶击向乙方腹部，阻止乙方攻势（图 7-2-6）。

图 7-2-5

图 7-2-6

下潜击腹。乙方遭到阻击，紧跟再向前进发出左拳攻击甲方上路，甲方乘机下潜身势避开乙方拳头，同时顺势出左冲捶发力直捣乙方腹部（图7-2-7），乙方被阻受挫后退（图7-2-8）。

图7-2-7

图7-2-8

前手的冲捶阻击，需要整体配合以助拳击重挫威力，这需要不断持久的练习获得此功效。

冲捶，是咏春基本的拳法，也是常用的重拳攻击手段，并可以在综合格斗中攻击上路或中路。

三、冲捶抢攻

晃身击胸。甲方与乙方对峙中，甲方突然晃动身体，迫使乙方反应（图7-2-9），甲方紧跟突然发出左冲捶直捣向乙方胸部（图7-2-10）。

图7-2-9

图7-2-10

铲膝击腹。乙方遭到拳击调整身势向前逼近，甲方随即收拳前伸左脚铲踢乙方前伸的左腿膝部（图7-2-11）；乙方遭到踢击注意力分散，甲方乘机出左冲捶发力射向乙方腹部或胸部（图7–2–12）。

图7–2–11

图7–2–12

冲捶抢攻，可在对方注意力不集中或防守不及时实施突袭，或用晃身类的动作分散其注意力实施抢攻，或配合踢上打上战术。

咏春综合格斗中，拳击的重挫攻击需要腿法的配合，为收到较好的综合格斗效果。

四、晃眼击腹

问手晃眼。甲方突然以问手向前撩击乙方眼睛，乙方反应上抬手防护（图7–2–13），甲方随即进马靠近乙方（图7–2–14）。

图7–2–13

图7–2–14

进马击腹。甲方动作不停，随进马突发左冲捶发力直捣乙方腹部（图7–2–15），使乙方遭到重创（图7–2–16）。

问手变势成晃眼手法是战术，以引手作用配合拳法重击或准确狠击。

问手为咏春基本防守摆桩姿势，前伸的手可随时做试探、攻击或还击。

图7-2-15

图7-2-16

五、左右铲捶

进马铲捶。甲方迅速向前进马接近乙方，同时发出右铲捶横击乙方左侧头部或面颊（图7-2-17）；乙方遭到攻击迂回纠缠欲反击，甲方乘机再发右拳发力横击乙方头侧（图7-2-18）。

图7-2-17

图7-2-18

下潜铲肋。乙方移动步法调整身势，挥动左拳（图7-2-19）；甲方攻势不停，紧跟移马跟进顺势下落右拳横铲捶乙方左肋部（图7-2-20）。

铲捶近距离拳法打击，要在接近对手在击打范围之内，借助身法整体劲力出拳横铲捶打。

铲捶是咏春代表性拳法之一，多是综合格斗中近距离使用。

六、铲头贯面

铲捶突袭。乙方与甲方纠缠中，乙方欲拿制甲方（图7-2-21）；甲方突发横挥出右拳

图 7-2-19

图 7-2-20

铲击乙方头部（图7-2-22）。

扫右贯左。乙方遭到攻击调整身势；甲方随即起右腿横扫乙方上路，迫使乙方上抬左臂格挡（图7-2-23）；甲方紧跟突发左铲捶发力横贯乙方右侧头面（图7-2-24）。

铲捶突袭抢攻要出其不意，因此动作时需快速，在没有任何预兆的放松状态下突发拳头。以腿法横扫配合，也是一种战术打法。

图 7-2-21

图 7-2-22

图 7-2-23

图 7-2-24

咏春综合格斗中，欲攻击重挫需不同的技法配合，找准时机以重拳贯击。

七、左引右铲

进马左引。甲方下落左手逼近乙方，乙方警觉（图7-2-25），甲方突发左拳直击向乙方面门，迫使乙方上抬左臂防护（图7-2-26）。

铲捶右贯。未等乙方收手变势，甲方突左转马发右铲捶猛发力横贯击乙方脑部（图7-2-27），使乙方重击受挫跌倒（图7-2-28）。

左引右铲是战术打法，左为假动作，为右击重创做准备。

铲捶在咏春综合格斗中，以并不大的动作幅度配合身体整体劲力促拳重击。

图7-2-25

图7-2-26

图7-2-27

图7-2-28

八、抡颈铲膝

进马抡颈。甲方挥起前伸的左拳抡击乙方头面，乙方惊慌后闪避（图7-2-29）；甲方乘机抡起左手向下发力抡砸乙方后颈部（图7-2-30）。

进马铲膝。乙方被击后退调整身势，甲方紧跟进马靠近乙方（图7-2-31），起脚铲击乙方移动的左膝膝部，使乙方受到重创（图7-2-32）。

抡拳，突然挥拳劈打，动作直接、快速，移马起腿铲踢要准确、凶狠。

抡拳，在咏春综合格斗中要将拳法灵活运用，不固守招式。铲腿，也是咏春综合格斗中“裙底脚”的发挥。

图7-2-29

图7-2-30

图7-2-31

图7-2-32

九、问手砸颈

问手引路。甲方与乙方纠缠中，乙方挥动前手向甲方靠近（图7-2-33）；甲方突前伸左手成问手荡击乙方面门，乙方反应迅速上抬右臂格挡（图7-2-34）。

抡拳砸颈。甲方紧跟进马逼近乙方，同时上扬右手（图7-2-35），握拳猛砸向乙方后颈部，重创乙方（图7-2-36）。

问手引路，可作为试探性的战术打法使用。抡拳，是将拳法以不同的角度尽可能地实施攻击。

问手是咏春代表性手法。抡拳，在咏春综合格斗中尽可能地将拳法由不同的形式攻击。

图 7-2-33

图 7-2-34

图 7-2-35

图 7-2-36

十、拍臂抡颈

拍手消拳。乙方突发左拳直击向甲方眼或面部，甲方迅速上抬左手成拍手拍挡乙方拳臂，消解其攻势（图7-2-37），迫使乙方出拳落空（图7-2-38）。

图 7-2-37

图 7-2-38

转马抡颈。甲方在乙方收拳同时，迅速转马转身（图7-2-39），猛抡拳向后发力斜劈砸乙方后颈部，乙方遭到抡击受挫（图7-2-40）。

图7-2-39

图7-2-40

拍手消解拳攻，要及时、有力。转马转身抡拳劈砸要凶狠、重击。

咏春综合格斗中，会出现不同的手法、身法的变换，从不同的角度攻守。

十一、左右左三冲捶

左右冲捶。甲方与乙方互相逼近，甲方突发左冲捶直击乙方面部（图7-2-41），乙方本能地反应欲上抬左手防护；甲方迅速发右冲捶直捣乙方空出的面部（图7-2-42）。

图7-2-41

图7-2-42

左拳捶面。甲方动作不停，一旦击中或未击中乙方，立即发左冲捶猝然发力直捣乙方面部（图7-2-43），乙方遭到拳击后退（图7-2-44）。

左右左三冲捶连击，无论击中目标与否，都要随即连环出拳达到重挫效果。

冲捶，是咏春代表性拳法之一，连环打击不同的目标是咏春综合格斗的常用打法。

图7-2-43

图7-2-44

十二、冲捶冲捶铲捶连击

左右冲捶。甲方抢先发动攻势，突发左冲捶直击乙方面部（图7-2-45），乙方反应同时左拳击向甲方头部，此时，甲方再发右冲捶从乙方左臂内侧攻击乙方面部（图7-2-46）。

图7-2-45

图7-2-46

铲捶贯面。甲方动作不停，无论击中乙方与否，随即身体稍拧转，再发左铲捶猛横贯击乙方右侧面部（图7-2-47），使乙方被击受挫（图7-2-48）。

第一式冲捶可作为战术打法诱击或假动作，后面的冲捶和铲捶见机就要重创攻击。

咏春综合格斗中，要运用不同的拳法从不同的角度打击可能目标。

十三、冲捶抄捶铲捶连击

击胸抄肋。甲方在乙方移动时，俯身突发右冲捶直击乙方胸部（图7-2-49），无论击中与否，甲方身体立即挺起发左抄捶抄击乙方胸肋或下颌部（图7-2-50）。

铲捶贯面。甲方发完第二拳以后，身体紧接稍左转并前压，用由上而下压的横向铲捶

图7-2-47

图7-2-48

猝然发力横贯乙方左侧面颊部（图7-2-51），使乙方遭到攻击后退（图7-2-52）。

冲捶左右连击需注意无论是否击中目标，都要左右连发攻势，铲捶从不同的角度配合重击。

咏春综合格斗中会出现不同的战况，拳法的不同配合运用可攻击不同角度的目标。

图7-2-49

图7-2-50

图7-2-51

图7-2-52

十四、铲捶抄捶冲捶

铲捶突袭。甲方与乙方互相靠近时，甲方快速发出左铲捶横贯乙方面侧（图7-2-53），迫使乙方受击调整身势，随即右拳击出（图7-2-54）。

抄腹击头。甲方攻势不停，紧跟在乙方调整身势同时，突发右抄捶上抄击乙方腹部，右拳一击中，趁乙方腹部被击身体前弓瞬间，甲方突然快速射出左冲捶直捣乙方头部，重创乙方（图7-2-55、图7-2-56）。

图7-2-53

图7-2-54

图7-2-55

图7-2-56

突然用铲捶袭击，动作要直接、干脆，抄捶打乱对方注意力的同时即可配合冲捶攻击，极易得手。

咏春综合格斗中，不同的拳法混合运用会起到意想不到的打击效果。

十五、抄捶冲捶冲捶连击

抄腹捣面。乙方先发右手拳横向摆击甲方头部时，甲方乘机用左手截击乙方右肘弯的

同时用右抄捶抄击其腹部（图7-2-57），一旦得手，甲方利用左手在乙方右臂内侧的优势，身体稍向右拧转，左手成冲捶直捣乙方面部（图7-2-58）。

冲捶捣腹。甲方打完第二拳后随势下潜身势突发右冲捶猝然发力直捣击乙方腹部（图7-2-59），使乙方受击后退（图7-2-60）。

图7-2-57

图7-2-58

图7-2-59

图7-2-60

抄腹、捣面直接凶狠，冲捶直捣腹要准确、有力。

不同的拳法动作应连贯迅速，一气呵成，甚至结合步法边追边打，不给对方喘息机会。

十六、掌阻一贯耳捣面

掌阻臂压。乙方突发左拳击向甲方面门，甲方迅速前伸左掌阻止乙方右拳（图7-2-61），随即甲方右掌变拳发力以臂压挡乙方左拳臂，迫使乙方收拳（图7-2-62）。

贯耳捣面。乙方出拳落空欲收拳，甲方乘机顺乙方攻势突发左铲捶横贯其右耳部（图7-2-63），无论击中与否，甲方紧跟向左拧腰转体再发右冲捶直捣乙方面部（图7-2-64）。

用掌阻截拳攻及时、有力，化臂压挡拳攻变换灵活。铲捶、冲捶左右连击与身法配合上下协调。

掌阻是咏春代表性的防御手法，臂压也是变式运用。

图7-2-61

图7-2-62

图7-2-63

图7-2-64

十七、上下上三冲捶

捣头击肋。甲方突发右冲捶直捣乙方头部，乙方反应右臂上挑格甲方右拳臂（图7-2-65）；甲方待乙方手一挥起，立即发左冲捶直击乙方肋部（图7-2-66）。

冲捶击头。乙方遭到攻击右臂屈肘欲下压甲方左拳臂，甲方立即发右冲捶直捣乙方头部（图7-2-67），将乙方击倒（图7-2-68）。

三拳攻势要连续不断，上下交错地出击，才可使对方防不胜防。

综合的格斗，不同路线的拳法攻击不同的目标，攻势凶狠、猛击。

十八、侧撑腿冲捶抄捶冲捶

踹膝击面。乙方向甲方逼近时，甲方先以右腿侧踹踢乙方前伸的腿膝关节（图7-2-

图7-2-65

图7-2-66

图7-2-67

图7-2-68

69)，待乙方注意力移向下方时，甲方突发右冲捶直击乙方面门（图7-2-70）。

抄腹击面。甲方攻势不停，身体稍向右拧转，用左抄捶上捶击乙方腹部（图7-2-71），紧接再发右冲捶直捣乙方面门，重创乙方（图7-2-72）。

踢下击上直接、有力。抄捶、冲捶左右势猛狠。

腿法配合拳法形成上下立体的综合打法，从不同的角度、路线实施狠击。

图7-2-69

图7-2-70

图 7-2-71

图 7-2-72

十九、侧撑腿冲捶冲捶抡捶

撑膝捣腹。甲方与乙方互相逼近时，甲方突发右脚侧撑踢乙方前腿膝（图 7-2-73），右脚一落地前压，同时右手冲捶直捣乙方腹部或心窝（图 7-2-74）。

图 7-2-73

图 7-2-74

捣面抡面。甲方攻势不停，身体向右拧转同时再发左冲捶直捣乙方面门，左手顺势下落撇挡乙方左腕臂（图 7-2-75），紧跟左右调换，右手成抡捶猝然发力反抡砸乙方面门（图 7-2-76）。

无论侧撑踢奏不奏效，接着拳法连攻就要直接、干脆，并配合撇打手法。

咏春综合格斗，会使用不同的技法上下或左右攻守，击打招凶狠、迅猛。

二十、单手抄捶铲捶连击

抄捶击腹。甲方与乙方互相逼近中（图 7-2-77），甲方突发右抄捶抄击向乙方腹部，乙方反应迅速勾手下格挡（图 7-2-78）。

图7-2-75

图7-2-76

铲捶贯头。甲方未等乙方用力格挡，立即变势，右手画弧，顺乙方肘外侧上行，变势成右铲捶猝然发力横贯乙方头部（图7-2-79），使乙方遭到重创（图7-2-80）。

抄捶击中与否，都要及时变势灵活抄打侧面目标。

单手不同路线的拳法，短小弧度路线的变化打法，是咏春综合格斗的常用技巧。

图7-2-77

图7-2-78

图7-2-79

图7-2-80

二十一、冲捶铲捶冲捶抄捶

捣面贯头。甲方抢先发出右冲捶直捣乙方面门，乙方反应用右手向左格挡（图7-2-81）；甲方趁乙方右手向左，右颊空虚瞬间突发左铲捶横贯乙方头部（图7-2-82）。

捣面抄腹。甲方动作不停，无论击中与否，再发右冲捶直捣乙方面门（图7-2-83），右拳一过，趁势前靠，再用左抄捶上抄击乙方腹部（图7-2-84）。

图7-2-81

图7-2-82

图7-2-83

图7-2-84

以上动作要整体连贯，一气呵成，发动攻势，不给对方机会。

不同的拳法配合综合打斗，要瞅准空隙发出迅猛的攻击使对方遭到重创或致残。

二十二、冲捶拍手—抡捶

冲捶拍手。甲方与乙方对峙时，甲方先发右冲捶直捣乙方胸部，乙方左手向左外格挡（图7-2-85），甲方顺势右手屈肘下拍拉乙方左手（图7-2-86）。

捣面抡面。甲方动作不停，再发左冲捶由乙方空门直入猛捣击乙方面门（图7-2-

87），紧跟顺势下落左手屈肘下拍乙方欲出击的右手，右手成抡捶猝然发力反抡砸乙方面部（图7-2-88）。

图7-2-85

图7-2-86

图7-2-87

图7-2-88

冲捶、抡捶配合拍手，两手变换手法要灵活、快速，击打迅猛。

咏春综合格斗中，不同的手法配合，为增强攻守的效果。

二十三、冲捶封手冲捶冲捶连击

冲捶封手。甲方抢先发动攻势，突发右冲捶直捣乙方面门（图7-2-89），乙方发右拳还击甲方胸部，甲方顺势用右手向下封压乙方右手（图7-2-90）。

捣面连击。甲方动作不停，身体向右稍拧转同时，由右小臂上方发左冲捶直捣乙方面部（图7-2-91），左拳一击出即下落屈肘下压封挡乙方右手，同时再由左小臂上方发右冲捶直击乙方面部（图7-2-92）。

拳法变封手动作一定要顺，方能为另一手创造较好的攻击时机。

封手配合拳法，是咏春综合打斗时常用技巧，消打结合。

图7-2-89

图7-2-90

图7-2-91

图7-2-92

二十四、摊手冲捶

摊手冲捶。乙方抢先发出右拳直击向甲方头部，甲方看准乙方动作迅速上抬左手成摊手摊挡乙方右拳臂（图7-2-93），同时发出右冲捶直捣乙方腹部（图7-2-94）。

图7-2-93

图7-2-94

摊手冲捶。乙方遭到攻击退步同时挥出左拳横贯向甲方头部，甲方随即上抬右手成摊手摊挡乙方左拳臂（图7–2–95），紧跟稍下潜身势用左冲捶猛击乙方腹部（图7–2–96）。

图7–2–95

图7–2–96

左、右摊手冲捶要随时灵活变换格斗的状况，摊挡要及时、有力，冲捶同时配合狠狠打击。

摊手，是小念头中出现的咏春代表性手法，冲捶，仅是摊手之前的一个手法。

二十五、伏手冲捶

侧闪伏手。乙方抢先用左手攻向甲方胸部，甲方顺势侧闪避乙方攻势（图7–2–97），右手成蛇形伏手伏压乙方左拳臂（图7–2–98）。

图7–2–97

图7–2–98

冲捶捣腹。甲方趁乙方收手同时，随即进身发左冲捶直捣乙方腹部（图7–2–99），使乙方被击后退（图7–2–100）。

侧闪避攻击招式要及时、快速，伸手伏手消解黐黏灵活。冲捶打击多为弹性发力直捣目标。

咏春中伸手手掌朝上即为摊，手掌朝下即为伏。因此，伏手，仅如同蛇形般黏黐达到消解效果即可，不必固守固定的伏手手型。

图7-2-99

图7-2-100

二十六、拍肘捣腹

退马避攻。甲方与乙方对峙中（图7-2-101），乙方先发右拳横贯甲方头部，甲方迅速向后退马闪避其拳攻（图7-2-102）。

图7-2-101

图7-2-102

拍肘捣腹。甲方趁乙方拳锋刚过，立即进身，左手成拍手突拍击乙方右肘处（图7-2-103），紧跟转马发右冲捶直捣乙方胸部（图7-2-104）。

退马躲避拳攻或其他形式的攻击，两脚变换灵活、机动。拍肘猝然发力震荡对方的肘节处，达到重创效果。冲捶直接、凶狠。

咏春综合格斗中，为增强打击威力，攻守的动作需整体配合发力。

二十七、冲捶截拳

摆桩警觉。甲方与乙方互相逼近中（图7-2-105）；乙方突然调整身势，甲方摆好桩警觉对峙（图7-2-106）。

图7-2-103

图7-2-104

冲捶截拳。乙方转身挥出右鞭拳击打向甲方头部，甲方在乙方刚转过身背对时，立即用右冲捶直猛击乙方背部（图7-2-107），将乙方截击重创（图7-2-108）。

处于摆桩对敌时，需时刻注意对方的动态变化，以利及时攻守。冲捶截击大幅度的转身拳法，动作要准狠。

图7-2-105

图7-2-106

图7-2-107

图7-2-108

冲捶破坏对方的横向大幅度拳法攻击，需及时、有力地截击。

二十八、膀腿击腹

膀手消腿。甲方移马向前靠近乙方（图7-2-109），乙方突然用右腿横扫踢甲方腰部，甲方随即左手成膀手外旋消挡乙方右腿（图7-2-110）。

转马击腹。甲方趁乙方收腿时，迅速转马发右冲捶直击乙方腹部（图7-2-111），将乙方重击后退（图7-2-112）。

图7-2-109

图7-2-110

图7-2-111

图7-2-112

膀手消卸腿功注意旋臂接触力度，消解要及时。转马冲捶上下协调。

咏春综合格斗中，腿攻是会常常遇到的攻势。

二十九、拦腿捣腹

进马拦腿。甲方与乙方互相靠近时（图7-2-113），乙方发左腿横扫甲方上路，甲方右臂竖肘向外拦挡乙方左腿（图7-2-114）。

冲捶捣腹。乙方出击，空欲收腿（图7-2-115），甲方随即发左冲捶猛直捣乙方腹部（图7-2-116）。

图7-2-113

图7-2-114

图7-2-115

图7-2-116

拦腿，可使用不同的手法进行，以肘臂配合形成拦挡。冲捶捣腹要随势移动灵活猛击。

三十、拍腿捣腹

后缩拍腿。乙方向甲方靠近（图7-2-117），并用左脚侧踹踢甲方腰部，甲方后缩身同时用右手拍挡乙方左腿（图7-2-118）。

进马捣腹。乙方起腿落空被迫下落腿脚（图7-2-119），甲方趁乙方收脚时，突发左冲捶直捣乙方腹部（图7-2-120）。

后缩拍腿要及时、有力。进马冲捶直接、准狠地攻击。

咏春综合格斗中，避中路侧撑腿击后缩闪避配合拍手要灵活动作，以拳追击猛狠。

图7-2-117

图7-2-118

图7-2-119

图7-2-120

三十一、截拳击面

攦腕捣腹。乙方突发右拳直击甲方头部，甲方迅速用左摊手向外摊挡乙方右拳臂（图7-2-121），随即左摊手变势成攦手攦抓住乙方右腕，同时用右冲手直捣乙方腹部（图7-2-122）。

图7-2-121

图7-2-122

截拳击面。乙方发左拳还击直捣甲方头部，甲方右手屈肘成掌阻截乙方左拳，左手成冲捶同时直捣乙方面门（图7-2-123），无论击中与否，甲方身体稍左拧转，再发右冲捶直击乙方面部（图7-2-124）。

图7-2-123

图7-2-124

摊手准确、及时，攦抓拳击同时动作，以掌阻截拳攻直接、准狠，拳击有力。

不同的防守或攻击手法配合在一起，把握好时机，手法变换要灵活、快速。

三十二、铲捶—攦手铲捶

攦手铲捶。乙方突发右拳横贯甲方头侧，甲方迅速用左手成攦手状向外攦挡乙方右拳臂（图7-2-125），同时发右铲捶横贯乙方头部（图7-2-126）。

图7-2-125

图7-2-126

攦手铲捶。乙方紧跟发左拳横贯甲方头侧还击，甲方乘机右手成攦手向外攦挡乙方左拳臂（图7-2-127），左手成铲捶同时横贯乙方头部（图7-2-128）。

攦手攦挡时准确、及时、有力，铲捶与攦手要同时做动作。

咏春综合格斗中出现互相出拳还击的情况，攦手在攦挡时不一定固守紧攦抓对方手臂不放，可在成掌瞬间攦拨挡开拳攻即可。

咏春综合打斗中，与敌迂回对峙纠缠都是常有的状况，而准确、有力的攻击需要多种技巧配合。

图 7-2-127

图 7-2-128

第三节　格斗肘法绝技

咏春综合格斗中，肘法，多是以肘尖和肘边用于技击的各种方法，将这些方法称为肘法。肘法，多用于贴身近战中。以肘进攻，其势险节短，一动即至，且肘部的硬度和力度比起拳或掌要大，故武林中有"宁挨十手，不挨一肘"的说法。在咏春综合格斗中，肘法不仅仅用于进攻形成各式肘击技法，还可以肘形成上架、下掩、拨挡、旋格等防守技法。以肘进行防守时，其动势紧凑严密，也更利于随时变化出击。咏春综合格斗中，有各种形式的肘法，多数隐藏在咏春拳路中，只是不了解咏春以为咏春用肘较少，这是因为咏春多数攻守技术技法隐藏在拳路中以利练习和气血运行而作的安排。

一、双肘击肋—劈肘劈颈

双肘击肋。甲方与乙方在纠缠中，乙方从背后用两手锁住甲方喉部（图7-3-1）。甲方迅速稳定桩马，两手屈肘，用肘尖向后猝然发力顶乙方两肋部（图7-3-2）。

劈肘劈颈。乙方被击两肋疼痛松手（图7-3-3）；甲方紧跟右转马转身，用右劈肘向后劈顶乙方的后颈或头部（图7-3-4）。

双肘向后击肋动作突然、直接，劈肘配合转身协调、快速出击。

双肘是钳阳马中双拳后扯形成的肘击法，劈肘是标指拳路中三式肘法之一。

图7-3-1

图7-3-2

图7-3-3

图7-3-4

二、截腕劈心—攔手劈心

截腕劈心。乙方抢先发出右拳直击向甲方上路，甲方随即身体稍左转，右手扣抓住乙方右肘，左手成掌砍截乙方右腕节处（图7-3-5）；甲方紧跟左手顺势搭抓乙方右腕，身体前靠的同时，右臂屈肘成劈肘，用肘尖劈撞乙方心窝处（图7-3-6）。

图7-3-5

图7-3-6

攦手劈心。乙方发左直拳还击，甲方右手成攦手攦抓住乙方左腕臂（图7–3–7），身体前靠，以左臂屈肘成劈肘，用肘尖猛劈撞乙方心窝或软肋部（图7–3–8）。

图7–3–7

图7–3–8

扣肘截拳直接、准狠，劈肘撞顶心窝快速、有力。

近距离综合打斗中，手法配合肘法近距离攻守，动作变换要及时、灵活。

三、摊手消拳—攦腕劈心

摊手消拳。甲方向乙方靠近时，乙方挥动双手同时逼近（图7–3–9）；乙方突发右拳直击向甲方下颌，甲方迅速前伸右手成摊手摊挡乙方右拳臂（图7–3–10）。

图7–3–9

图7–3–10

攦腕劈心。甲方右手顺势成攦手攦抓住乙方右腕臂，右脚进马，同时以左肘成劈肘迎击劈顶乙方心窝或软肋部（图7–3–11），使乙方遭到重创（图7–3–12）。

摊手消拳直接、有力。进马攦手、劈肘上下同时做动作。

咏春综合打斗中，近距离手法与步法、肘法配合上下整体协调狠击。

图7-3-11

图7-3-12

四、后闪拍肘—转马磕面

后闪拍肘。乙方欲前伸双手扑击，甲方反应上体后闪（图7-3-13）；乙方突然发出右拳击向甲方头部，甲方紧跟向左转身，同时以左、右手成拍手，震拍乙方右肘臂（图7-3-14）。

图7-3-13

图7-3-14

转马磕面。乙方手臂被拍疼痛欲收手（图7-3-15）；甲方乘机左拧转腰身，右手成磕肘猝然发力磕击乙方面门或头部（图7-3-16）。

后闪注意防护，左、右手成拍手凶狠，转身磕肘直接、准确。

咏春综合格斗中，左、右手配合拍击肘臂，力狠者可震断肘臂。

五、顶裆抵颌—拍肘撞腹

顶裆抵颌。甲方与乙方纠缠中，乙方挥出右掌或拳击打甲方头部，甲方右手擸抓乙方右腕臂，同时起右膝前顶撞乙方裆部或软肋部（图7-3-17）；乙方遭到攻击俯身瞬间，甲

图7-3-15

图7-3-16

方随即右臂屈肘成抵肘向前抵挑顶乙方下颌部（图7-3-18）。

拍肘撞腹。乙方又发右手直击甲方面门，甲方后闪（图7-3-19），乙方出手击空欲收手；甲方顺势起右膝迎击乙方腹部或软肋部（图7-3-20）。

顶裆抵颌上下快速、协调动作。拍肘有力，起膝迎击准狠。

顶裆抵颌多为打斗中凶狠的招法，膝迎击有时可一击必中，重创对方。

图7-3-17

图7-3-18

图7-3-19

图7-3-20

六、膀手消拳—封臂劈腹

膀手消拳。甲方与乙方迂回对峙中（图7-3-21），乙方发出左拳直击甲方胸部，甲方迅速以左手呈膀手旋消乙方左拳臂（图7-3-22）。

封臂劈腹。乙方紧跟又挥动左拳欲再击甲方上路，甲方两手变势，左手托住乙方左肘臂，右手拍压乙方左大臂，封住乙方左拳臂（图7-3-23）；未等乙方动作，甲方迅速以左臂屈肘成劈肘猛前靠劈顶乙方腹部或软肋（图7-3-24）。

图7-3-21

图7-3-22

图7-3-23

图7-3-24

膀手消拳及时有力。封手直接、快速，变换劈肘劈顶准狠。

膀手消拳变换封臂，两手机动、灵活；劈肘劈顶腹或肋狠击可重创或致伤残。

七、搭手消拳—扯拳击腹

搭手消拳。甲方与乙方迂回对峙中（图7-3-25），乙方突发左拳直击向甲方头部，甲方迅速前伸左臂成搭手搭格乙方右拳臂（图7-3-26）。

扯拳击腹。乙方动作不停，再挥左拳击向甲方头部，甲方迅速移马侧闪（图7-3-27)，乘机下坐腰马向右后拧转，右手屈肘向后扯拳成肘猛猝然发力顶击乙方腹部或软肋(图7-3-28)。

图7-3-25

图7-3-26

图7-3-27

图7-3-28

搭手消拳及时、有力。扯拳成肘后击随身法变换快速动作。

搭手运用时，由柔至刚形成格挡，扯拳成肘后击多数准确击中要害，可重创对方。

八、攦肘劈面—磕面抵颔

攦肘劈面。乙方抢先发动攻势，用右拳横贯向甲方左侧头部，甲方迅速身体前靠，同时左手成攦手攦扣乙方右肘处，迫使乙方受阻（图7-3-29)，甲方动作不停，身体紧跟猛左转，用右劈肘狠劈顶乙方左面颊（图7-3-30)。

磕面抵颔。乙方遭到劈顶踉跄晃身；甲方未待乙方反应过来，再向右转身，用左磕肘猝然发力扑磕乙方右颈部（图7-3-31)，身体再次向左拧转，右抵肘由下向上抵挑乙方下颔部（图7-3-32)。

攦肘有力、牢固，劈肘配合可同时动作。磕肘、抵肘左、右手动作紧凑、快速。

近身手法配合肘法攻击，既要运用腰马促肘连贯迅速，不给对方喘息的机会，又要肘肘不离其头颈，以形成咏春综合打斗的连环肘击之势。其连环之势如鹤击蛇般凶狠犀利。

图7-3-29

图7-3-30

图7-3-31

图7-3-32

九、退马防御—按颈砸脑

退马防御。甲方与乙方对峙中，乙方突发右拳横贯甲方上路，甲方迅速退马防御（图7-3-33）；乙方紧跟突然前窜扑向甲方（图7-3-34）。

按颈砸脑。乙方用两手扑抱住甲方右腿，甲方迅速稍落重心，同时稳定桩马（图7-3-35），右手按住乙方后颈肩，左手屈肘猛下砸乙方后脑部，使乙方被击向前扑倒（图7-3-36）。

退马及时，防御随时处于警觉。被抱腿要顺势稳定桩马，按颈砸脑有力、凶狠。

咏春综合格斗中，被抱腿时要设法用不同的招式狠击，以肘砸脑可形成重创手段。

图 7-3-33

图 7-3-34

图 7-3-35

图 7-3-36

十、搭手封臂—扱肘盖头

搭手封臂。甲方向乙方靠近，乙方突发左拳击向甲方头部，甲方迅速用左手成搭手向外搭格乙方左臂（图7-3-37），并乘机上抬右手向上反托，左手配合下压封挡乙方左拳臂（图7-3-38）。

图 7-3-37

图 7-3-38

扱肘盖头。乙方欲挣脱左手，甲方紧跟右手变势成扱肘猛盖砸乙方后脑或后颈部（图7-3-39），使乙方重创前倒（图7-3-40）。

图7-3-39

图7-3-40

搭手封臂及时、有力，扱肘盖打凶狠，整个手法、肘法配合紧凑、迅猛。

搭手配合封臂在综合打斗中可至肘脱臼伤残手臂，扱肘击后脑或后颈均可造成重创。

十一、冲捶踩膝—劈顶后脑

冲捶踩膝。甲方与乙方混战中，甲方出右冲捶击向乙方，乙方迅速闪过（图7-3-41）；甲方顺势移马前窜，同时提起右脚向下反踩乙方右膝窝处（图7-3-42）。

图7-3-41

图7-3-42

劈顶后脑。乙方被踩膝前跪倒身体呈后仰时（图7-3-43），甲方乘机向右拧腰转马，以左劈肘横劈乙方后脑或后颈部（图7-3-44）。

冲捶落空，即可顺势随势变化腿法追击。劈肘要随转马转身及时动作。

以脚踩膝击下路，用肘劈顶上路后颈或后脑部位均可造成致残打击。

图 7-3-43

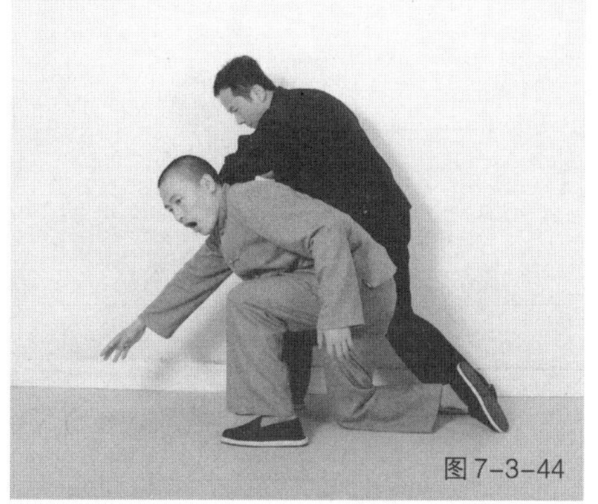

图 7-3-44

十二、撤手消拳—前扑磕胸

撤手消拳。甲方与乙方互相逼近中（图 7-3-45），乙方挥动右拳抄打向上方腹部，甲方身体稍后闪，左手成撤手向下猛撤直绷紧臂肌消卸乙方右拳（图 7-3-46）。

图 7-3-45

图 7-3-46

前扑磕胸。乙方出拳被消解欲收手；甲方紧跟向右转马转身起右磕肘突然扑磕向乙方胸部（图 7-3-47），使乙方被磕疼痛后退（图 7-3-48）。

撤手消解拳攻及时、有力。磕肘随身步变换快速磕击，整个动作上下紧凑、协调。

撤手可灵活运用成消解手法，磕肘磕顶胸部多数可被重击受伤。

十三、扰手消腿—磕肘击头

扰后消腿。甲方与乙方互相靠近，甲方两手防护（图 7-3-49）。乙方突发右腿横扫踢向甲方胸部，甲方两手迅速成扰手扰消压挡乙方右腿（图 7-3-50）。

磕肘击头。乙方起腿被消前落腿脚时，甲方趁机转身向右转马转身，起左磕肘猛磕砸

图7-3-47

图7-3-48

乙方头部或后颈部（图7-3-51），使乙方遭到重创前扑倒（图7-3-52）。

扰手消挡腿攻及时、有力。磕肘随转马转身快速磕砸，手、身、步上下配合协调。

扰手消腿注意接触力度，磕肘磕砸多会形成重击。

图7-3-49

图7-3-50

图7-3-51

图7-3-52

十四、坐马砸腿—劈肘击心

坐马砸腿。甲方向乙方靠近，乙方突起右脚弹踢甲方（图7-3-53）；甲方迅速随乙方起腿动势坐马起右肘向下砸击乙方右小腿或脚背（图7-3-54）。

劈肘顶心。乙方遭到砸腿疼痛落脚，甲方顺势进马近身，用右劈肘猛横劈砍乙方心窝或腹肋部（图7-3-55），乙方被击后退（图7-3-56）。

图7-3-53

图7-3-54

图7-3-55

图7-3-56

坐马砸肘及时、准确。进马劈肘顶击快速、有力。

以肘下砸对付腿攻，同样可造成重击；劈肘击心窝或腹肋都是重创招数。

十五、侧闪避腿—近身磕背

侧闪避腿。甲方与乙方迂回对峙中（图7-3-57），乙方突然转身起腿扫摆甲方头部，甲方迅速侧闪避躲（图7-3-58）。

近身磕背。甲方在乙方起腿摆向半空击空瞬间，甲方近身前靠（图7-3-59），突发左

磕肘猛磕撞乙方背部，使乙方被磕击向前扑倒（图7-3-60）。

侧闪及时、快速。近身直接，磕肘突然、猛狠攻击。

对付上路大幅度的腿法闪避，在闪躲过同时就要随时近身攻击，用磕肘磕击背可使对方受到重创。

图7-3-57

图7-3-58

图7-3-59

图7-3-60

十六、摊臂抄腹—近身磕耳

摊臂抄腹。乙方抢先用右拳直击向甲方头部，甲方随即前伸左手成摊手摊挡乙方右臂（图7-3-61）；甲方未等乙方动作，紧跟右手成抄捶向前猛抄击乙方腹部（图7-3-62）。

近身磕耳。乙方遭到拳击疼痛俯身瞬间，甲方向前近身右手顺势上抬成磕肘磕向乙方左侧耳部（图7-3-63），重创乙方（图7-3-64）。

摊手摊臂及时、有力，抄捶配合摊手同时动作。近身直接发肘磕击要害。

摊手配合抄捶多数形成摊打态势，以磕肘击耳部可致重创或重伤。

图7-3-61

图7-3-62

图7-3-63

图7-3-64

十七、后闪避拳—抄腹磕面

后闪避拳。乙方抢先发动攻势，突发左拳击向甲方头部时，甲方迅速后闪上体避躲（图7-3-65）；乙方左拳变势横贯向甲方右侧头部，甲方顺势上抬右肘臂格挡（图7-3-66）。

图7-3-65

图7-3-66

抄腹磕面。乙方欲收拳时，甲方乘机左手成抄捶抄击乙方腹部（图7–3–67），乙方遭到击打身体前弓，甲方左手突然变抄捶为磕肘，借身体前压的动势扑磕乙方面门部（图7–3–68）。

图7–3–67

图7–3–68

后闪避拳攻及时、快速，屈肘挡拳随势而动势。抄捶变磕肘连击动作紧凑、直接、凶狠。咏春综合打斗中，近身抄打腹或软肋，或以磕肘扑磕面门，可造成重伤。

十八、迎身膀腹—卸腿膀裆

迎身膀腹。甲方与乙方纠缠中，乙方突发左拳横贯向甲方头部，甲方未待乙方拳头打到就迎身进击，同时用左臂阻挡乙右肘臂（图7–3–69），随即身体向右拧裹，以右膀手旋转成肘用肘尖猝然顶撞乙方裆部或下腹（图7–3–70）。

图7–3–69

图7–3–70

卸腿膀裆。乙方被击后退调整身势重新起右腿膝击向甲方中路腰腹部；甲方迅速用两手上下配合消卸乙方右腿膝（图7–3–71）；乙方用力挣脱右腿膝下落脚瞬间，甲方顺其动势，右手顺其腿向前，以膀手旋转形态成用肘尖向前旋顶乙方裆部或下腹部（图7–3–72）。

图7-3-71

图7-3-72

近身手法配合膀手形态肘法，消打及时、有力，动作短促、直接。

膀手形成的以肘尖攻击的肘法，在传统中其形态也称为“膀肘”或“膀手肘”或也有称为“羊蹄肘”的，一招多名大部分是咏春在传承中广东地方方言形成的。

十九、拨肘消拳—磕肘扑面

拨肘消拳。乙方向甲方靠近，甲方警觉（图7-3-73）；乙方突发右拳直捣甲方头部，甲方上抬左臂成拨肘手拨挡乙方肘节或臂腕部（图7-3-74）。

图7-3-73

图7-3-74

磕肘扑面。乙方被拨挡出拳击空欲收手，甲方紧跟身体向右拧转，身体同时向前扑，以右磕肘猝然发力扑磕击乙方面门（图7-3-75），重创乙方（图7-3-76）。

拨肘手拨肘或臂消解拳攻及时、准确。转身磕肘扑击凶狠。

拨肘拨挡肘节或腕节伤害较大，磕肘磕扑面门可起到重创击效。

图7-3-75

图7-3-76

二十、膀臂捶肋—攔手劈肋

膀臂捶肋。乙方突发左拳直击向甲方头部，甲方左臂成膀手向上旋消乙方左拳臂（图7-3-77）；乙方紧跟顺势左手成掌抓扣甲方左手，甲方顺势上抬左臂，同时右手握拳横捶乙方肋部（图7-3-78）。

图7-3-77

图7-3-78

攔手劈肋。乙方遭到击打疼痛欲抽手；甲方乘机左手上翻抓扣住乙方左腕臂（图7-3-79），右手成劈肘顺势横劈顶乙方肋部（图7-3-80）。

膀手消解进攻拳臂及时、有力。捶打突然、直接。攔手要快，与劈肘配合同时动作。

咏春综合格斗中，捶打是将拳法灵活运用，打肋或用肘劈肋部都可致重创。

二十一、拍肘消拳—近身劈肋

拍肘消拳。乙方突发左拳直击向甲方面门，甲方迅速反应左手成拍手拍击乙方左肘处（图7-3-81），乙方被拍击左肘出拳偏离击空（图7-3-82）。

图7-3-79

图7-3-80

近身劈肘。甲方顺乙方左拳从左肩上方掠过同时近身（图7-3-83），前压身势同时并向左拧转腰胯，用左劈肘猛劈顶乙方腹部或下腭部（图7-3-84）。

拍肘准狠、有力。近身劈肘突然袭击，身法配合快速动作。

拍肘需震荡发力才可起到消解作用。劈肘近身劈顶腹部要害均可重创目标。

图7-3-81

图7-3-82

图7-3-83

图7-3-84

二十二、冲捶击面—左右劈面

冲捶击面。甲方向乙方逼近时，甲方突发右拳直击乙方胸部，乙方迅速屈肘以臂肘阻截甲方拳臂（图7–3–85），迫使甲方出拳被消截（图7–3–86）。

左右劈面。甲方攻势不停，紧跟突然身体左转，同时发左劈肘猛劈顶乙方右面颊部（图7–3–87），不管击中与否，甲方身体随即右转，用右劈肘劈顶乙方左面颊部（图7–3–88）。

图7–3–85

图7–3–86

图7–3–87

图7–3–88

冲捶击打突然、直接。左、右式劈肘短促、凶悍。

冲捶无论是否击中，发肘左右连击都要快速、狠击，起到重创击效。

二十三、臂阻消腿—劈顶下巴

臂阻消腿。甲方与乙方对峙中，乙方突起右腿横摆向甲方头部（图7–3–89）；甲方迅速屈左肘臂阻挡消解乙方腿攻（图7–3–90）。

劈顶下巴。乙方出腿被阻收腿落脚时；甲方顺乙方收腿的动势重心前压，用左劈肘肘尖横划乙方下巴处（图7-3-91），乙方被击疼痛后退（图7-3-92）。

图7-3-89

图7-3-90

图7-3-91

图7-3-92

臂阻及时、有力。劈肘可顺势前压快速攻击，身法配合短促，发力于肘。

用肘臂阻挡消解腿攻是咏春手法防御的灵活运用。

二十四、弹腕消拳—弹腕抵颌

弹腕消拳。甲方向乙方靠近时，乙方突发右拳直捣甲方头部（图7-3-93）；甲方左手成弹手猝然弹抽乙方右腕，迫使乙方出拳偏离（图7-3-94）。

弹腕抵颌。乙方又发左拳直击向甲方头部，甲方乘机右手成弹手弹抽乙方左腕（图7-3-95），甲方紧跟近身，腰右拧，发右抵肘猛猝然发力抵挑乙方下颌部（图7-3-96）。

弹腕弹性抽击，手灵腕活快速动作。抵肘配合近身顺势发力于肘抵挑。

弹腕在钳阳马中即出现此类手法，在咏春综合格斗中，弹手可弹抽不同路线的手法。

图7-3-93

图7-3-94

图7-3-95

图7-3-96

二十五、臂阻劈颔—抵颔砸面

臂阻劈颔。甲方警觉向乙方靠近时，乙方抢先用右拳横贯甲方，甲方左肘下坐将乙方右拳阻截于体侧（图7-3-97），随即向右拧转身体同时，发右劈肘劈砍乙方下颔部（图7-3-98）。

图7-3-97

图7-3-98

抵颌砸面。乙方遭到肘击踉跄晃身；甲方攻势不停，不给乙方喘息机会，身体变向左拧转，左手成抵肘抵挑乙方下颌（图7-3-99），并顺势使左肘再下砸乙方面部，重创乙方（图7-3-100）。

图7-3-99

图7-3-100

臂阻消拳攻及时，劈颌突然、准确。抵肘、砸肘，动作直接、准狠，身法配合促肘发力。咏春综合打斗中，不同的肘法近身攻势要连环不断，不给对方喘息的机会。

二十六、撑脚蹬腹—抵肘挑面

撑脚蹬腹。乙方抢先挥出左拳横贯向甲方（图7-3-101）；甲方身体稍后闪，同时迅速起右脚成前撑脚撑蹬乙方腹部，阻击乙方（图7-3-102）。

图7-3-101

图7-3-102

抵肘挑面。乙方遭到踢击未反应过来时，甲方乘机前脚落地，身体前压用右抵肘抵挑乙方面部（图7-3-103），使乙方被击重创（图7-3-104）。

撑蹬准狠、有力。落脚顺势前压身势出肘挑击。

撑脚，是咏春常用基本脚法之一，是一种攻守兼备的脚法。

图7-3-103

图7-3-104

二十七、侧闪避拳—转身劈心

侧闪避拳。甲方与乙方纠缠中，乙方突发右拳直击向甲方头部（图7-3-105）；甲方迅速移马侧闪使乙方出拳落空（图7-3-106）。

图7-3-105

图7-3-106

图7-3-107

图7-3-108

转身劈心。未待乙方收拳时，甲方身体迅速右后转180°，同时用右劈肘肘尖猛然后撞顶乙方心窝部（图7-3-107），乙方被击疼痛后退（图7-3-108）。

侧闪避拳及时，移马转身劈肘攻势迅猛、凶悍。

闪避拳攻时，以能够闪避开对方的拳头即可，并随时发肘狠击。

第八章 咏春格斗踢法绝技

咏春格斗踢法绝技，踢法，即以下肢进行攻防的方法。过去的年代咏春拳对踢时出腿的形式都有明确的称法，腿前之平出为撑，腿之横出侧撑（或踹），横而里之出为踩，偏之出来为拨，如此等等。除去比赛，咏春综合格斗中踢法十分重要，有时甚至起关键作用。腿比上肢长，力量也比上肢强，上可踢头、胸，中可踢腹、腰，下能踢腿、膝。格斗时，腿法既可作为进攻也可作为防守之用。故咏春拳论云："双手封死门，可凭腿打人。"踢法运用得当，能够有效地化解对方攻击，打击对方。武林中虽有"南拳北腿"的说法，其实，南北武术都注重发挥腿踢的作用，只是由于南北地理环境的不同，踢的方式方法或名称不同而已。

踢法的技法性很强，从内而言，要有进攻意识；就外而言，发腿要迅速有力，收腿要灵活敏捷，踢时要注意全身各部位的配合，手、眼、身、步要高度协调。

咏春综合格斗的踢法有数种，以前撑、侧撑、后撑、环形、拨脚等为主，又有里合、外挂、扫腿等，还可结合腾空跃跳做出飞脚、连环脚、箭腿以及各种转体踢法等。如果是综合格斗中，多种踢法并用，往往令对方挡不胜挡。

第一节　格斗撑腿绝技

撑腿是咏春拳中常用的腿法之一。属中路腿法，但综合格斗中可随时随势变化高度攻击目标。这种腿法，可直接出脚，也可以同拳、掌配合使用，或在败势中起腿猛撑蹬。故撑腿与传统武术中的蹬腿有着相似之妙。撑腿，除了向前出脚撑踢，也可以侧撑或后撑踢。

一、扰手消腿—前撑腰肋

扰手消腿。甲方与乙方迂回对峙中，乙方挥动着前手（图8-1-1），突然起左脚前踢甲方中路；甲方迅速用两手成扰手扰压消挡乙方左腿（图8-1-2）。

前撑腰肋。乙方起腿被消挡欲落脚收腿；甲方迅速起左脚（图8–1–3），猝然发力向前撑踢乙方腰腹或软肋部，使乙方遭到踢击后退（图8–1–4）。

扰手消挡及时、有力。起腿前撑踢突然、准狠。

前撑腿踢击，如果是在咏春综合格斗中可对腰腹或软肋狠踢。

图8–1–1

图8–1–2

图8–1–3

图8–1–4

二、膀手消拳—侧撑腰肋

膀手消拳。甲方前伸左脚试探乙方反应，乙方警戒（图8–1–5），并突发左手击向甲方头部；甲方迅速提脚后闪同时旋出左手成膀手消卸乙方左拳臂（图8–1–6）。

侧撑腰肋。乙方出拳落空收手时，甲方乘机左脚成侧撑腿猛侧撑踢乙方腰肋（图8–1–7），使乙方遭到重击后退（图8–1–8）。

提脚后闪、膀手消卸及时、有力。侧撑踢准确、突然。

侧撑腿可突然袭击重踢对方腰肋部位，达到挫伤对方的目的。

图8-1-5

图8-1-6

图8-1-7

图8-1-8

三、撤脚拍腿—侧撑腰腹

撤脚拍腿。甲方与乙方互相靠近，甲方抬手防护（图8-1-9）；乙方突然左脚弹踢向甲方中路，甲方迅速用左手成拍手拍挡乙方左腿脚（图8-1-10）。

图8-1-9

图8-1-10

侧撑腰腹。乙方起腿被拍挡落脚收腿时，甲方紧跟提膝（图8-1-11），用左脚猛猝然发力侧撑踢乙方腰腹部，使乙方遭到重创（图8-1-12）。

撤脚、拍手拍挡及时、快速。侧撑突然、迅猛，身手配合撑腿上下协调。

综合打斗中，侧撑踢动作就要狠击，达到重创击效。

图8-1-11

图8-1-12

四、荡手引诱—前撑踢胸

荡手引诱。甲方与乙方迂回对峙中（图8-1-13），甲方左手荡出迫使乙方反应，乙方惊慌欲欲上抬前手防护，甲方随即回收右手（图8-1-14）。

图8-1-13

图8-1-14

前撑踢胸。甲方紧跟以左脚支撑，两手防护，上提右腿膝（图8-1-15），突然前撑踢乙方胸部，乙方被踢胸部疼痛后退（图8-1-16）。

荡手直接、突然。前撑踢中路以上时要及时稳固身体重心，两手随势配合动作。

前撑踢胸部时，一提膝即刻前撑踢出，撑踢凶狠、快速。

图8-1-15

图8-1-16

五、双摊两臂—攋手撑腹

双摊两臂。甲方保持警戒时，乙方突然前伸两手扑向甲方（图8-1-17）；甲方迅速上抬两手成双摊手由内向外摊挡乙方两手臂（图8-1-18）。

图8-1-17

图8-1-18

攋手撑腹。甲方乘机两手翻转攋抓住乙方两手臂，起右脚向前猛发力撑踢乙方腹部（图8-1-19），乙方被击产生腹痛后退（图8-1-20）。

双摊手摊挡及时、有力，攋抓牢固，攋抓与前撑踢上下同时动作。

双摊手，是小念头中基本的防御手法。攋手与撑踢同时动作可增加撑踢重创对方的威力。

六、膀手消拳—前撑胸腹

膀手消拳。乙方突发左横贯甲方头部，甲方迅速右侧闪避（图8-1-21）；乙方又发右拳，甲方乘机旋出左手成膀手消挡乙方右拳臂（图8-1-22）。

前撑胸腹。乙方出拳被阻，准备收拳时；甲方左脚稳固身体重心同时起右脚猛前撑蹬

图8-1-19

图8-1-20

乙方胸部或腹部（图8-1-23），将乙方撑踢后退（图8-1-24）。

膀手消拳及时，起腿踢击要稳定自身重心，快速发腿猛撑踢目标。

膀手要对付不同方向的拳攻，以腿撑蹬要迅速狠击。

图8-1-21

图8-1-22

图8-1-23

图8-1-24

七、冲捶诱击—铲捶贯耳—前撑踢胸

冲捶铲捶。甲方抢先突发右冲捶诱击乙方，乙方迅速前伸左拳臂欲挡甲方右臂（图8-1-25）；甲方乘机挥出左铲捶横贯乙方右侧耳部（图8-1-26）。

前撑踢胸。乙方遭到攻击踉跄中；甲方紧跟迅速上抬右脚猛前撑蹬向乙方胸部（图8-1-27），将乙方蹬踢后退（图8-1-28）。

图8-1-25

图8-1-26

图8-1-27

图8-1-28

冲捶突然，铲捶迅猛。前撑控制好自身平衡，直接出腿攻击。

冲捶诱击使用时，可直接或诱击出拳。前撑踢要凶狠。

八、拨臂挡拳—前撑踢胸

拨臂挡拳。甲方与乙方互相逼近，甲方前伸左掌或拳试探乙方反应（图8-1-29）；乙方突发左拳直击向甲方面门，甲方迅速以左手成拨肘手以肘拨挡或拍挡乙方左拳腕（图8-1-30）。

前撑踢胸。甲方紧跟在乙方拳力刚过同时，上提左脚（图8–1–31），猛将左脚前撑踢向乙方胸部，乙方遭到踢击后退（图8–1–32）。

拨肘手拨挡及时、干脆。前撑中路或上路目标稳固支撑，发腿迅猛。

拨肘手仅发小巧的拨挡达到防守效果即可，前撑蹬稍高目标时全力发腿狠击。

图8–1–29

图8–1–30

图8–1–31

图8–1–32

九、膀手消腿—侧撑踢肋

膀手消腿。甲方欲向乙方靠近时，乙方突发动攻势（图8–1–33），起右腿侧踹甲方中或下路，甲方迅速以右膀手消卸乙方右腿攻势（图8–1–34）。

侧撑踢肋。乙方起腿被消卸落脚时，甲方乘机起右腿（图8–1–35），猛发力侧撑踢乙方腰肋部，重创乙方（图8–1–36）。

膀手消卸及时、有力。侧撑踢击迅猛、凶狠。

膀手消卸腿攻要注意接触力度，侧撑踢攻击直接，踢击要重创。

图 8-1-33

图 8-1-34

图 8-1-35

图 8-1-36

十、弹踢肘臂—前撑踢胸

弹踢肘臂。甲方向乙方逼近并前伸左脚试探，乙方眼睛往下盯并防护（图 8-1-37）；甲方突起右脚弹踢乙方前伸的左肘臂，乙方被踢疼痛下落手臂（图 8-1-38）。

图 8-1-37

图 8-1-38

前撑踢胸。未等乙方动作，甲方紧跟右脚上抬变势（图8-1-39），随即右脚向前撑蹬乙方胸部，乙方被击后退（图8-1-40）。

弹踢突然、准狠。前撑踢迅猛，腿法变势灵活、协调。

在综合打斗中，可以弹踢对方的腕、肘或臂，重创对方。

图8-1-39

图8-1-40

十一、荡手引诱—侧撑击腹

荡手引诱。甲方与乙方纠缠中，乙方逼近瞬间，甲方突荡起右手（图8-1-41）；乙方惊慌挥防护，甲方紧跟身体前俯（图8-1-42）。

图8-1-41

图8-1-42

侧撑击腹。甲方乘机左脚猛地侧撑踹乙方腹部或胸部（图8-1-43），将乙方撑踢倒地（图8-1-44）。

荡手引诱直接、突然。身法变换随即发腿侧撑踹动作准确、凶狠。

咏春综合格斗中，不同的手法配合踢法都是为了寻机狠击达到重创击效。

图8-1-43　　图8-1-44

第二节　格斗踹腿绝技

踹腿，相比撑腿动作迅猛，幅度稍大些。这类腿法左、右脚均可运用，并可形成高、低踢法。踹腿也是咏春格斗中运用较多的腿法之一。运动此类腿法发腿快速有力，一发即收，与各走马配合时更显得诡秘多变，令人防不胜防。

一、迂回纠缠—侧踹抢攻

迂回纠缠。甲方与乙方迂回纠缠中，甲方挥起前手引诱乙方（图8-2-1）；乙方警觉，两手防护（图8-2-2）。

侧踹抢攻。甲方突然进马发左脚侧踹乙方腰肋或腰胯部（图8-2-3），乙方遭到踹踢向前踉跄跌倒中（图8-2-4）。

挥手引诱直接、突然。侧踹抢攻快速、踢击犀利。

踹踢抢攻，要及时、抢先迅猛动作。

二、侧踹踢腹—侧踹阻击

侧踹踢腹。乙方抢先发出左手荡击向甲方上路，甲方迅速向后闪避（图8-2-5）；乙方上步横挥右拳，甲方紧跟移马稳固重心突发左脚侧踹乙方腹部（图8-2-6）。

图8-2-1

图8-2-2

图8-2-3

图8-2-4

侧踹阻击。乙方遭到阻击欲再还击；甲方动作不停，随即左脚再起向上侧踹乙方胸部（图8-2-7），阻击乙方攻势，使乙方被踹后退（图8-2-8）。

侧踹及时、有力，身体配合踹踢协调动作。

咏春格斗中，侧踹阻击动作要凶悍、迅猛，击踢重创。

图8-2-5

图8-2-6

图 8-2-7

图 8-2-8

三、下潜躲腿—侧踹踢肋

下潜躲腿。乙方突起左腿横扫甲方上路，甲方迅速下潜躲避乙方右腿脚（图 8-2-9），紧接左转腰马移位（图 8-2-10）。

图 8-2-9

图 8-2-10

侧踹踢肋。乙方起腿落空收脚瞬间，甲方移马至乙方身后（图 8-2-11），突起右脚猛侧踢乙方软肋或腰部，重创乙方（图 8-2-12）。

下潜及时，移位灵活、快速，起腿侧踹猛狠，身法配合上下协调。

移动发侧踹腿猛击，要身体整体配合促腿发力。

四、肩阻腿攻—侧踹踢胸

肩阻腿攻。甲方与乙方迂回对峙中（图 8-2-13），乙方突起左腿扫踢向甲方上路，甲方迅速以右肩臂阻截乙方左腿脚攻势（图 8-2-14）。

侧踹踢胸。乙方出腿被阻截下落腿脚时，甲方乘机起腿（图 8-2-15），用右脚猛侧踹

图8-2-11

图8-2-12

乙方胸部，乙方遭到踹踢受挫后退（图8-2-16）。

肩阻及时、有力。侧踹迅猛、突然，同时稳定自身重心。

肩阻截对方的腿脚，肩臂抗打注意力度，起腿侧踹狠击重创。

图8-2-13

图8-2-14

图8-2-15

图8-2-16

五、后闪避拳—侧踹腰胯

后闪避拳。甲方与乙方对峙时（图8–2–17），乙方突然进身摆出右拳挥打甲方，甲方迅速后闪避开乙方右拳（图8–2–18）。

侧踹腰胯。乙方挥出拳后刚转身，甲方同时稳定自身重心起左脚（图8–2–19），用左脚猛侧踹乙方腰胯部，使乙方被踹跌倒（图8–2–20）。

图8–2–17

图8–2–18

图8–2–19

图8–2–20

后闪及时、灵活。侧踹随起脚同时即可发腿踢击，动作协调、迅猛。

侧踢腰胯，以身体整体配合劲力发腿脚踹踢会重创伤及腰胯。

六、拨脚踹腿—侧踹踢腹

拨脚踹腿。甲方与乙方迂回对峙中（图8–2–21），甲方突起右脚内拨向前踹踏乙方前伸的左小腿部（图8–2–22）。

侧踹踢腹。甲方被击欲后撤腿脚，甲方迅速前落右脚，起左脚（图8–2–23），猛侧踹乙方腹部，乙方被踹腹疼痛后退（图8-2-24）。

拨脚踏踹及时、突然、准确。变换移位侧踹快速。

拨脚是咏春低腿法，多用于重创小腿胫为攻击目标。

图8-2-21

图8-2-22

图8-2-23

图8-2-24

七、拨脚铲腿—侧踹击胸

拨脚铲腿。甲方与乙方互相逼近中（图8-2-25），甲方突起右脚外拨铲击乙方前伸的左小腿胫部，乙方惊慌受击（图8-2-26）。

侧踹击胸。乙方被铲踢腿胫后闪时，甲方乘机起右脚（图8-2-27），以右脚猛发力侧踹乙方腹部，乙方遭到踹踢向后跌倒（图8-2-28）。

拨脚铲踢及时、准狠。侧踹踢上路控制自身平衡，迅猛起腿攻击。

拨脚可向内或向外拨踢，为下路暗腿踢法。

图8-2-25

图8-2-26

图8-2-27

图8-2-28

八、拨肘挡腿—侧踹踢腰

拨肘挡腿。甲方向乙方靠近时，乙方警觉（图8-2-29），并突然转身背对甲方起右腿摆扫甲方上路，甲方迅速用左肘成拨肘手以肘拨挡乙方右腿，消解乙方攻势（图8-2-30）。

图8-2-29

图8-2-30

侧踹踢腰。乙方出腿被挡落脚时，甲方进马转身拧腰起左脚猛侧踹乙方腰部（图8-2-31），使乙方被重创前跌（图8-2-32）。

拨肘手拨挡及时、有力。侧踹随移马向前迅猛动作。

拨肘手拨挡消解腿攻注意接触力度，侧踹踢腰部多会造成重伤。

图8-2-31

图8-2-32

九、拍臂消拳—侧踹踢膝

拍臂消拳。甲方与乙方互相逼近中（图8-2-33），乙方突然挥出左拳横贯向甲方头部，甲方迅速用左手拍挡乙方左肘臂，消解其拳攻（图8-2-34）。

图8-2-33

图8-2-34

侧踹踢膝。乙方出拳被消解收手扑向甲方，甲方紧跟起右脚侧踹踢乙方右膝内侧（图8-2-35），乙方被击失去平衡跌倒于地（图8-2-36）。

拍手拍挡及时、有力。侧踹踢击准确、凶狠。

侧踹膝部可造成重伤或致残，打斗中注意此类腿法。

图 8-2-35

图 8-2-36

十、侧踹突袭—侧踹击腿

侧踹突袭。甲方抢先发动攻势，突起右脚侧踹向乙方中路，乙方及时后缩退闪（图8-2-37）；甲方紧跟落脚调整桩马（图8-2-38）。

图 8-2-37

图 8-2-38

侧踹击腿。甲方紧跟在乙方刚站稳同时，起右脚穿入乙方内门直踹踢其大腿内侧或裆部（图8-2-39），乙方被踹踢站立不稳后退（图8-2-40）。

侧踹无论踢中与否，都要及时准备下一动作，或踢或打。

侧踹有时在可能的情况下打击不同角度的目标可重挫对方。

十一、膀手消腿—侧踹击腹

膀手消腿。甲方与乙方对峙中，乙方突起左腿扫踢向甲方（图8-2-41），甲方迅速上旋右手成膀手旋挡乙方左腿脚，迫使乙方起腿被消解（图8-2-42）。

侧踹击腹。乙方起腿被消解顺势落脚时，甲方乘机调整身势（图8-2-43），突起左脚

图 8-2-39

图 8-2-40

猛侧踹乙方腹部，将乙方踹踢后倒跌（图8-2-44）。

膀手消解及时、有力。侧踹随身势调整整体合力发腿动作。

膀手防御腿攻注意接触力度，侧踹随势狠击。

图 8-2-41

图 8-2-42

图 8-2-43

图 8-2-44

十二、里合击头—侧踹踢腹

里合击头。甲方迅速向乙方靠近（图8–2–45），并突起右脚向上扬起里合击踢乙方头部，乙方迅速后闪避腿击（图8–2–46）。

侧踹踢腹。甲方随即右脚点地（图8–2–47），在乙方欲向前靠近同时起右脚向前猛侧踹其腹部，乙方遭到踹踢受挫后退（图8–2–48）。

图8–2–45

图8–2–46

图8–2–47

图8–2–48

里合踢击突然，落脚变换腿法及时、快速，踢击动作迅猛。

里合踢击上路是否击中，都要随势变换下一踢法狠狠攻击。

十三、左右冲捶—侧踹踢腹

左右冲捶。甲方突发左冲捶直捣乙方胸部，乙方迅速左侧闪避（图8–2–49）；甲方再发右冲捶直捣乙方面门，乙方紧跟晃身躲开（图8–2–50）。

侧踹踢腹。甲方乘乙方晃身瞬间突起右脚猛侧踹其腹部（图8–2–51），将乙方重创后退倒跌（图8-2-52）。

左右冲捶直接、快速。侧踹迅速、有力，身法配合协调动作。

左右冲捶无论击中与否，都要随势变换下一招准狠踢击。

图8-2-49

图8-2-50

图8-2-51

图8-2-52

十四、拍挡腿脚—捞腿踹膝

拍挡腿脚。甲方欲向乙方靠近时，乙方同时向前移动（图8-2-53），并突起左脚扫踢向甲方腰部，甲方迅速用两手成拍手拍挡乙方左腿脚（图8-2-54）。

捞腿踹膝。甲方未等乙方落腿收脚，紧跟两手成捞手抄抱住乙方左腿，同时提左膝（图8-2-55），左脚成侧踹猛踹跺乙方支撑右腿膝关节（图8-2-56）。

两手拍挡及时、有力。捞腿抄抱牢固，踹踢突然、准狠。

手法配合侧踹上下快速消打，踹膝可造成重创。

图8-2-53

图8-2-54

图8-2-55

图8-2-56

十五、下潜避攻—伏地踹腹

下潜避攻。甲方与乙方对峙中，乙方前伸右手向前逼近甲方（图8-2-57），乙方突荡出右手攻击甲方面门，甲方迅速下潜避闪乙方攻击（图8-2-58）。

图8-2-57

图8-2-58

伏地踹腹。乙方欲收手，甲方立即伏地用右脚成侧踹猛踹踢乙方腹部（图8-2-59），乙方遭到踹踢疼痛后退（图8-2-60）。

下潜及时、灵活。伏地快速，侧踹突然、准确、凶狠。

咏春综合打斗中，伏地实施踢法侧踢腹部为目标，通常都可造成重伤。

图8-2-59

图8-2-60

十六、拍手消拳—攦手踹肋

拍手消拳。甲方与乙方迂回对峙中，乙方抢先发出右拳击向甲方面门（图8-2-61）；甲方迅速以左手成拍手拍挡乙方右拳臂，挡消乙方右拳（图8-2-62）。

图8-2-61

图8-2-62

攦手踹肋。未等乙方收手，甲方身体左转同时用右手成攦手攦抓住乙方右腕并用力回拉，同时右脚猛猝然发力侧踢乙方软肋部（图8-2-63），重创乙方（图8-2-64）。

拍手消挡及时，攦手与踹踢同时动作，身法整体配合发力。

攦手配合侧踹，手脚要同时动作可使对方被重踢挫伤。

图 8-2-63

图 8-2-64

十七、提膝踩腿—侧踹面喉

提膝踩腿。甲方欲向乙方靠近时，乙方突起左脚前踢甲方（图8-2-65）；甲方迅速上提右脚用右脚踩踏乙方左小腿胫骨部（图8-2-66）。

图 8-2-65

图 8-2-66

侧踹面喉。趁乙方被踩踏身体前俯之际，甲方身体稍侧倾展右髋，用右脚猛发力侧踹乙方面或喉部（图8-2-67），乙方遭到重创（图8-2-68）。

提膝踩踏准确、及时。侧踹上路注意适当展髋促腿发力。

提膝踩踏阻击，即可顺势上扬腿脚侧踹上路要害目标达到重创攻击。

十八、捣面踹膝—侧踹击头

捣面踹膝。甲方抢先发动攻势，突发右冲捶直捣乙方面门，迫使乙方上抬前手格挡（图8-2-69）；甲方将乙方注意力引上时，突发低侧踹腿攻击乙方前伸的腿膝关节（图8-2-70）。

图 8-2-67

图 8-2-68

侧踹击头。乙方被击疼痛，下落前手时，甲方攻势不停，随即稳定身体重心（图8-2-71），上扬右脚猛侧踹乙方面门或头部（图8-2-72）。

冲捶突然、直接。踹膝再上扬腿脚踹击稳固身体重心，及时发腿连击。

侧踹上路较高的目标，需要极好的身体柔韧、力量、平衡素质。

图 8-2-69

图 8-2-70

图 8-2-71

图 8-2-72

十九、后闪避拳—扫头踹胸

后闪避拳。甲方与乙方互相逼近中（图8-2-73），乙方挥出右拳击打甲方头部，甲方迅速后闪避乙方拳攻，同时稳定身体重心（图8-2-74）。

扫头踹胸。乙方出拳落空瞬间，甲方突然发左腿脚扫踢乙方头部，乙方起手防格时（图8-2-75），甲方落左脚，拧转腰马发右脚猛侧踹乙方胸或腹部（图8-2-76）。

图8-2-73

图8-2-74

图8-2-75

图8-2-76

后闪及时、灵活。发左、右上路踢击时，预先稳定自身平衡，随时起腿动作。

扫踢、侧踢对付上路的要害目标攻击，需较好的腿功达成。

二十、左右连踹

左脚踹腹。乙方向甲方前扑瞬间，甲方警觉同时起左脚（图8-2-77），用左脚发力猛踹乙方腹部，使乙方遭到踹踢踉跄中（图8-2-78）。

右脚踹腹。甲方动作不停，左脚一击出无论效果如何，击完之后迅速收腿并向左拧转腰胯，再发右脚猛侧踹乙方腹部（图8–2–79），乙方被重创（图8–2–80）。

左、右发脚侧踹，动作要连贯快速、一气呵成。

咏春综合打斗中，左、右脚侧踹可重创对方。

图8–2–77

图8–2–78

图8–2–79

图8–2–80

二十一、前撑蹬腹—侧踹腹头

前撑蹬腹。乙方挥动拳头向甲方扑过去，甲方迅速提左膝成前撑脚向前猛撑蹬乙方腹部（图8–2–81），撑蹬后左腿回落时，乙方又向前扑，甲方则用右脚猛侧踹乙方腹部阻截（图8–2–82）。

侧踹头面。乙方被击后一时发呆瞬间，甲方随势快速上提右膝（图8–2–83），右脚成侧踹猛踹乙方上路头面部，重创乙方（图8–2–84）。

前撑蹬踢突然、有力，侧踹中、上路身体重心平衡及时控制以利腿法快速动作。

踢法阻截要准狠地踢击，在打斗中重创对方。

图8-2-81

图8-2-82

图8-2-83

图8-2-84

二十二、侧踹追击

踹膝踹腹。乙方挥动双手向甲方靠近，甲方突起前伸的右脚侧踹乙方前伸的左腿膝关节或膝关节内侧（图8-2-85），趁乙方注意力分散时，收膝进马一步，身体稍侧倾以中路侧踹再踹击乙方腹部（图8-2-86）。

图8-2-85

图8-2-86

腾空踹头。甲方趁乙方被击脚下步法散乱之际（图8-2-87），迅速收脚腾空跃起，空中迅速将脚踹出，重击乙方头部（图8-2-88）。

侧踹下、中、上三路动作要连环快速、一气呵成，迅猛出脚。

不同高低侧踹连环踢击形成追击打法，要准狠地重击造成对方被重挫。

图8-2-87

图8-2-88

第三节　格斗扫腿绝技

扫腿，即发腿时以转腰甩髋发力于腿扫踢的腿法。但在咏春中扫腿类踢法不需要太大幅度路线动作和大开大合的转腰甩髋，仅以出腿脚能及时扫踢即可。这类腿法击打效果较佳，加上出腿脚时有侧弹的灵活性，因此在咏春综合打斗中或擂台上也是常用的腿法。

一、侧踹踢腹—扫腿击肋

侧踹踢腹。甲方向乙方靠近同时突起左脚侧踹其腹部（图8-3-1），乙方遭到踢击后退；甲方紧跟前落左脚（图8-3-2）。

扫腿击肋。乙方被击后退愣神瞬间，甲方重心突然前移起右腿扫踢向乙方腹肋部（图8-3-3），乙方被扫踢疼痛晃动两手后退（图8-3-4）。

侧踹突然、直接。扫腿随身体整体配合劲力发腿脚扫踢动作。

扫腿攻击以腹肋为目标，如蛇般弹性狠击可造成重创击效。

二、拍手挡腿—扫腿扫膝

拍手挡腿。甲方欲向乙方靠近时，乙方突起左脚（图8-3-5）；甲方迅速后闪同时用左手拍挡乙方左腿脚，消解乙方腿攻（图8-3-6）。

图8-3-1

图8-3-2

图8-3-3

图8-3-4

扫腿扫膝。甲方趁乙方落腿之际，立即起右脚成扫腿扫踢乙方左腿膝弯处（图8-3-7），乙方躲闪不及被扫踢倒地中（图8-3-8）。

拍手拍压及时，注意接触力度。扫腿扫击突然、直接、有力。

扫腿扫踢膝弯目标时，如鹤出脚掌击蛇要害般犀利狠击。

图8-3-5

图8-3-6

图8-3-7

图8-3-8

三、后闪避拳—扫腿击肋

后闪避拳。甲方与乙方对峙中（图8-3-9），乙方突发右拳直击向甲方头部，甲方迅速上身后闪避躲乙方拳攻（图8-3-10）。

图8-3-9

图8-3-10

扫腿击肋。乙方出拳击空欲收手时，甲方同时以左扫腿猛扫踢乙方肋腰部（图8-3-11），将乙方扫中倒跌于地（图8-3-12）。

后闪避及时、灵活。扫腿扫踢动作直接、干脆、有力。

在对方击空收手同时令其变势不及实施扫踢可重创对方。

四、避腿扫腹—下潜扫腰

避腿扫腹。乙方突起右腿欲扫踢向甲方，甲方迅速撤脚闪避（图8-3-13），同时乘机起右腿扫踢乙方腹部，使乙方被击俯身（图8-3-14）。

下潜扫腰。乙方紧跟挥出左拳横贯甲方头部，甲方下潜躲避（图8-3-15），待乙方挥

图8-3-11

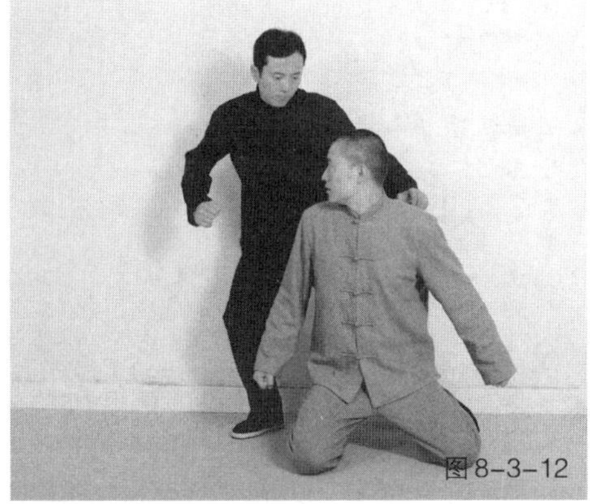
图8-3-12

拳一过头立即撑身而起，右扫腿猛扫抽乙方腰背或腹肋部（图8-3-16）。

闪避及时、扫腿突然。下潜灵活、机动，撑身起腿扫踢迅猛。

直接的扫腿动作要及时狠击，再撑身扫腿时同样弹性抽扫。

图8-3-13

图8-3-14

图8-3-15

图8-3-16

五、后闪避拳—膀臂扫肋

后闪避拳。甲方与乙方迂回对峙中，乙方突发左拳直捣向甲方面门，甲方及时后闪避（图8-3-17），同时保持警戒注视乙方动作变化；乙方随即转身抡出右拳（图8-3-18）。

膀臂扫肋。乙方紧跟转身右抡拳击向甲方头部，甲方迅速以右膀手消卸乙方左拳臂（图8-3-19），随即起右腿猛扫抽乙方右肋部（图8-3-20）。

图8-3-17

图8-3-18

图8-3-19

图8-3-20

后闪及时、灵活。膀手消卸拳攻有力，扫肋弹性出击腿脚。

扫腿扫踢肋为目标，准狠弹抽可造成重创。

六、拍腿踹腰—扫踢腹肋

拍腿踹腰。甲方欲向乙方靠近时，乙方突起右脚侧踹甲方胸腹部；甲方迅速用右拍手拍挡乙方右腿脚（图8-3-21），趁乙方收腿之机进马转腰起左脚侧踹其腰肋部（图8-3-22）。

扫踢腹肋。乙方被击欲调整姿势，甲方紧跟落左脚，起右脚（图8–3–23），用右腿脚猛扫抽乙方腹肋部，使乙方被重创（图8–3–24）。

拍手拍挡注意力度，侧踹变换扫腿动作迅猛、灵活、协调。

咏春综合格斗中，用左、右不同的腿脚多为狠击攻势。

图8–3–21

图8–3–22

图8–3–23

图8–3–24

七、双拍挡腿—扫腿击腹

双拍挡腿。甲方与乙方迂回对峙中（图8–3–25），乙方突起左腿脚侧踹甲方中路，甲方迅速用两手成拍手拍挡乙方左腿脚，挡消乙方腿攻（图8–3–26）。

扫腿击腹。甲方趁乙方落脚之机紧跟稳定重心（图8–3–27），起腿猛扫抽乙方腹部，乙方被扫抽疼痛后跌倒地（图8–3–28）。

双手成拍手拍挡及时、有力。扫腿弹性抽击。

双手拍挡对方攻腿注意用力角度，扫踢如弹性抽击。

图 8-3-25

图 8-3-26

图 8-3-27

图 8-3-28

八、搭手消拳—扫腿抽肋

搭手消拳。甲方与乙方纠缠中，乙方挥出右拳击向甲方面门，甲方迅速用右搭手搭挡乙方右拳臂（图8-3-29），紧跟稳定身体重心变换姿势（图8-3-30）。

图 8-3-29

图 8-3-30

扫腿抽肋。随即甲方起左脚（图8–3–31），以身体整合劲力猛扫抽乙方右肋部，使乙方遭到腿击疼痛后退（图8–3–32）。

搭手似柔又刚形成消挡，扫腿扫抽击直接、快速。

搭手在用于防御消解时，要以柔至刚。扫腿扫抽即狠击重创。

图8–3–31

图8–3–32

九、踏跳避腿—扫腿击腹

踏跳避腿。甲方与乙方迂回纠缠中，乙方晃动右脚勾踢向甲方下路（图8–3–33），甲方迅速踏跳闪避乙方腿脚（图8–3–34）。

图8–3–33

图8–3–34

扫腿击腹。甲方紧跟两脚稳定身体重心，待乙方腿力刚过同时落左脚，起右脚猛扫抽击其腹部（图8–3–35），将乙方扫踢疼痛俯身后退（图8–3–36）。

踏跳避闪及时、灵活。扫腿要发力促动腿弹性抽击。

咏春综合打斗中，对付勾踢腿脚的腿法踏跳闪避不拘泥于固定的招数，随势变换。

图 8-3-35

图 8-3-36

十、引手扫膝—扫腿抽头

引手扫膝。甲方前伸左手成引手引诱乙方动作，乙方上抬两手防护（图8-3-37）；甲方随即身体后闪发左脚扫踢乙方前伸的右腿膝弯部（图8-3-38）。

图 8-3-37

图 8-3-38

扫腿抽头。趁乙方被扫踢闪神之际，甲方随即向右拧腰起跳，转腰带腿（图8-3-39），右扫腿扫抽击向乙方头部（图8-3-40）。

引手突然、直接，扫膝快速、准狠。扫抽上路身法配合协调做动作。

扫抽踢膝关节多数可重创目标，扫抽头面同样可造成伤害。

十一、膀消腿脚—扫胸扫膝

膀消腿脚。甲方欲向乙方靠近并前伸前脚试探（图8-3-41），乙方突起右脚扫踢向甲方中路，甲方迅速用左膀手消卸乙方腿脚（图8-3-42）。

扫胸扫膝。乙方起脚被消解落地收脚同时，甲方起右脚猛扫抽乙方胸腹部（图8-3-

图 8-3-39

图 8-3-40

43)，趁乙方被踢反应之机，甲方落右脚，起左脚再扫抽乙方前伸的右腿膝弯部（图8-3-44)。

膀手消卸及时、有力。扫中、上路或下路连击扫抽快速、凶悍。

咏春综合打斗中，消解与左右扫腿抽击凶狠重创，如鹤起脚击蛇七寸般。

图 8-3-41

图 8-3-42

图 8-3-43

图 8-3-44

十二、膀腿扫背—扫腿抽头

膀腿扫背。乙方突起左腿侧踹向甲方腰部时，甲方迅速用左膀手膀卸乙方左腿脚（图8–3–45），迫使乙方起落空时，乙方落腿收脚同时，甲方起右脚猛扫踢乙方背部（图8–3–46）。

扫腿抽头。乙方被击踉跄晃身，甲方紧跟落右脚（图8–3–47），身体同时向右拧转，再起左脚扫抽向乙方头部（图8–3–48）。

图8–3–45

图8–3–46

图8–3–47

图8–3–48

膀手消卸及时、有力，扫踢上路迅猛。换腿扫抽踢打上路猛狠。

左、右扫腿均可弹性发力猛扫抽，增强腿击的威力。

十三、左右扫腿—撑腹扫头

左右扫腿。乙方挥动拳头攻向甲方头部时，甲方迅速起左腿同时扫踢乙方腰胯部（图8–3–49），紧跟在乙方收拳同时落左脚，起右脚扫抽乙方腹肋部（图8–3–50）。

撑腹扫头。乙方遭到扫踢欲防护；甲方攻势不停，随即左撑脚前撑蹬乙方腹部（图8–3–

51），乙方起右脚欲还击，甲方突然转髋扬身，用左脚向上扫抽乙方头部或颈部（图8-3-52）。

左、右扫腿直接、利落。前撑脚准狠、扫踢上路控制自身平衡快速扫抽。

咏春综合格斗中，互相出招交碰，无论击中与否，或受打击，均要按自己意图连环出招。

图8-3-49

图8-3-50

图8-3-51

图8-3-52

第四节　格斗点腿绝技

点腿，在咏春中是指运用脚前掌或脚尖为攻击点踢的腿法。这类腿法因为点踢脚的接触面积相对较小，对击打压强相应会增加，在同样的击打力度下，对对方造成的伤害程度要更大一些。

一、点腿阻攻—点腿击喉

点腿阻攻。乙方抢先发动攻势，挥动双手扑向甲方（图8-4-1），甲方迎击上去，用前点腿点踢乙方心窝处，阻击乙方前扑（图8–4–2）。

点腿击喉。乙方遭到点踢呆愣瞬间，甲方迅速调整身势（图8–4–3），突起右脚再由下向上猝然发力点踢乙方咽喉，使乙方受到重创（图8–4–4）。

点腿直接、突然，点踢上路稳定自身平衡以利起腿踢击。

点腿阻击攻势不需太大力度，点踢要害，均可造成重创。

图8–4–1

图8–4–2

图8–4–3

图8–4–4

二、拦手挡拳—点踢咽喉

拦手消拳。甲方向乙方靠近时，乙方突发右拳直击向甲方面门（图8–4–5）；甲方迅速上抬两手成铰剪手拦挡乙方右拳腕（图8–4–6）。

点踢咽喉。乙方出拳被拦消解欲收手，甲方乘机突起右脚向上点踢乙方咽喉部（图8–4–7），使乙方遭到重创后退（图8–4–8）。

铰剪手法拦挡及时、准确。点踢上路突然、凶狠。

铰剪手是小念头中就出现的手法，在综合格斗中均可灵活运用。

图 8-4-5

图 8-4-6

图 8-4-7

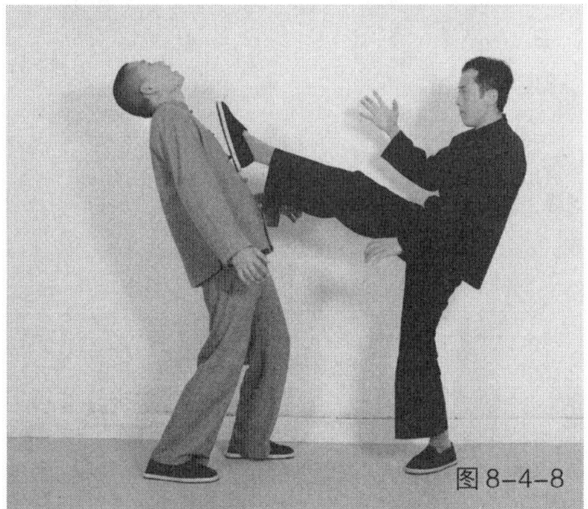
图 8-4-8

三、侧闪避拳—点腿踢裆

侧闪避拳。甲方向乙方靠近同时，乙方抢发出右拳挥打向甲方头部（图8-4-9），甲方及时向外侧闪避乙方拳攻（图8-4-10）。

图 8-4-9

图 8-4-10

点腿踢裆。当乙方右拳滑过同时，不待乙方收手，甲方突发右脚点踢乙方裆或下腹部（图8-4-11），乙方被击要害疼痛后退（图8-4-12）。

侧闪及时、灵活。点腿踢击突然、准狠，弹性出脚。

点踢裆或下腹，准确地狠击均可造成重创或致伤残。

图8-4-11

图8-4-12

四、迂回纠缠—点腿踢腕

迂回纠缠。甲方与乙方迂回对峙纠缠时（图8-4-13），甲方调整身势，同时注意警戒乙方动向（图8-4-14）。

图8-4-13

图8-4-14

点腿踢腕。乙方抢先发出右手攻击甲方上路，甲方立即提膝待乙方手一发出，大腿立即爆发用劲，大腿带动小腿，弹踢而出，猝然发力点踢乙方手腕处（图8-4-15），乙方遭到踢击疼痛收手（图8-4-16）。

迂回对峙注意随时反应，点腿突然、准确，大小腿配合促脚点踢发力。

纠缠中，以点腿击踢腕节准确攻击可造成伤残或重创腕手。

图8-4-15

图8-4-16

五、后闪避腿—点腿点腹

后闪避腿。甲方与乙方迂回对峙中（图8-4-17），乙方突起左脚侧踹踢甲方腹部，甲方迅速后闪避让乙方腿脚，迫使乙方出腿落空（图8-4-18）。

图8-4-17

图8-4-18

点腿点腹。乙方前落脚又迅速发左拳击向甲方，甲方在乙方出拳同时后闪避让（图8-4-19），顺乙方收手之势发左点腿点踢乙方腹部（图8-4-20）。

后闪避让及时、灵活。点腿突然、准确、直接，身与腿配合协调。

点腿点踢对方腹部多为踢点要害，会造成重伤或致命危险。

六、避拳铲腿—点踢腰背

避拳铲腿。乙方抢先发动攻势，向前进身同时突发右拳直击向甲方头部（图8-4-21），甲方迅速后闪同时起右脚铲踢乙方前伸的右小腿胫处（图8-4-22）。

点踢腰背。未待乙方反应，甲方立即落脚向右拧转腰胯，起左脚猛发力点踢乙方腰背

图 8-4-19

图 8-4-20

部（图8-4-23），乙方被踢疼痛前跌（图8-4-24）。

避闪及时、快速，起腿突然、准狠。点踢换腿追击猛狠。

点腿点踢腰背部为目标，此部位有重要穴位和脊柱神经通过，可重创此处。

图 8-4-21

图 8-4-22

图 8-4-23

图 8-4-24

七、侧踹腰肋—点腿踢裆

侧踹腰肋。甲方抢先发动攻势，迅速向前发扑向乙方（图8-4-25），起左腿猛踹乙方腰肋部，使乙方遭到踢击（图8-4-26）。

点腿踢裆。乙方被踢后退换步挥动两手防护（图8-4-27），甲方动作不停，随即身体稍右转，用右点腿由下向上斜弹踢乙方裆部（图8-4-28）。

图8-4-25

图8-4-26

图8-4-27

图8-4-28

侧踹迅猛、准确。点腿踢击突然，身与腿配合上下协调地动作。

打斗中点腿踢裆部或下腹为目标多可重创致伤致残，或伤及生命。

八、迂回纠缠—点腿踢裆

迂回纠缠。甲方与乙方迂回对峙纠缠中（图8-4-29），甲方晃动两手迫使乙方反应，乙方挥拳抬脚逼向甲方（图8-4-30）。

点腿踢裆。乙方突起右脚扫踹向甲方中路，甲方迅速以左膀手消挡乙方右腿脚（图8-

4-31)，同时待乙方腿力刚过之际起左脚突然弹点乙方裆部（图8-4-32）。

迂回纠缠警戒防护。点腿弹性点踢，准确、突然地做动作。

纠缠中用点腿点踢裆部要害，在咏春综合打斗中可重创对方。

图8-4-29

图8-4-30

图8-4-31

图8-4-32

九、拦腿点腿—侧闪点裆

拦腿点腿。乙方突起腿横扫甲方上路，甲方迅速以左手成拦手、右手成拍手拦拍乙方右腿脚（图8-4-33），在乙方出腿被封挡落脚收势时，甲方用右点腿弹点乙方右大腿处（图8-4-34）。

侧闪点裆。乙方紧接又起左腿横扫甲方上路，甲方迅速侧闪避其腿攻（图8-4-35），待乙方腿力一过同时，起右脚点踢乙方裆部（图8-4-36）。

拦手拍手封挡及时、有力，点踢准狠，点踢追击突然。

点腿点踢大腿为目标可重创肌肉疼痛，点踢裆部可致生命危险。

图 8-4-33

图 8-4-34

图 8-4-35

图 8-4-36

十、膀手消腿—点踢膝窝

膀手消腿。甲方摊出右手试探乙方反应，乙方舞动两手警戒（图8-4-37），并突起右脚侧踹向甲方中路，甲方迅速将右手内旋成膀手消挡乙方腿脚（图8-4-38）。

图 8-4-37

图 8-4-38

点踢膝窝。乙方出腿被消挡落脚之际，甲方随即调整身势（图8-4-39），乘机起右脚猝然发力点踢乙方右腿膝窝处，将乙方击跌（图8-4-40）。

膀手消解及时、有力。点踢下路突然、准狠，身法配合出腿协调快速。

点踢膝窝，腿法踢击准确时可形成重挫对手的攻势。

图8-4-39

图8-4-40

第五节　格斗拨脚绝技

拨脚，在标指拳路中为代表性腿法之一。拨脚也可作战术性腿法，手法与其配合形成引上打下，下惊上取，为其他重击拳或重击腿创造有利条件。当然也可以作为直接进攻或阻截腿法使用，只是最高攻击不能超过腹部，否则就不是拨脚了。因此，在标指拳路中演练时就将拨脚与手法上下配合练习。

一、冲捶磕膝—冲捶击头

冲捶捣面。甲方抢先发动攻势，突发左冲捶直捣乙方面门（图8-5-1），乙方遭到拳击慌乱挥动两拳，甲方乘机起左脚成拨脚猝然发力拨磕乙方前伸的右腿膝部（图8-5-2）。

冲捶击头。乙方遭到磕踢提膝发右拳还击（图8-5-3），甲方随即前落脚发右冲捶突击乙方头部，使乙方被重创（图8-5-4）。

冲捶弹性捣击，拨脚直接、准狠磕击，动作短促、有力。

拨脚可像标指拳路中那样，有一短促拨磕环形拨脚动作以增磕踢劲力。

二、拨脚磕腿—踹腹击面

拨脚磕腿。甲方与乙方对峙中，乙方舞动两拳（图8-5-5）；甲方突起右拨脚向前磕踩

图8-5-1

图8-5-2

图8-5-3

图8-5-4

乙方前伸的左小腿胫处（图8-5-6）。

踹腹击面。乙方被磕踢疼痛抬脚挥拳还击，甲方乘机落右脚，起左脚猛侧踹乙方腹肋部阻击其攻势（图8-5-7），右脚一落地，左手成冲捶直击乙方面门（图8-5-8）。

拨脚磕踢突然、准狠。踹踢与身法协调配合，动作迅猛，拳击直接。

拨脚拨磕小腿胫处为目标，多突然磕踢重创此处。此动作如鹤磕踩蛇般。

图8-5-5

图8-5-6

图 8-5-7

图 8-5-8

三、拨脚磕膝—捣面踹面

拨脚磕膝。甲方与乙方对峙时，乙方向甲方靠近（图8-5-9），甲方突然用拨脚向前拨磕乙方前伸的左腿膝处（图8-5-10）。

图 8-5-9

图 8-5-10

捣面踹面。乙方遭到磕踢注意力转下时，甲方紧跟拧转腰马发出右冲捶直捣击乙方面部（图8-5-11），无论击中与否，甲方立即向右拧转腰胯发左脚侧踹乙方面部（图8-5-12）。

拨脚突然、直接、准狠。冲捶快速，拧转腰身配合侧踢协调、灵活。

拨脚直接拨磕踢对方膝腿，力度猛狠可收重挫效果。

四、磕腿踩脚—逆扫头面

磕腿踩脚。甲方前手虚晃一招引诱乙方，同时前出左拨脚猛磕跺乙方前伸的左小腿胫（图8-5-13），乙方遭到磕踢疼痛俯身同时，甲方乘机换右脚向下猛踩乙方脚背（图8-5-

图8-5-11

图8-5-12

14）。

逆扫头面。甲方未等乙方反应，迅速稳定身体重心，起右脚向上向后摆扫踢乙方头面部（图8-5-15），重创乙方（图8-5-16）。

拨脚磕跺及时、下踩猛狠。上路逆扫踢稳定自身平衡，配合发腿高踢。

拨脚、踩脚如鹤磕跺击蛇般动作，为下路暗腿踢法，狠击可重创腿颈或脚背。

图8-5-13

图8-5-14

图8-5-15

图8-5-16

五、提膝避磕—拨脚磕膝

提膝避磕。乙方突起左拨脚磕踩甲方前伸的左小腿处，甲方迅速撤脚（图8–5–17），同时提膝避躲乙方拨脚攻势（图8–5–18）。

拨脚磕膝。甲方动作不停，紧跟顺势由提膝向前下成拨脚猛拨磕乙方前落的左腿膝处（图8–5–19），将乙方重挫疼痛受伤后退（图8–5–20）。

图8–5–17

图8–5–18

图8–5–19

图8–5–20

提膝避闪及时、灵活。拨脚磕踩直接、准狠，腿脚短促发力踢击。

拨脚下路磕踩多为腿胫或膝处，一击目标均可重创。

六、磕腿推面—搭手扫头

磕腿推面。乙方挥出左手掌攻击甲方时，甲方乘机突发后脚拨脚向前猛磕踩乙方前小腿胫（图8–5–21），乙方被磕踢疼痛身体前俯同时，甲方进马发左正掌推击乙方面部（图8–5–22）。

搭手扫头。乙方遭到击打后退并挥出左手，甲方同时前伸左手成搭手黐挡乙方左手臂（图8-5-23），甲方紧跟起左扫腿向上猛扫抽击乙方头部（图8-5-24）。

拨脚磕击突然、准狠，正掌击打直接、有力。搭手及时，扫腿上路动作快速。

拨脚攻击下路，可为上路打击引招，也可配合不同的手法或踢法重创。

图8-5-21

图8-5-22

图8-5-23

图8-5-24

第六节　格斗蹶脚绝技

咏春蹶脚腿法，是一种向身后方向出脚的踢击技法，与咏春其他各种腿法形成不同的角度和方位的立体踢打技巧。这种腿法是以脚掌搓地而起蹶踢目标，动作灵活、小巧而被称为蹶脚，也有称为凿脚的。因中华南北拳术地域差别，名称亦有不同。

一、拨腕挡拳—蹶脚撩裆

拨腕挡拳。甲方与乙方纠缠中，乙方突发右拳击向甲方头部（图8-6-1）；甲方迅速上抬右臂成拨肘手拨挡乙方右腕臂（图8-6-2）。

蹶脚撩裆。甲方趁乙方偏身之势，右脚跟向上翻起，以脚蹋猛向上撩踢乙方裆部或下腹部（图8-6-3），乙方被击反应迟缓后退倒地（图8-6-4）。

拨肘拦挡及时、干脆。蹶脚撩踢突然、准狠。

蹶脚踢击力度比起其他腿法稍弱些，多选取要害为踢打目标，如鹤向后蹶踢蛇般动作。

图8-6-1

图8-6-2

图8-6-3

图8-6-4

二、搭手蹶膝—蹶踢胸腹

搭手蹶膝。乙方抢先发出右手掌击向甲方上路，甲方前伸左手成搭手黐挡乙方左手腕臂（图8-6-5），紧跟身体左转，右脚勾紧成蹶脚以后跟向后猛蹶搓乙方左腿膝关节处（图8-6-6）。

蹶踢胸腹。乙方遭到踢击疼痛俯身同时，甲方动作不停，随即右脚向上蹶踢乙方胸腹部（图8-6-7），使乙方被击后退（图8-6-8）。

搭手至柔至刚，蹶踢低、中路突然、直接，身法配合起脚短促发力踢击。

咏春综合打斗中，蹶踢要害目标可致重创击效，蹶踢如鹤出脚掌蹶击纠缠的蛇般。

图8-6-5

图8-6-6

图8-6-7

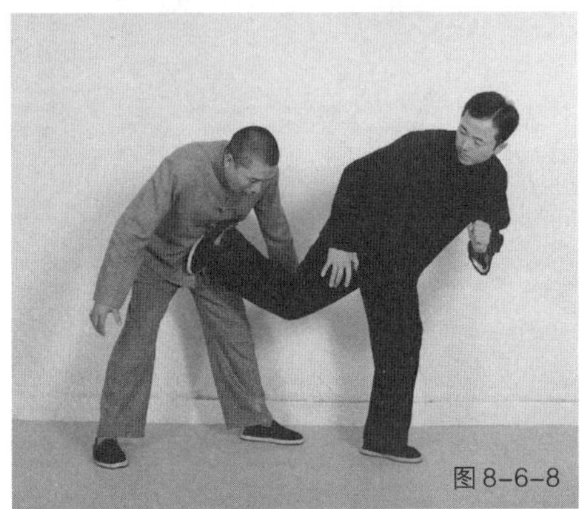
图8-6-8

三、搭手阻拳—磕面蹶肋

搭手阻拳。乙方挥出左手掌击向甲方面门（图8-6-9），甲方迅速稳定桩马用搭手由内向外黐挡乙方左腕，右手成掌撑阻乙方右手，封阻乙方攻势（图8-6-10）。

图8-6-9

图8-6-10

磕面蹶肋。不待乙方收手，甲方立即转腕用右磕肘猛磕撞乙方面门（图8-6-11），趁乙方被击后仰之际，甲方紧跟身体前俯，用右蹶脚猛蹶踢乙方左肋部（图8-6-12）。

搭手撑掌封阻及时、直接。磕肘击撞冷脆，蹶踢突然、有力。

综合打斗中，不同的手法、肘法、腿法配合，上下立体打防。

图8-6-11

图8-6-12

四、撞胸解搂—蹶脚踢裆

撞胸解搂。甲方与乙方纠缠中，乙方突然从后搂夹住甲方颈部（图8-6-13），甲方未待乙方夹紧发力，突然向右后转身，右手屈肘向后撞顶乙方胸肋部，迫使乙方受击疼痛松手（图8-6-14）。

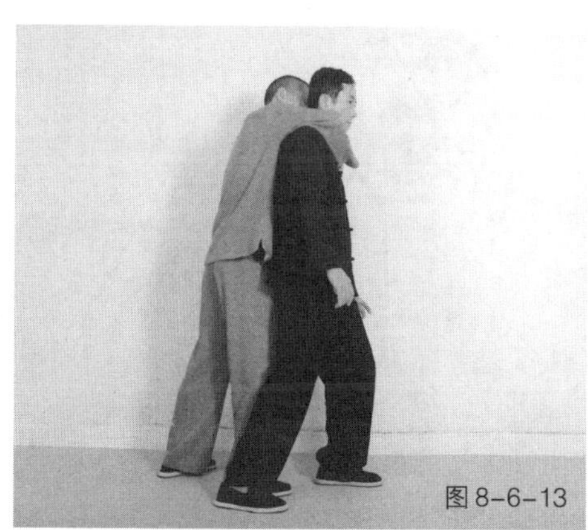
图8-6-13

图8-6-14

蹶脚踢裆。甲方乘机稳定身体重心，突然向后起左蹶脚反撩踢乙方裆部（图8-6-15）；乙方被击俯身后退（图8-6-16）。

以肘解围及时、有力撞顶。蹶脚随势灵活出脚蹶踢。

短小路线的肘击或蹶脚踢击，动作短促，发力打击凶险。

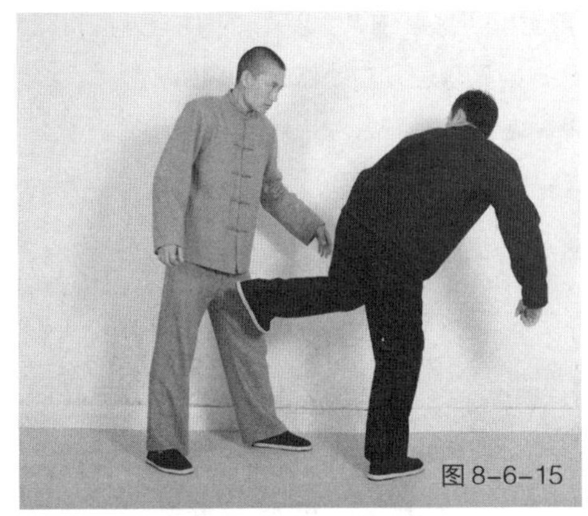

图8-6-15

图8-6-16

五、贯头蹶腹—捣面蹶裆

贯头蹶腹。乙方向甲方靠近时，甲方突发右铲捶横贯乙方头部，乙方下潜闪避（图8-6-17）；甲方在乙方低头潜避同时，随转身之势起右蹶脚猛撩踢乙方腹部（图8-6-18）。

捣面蹶裆。乙方被击迅速调整身势，甲方紧跟又发左冲捶直捣乙方面门，乙方后仰闪躲（图8-6-19），甲方随即右转身发左蹶脚后撩踢乙方裆部（图8-6-20）。

铲捶直接、突然，蹶踢有力。冲捶迅猛，蹶踢及时。

拳法配合攻击，无论击中目标与否，蹶踢紧随动作，狠击要害。

图8-6-17

图8-6-18

图8-6-19

图8-6-20

第七节　格斗挑脚绝技

挑脚，挑扫、挑勾之意，类似其他武术拳种中勾踢技巧。这种腿法多是踢摔结合使用，在挑勾踢击同时顺势勾带对方支撑腿或重心腿，破坏对方平衡，在中、近距离打斗中常能起到出其不意的作用，甚至会因突然的挑脚动作产生无手而摔的攻击效果。

一、摊手消拳—挑勾腿脚

摊手消拳。甲方与乙方对峙中，乙方舞动双拳（图8-7-1），突发左拳直击向甲方头部，甲方迅速前伸左手成摊手摊挡消解乙方左拳（图8-7-2）。

挑勾腿脚。乙方出拳被消挡收拳中，甲方乘机起右脚向前挑勾乙方前伸的左腿脚（图8-7-3），将乙方挑踢倒地（图8-7-4）。

图8-7-1

图8-7-2

图 8-7-3

图 8-7-4

摊手消挡及时、有力，挑脚挑勾突然、凶狠，出脚短促发力。

挑脚多挑勾下路腿脚为目标，破坏重心使对方受挫，其动如受惊之鹤挑勾蛇般动作。

二、侧闪避拳—挑脚勾腿

侧闪避拳。甲方与乙方对峙纠缠中（图8-7-5），乙方突发右手挥打甲方头部，甲方迅速侧闪避乙方攻势，同时调整身势（图8-7-6）。

图 8-7-5

图 8-7-6

挑脚勾腿。甲方待乙方欲收手瞬间，起左脚突挑勾乙方右腿脚（图8-7-7），将乙方挑勾倒地，受到重创（图8-7-8）。

侧闪及时、灵活，挑脚动作突然、直接，身法配合猝然挑勾。

挑脚在综合打斗中，多突然进攻下路狠挑踢。

图 8-7-7

图 8-7-8

三、冲捶引诱—挑勾腿脚

冲捶引诱。乙方向甲方靠近时（图8-7-9），甲方突发左冲捶直捣乙方面门，迫使乙方注意力集中在上路防护（图8-7-10）。

图 8-7-9

图 8-7-10

挑勾腿脚。乙方惊慌欲后闪避拳攻，甲方乘机起右脚猛挑勾乙方左腿脚（图8-7-11），将乙方勾踢倒跌于地（图8-7-12）。

冲捶直接、突然。挑脚勾踢及时、短促、快速。

手法引诱对方对上路防护注意时，可随机对其下路实施挑脚勾踢重创。

四、提膝避挑—挑踢勾腿

提膝避挑。甲方保持警戒时，乙方迅速向甲方靠近（图8-7-13），并突发左挑脚挑扫甲方前伸的右腿脚，甲方迅速上提右膝避闪（图8-7-14）。

挑踢勾腿脚。乙方出脚向前挑勾落空腿力刚过同时，甲方突前落右脚成挑脚猛挑勾乙

图8-7-11

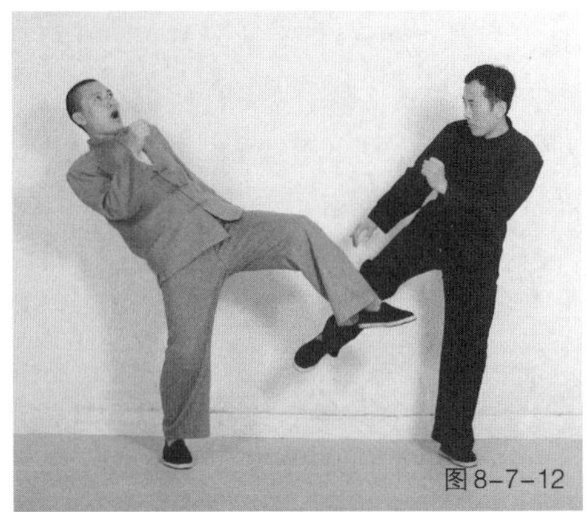
图8-7-12

方右腿脚（图8-7-15），将乙方勾扫倒跌于地（图8-7-16）。

提膝及时、灵活。挑勾直接、突然，腿脚短促发力，弹性挑勾。

挑脚可在对方起腿攻击腿力刚过同时对其挑踢，可起到重创击效。

图8-7-13

图8-7-14

图8-7-15

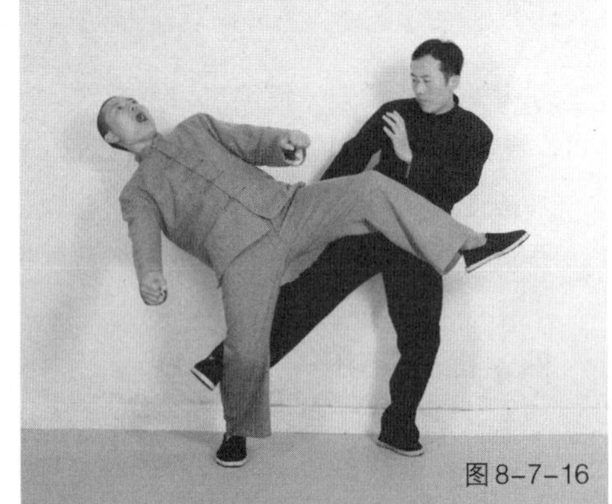
图8-7-16

五、捞手挡腿—掀腿挑脚

捞手挡腿。甲方与乙方迂回对峙中（图8–7–17），乙方抢先起左脚侧踹甲方中路或上路，甲方迅速以左手成捞手配合右手消挡乙方左腿脚（图8–7–18）。

掀腿挑脚。乙方出腿被控制欲挣脱，甲方紧跟前出右挑脚猛发力挑勾乙方支撑右腿脚（图8–7–19），将乙方挑勾倒地（图8–7–20）。

图8–7–17

图8–7–18

图8–7–19

图8–7–20

捞手及时、有力。挑脚动作以腿脚突然的挑勾动作。

捞手配合挑脚勾踢下路，多可重创对方。

六、捞手卸腿—挑脚勾腿

捞手卸腿。甲方与乙方互相逼近同时，甲方保持警戒（图8–7–21），乙方突起右腿横扫甲方中路或上路，甲方侧闪同时用右捞手捞抄乙方右腿脚消卸其腿力（图8–7–22）。

挑脚勾腿。未等乙方变势，甲方乘机两手配合侧掀乙方右腿脚，右脚同时挑勾乙方支

撑左腿，将乙方勾踢倒地（图8–7–23），使乙方遭到重创（图8–7–24）。

捞手出击及时、有力，挑脚勾踢与捞手上下配合同时动作。

捞手配合挑脚，上下同时消打。在咏春综合打斗中，可使乙方被击跌重创。

图8–7–21

图8–7–22

图8–7–23

图8–7–24

第八节　格斗摆腿绝技

摆腿，又称为背脚，又称转身背腿法，或横梁腿法，是一种利用突然转身摆胯产生的扭力，作用于脚掌或小腿部攻击的腿法。只是在咏春拳中，这类腿法仅以转身甩胯能带腿背踢即可，不要求有较大的运动幅度而形成了大开大合的踢击。在截拳道中这类腿法被解放使用，以较小幅度的转腰甩胯带腿如同横梁般摆踢。因此，背脚踢法兼具了南拳北腿的特点。

一、挥拳引诱—摆腿踢面

挥拳引诱。甲方与乙方迂回对峙中，甲方突挥出前手拳引诱乙方反应（图8–8–1），甲方紧跟调整身势，乙方慌忙对峙（图8-8-2）。

摆腿踢面。甲方立即左后转身起左脚成摆腿向后摆踢乙方头面或胸部（图8-8-3），使乙方遭到踢击疼痛后跌（图8-8-4）。

挥拳引诱突然、直接。摆腿踢击快速、迅猛。

摆腿向背后转身踢击要看准距离和方位，进行狠踢。

图8-8-1

图8-8-2

图8-8-3

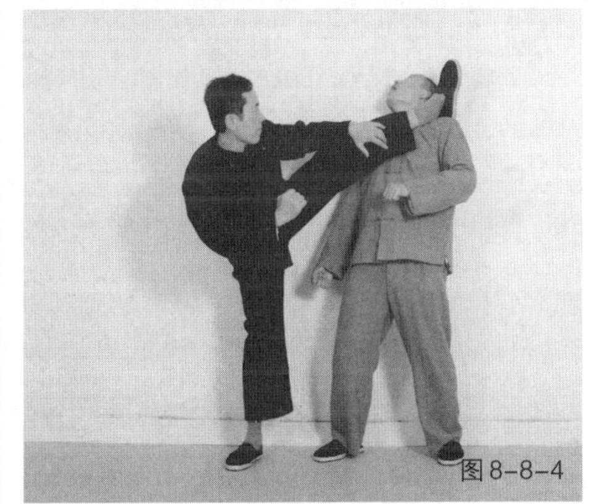
图8-8-4

二、挑勾腿脚—摆踢腰背

挑勾腿脚。甲方挥动前手引诱乙方注意力向上之时（图8-8-5），突发左挑脚挑勾乙方前伸的右腿脚，乙方反应迅速提膝让过（图8-8-6）。

摆踢腰背。甲方出脚勾空顺势落脚拧转腰马背对乙方（图8-8-7），紧跟起右脚向后猛摆踢乙方腰背部，使乙方被踢前跌（图8-8-8）。

挑勾突然、直接。换腿拧摆腰马快速、及时摆腿出击。

摆腿可借挑脚落空之势转身起脚，增强摆腿踢击劲力。

图 8-8-5

图 8-8-6

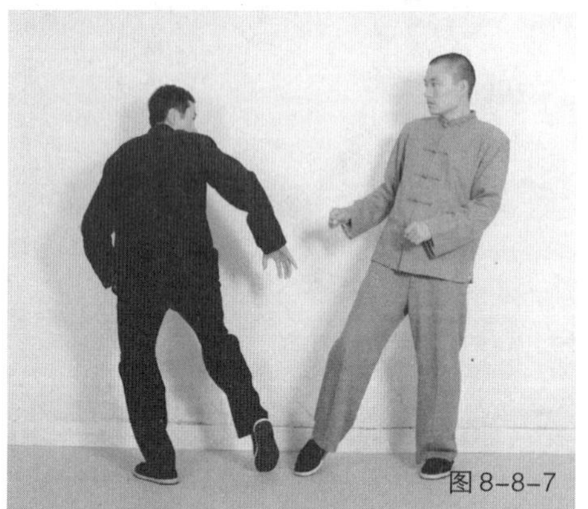
图 8-8-7

图 8-8-8

三、侧闪避腿—横腿踢腰

侧闪避腿。甲方与乙方对峙中，乙方向甲方靠近同时（图8-8-9），突起右脚侧踹甲方中路，甲方迅速右侧闪避乙方腿击（图8-8-10）。

图 8-8-9

图 8-8-10

横腿踢腰。甲方紧跟随侧闪右后转身，借转腰之力横腿摆踢乙方背部（图8-8-11），乙方遭到踢击受挫前跌于地（图8-8-12）。

侧闪及时、灵活。转身横腿摆踢快速，身法配合协调以促腿力。

摆腿随转身动作腿脚成一横梁摆踢对方，腿功精纯可达重创，如鹤横脚击蛇般。

图8-8-11

图8-8-12

四、侧闪捞腿—摆腿踢背

侧闪捞腿。甲方与乙方纠缠中，乙方突起左脚蹬踢向甲方胸部，甲方迅速左侧闪避（图8-8-13），同时在乙方腿力刚过用右捞手捞抄其左腿脚（图8-8-14）。

摆腿踢背。乙方挣脱左腿落脚时，甲方左转身摆出左脚猛踢乙方后背部（图8-8-15），乙方被踢踉跄前跌（图8-8-16）。

侧闪及时，捞手有力。转腿摆腿动作快速、紧凑。

摆腿重创踢击多配合身法，促使发腿有力地攻击。

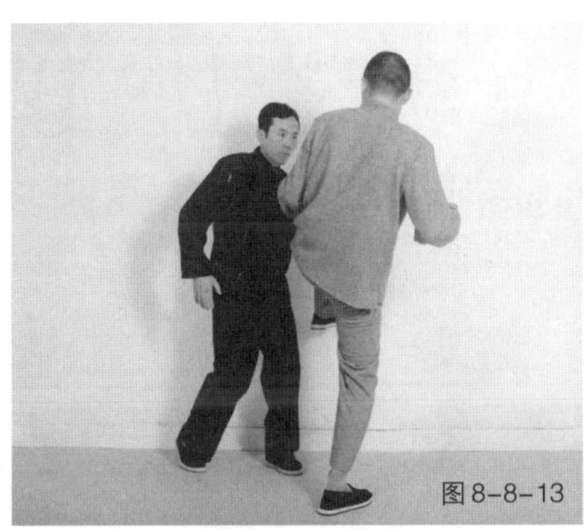
图8-8-13

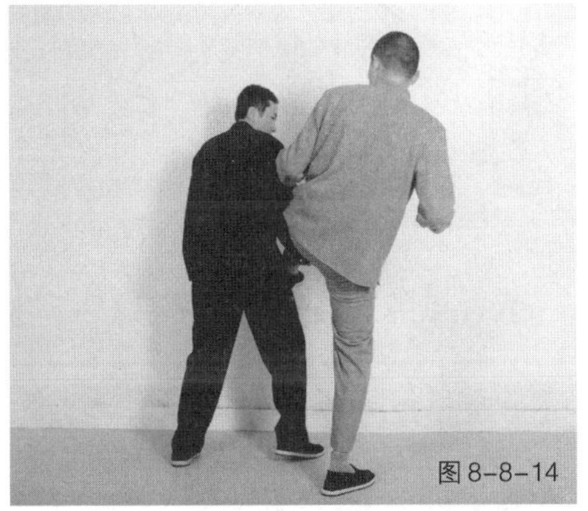
图8-8-14

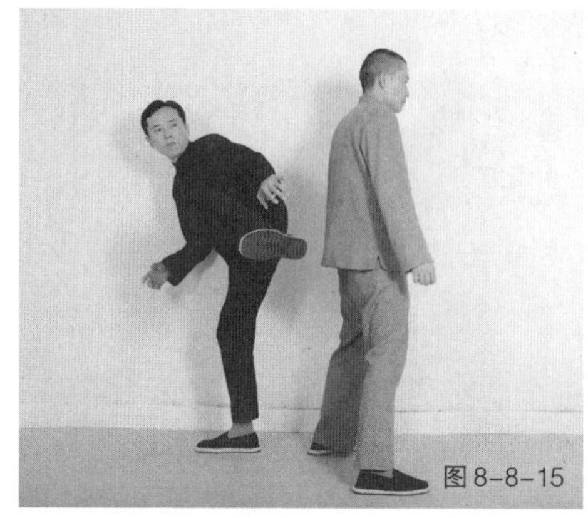

图8-8-15

图8-8-16

五、点腿击腹—摆腿踢背

点腿击腹。甲方与乙方迂回对峙中，甲方迅速调整桩马（图8-8-17），随即突起右脚点踢乙方腹部，乙方反应迅速后闪（图8-8-18）。

摆腿踢背。甲方点腿落空，紧跟前落右脚扣地转身体，顺势摆出左脚背踢乙方腰背部（图8-8-19），使乙方被踢受挫向前跌倒（图8-8-20）。

点腿直接、突然。摆腿配合身法顺势起脚以利及时做动作。

摆腿踢击腰背为目标，多顺势准狠踢打以造成重创。

图8-8-17

图8-8-18

六、点腿击裆—摆腿踢胸

点腿击裆。甲方与乙方对峙时，甲方调整身势，乙方警觉（图8-8-21）；甲方突起右脚点踢乙方裆或下腹部，乙方迅速后闪躲避（图8-8-22）。

摆腿踢胸。甲方出脚击空，随即前落右脚转身，以腰带腿，起左脚猝然发力摆踢乙方胸部（图8-8-23），乙方被击措手不及向后跌倒（图8-8-24）。

图 8-8-19

图 8--8-20

图 8-8-21

图 8-8-22

图 8-8-23

图 8-8-24

点腿直接、突然，出腿击空换势及时转身摆腿动作。

摆腿配合身法准狠踢击可击跌对方。

第九节　格斗前撞膝绝技

膝法，在咏春格斗中是威力较大的一种徒手攻击武器，但由于攻击位置比较低且距离

较短，因此要求要有很好的腰胯柔韧性和无坚不摧的硬度，且双手还要有很好的缠黐控制能力，以适应近战的各种需要。常见的咏春格斗技法有前撞膝、斜撞膝、外挂膝、里挂膝、高击膝和跃击膝法等。

前撞膝多是利用收腹、抬膝、前顶的劲力，使膝关节由下向前、向上顶击对方身体各部位。

一、抌手消拳—抌臂膝撞

抌手消拳。甲方与乙方互相靠近时，乙方两手拳迅速捣向甲方腹部（图8–9–1），甲方迅速以两手成抌手抌压乙方双拳（图8–9–2）。

抌臂膝撞。甲方紧跟两手抌压乙方双拳臂，同时上提右膝向前猛顶撞乙方胸腹部（图8–9–3），乙方遭到膝撞疼痛俯身（图8–9–4）。

图8–9–1

图8–9–2

图8–9–3

图8–9–4

抌手及时、有力。抌臂与膝撞上下同时做动作，膝前顶撞短促发力，弹性出膝。

膝撞在咏春综合打斗中，可重创对方。

二、拍腕消拳—勾颈撞腹

拍腕消拳。乙方向甲方靠近同时突然前出右拳攻击甲方（图8-9-5），甲方反应迅速用左拍手拍压乙方右拳（图8-9-6）。

勾颈撞腹。甲方紧跟身体前倾用右手伸出反勾乙方后颈窝处（图8-9-7），右手勾乙方头回拉，右膝同时上提猛前撞顶乙方腹部心窝（图8-9-8）。

图8-9-5

图8-9-6

图8-9-7

图8-9-8

拍手消挡准确、有力，勾拉与膝撞上下同时快速做动作。

膝击在打斗中，命中目标基本可重创或危及生命。

三、挡拳拉肩—拉肩顶腹

挡拳拉肩。乙方向甲方靠近同时，抢先挥出右拳击向甲方头部（图8-9-9），甲方迅速前伸左臂拉住乙方右肩，用小臂切入乙方肘弯内侧挡住其拳攻（图8-9-10）。

拉肩顶腹。甲方动作不停，立即伸出右手配合抓按乙方右肩，双手猛力回拉（图8-9-

11)，同时顶髋提右膝，用膝头猛撞乙方心窝处（图8-9-12）。

挡消及时，拉抓牢固，拉抓配合膝顶上下同时做动作，以促膝击威力。

拉肩以臂切挡对方拳攻都是以战况变化灵活消挡，以膝撞多可重创或致伤。

图8-9-9

图8-9-10

图8-9-11

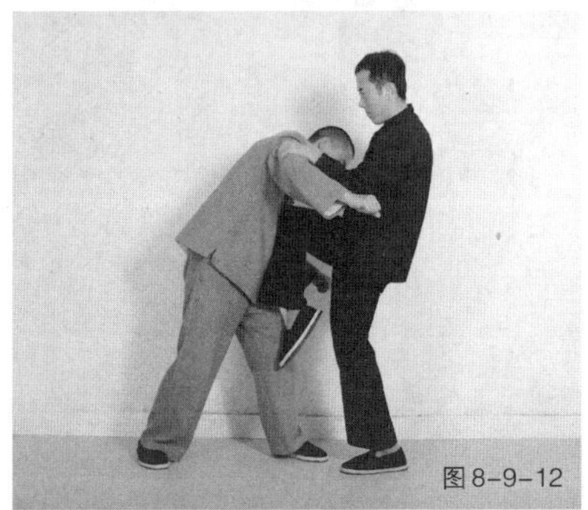
图8-9-12

四、膀手消拳—搭肩撞腹

膀手消拳。乙方向前逼近（图8-9-13），同时突发左拳横贯甲方头部，甲方迅速用右膀手向外消挡乙方左拳（图8-9-14）。

搭肩撞腹。乙方出拳落空欲收手，甲方紧跟进马立即伸出双手搭按乙方双肩（图8-9-15），双手按其肩回拉，同时猛提右膝猝然发力前顶撞乙方心腹部（图8-9-16）。

膀手消挡及时、有力，搭肩回拉牢固，与膝前顶上下同时做动作，以促膝攻劲道。

抓单肩或双肩配合前撞膝攻击，手与膝同时动作可重创目标或致伤。

图8-9-13

图8-9-14

图8-9-15

图8-9-16

五、侧闪避拳—膝撞心窝

侧闪避拳。甲方向乙方靠近时，乙方突发右拳阻击（图8-9-17）；甲方迅速侧闪避让乙方拳攻，同时闪至乙方体侧（图8-9-18）。

图8-9-17

图8-9-18

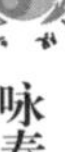

膝撞心窝。待乙方拳力刚过欲收手同时，甲方乘机起左膝猛前撞乙方心窝（图8-9-19），乙方被膝顶撞疼痛俯身（图8-9-20）。

侧闪及时、灵活，膝撞顺势突然动作，两手同时配合防护。

膝撞心窝在咏春综合格斗中，一旦命中此要害会造成重伤或致生命危险。

图8-9-19

图8-9-20

六、侧闪避腿—提膝撞裆

侧闪避腿。乙方突然向甲方靠近同时起左腿横扫（图8-9-21），甲方迅速向左侧闪避乙方腿脚，两手同时防护其变势（图8-9-22）。

图8-9-21

图8-9-22

提膝撞裆。乙方起腿落空收脚瞬间，甲方快速移马转身至乙方身后，提膝猝然发力前撞乙方裆部或大腿处（图8-9-23），乙方被膝顶撞疼痛踉跄中（图8-9-24）。

侧闪避腿及时、灵活，身法变换提膝撞顶迅速。

膝撞顶裆或大腿为目标，可造成伤痛或生命危险。

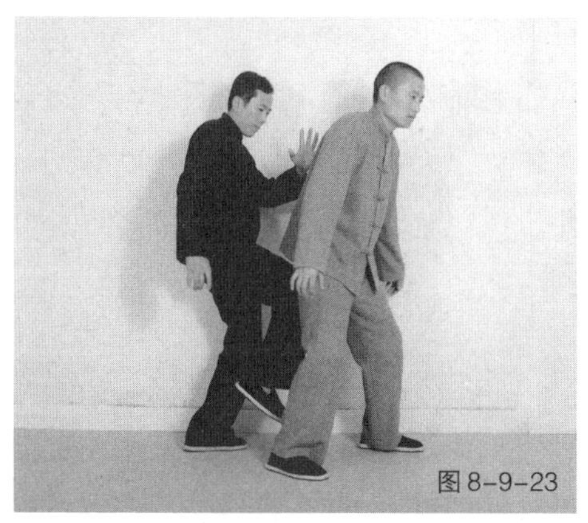
图 8-9-23

图 8-9-24

七、劈头顶腹—攀颈撞面

劈头顶腹。乙方前伸左手攻击甲方软肋时，甲方迅速下旋右膀手消挡，同时左手成劈肘劈砍乙方头部（图8-9-25），乙方被击疼痛弓身同时，甲方起左膝前顶撞乙方腹部（图8-9-26）。

图 8-9-25

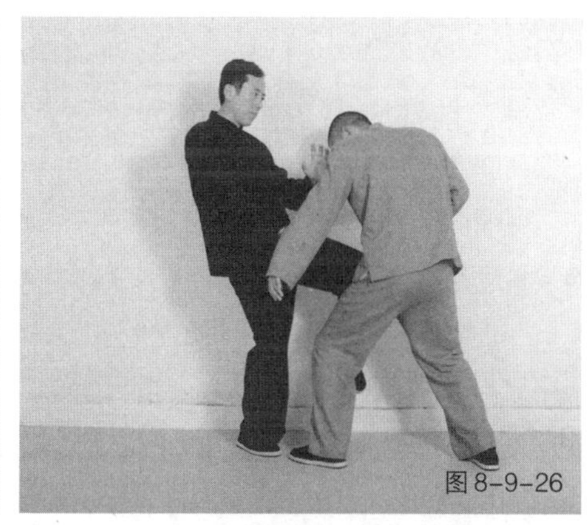
图 8-9-26

攀颈撞面。乙方后退调整身势挥出左手欲击甲方，甲方乘机落左脚前伸右手攀拉乙方后颈部（图8-9-27），同时上提右膝猝然发力撞顶乙方面门，重创乙方（图8-9-28）。

膀手消挡及时，劈肘同时配合。攀颈膝撞上下同时短促发力攻击。

咏春综合打斗中，膝撞面部，可造成重创或致残，如蛇鹤相缠相斗般。

图8-9-27

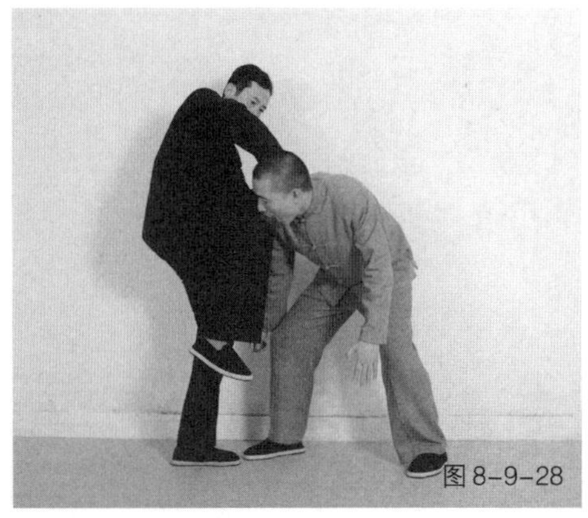
图8-9-28

第十节　格斗横撞膝绝技

横撞膝，在咏春传统中称为横打膝，包括斜撞膝。这类膝法是运用展髋收腹的力量使膝关节向上、向前再向内横击对方的腰肋和胸腹部为目标的打法，因此此类膝法也属于侧击膝的范畴。

一、前撞大腿—横撞腹肋

前撞大腿。乙方扑向甲方并用两手搭住甲方双肩（图8-10-1），乙方与甲方形成缠抱状态，甲方迅速用右膝前顶撞乙方左大腿外侧（图8-10-2）。

图8-10-1

图8-10-2

横撞腹肋。乙方遭到膝顶大腿疼痛慌乱瞬间，甲方趁乱左手插到乙方头颈侧使劲后攀拉，左膝横上抬猝然发力顶撞乙方右侧腹肋部（图8-10-3），乙方被痛击后退（图8-10-4）。

前撞膝准狠、直接，横撞膝突然、凶悍，左、右腿与手法上下配合协调。

咏春综合打斗中，无论前撞或横撞膝，对膝法都有较高的功技要求，才能膝击时重创。

图8-10-3

图8-10-4

二、膀手消拳—横膝打腹

膀手消拳。乙方向甲方靠近同时突发右拳横贯甲方头部（图8-10-5），甲方迅速旋左高膀手旋挡消卸乙方右拳臂（图8-10-6）。

图8-10-5

图8-10-6

横膝打腹。甲方待乙方拳力刚过同时，同时起右膝以髋领先用膝头横撞打乙方腹或肋部（图8-10-7），重创乙方（图8-10-8）。

上路膀手及时、快速。横膝撞打突然，与手法上下同时协调突击。

横膝撞打腹或肋为目标，可造成重创或致残，如蛇鹤相争相斗般。

图8-10-7

图8-10-8

三、磕背撞肋—磕面破膝

磕背撞肋。乙方突起肘向后反撞甲方面门，甲方迅速后仰头闪避，同时起右磕肘磕撞乙方后背（图8-10-9），紧跟两手顺势搭拉乙方双肩，同时起右膝横顶撞乙方肋部（图8-10-10）。

图8-10-9

图8-10-10

磕面破膝。甲方与乙方纠缠中互相移动，乙方突提左膝横撞甲方腰胯，甲方紧跟转身起左肘向后猛磕乙方面门（图8-10-11），迫使乙方受肘击落脚（图8-10-12）。

磕肘突然、凶狠，横膝撞打直接。转身出肘及时、有力。

近距离纠缠中肘膝上下配合运用技术较多，每一狠击均可造成重创甚至危及生命。

四、膀手消拳—左右横膝

膀手消拳。乙方向甲方靠近同时，突挥出左拳横贯打向甲方头部（图8-10-13），甲

图 8-10-11

图 8-10-12

方迅速上旋右膀手膀消乙方左拳臂，迫使乙方出拳落空（图8-10-14）。

左右横膝。甲方顺势前伸两手抓按乙方右肩收拉，同时起右横膝顶撞乙方左肋部（图8-10-15），右脚一落下，身体同时右转，再起左横膝顶撞乙方心窝处（图8-10-16）。

膀手消挡及时、有力。左、右出膝横打突然、准狠，身法配合协调。

纠缠中出左、右式横膝攻击不同的要害目标，可造成伤残或重创。

图 8-10-13

图 8-10-14

图 8-10-15

图 8-10-16

五、捞手抄腿—抄腿顶腿

捞手抄腿。乙方向甲方靠近同时突起右腿扫踢向甲方腰肋部（图8–10–17），甲方迅速可侧闪身势，同时用左捞手捞抄乙方右腿脚（图8–10–18）。

抄腿顶腿。甲方动作不停，未待乙方挣脱腿脚，紧跟左手抄夹住乙方右腿脚，同时横抬右膝向上斜撞乙方右大腿内侧（图8–10–19），重创乙方（图8–10–20）。

图8–10–17

图8–10–18

图8–10–19

图8–10–20

捞手注意力度，抄夹牢固，抄夹与横膝上下同时做动作，身法配合整体以促膝发力。横膝撞打大腿，可造成疼痛甚至重创，如蛇鹤相争相斗般。

六、侧闪拍臂—横膝撞膝

侧闪拍臂。乙方抢先发动攻势，突前伸右手拳或掌击向甲方面门（图8–10–21），甲方迅速右侧闪避同时用左拍手拍挡乙方右臂（图8–10–22）。

横膝撞膝。待乙方右手从面部擦过瞬间，甲方立即提右膝横顶撞乙方腹部（图8–10–

23)，右膝出击之后即刻变换前撞膝前顶撞乙方心窝或裆部（图8-10-24）。

侧闪、拍手及时、灵活。横打膝、前撞膝变势控制自身灵活，快速出击。

不同的膝法配合撞打要害，可造成伤残或重创生命危机。

图8-10-21

图8-10-22

图8-10-23

图8-10-24

七、搭肩撞腹—劈顶后背

搭肩撞腹。甲方与乙方贴身纠缠中，甲方突然用右手搭抓乙方右肩（图8-10-25），起右横膝向上横撞乙方腹部，乙方遭到膝击疼痛弓身（图8-10-26）。

劈顶后背。甲方动作不停，随即移动桩马挥右劈肘向后猛劈顶乙方后背或后脑处（图8-10-27），乙方遭到连击疼痛倒跌于地（图8-10-28）。

搭抓手及时、牢固，配合横膝撞打同时做动作。劈肘快速、迅猛。

手法与膝法、肘法配合在贴身纠缠中，攻打准狠可形成重创击效，如蛇鹤凶斗般。

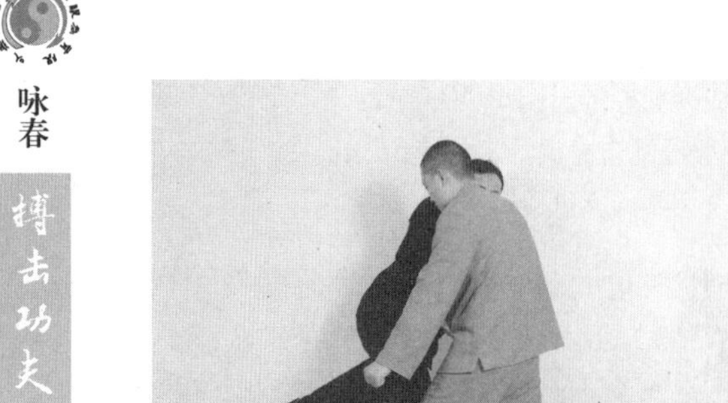

图8-10-25

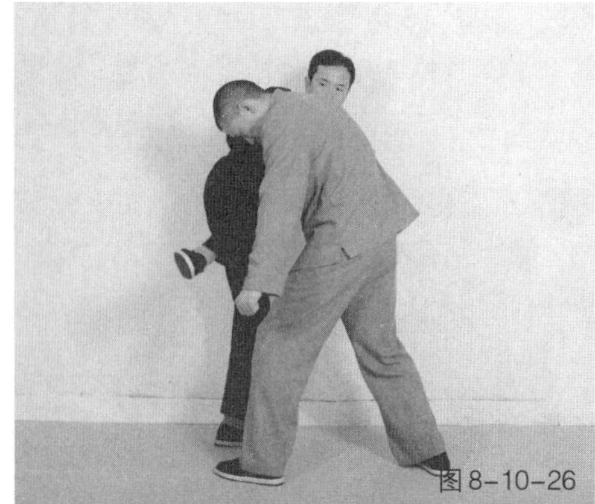

图8-10-26

图8-10-27

图8-10-28

第十一节　格斗挂膝绝技

挂膝，是一种消打结合的膝法，它在动作时用膝向外或向内挂膝消解对方的横扫腿法或膝攻，因而得名挂膝，也就由此衍生外挂膝、内挂膝之法。其动膝如鹤击蛇般。

一、外挂挡腿—冲捶捣面

外挂挡腿。乙方迅速向甲方靠近，同时起右腿横扫甲方中路腰肋部（图8-11-1），甲方迅速提左膝向外挂挡乙方右腿（图8-11-2）。

冲捶捣面。乙方出腿被挡随即落脚收势时，甲方紧跟落脚同时突发右手冲捶直捣乙方面门（图8-11-3），乙方遭到重创后退（图8-11-4）。

提膝外挂直接、有力，冲捶突然、准狠，上下动作转换协调。

提膝向外挂挡时，控制自身平衡及时提膝消挡，并顺势以拳还击，如蛇鹤相争相斗般。

图8-11-1

图8-11-2

图8-11-3

图8-11-4

二、外挂挡腿—扫腿踢胸

外挂挡腿。甲方与乙方对峙中，乙方突起右腿横扫踢甲方腰胯（图8-11-5），甲方迅速提左膝外挂挡乙方右腿（图8-11-6）。

图8-11-5

图8-11-6

扫腿踢胸。甲方动作不停，紧跟借外挂来腿之势，身体继续左转，突起右腿扫踢乙方胸部（图8–11–7），乙方遭到踢击疼痛后退（图8–11–8）。

外挂及时、直接，控制自身重心平衡配合提膝、变换身法出腿。

外挂达到防御消挡目的，即可配合顺势身法起腿狠击，如蛇鹤相争相斗般。

图8–11–7

图8–11–8

三、外挂挡腿—撑脚蹬面

外挂挡腿。甲方欲向乙方靠近时，乙方突起左腿脚横扫踢甲方腰肋部（图8–11–9），甲方迅速提右膝向外挂挡乙方来腿（图8–11–10）。

图8–11–9

图8–11–10

撑脚蹬面。甲方动作不停，待乙方出腿被挡落脚同时，突顺势前撑右脚向上蹬踢乙方面部（图8–11–11），将乙方踢痛后退（图8–11–12）。

外挂及时、有力，顺提膝外挂变换前撑脚迅猛、快速，身法协调配合动腿。

外挂控制好自身重心，并顺势变撑脚攻击要害造成重创，如鹤击蛇般。

图8-11-11

图8-11-12

四、外挂消腿—横膝打腹

外挂消腿。乙方突然起右腿扫踢向甲方腰肋部（图8-11-13），甲方反应迅速上提左膝向外挂消卸乙方腿攻之势，迫使乙方起腿被挡消（图8-11-14）。

图8-11-13

图8-11-14

横膝打腹。甲方乘乙方出腿被消挡落脚之势，身体随即左转，起右横膝向前猛攻撞乙方腹部（图8-11-15），使乙方遭到重创后退（图8-11-16）。

外挂及时、有力，横膝领髋送膝，身、手配合协调出膝。

外挂膝消挡变换横膝攻打，可造成重创或危及生命。

五、外挂防腿—横膝顶肋

外挂防腿。甲方与乙方纠缠中，乙方突起右膝撞向甲方腰肋部（图8-11-17），甲方迅速上提左膝防御消挡乙方右腿膝（图8-11-18）。

横膝顶肋。待乙方落脚收势同时，甲方紧跟落左脚，起右膝横顶撞乙方左侧腰肋部

图 8-11-15

图 8-11-16

（图8-11-19），乙方被膝顶撞腰肋疼痛后退（图8-11-20）。

外挂防御及时，横膝换腿突然、有力，身法与出膝上下协调做动作。

横膝顶撞腰肋为目标，在近身打斗中可重创或致残对方。

图 8-11-17

图 8-11-18

图 8-11-19

图 8-11-20

六、内挂防膝—扫踢腰腹

内挂防膝。乙方悄悄向甲方靠近，突发左腿扫踢甲方中路（图8–11–21），甲方迅速稳定桩马上提左膝向内挂挡乙方左膝腿，消挡乙方攻势（图8–11–22）。

扫踢腰腹。乙方出腿被消挡落空收脚同时，甲方乘机顺势向右拧腰转髋发左腿脚扫踢乙方腰腹部（图8–11–23），将乙方重踢后退（图8–11–24）。

图8–11–21

图8–11–22

图8–11–23

图8–11–24

外挂防消及时、有力，顺外挂之势变换扫腿动作迅速。

由膝内挂转换腿法攻击，需极好的基本功夫达成。

第十二节　格斗高膝绝技

高膝，即高击膝法，上路膝打法。高击膝，主要用于攻击对方的头部、心窝为目标，出膝既可上顶，也可以横击。这类膝法如同躁狂的鹤狠击蛇的要害部位的动作。

一、冲捶捣面—搭肩顶心

冲捶捣面。甲方与乙方互相逼近（图8-12-1），甲方抢先发出左手冲插直捣乙方面部，乙方慌忙防护（图8-12-2）。

搭肩顶心。未等乙方反应，甲方迅速用两手拉按乙方双肩，同时起右膝向上顶撞乙方心窝或胸部（图8-12-3），使乙方遭到膝撞疼痛俯身（图8-12-4）。

图8-12-1

图8-12-2

图8-12-3

图8-12-4

冲捶直接、突然，起膝向高位顶撞犀利、凶悍。

起膝向高位出击需极好的柔韧性和身法配合为基础，一旦击中目标可重创或伤及生命。

二、侧闪避拳—高膝攻心

侧闪避拳。乙方迅速向甲方靠近同时突发左拳直击甲方胸部（图8-12-5），甲方迅速侧闪避乙方左拳，同时调整身势（图8-12-6）。

高膝攻心。甲方动作不停，两手防护，同时突起左横高膝向上攻撞乙方心窝处（图8-

12-7)，将乙方重跌于地（图8-12-8）。

侧闪及时、灵活。横膝向高位出击领髋送胯发膝，发力短促、机动。

横膝向高位心窝为目标打击，可造成重创或致命，如蛇鹤相争相斗般。

图8-12-5

图8-12-6

图8-12-7

图8-12-8

三、拨肘挡腿—高膝撞面

拨肘挡腿。乙方向甲方靠近时，突起右腿扫踢向甲方上路（图8-12-9），甲方迅速以两手成拨肘手拨挡消卸乙方右腿（图8-12-10）。

高膝撞面。未待乙方落脚收腿，甲方紧跟抬肘横划乙方面门，迫使乙方防护暴露破绽同时（图8-12-11），突起左高膝猛撞乙方面门部（图8-12-12）。

拨肘发力短促，挡消及时。高膝顶撞上路与腰胯、身法、手法上下配合协调，出膝准狠。

高膝击面门为目标，可造成一击必杀效果，或重创，或伤及面部。

图8-12-9

图8-12-10

图8-12-11

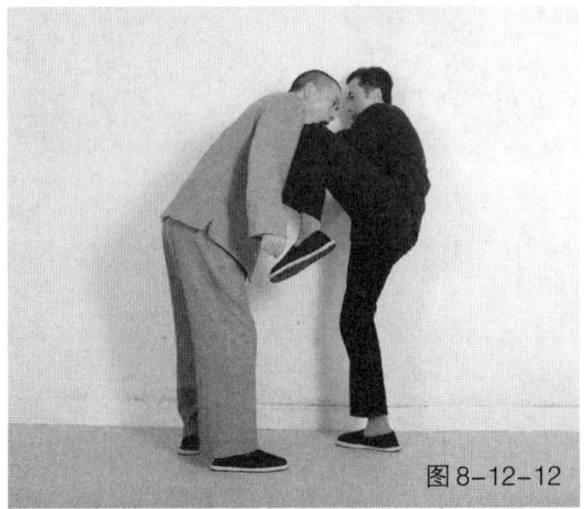
图8-12-12

第十三节 格斗跃膝绝技

跃膝，在咏春综合格斗中并不多见，多是在打斗中腾身跃起发膝一击必杀使用。跃膝，正如被蛇纠缠发狂的鹤，极力跃起甩顶撞致残纠缠的蛇般动作。

一、抱头单膝一跃击下颌

抱头纠缠。甲方与乙方近距离纠缠中（图8-13-1），乙方欲抽出手攻击甲方，甲方迅速用两手抱住乙方头部，将乙方控制，同时调整身势（图8-13-2）。

跃击下颌。甲方动作不停，紧跟猛然蹬地跃起，双手抱乙方头下拉，以左膝猛撞乙方的下巴（图8-13-3），将乙方重击倒地（图8-13-4）。

两手配合蹬地腾身跃出膝击，动作快速、犀利，整个动作一气呵成。

跃起发膝攻击上路要害，可造成重创或致残、致命，如蛇鹤相争相斗般犀利动作。

图8-13-1

图8-13-2

图8-13-3

图8-13-4

二、屈肘砸腿—撞面砸头

屈肘砸腿。甲方与乙方纠缠中（图8-13-5），乙方拧腰转体起右腿欲攻击甲方，甲方紧跟挥出左肘砸顶乙方起腿，迫使乙方落脚（图8-13-6）。

图8-13-5

图8-13-6

撞面砸头。乙方被砸腿落脚重心不稳瞬间，甲方不给乙方喘息机会（图8–13–7），随即蹬地飞身腾起，双膝同时猛撞乙方胸腹部或面门，双肘下砸乙方头部，重创乙方（图8–13–8）。

图8–13–7

图8–13–8

屈肘砸顶猛狠，飞身腾空出膝迅捷，双肘配合砸击。

飞身出膝跃击并配合肘砸要害可重创或致残对方，如蛇鹤相争相斗般。

三、扫腿踢面—跃膝攻颌

扫腿踢面。甲方挥动前手拳迫使乙方反应，乙方警觉时（图8–13–9），甲方突然起左腿脚横扫乙方右侧头面部，乙方遭到踢击慌乱踉跄中（图8–13–10）。

跃膝攻颌。甲方乘机落左脚，蹬地跃起（图8–13–11），空中提左膝猛攻乙方下颌部，使乙方遭到重创（图8–13–12）。

图8–13–9

图8–13–10

扫踢直接、突然，跃起出膝动作迅猛、快速，整个动作一气呵成。

跃膝攻击上路要害，可造成致残或致命攻击。此般动作如同发狂的鹤击蛇的要害般。

图 8-13-11

图 8-13-12

第九章
咏春格斗摔法绝技

咏春武艺近年来虽衍生多种个人风格支系，形成内容丰富的拳种拳术，但不论哪系都是由正统咏春衍生的，都离不开四大技法，都离不开踢、打、摔、拿这核心的四击。而咏春的摔法，是以实战快摔为主的各种摔技，由摔法基础、摔法理论、钳马抓把、打斗致摔、接腿致摔等构成。

本章咏春格斗摔法绝技主要阐述各种摔法技术技法，基础理论、摔法理论可参阅相关咏春拳的内容。

武林拳谚道：“拳加跤，艺更高。”即是说拳术加上摔法才会使实战更加高明。摔法，也称摔跌法，咏春摔跌法和摔跤虽然都是以使对方身体失去平衡摔倒在地为目标，但摔跤摔倒对方即胜，而咏春摔法摔倒对方以后，还可以进行打、踢或拿，直至制服对手。

咏春的摔法是多跟传统的中华武术中的实战技击摔法有着相同相似之处的技术，只是其原理是根据咏春拳的拳理运用受力平衡杠杆等力学原理，通过手、眼、身、脚的巧妙配合，破坏对方身体平衡使之跌倒，从而迅速掌握主动，击败对方。因此，咏春综合打斗中，摔跌法有大中华传统武术技击摔跌法的影子，也更讲究快速，一触即摔，一触即跌。

第一节　格斗抓把致摔绝技

抓把摔法，也称为抓把致摔法，是咏春格斗中最基本、运用最广泛的一类摔法，其原理就是在钳阳马的基础上迫使对方“底基和身体重心做相反运动”形成的摔法。在抓把致摔法中，“抓把”是一个十分重要的技术环节。抓把抢得好，就能为自己贴身前靠，送臂顶髋以及顺势发力等技术环节创造有利的条件，以达更好地形成抓把摔跌法。

一、抓领扭转致摔

纠缠抓领。甲方与乙方近身纠缠中，甲方左手抓住乙方右外中袖处用力后拉，右手抓住乙方前领前顶（图9-1-1）；同时右脚移马至乙方裆前，身体同时向左扭转（图9-

1-2）。

抓领扭转。甲方动作不停，紧跟以侧背着乙方前胸，同时用右肘顶乙方左腋下，右肩同时配合顶其右胸，迫使乙方身体重心升高（图9-1-3）；右脚斜插，别住乙方右小腿处；双手紧跟同时猛力向左下方拉，同时身体迅速向左扭转，将乙方摔跌倒地（图9-1-4）。

抓领形成的抓把快速、牢固，扭摔上手下脚同时配合猛然地做动作。

咏春综合打斗中，抓领抓把配合脚的动作摔跌猛狠，可造成重创或摔伤，如蛇鹤相缠相争般。

图9-1-1

图9-1-2

图9-1-3

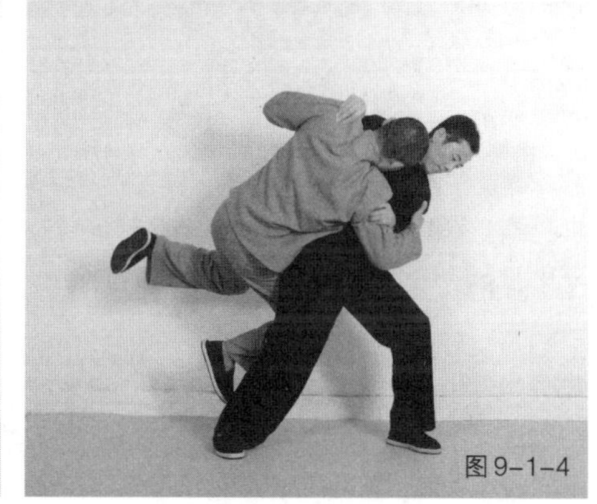
图9-1-4

二、别颈扭腰致摔

纠缠别颈。甲方与乙方纠缠中，甲方左手抢抓住乙方右袖后拉，右手抓住乙方左颈肩前推（图9-1-5）；将乙方身体拉扯成向右前方倾斜；紧跟上左脚，脚尖外摆（图9-1-6）。

别颈扭腰。左手随即继续后拉，身体左转，右腕紧别乙方颈部，右脚随即斜上一步，右大腿紧贴乙方右膝内侧；上体猛向左下方扭转（图9-1-7），以腰胯为支点同时别住乙方

的髋部，右脚后挑乙方的右腿，随身势的继续扭转将乙方摔跌倒地（图9-1-8）。

纠缠中抓颈肩形成的抓把及时、牢固、有力，上下配合摔跌同时扭动。

以抓颈肩形成的抓把别颈扭腰摔，摔跌中要快速施摔对方。

图9-1-5

图9-1-6

图9-1-7

图9-1-8

三、抱胸顶腹致摔

纠缠抱胸。甲方与乙方纠缠中，甲方左手抓住乙方右外袖，右手抓其胸侧（图9-1-9）；左手后拉，右脚移马向前上步；左转身，左脚同时后插一步，用臀部顶住乙方腹部和大腿根部（图9-1-10）。

抱胸顶腹。甲方动作不停，右手同时揽抱住乙方胸背部，上体前屈并左转，蹬腿提臀，将乙方背起（图9-1-11）；左手后拉，右手抱腰，猛继续向左下方屈体，将乙方摔跌倒地（图9-1-12）。

抓把抓抱胸背牢固、及时，提臀顶腹配合摔跌协调、迅猛。

抓胸背形成的抓把顶腹摔跌，要一抓必摔跌对方形成威胁，如蛇鹤相缠相争般凶斗。

图9-1-9

图9-1-10

图9-1-11

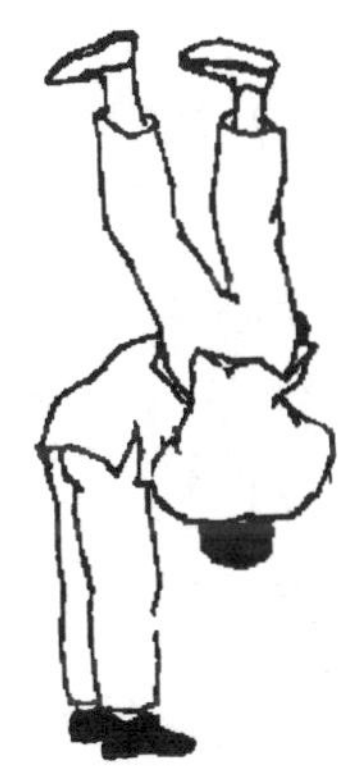

图9-1-12

四、拉袖过背致摔

抓把拉袖。甲方用左手抓住乙方右臂袖外侧，右手同时抓住其前领（图9-1-13）；两手配合后拉令乙方身体前倾，身体同时左转，右脚圈马扣步，身体团身后缩，用后背紧贴乙方腰部和大腿根部（图9-1-14）。

拉袖过背。甲方动作不停，左手继续前拉，上体前屈，同时猛力提臀蹬腿，将乙方从背上翻摔（图9-1-15），致乙方被摔翻落地（图9-1-16）。

抓把法拉袖牢固、有力，拉袖过背整个动作协调迅猛。

拉袖过背施摔对方，动作直接干脆狠摔击，如鹤与蛇相争般。

五、别颈挑脚致摔

抓袖别颈。甲方左手抓住乙方右臂外袖，迫使乙方身体向右前倾斜时，右脚圈马上步

图9-1-13

图9-1-14

图9-1-15

图9-1-16

（图9-1-17），左脚倒插，用臀部顶住乙方髋部，右手抓住乙方右后颈领部前别（图9-1-18）。

别颈挑脚。甲方动作不停，左手继续前拉，右手配合前别其颈，使乙方身体重心向右前方倾斜，同时用右腿向上摆挑勾别乙方右腿（图9-1-19），随身体前屈并向左猛转，右脚同时后挑其腿，将乙方摔倒在地（图9-1-20）。

图9-1-17

图9-1-18

图9-1-19

图9-1-20

抓袖形成的抓把牢固，别颈与挑脚上下同时做动作。

别颈挑勾脚施摔，动作猛狠多可摔跌致伤对方。

六、抱腰上顶致摔

别颈抱腰。甲方与乙方纠缠中，乙方欲施别颈扭腰致摔法控制甲方（图9-1-21）；甲方紧跟在乙方臀部尚未贴紧施力时，迅速屈膝下蹲，用右膝前顶乙方右膝腘部（图9-1-22）。

图9-1-21

图9-1-22

抱腰上顶。甲方紧跟双手抱乙方腰身体后弓，用小腹猛顶乙方臀部（图9-1-23），令乙方身体后仰无法前弓；甲方重心继续后移，两脚蹬地，挺腰，两手将乙方拦腰抱起摔倒在地（图9-1-24）。

抱腰牢固、有力，上顶突然、猛狠，全身整体配合发力。

被别颈施摔，要及时稳定桩马同时抱腰上顶狠狠致摔。

图 9-1-23

图 9-1-24

七、抓把踢脚致摔

纠缠抓把。甲方与乙方纠缠中形成抓把（图 9-1-25），甲方紧跟两手抓住乙方两臂，用力回拉，左脚同时后退马一步，迫使乙方右脚向前跟进；甲方左脚紧跟前伸（图 9-1-26）。

图 9-1-25

图 9-1-26

抓把踢脚。甲方左脚前伸同时猛踢扫乙方右腿脚，两手同时向左斜拉，身体向左扭转，上抓拉下踢扫令乙方侧向翻倒在地（图 9-1-27），被踢摔跌受到重创（图 9-1-28）。

近身抓把牢固，腰马灵活配合变招，上抓把下踢扫整体动作协调。

纠缠中上抓把下踢脚要形成狠踢摔对方击效，如蛇鹤相缠相争般。

八、后勾前压致摔

抓把后勾。甲方与乙方近身纠缠中形成抓把（图 9-1-29）；甲方左手后拉，右脚进马上一步到乙方右侧后方，右手臂前压图抱乙方颈部，右脚向后勾挂乙方右腿脚（图 9-1-

图 9-1-27

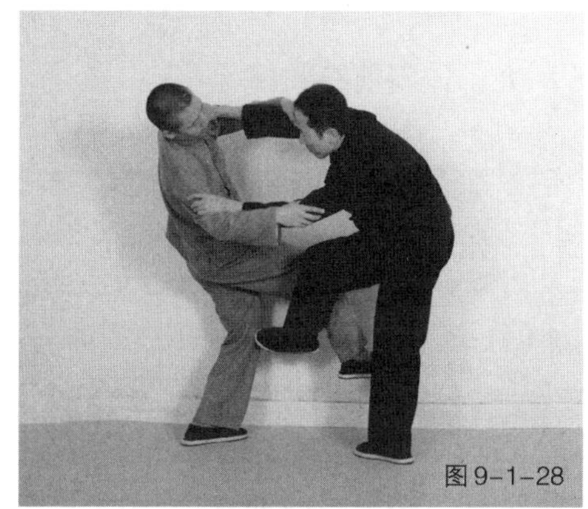

图 9-1-28

30)。

后勾前压。甲方动作不停，右脚继续后勾，身体同时向前猛压（图9-1-31），右臂借身体前压之势猛别乙方颈部，令乙方被迫向后翻摔倒地（图9-1-32）。

抓把时随时注意运招变化，后勾前压运用力学拳理形成摔跌。

后勾前压施技可使对方受挫，甚至击溃对方打斗信心，如鹤击蛇般。

图 9-1-29

图 9-1-30

图 9-1-31

图 9-1-32

九、绞腿前撑致摔

抓把绞腿。甲方与乙方纠缠中形成抓把（图9–1–33）；甲方紧跟两手用力前推乙方，迫使乙方身体后仰，然后身体左转，将右脚插入乙方两腿之间（图9–1–34）。

绞腿前撑。甲方右小腿缠住乙方左腿后，用力向后挑勾，两手同时配合猛向左前撑推（图9–1–35），将乙方撑摔跌倒地（图9–1–36）。

图9–1–33

图9–1–34

图9–1–35

图9–1–36

近身纠缠抓把及时、牢固，变招随时灵活，下绞腿上撑推突然、猛狠。

绞腿前撑是利用拳理力学上下配合形成的摔跌，打斗中可造成重摔。

十、插腿后撩致摔

近身抓把。甲方与乙方近身纠缠中形成抓把，甲方在乙方产生抗劲时突然向前上右脚（图9–1–37），身体向左扭转；左手抓住乙方右臂用力前拉，臀部同时顶住乙方腹部（图9–1–38）。

插腿后撩。甲方动作不停，右脚紧跟向后插进乙方两腿之间，身体随即向左下方猛转，两手同时用力向左前下拉（图9-1-39），右腿向后上方同时撩起，头部可随势向左转，带动上体用力屈转，将乙方摔跌倒地（图9-1-40）。

近身抓把及时变换招式，插腿与手拉上下配合迅猛动作。

纠缠中抓把插腿形成摔跌，要突然地重摔对方。

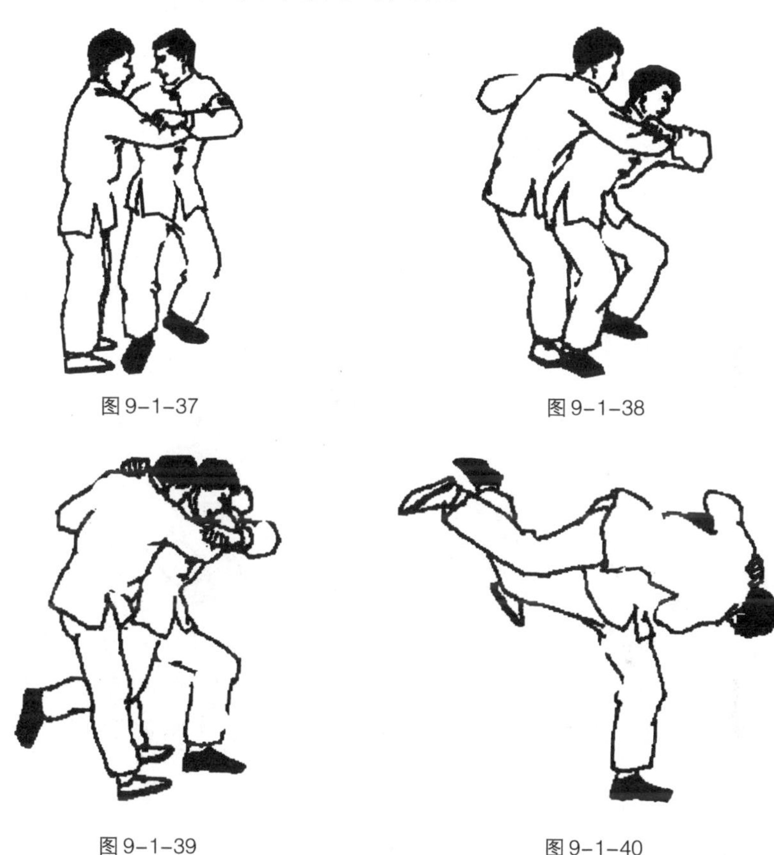

图9-1-37　　图9-1-38

图9-1-39　　图9-1-40

十一、抓把过胸致摔

纠缠抓把。甲方与乙方纠缠中形成抓把，甲方迅速利用推拉的力量创造时机（图9-1-41）；在乙方身体重心向前瞬间，甲方突然上左脚下蹲，两手同时抓住乙方前腰部（图9-1-42）。

抓把过胸。甲方紧跟身体猛向后仰，两手用力将乙方身体托起（图9-1-43）；身体随势后仰并挺腹后倒，两手配合同时用力将乙方向后甩摔跌倒（图9-1-44）。

近距离纠缠中，抓把牢固、有力，变势过胸动作上下协调、快速。

抓把过胸动作准狠可使对方遭到重创摔跌，如鹤击蛇般相争相斗。

图9-1-41

图9-1-42

图9-1-43

图9-1-44

十二、抓把过顶致摔

纠缠抓把。甲方与乙方纠缠中，甲方左脚向乙方的两脚之间进马一步（图9-1-45）；然后两手抓住乙方领、袖用力后拉，身体随势积极后倒，右脚同时蹬住乙方腹部（图9-1-46）。

抓把过顶。甲方两手紧紧抓住乙方，身体先向后倒地，右脚同时向上向后猛蹬乙方腹部，令乙方被从上方翻摔而出（图9-1-47），乙方遭到重摔倒地（图9-1-48）。

纠缠中抓把牢固，过顶手和脚配合快速动作。

过顶施摔，需要极好的倒地保护技术配合摔法使对方被重重摔跌。

十三、靠腿斜滚致摔

抓把靠腿。甲方与乙方纠缠中形成抓把（图9-1-49），甲方左手抓乙方右臂袖用力回拉，右手抓其左领处向前推，使乙方身体向右侧倾斜，同时左脚向前进马上一步至乙方右

图9-1-45　　图9-1-46

图9-1-47　　图9-1-48

脚外侧，别靠住乙方右小腿（图9-1-50）。

靠腿斜滚。甲方动作不停，身体随即向左扭转，左手同时用力下拉，右手猛力前推，使乙方身体向左后扭转倾斜失重（图9-1-51），并顺势左转主动倒下，迫使乙方向横摔跌倒地（图9-1-52）。

图9-1-49

图9-1-50

抓把靠腿及时、有力，斜滚动作顺畅、协调。

靠腿斜滚倒地同时迫使对方摔倒在地，多可形成重摔。

图9-1-51

图9-1-52

第二节 格斗打击致摔绝技

格斗中打击致摔，多是打击头部、颈喉、腹肋、腰胯或下裆、膝胫等，或者使打斗技巧迫使对方迅速倒地的摔法。咏春格斗多未穿戴护具或拳套之类的，这就要求在瞬息万变的打斗中把握良机，使用打击各法形成快速致摔法。

一、拨拳拦颈致摔

侧闪拨拳。乙方抢先发出左拳击向甲方路，甲方迅速左侧闪避（图9-2-1），同时屈右臂成拨肘手左转身体拨挡乙方左拳臂（图9-2-2）。

图9-2-1

图9-2-2

拨拳拦颈。甲方拨挡乙方拳臂使其出拳落空同时，身体前压，左小臂由乙方左臂上平拦乙方头颈部（图9–2–3），将乙方拦击倒地（图9–2–4）。

侧闪拨拳及时、有力，拦颈猛狠、突然。

咏春打斗中，以臂拦颈造成打击致摔，利用不同的招式狠击，如同蛇鹤恶斗般。

图9–2–3

图9–2–4

二、膀臂击头致摔

定马膀臂。甲方与乙方互相靠近时，乙方抢先发出右拳向下栽击甲方腹部（图9–2–5）；甲方迅速用左臂成膀手膀消乙方右拳臂（图9–2–6）。

图9–2–5

图9–2–6

膀臂击头。甲方紧跟膀挡乙方右拳臂不停，右手同时发出冲捶猛击乙方印堂或鼻梁处（图9–2–7），将乙方打击倒地（图9–2–8）。

定马膀手及时，膀手与出拳打击同时做动作。

打斗中，用拳猛击头面要害可使对方遭到击打摔跌倒地，如鹤击蛇头般。

图9-2-7

图9-2-8

三、揿臂击颌致摔

定马揿臂。乙方向甲方靠近同时突发右手攻击（图9-2-9），甲方迅速稳定桩马下揿左手擒挡乙方右手臂（图9-2-10）。

图9-2-9

图9-2-10

揿臂击颌。甲方动作不停，紧跟揿挡乙方右手臂同时，右手成掌猛击乙方下颌部（图9-2-11），将乙方重击倒地（图9-2-12）。

定马揿臂及时、准确，击颌突然、准狠，两手配合协调。

用掌打击下颌要害目标，可致对方被击摔跌倒地，其就如同鹤掌猛击蛇般。

四、捶胸劈头致摔

背捶捶胸。甲方与乙方互相逼近中（图9-2-13），甲方防护靠近乙方同时突发右背拳捶击其胸部心窝，使乙方受到击打前弓身（图9-2-14）。

劈肘劈头。甲方在乙方被击身体前弓之际，突然屈右肘成劈肘劈顶乙方头部或面门

图9-2-11

图9-2-12

（图9-2-15），令乙方遭到肘击侧摔倒地（图9-2-16）。

背捶直接、有力，劈肘紧跟拳法突然地发力做动作。

打斗中，以拳配合肘击，肘击头部或面门多可重创对方，使其受击眩晕倒摔在地。

图9-2-13

图9-2-14

图9-2-15

图9-2-16

五、顶裆推颌致摔

提膝顶裆。甲方与乙方互相逼近纠缠时（图9–2–17），甲方突上提右膝前顶撞乙方裆或下腹部，使乙方遭到膝击疼痛踉跄中（图9–2–18）。

正掌推颌。甲方紧跟前伸左手防护，同时右手成正掌发力猛推击乙方下颌（图9–2–19）；在乙方身体后仰重心超过其底基时，使乙方随即后倒摔跌在地（图9–2–20）。

图9–2–17

图9–2–18

图9–2–19

图9–2–20

提膝顶撞突然、直接，勾搂与正常两手配合协调、有力。

膝顶撞裆或腹多可重创对方，配合掌法击打更可造成击跌之势。

六、捞腿撑喉致摔

捞手夹腿。乙方向甲方靠近同时突起左腿横扫（图9–2–21），甲方看准乙方起腿攻势随即下旋右手成捞手夹捞乙方左腿（图9–2–22）。

捞腿撑喉。甲方捞夹住乙方来腿，同时身体前靠，左手成正掌向前猛撑推乙方咽喉部

（图9-2-23），使乙方被击后倒摔在地（图9-2-24）。

捞手灵活运用成夹腿之势，正掌发力突然撑推。

捞手夹腿与正掌突击多可造成对方被拿击倒摔，如鹤击蛇般。

图9-2-21

图9-2-22

图9-2-23

图9-2-24

七、击颌夹颈致摔

劈肘击颌。甲方与乙方互相逼近纠缠中（图9-2-25），甲方突起右劈肘劈砍向乙方下颌处，使乙方被击肘击疼痛仰头晃身（图9-2-26）。

夹颈转摔。甲方发肘未能将乙方打倒，紧跟右脚进马上一步到乙方两腿后，右臂圈夹住乙方颈部（图9-2-27）；然后身体猛左转即可令乙方被迫倒摔在地（图9-2-28）。

劈肘击打直接、突然，顺势以肘臂夹牢固，转身协调迅速。

打斗中，肘击之后可乘势以肘夹颈配合身法转动形成击打致摔。

八、擒腕夹颈致摔

对搏搭手。甲方与乙方互相摆桩警戒对视中（图9-2-29），甲方前伸左手成搭手与乙

图9-2-25

图9-2-26

图9-2-27

图9-2-28

方左腕黐搭住（图9-2-30）。

擒腕夹颈。甲方紧跟抢先动作，右脚前移马一大步到乙方裆后，右手圈夹住乙方颈部，左手同时由搭手变擒攞抓住乙方左腕（图9-2-31）；甲方紧跟髋胯前顶乙方后腰，右手扼颈后拉，左手攞抓配合令乙方倒摔在地（图9-2-32）。

对搏搭手及时、有力，手刚柔相济；擒腕夹颈手与身法协调、快速。

图9-2-29

图9-2-30

擒腕夹颈以攦抓腕配合夹颈打拿使对方被迫倒地。

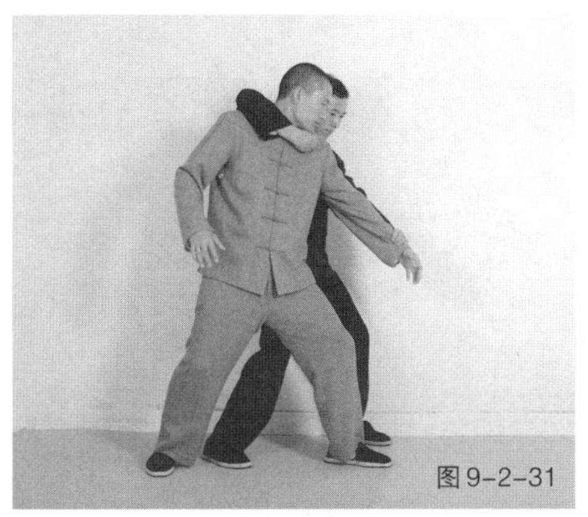
图9-2-31

图9-2-32

九、扫踹头颈致摔

扫脚踢颈。甲方与乙方纠缠中，乙方欲扑向甲方，甲方突起左脚（图9-2-33），左脚成扫腿猛扫踢向乙方颈部，乙方遭到扫踢虚怯晃身（图9-2-34）。

图9-2-33

图9-2-34

踹腿踹头。甲方攻势不停，随即下落基脚，再起右踹腿猛撑踹乙方头部或面门（图9-2-35），将乙方击倒摔跌在地（图9-2-36）。

扫脚突然，撑踹连击，左右腿配合迅猛、连贯。

咏春综合打斗中，扫踢或撑踢颈、头面要害为目标多可致摔跌或重创，如鹤击蛇般。

十、膀腿扫头致摔

定马膀腿。甲方与乙方对峙中，乙方抢先靠近甲方（图9-2-37），并突起右腿扫踢向甲方头部，甲方迅速稳定桩上旋左膀手膀挡消卸乙方右腿脚（图9-2-38）。

图9-2-35

图9-2-36

膀腿扫头。甲方紧跟向左转腰领胯，趁乙方收腿之际突发右脚扫踢乙方头部或左侧面部（图9-2-39），使乙方遭到踢击重创倒摔在地（图9-2-40）。

定马膀手消挡及时、有力，扫踢上路控制好自身平衡突然起脚动作。

打斗中，对方起腿踢击上路，膀消要注意力度，扫踢致摔要凶狠踢击，如鹤击蛇般。

图9-2-37

图9-2-38

图9-2-39

图9-2-40

十一、摊臂踹喉致摔

定马摊臂。乙方抢先发动攻势，用右拳击打甲方胸部（图9–2–41），甲方迅速右侧闪同时稳定桩马上抬左手成摊手摊挡乙方右拳臂（图9–2–42）。

摊臂踹喉。甲方未等乙方收拳，紧跟左摊手变换防护，突起左脚猛侧撑踹乙方咽喉部（图9–2–43），将乙方踹踢重创倒地（图9–2–44）。

图9–2–41

图9–2–42

图9–2–43

图9–2–44

定马配合摊手上下协调、及时，踹踢起腿突然、凶狠。

踹踢咽喉或颈部要害目标，多可造成重伤使对方受击晕倒，如鹤踹击蛇般。

十二、弹臂点头致摔

定马弹臂。甲方与乙方互相靠近中，乙方抢先发出右拳击向甲方头部（图9–2–45）；甲方迅速左侧闪避同时稳定桩马，左手成弹手向外弹挡乙方右拳臂（图9–2–46）。

弹臂点头。甲方弹手弹挡迫使乙方出拳偏离外门，同时起右点脚向前点踢乙方头面部

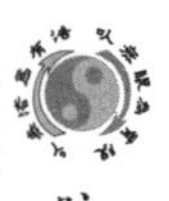

(图9-2-47)，将乙方点踢受击后倒地(图9-2-48)。

弹手配合定马猝然发力弹挡，点脚点踢准狠。

点脚点踢头或面门要害目标，一击即可踢倒或踢伤对方，如鹤击蛇头般。

图9-2-45

图9-2-46

图9-2-47

图9-2-48

十三、捣面踹头致摔

冲捶捣面。甲方与乙方打斗中，乙方先出左手击向甲方胸部，甲方稍左侧闪避同时突发右冲捶直捣乙方面门(图9-2-49)，迫使乙方后退，甲方移马紧跟追进(图9-2-50)。

捣面踹头。甲方在乙方被击受退瞬间进马腾空起右脚侧撑踹踢乙方头部(图9-2-51)，将乙方击踢倒地(图9-2-52)。

冲捶直接、突然，腾空侧踹迅猛，移马起脚踹踢一气呵成。

腾空侧踹多是技术精纯者腾空起脚一击必杀攻击，如跃空的鹤向下俯冲击蛇般。

图9-2-49　图9-2-50
图9-2-51　图9-2-52

十四、捣面穿拦致摔

冲捶捣面。甲方与乙方对峙迂回中（图9-2-53），甲方突然进马圈脚向乙方侧后方近身，右手同时出冲捶直捣乙方面部（图9-2-54）。

图9-2-53　图9-2-54

捣面穿拦。甲方一出冲捶迫使乙方仰头躲闪瞬间，右手由拳变拦手反逼其胸部，左手从乙方后向上抄乙方大腿（图9-2-55），身体同时右反转，将乙方拦翻摔倒在地（图9-2-56）。

冲捶直接、突然，穿拦上抄后配合身法快速动作。

打斗中，随对方的变化而灵活运用咏春手法本能地拦抄造成摔跌，如蛇鹤相缠相斗。

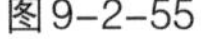

图9-2-55

图9-2-56

十五、勾头捞腿致摔

膀臂勾头。甲方与乙方打斗中，乙方突挥出右拳横贯向甲方左侧头部，甲方迅速定马上旋左膀手消挡乙方右拳臂（图9-2-57）；身体同时前靠，进马上一步于乙方体侧后位，右手向后下捞抄乙方右腿，左手屈腕勾搂其颈（图9-2-58）。

勾头捞腿。甲方动作不停，随即腰马配合，上勾其头后扳，下抄其腿上捞，将乙方摔跌在地（图9-2-59），使乙方摔倒受挫（图9-2-60）。

膀消及时，进身勾手、捞手与身法、马法上下协调、快速地做动作。

运用咏春攻守技法打斗，可随势运用不同的手法与身法的配合造成摔跌攻势。

图9-2-57

图9-2-58

图9-2-59

图9-2-60

十六、打头夹颈致摔

冲捶打头。乙方抢先发出右拳直捣甲方胸部，甲方迅速用左拍手拍挡乙方右拳臂（图9-2-61），紧跟左臂下拍压乙方右拳臂，右手成冲捶击打乙方头部（图9-2-62）。

图9-2-61

图9-2-62

打斗夹颈。甲方出拳打击使乙方被击后仰之际，迅速转身进腰送胯，用臀部顶住乙方髋胯，右臂夹住乙方颈部（图9-2-63），身体迅速向左下方屈转，将乙方摔跌倒地（图9-2-64）。

冲捶直接、突然出击，夹颈配合身法迅猛、快速摔跌动作。

打斗中，冲捶不能直接击倒对方，可乘势夹颈施摔重创对方，如蛇鹤相缠相争般。

十七、踹腹夹颈致摔

阻击踹腹。甲方与乙方对峙中，乙方欲前扑攻甲方时，甲方迅速起右脚侧踹乙方胸腹部，阻击乙方攻势（图9-2-65）；趁乙方被踹击疼痛弓身瞬间，甲方迅速落脚前靠身体，

图 9-2-63

图 9-2-64

右臂伸出夹住乙方颈部（图 9-2-66）。

夹颈过背。甲方动作不停，同时送胯近身以髋关节顶住乙方小腹，身体向左下方屈转（图 9-2-67），将乙方从背上摔跌出（图 9-2-68）。

侧撑踹及时、有力，夹颈过背施摔突然、迅猛。

撑踹阻击对方，顺势落脚形成夹颈过背重重狠摔攻击，如蛇鹤相斗相缠般。

图 9-2-65

图 9-2-66

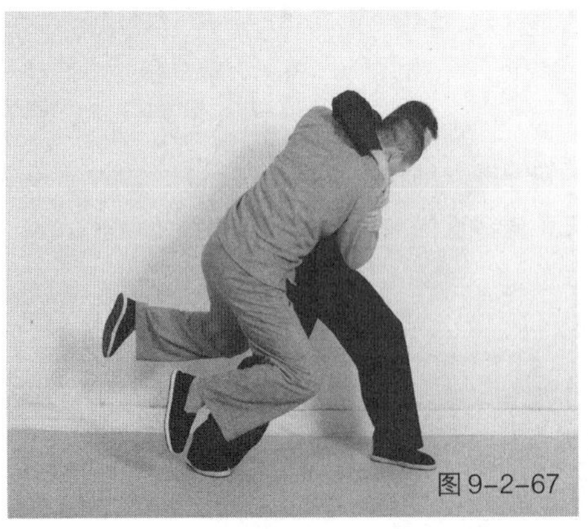
图 9-2-67

图 9-2-68

十八、捞腿别脚致摔

下潜避拳。甲方与乙方迂回对峙中（图9–2–69），乙方突发右拳直击向甲方头部，甲方在乙方拳将至瞬间突然后闪下潜避，使乙方出拳落空（图9–2–70）。

捞腿别脚。甲方未待乙方收手，立即前靠，左手捞抱乙方右腿，右手由乙方两腿之间插入，搭住其小腿后部（图9–2–71），身体猛向前顶压，左手回拖，右手搭撳，将乙方摔倒在地（图9–2–72）。

图9–2–69

图9–2–70

图9–2–71

图9–2–72

下潜及时、灵活，捞手、搭撳快速、迅猛地做动作。

咏春综合打斗中，捞手和搭撳配合身法形成摔法猛击。

十九、抱腰靠腿致摔

进马抱腰。甲方与乙方互相靠近中，甲方晃动右手迫使乙方反应（图9–2–73）；趁乙方呆愣瞬间，甲方进马抢步而上，右手搂其腰，左手抱其右腿（图9–2–74）。

抱腰靠腿。甲方动作不停，两手配合将乙方向上抱起使其重心不稳，同时左脚向右靠别其右腿脚（图9–2–75），右手同时抱腰向左压，将乙方摔倒在地（图9–2–76）。

进马突然，上抱腰、下靠腿脚配合，以整体协调之力施摔。

打斗中，可配合不同的手法引诱，然后实施近身的抱腰靠腿重摔对方。

图9–2–73

图9–2–74

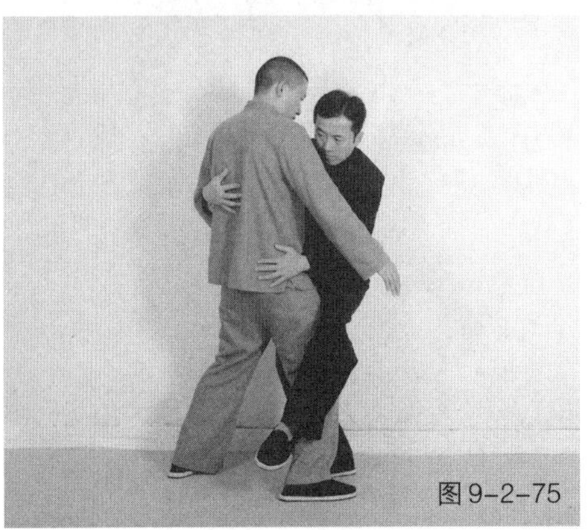
图9–2–75

图9–2–76

二十、捞腿勾撩致摔

捣面捞腿。甲方向乙方靠近同时突发右手迫使其作出反应（图9–2–77），乙方仰头躲闪瞬间，甲方突然近身，用右手搂其腰部，左手捞抱其右大腿根部，左脚同时勾其右小腿（图9–2–78）。

捞腿勾撩。甲方两手配合抱提乙方，左脚勾腿后撩，上身同时向前压（图9–2–79），将乙方摔倒在地（图9–2–80）。

拳击突然，近身及时运用捞手、勾腿，上下整体发力。

一记的突然冲捶可为捞腿勾撩形成摔跌创造时机，狠狠摔跌对方，如蛇鹤相缠相争般。

图9-2-77

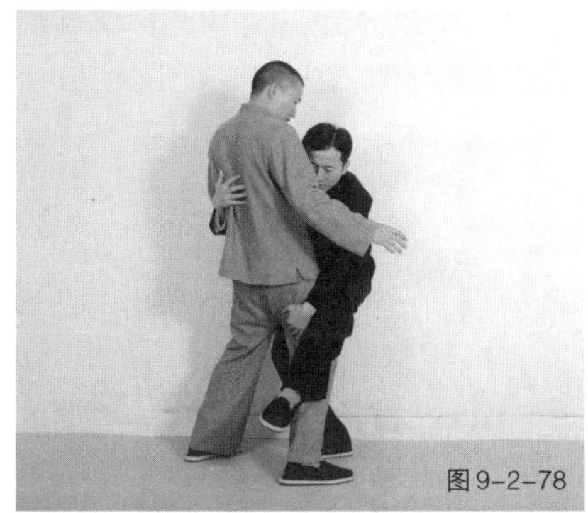
图9-2-78

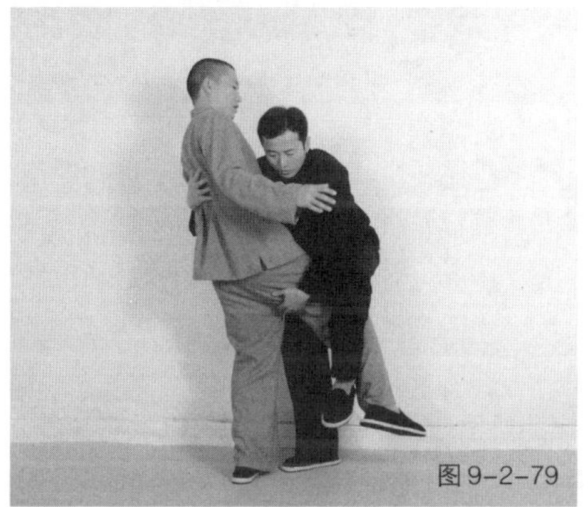
图9-2-79

图9-2-80

二十一、蹬扑切颈致摔

搭手蹬扑。乙方突发右拳横贯甲方头部，甲方迅速上抬左搭手搭挡乙方右拳臂（图9-2-81）；甲方紧跟左脚上前一步到乙方右脚之后，右掌切乙方胸颈部（图9-2-82）。

图9-2-81

图9-2-82

蹬扑切颈。甲方动作不停，手与身体配合继续前扑（图9–2–83），右腿脚后蹬别迫使乙方被摔跌倒地（图9–2–84）。

图9–2–83

图9–2–84

搭手及时，下蹬扑、上切颈或胸配合协调、快速地做动作。

打斗中，随势运用咏春手法与脚法配合，连挡带摔，如鹤击蛇般。

二十二、捞腿提拱致摔

后闪避拳。甲方与乙方互相靠近中，乙方晃动两手（图9–2–85）；乙方突发右拳直击向甲方胸部，甲方迅速向侧后闪避（图9–2–86）。

图9–2–85

图9–2–86

捞腿提拱。甲方待乙方出拳打空欲收手时，顺势近身（图9–2–87），用两手成捞手同时捞抄抱住乙方两腿，两手发力抱提并后拉，头肩向前拱推其胸腹部，使乙方向后摔倒于地（图9–2–88）。

后闪及时、灵活，捞手捞抄有力，腰马配合手法、头肩整体协调发力。

捞手捞腿需配合好身法及时发力造成重摔对方，如蛇缠鹤般凶猛。

图9-2-87

图9-2-88

二十三、顶膝靠胸致摔

砸肘消拳。甲方与乙方打斗中，乙方晃动两手逼近甲方（图9-2-89），并突发左拳直击甲方胸部，甲方上提右臂，身体稍左转使乙方左拳贴胸滑过，乘机右肘狠砸乙方左肘臂（图9-2-90）。

图9-2-89

图9-2-90

顶膝靠胸。甲方动作不停，紧跟下落右臂，右脚进马一步于乙方左脚侧后下坐重心，膝部猛顶乙方膝弯处（图9-2-91），右臂同时向后靠击乙方胸腹部，使乙方向后摔倒在地（图9-2-92）。

以肘砸消及时、准确，坐马膝顶配合身法整体协调、快速地做动作。

砸肘消拳多可重创，顺势顶膝靠击胸形成摔跌要狠击，如蛇鹤相缠相争般。

二十四、穿靠肘击致摔

膀臂消拳。乙方突发左拳直击甲方上路，甲方上旋左膀手消挡乙方左拳臂（图9-2-

图9-2-91

图9-2-92

93)，紧跟右脚进马一大步于乙方前脚后，右手同时防护乙方左手（图9-2-94）。

穿靠肘击。甲方未等乙方收拳，紧跟身体下坐穿靠乙方胸腹部，以右膝前顶乙方左膝弯处，随势右肘扯拳猛后撞顶乙方胸腹部（图9-2-95)，迫使乙方后倒摔在地（图9-2-96)。

膀手消挡及时，穿靠紧凑，身、手变换整体发力击摔。

咏春打斗中，以马步变换扯拳后肘击配合膝顶造成摔跌可挫伤对方。

图9-2-93

图9-2-94

图9-2-95

图9-2-96

二十五、摊打扛肩致摔

定马摊打。乙方挥出右拳横贯甲方头部，甲方注视乙方拳势（图9-2-97），待乙方拳锋将至之际，甲方稳定桩马上抬左手成摊手摊挡乙方右腕臂，右手准备动作（图9-2-98）。

摊打扛肩。甲方动作不停，随即由两手摊手变势向前进马一步，左手牵乙方右臂后拉令其重心前倒（图9-2-99），右手穿过乙方裆部，用右肩将其扛起，使乙方从肩上倒栽摔跌在地（图9-2-100）。

图9-2-97

图9-2-98

图9-2-99

图9-2-100

稳定桩马以利随时摊打，扛肩快速、迅猛，全身协调发力扛摔。

摊打是咏春常用技巧，扛肩施摔要狠击摔，如蛇鹤相缠相争般。

二十六、蹬腹扛肩致摔

阻击蹬腹。乙方晃动拳头扑向甲方，甲方看准乙方动势紧跟提膝（图9-2-101），起

左脚猛前撑蹬乙方腹部阻击其前扑（图9-2-102）。

蹬腹扛肩。甲方趁乙方腹部被蹬踢身体前弓瞬间，落脚同时发左冲捶击打乙方面门（图9-2-103），乙方被击收手之时，甲方顺势采其腕回拉，同时下蹲将右臂穿过乙方裆中，抱其右大腿，左手回拉，左肩上抬将乙方身体扛于肩上猛倒栽落地（图9-2-104）。

撑蹬直接、准狠，拳击及时，扛肩身、手配合协调之力扛摔动作。

咏春综合打斗中，运用踢法、手法和扛肩倒栽摔法在打中可造成狠摔对方。

图9-2-101

图9-2-102

图9-2-103

图9-2-104

二十七、打中抱臂致摔

打中抱臂。乙方突发右拳直捣向甲方面门，甲方上抬左手拍挡乙方右拳臂（图9-2-105），紧跟顺拍挡之势下压乙方右腕，同时将右臂由乙方腋下穿出（图9-2-106）。

抱臂过背。甲方动作不停，向左后转身用臀部贴靠乙方，以臀顶髋为支点，两手合力抱臂前拉，身体猛向左下方拧转并挺腰（图9-2-107），将乙方从背上摔出（图9-2-108）。

拍挡及时、准确，抱臂两手牢固，全身上下配合协调。

打斗中，及时地拍挡防守，抱臂形成过背摔跌凶狠，如蛇鹤相缠相斗般。

图 9-2-105　　图 9-2-106

图 9-2-107　　图 9-2-108

二十八、打中抱胸致摔

侧闪避拳。甲方与乙方迂回纠缠中（图9-2-109），乙方挥出左拳横贯甲方头部，甲方迅速向左侧闪躲避开乙方左拳（图9-2-110）。

图 9-2-109　　图 9-2-110

打中抱胸。未等乙方再出拳，甲方进马左转身，右臂由乙方左腋下穿出，圈抱住其胸部（图9-2-111），身体紧跟继续向左后拧转，右髋顶住乙方腹部，右手抱其胸向左后挺腰，将其摔出倒地（图9-2-112）。

侧闪躲避及时，进马抱胸灵活、有力，上下配合协调。

打斗中，身、手配合随对方动作造成抱胸重重摔跌。

图9-2-111

图9-2-112

二十九、上推下拉致摔

膀臂消拳。甲方与乙方打斗中，乙方挥出左手攻击，甲方右侧闪避（图9-2-113）；乙方又出左拳横贯甲方，甲方迎上去右手成膀手膀消乙方左拳臂（图9-2-114）。

图9-2-113

图9-2-114

上推下拉。甲方紧跟下降身体重心，右手顺乙方左肋处下滑抱住其左腿（图9-2-115），左掌扑其胸部，上推下拉，将乙方摔跌倒地（图9-2-116）。

侧闪及时，膀手有力，两手上推下拉与腰马身法蓄劲整体配合发力。

打斗中，随时闪避或消挡，以手法配合腰马乘机造成上推下拉致摔。

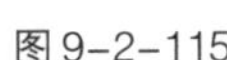

图9-2-115

图9-2-116

三十、抱腿肩压致摔

下潜避拳。甲方与乙方纠缠中，乙方晃动两拳扑向甲方（图9-2-117），并突发左拳直击甲方头部时，甲方迅速下潜闪避乙方拳头（图9-2-118）。

图9-2-117

图9-2-118

抱腿肩压。甲方随即近身两手成捞手捞抄抱住乙方左腿（图9-2-119），两手用力后拉其腿，肩部同时前顶其膝关节处，使乙方倒摔在地（图9-2-120）。

下潜及时、灵活，捞手抄抱、肩部顶压整体配合。

咏春打斗中，躲闪及时，随躲闪之势乘机造成抱腿肩压狠摔对方。

三十一、扳肩打腿致摔

侧闪扳肩。乙方突起左脚侧踹向甲方上路时，甲方迅速侧闪避让乙方腿脚（图9-2-121），紧跟进马转身左手抄抱乙方左腿，右手攀扳乙方右肩（图9-2-122）。

扳肩打腿。甲方动作不停，右手攀扳后拉的同时，右腿前伸（图9-2-123），用右腿

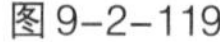
图9-2-119

图9-2-120

脚猛靠打乙方支撑腿，使乙方被迫后倒摔跌在地（图9-2-124）。

侧闪及时，攀扳有力，腿脚靠打上下配合协调动作。

闪避上路腿攻，乘机攀扳肩与下靠打腿形成重摔对方。

图9-2-121

图9-2-122

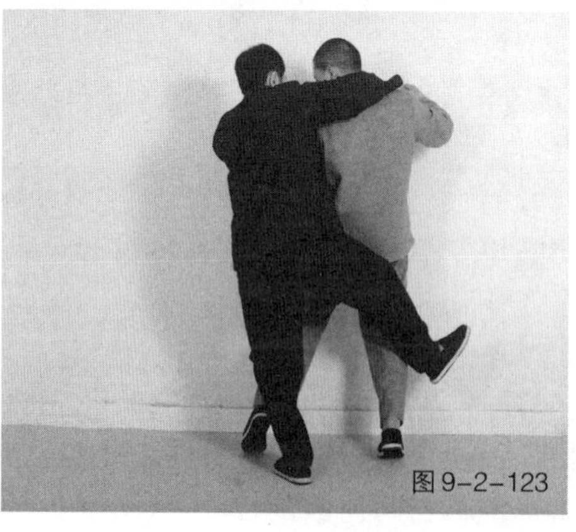
图9-2-123

图9-2-124

三十二、抱腿内勾致摔

沉身抱腿。甲方向乙方靠近时，突发右手佯攻乙方面门或眼部（图9-2-125），趁乙方本能反应后闪瞬间，突然沉身向前抱住乙方右腿（图9-2-126）。

抱腿内勾。甲方随即右脚勾挂乙方左腿脚（图9-2-127），两手同时固定乙方右腿，右脚向内勾其左腿脚，右肩同时向前顶其腹部，将乙方摔倒在地（图9-2-128）。

佯攻突然，抱腿牢固，内勾有力，整个身手配合快速、突然。

抱腿内勾配合肩顶造成打摔要重创对方，使其受挫。

图9-2-125

图9-2-126

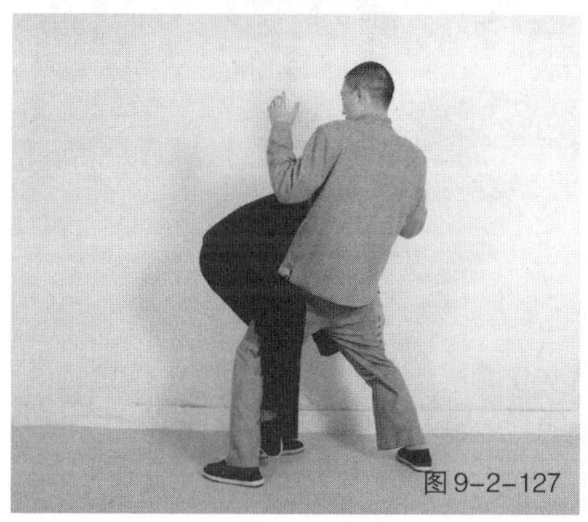
图9-2-127

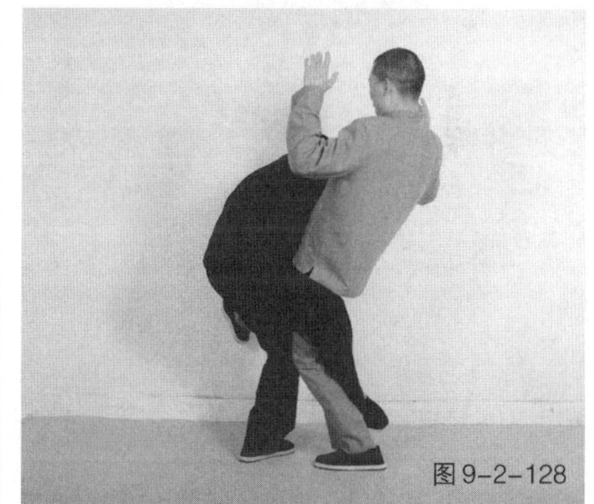
图9-2-128

三十三、抱腿过肩致摔

下潜抱腿。甲方挥出前伸试探乙方，乙方警觉（图9-2-129），突发右拳击向甲方头部，甲方迅速下潜躲闪同时两手抱住乙方前伸的腿脚（图9-2-130）。

抱腿过肩。甲方借乙方出拳之势顶腹送髋，将其向上抱起（图9-2-131），仰身主动

后倒，使乙方由肩上倒栽摔落于地（图9-2-132）。

下潜及时，抱腿牢固、有力，腰马配合施摔。

打斗中，躲闪同时抱腿整体配合发力过肩倒栽重摔，如空中鹤击蛇般。

图9-2-129

图9-2-130

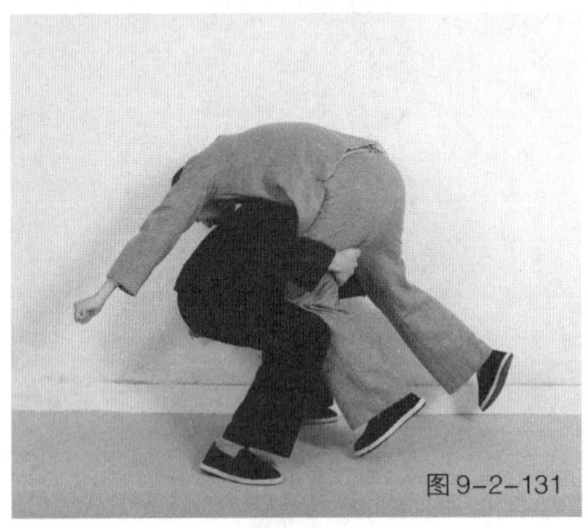
图9-2-131

图9-2-132

三十四、抱腰过头致摔

冲捶迎击。甲方与乙方互相靠近中，乙方突发右拳直击甲方头部时（图9-2-133），甲方左冲捶同时由其臂内侧发出迎击其面部（图9-2-134）。

抱腰过头。甲方趁乙方头部被击后仰瞬间，迅速下坐腰马用两手抱住乙方腰部（图9-2-135），将其用力上举，同时身体反弓主动向后仰倒，使乙方从头顶上摔跌出（图9-2-136）。

冲捶迎击及时、准确，抱腰上举配合身法迅猛动作。

拳法迎击同时变势抱腰过头摔多可重摔对方，如鹤跃空击蛇般。

图 9-2-133

图 9-2-134

图 9-2-135

图 9-2-136

三十五、圈腿跪压致摔

标眼圈腿。甲方前移靠近乙方，同时突发左手标指标插乙方眼部（图9-2-137），趁乙方眨眼或仰头后闪瞬间，前圈出右脚从乙方两腿之间圈入并向后靠贴其左腿脚（图9-2-138）。

图 9-2-137

图 9-2-138

圈腿跪压。甲方圈出腿脚靠夹住乙方左腿，立即向右主动侧跪，以大腿外侧别压乙方左膝关节（图9-2-139），使乙方膝关节受侧反关节重压而被迫摔倒在地（图9-2-140）。

标指突然、直接，圈马跪压牢固、有力。

打斗中，以圈脚形成的别压膝关节造成的摔法可狠摔击跌对方，如蛇缠斗鹤般。

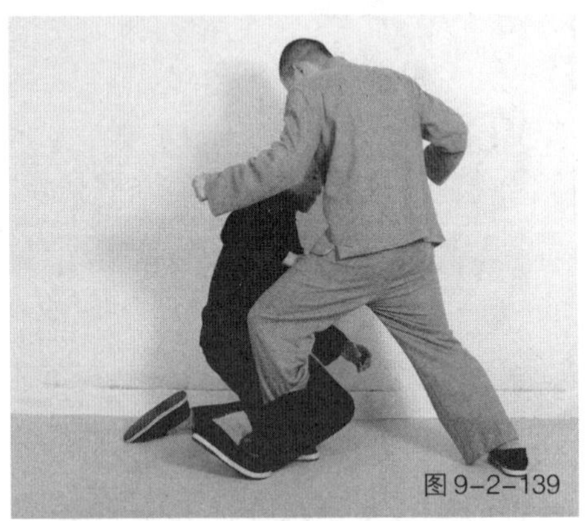
图9-2-139

图9-2-140

三十六、攔腕手别致摔

避拳攔腕。乙方向甲方靠近，同时突发右拳直击向甲方胸部时（图9-2-141），甲方闪避同时左手外翻成攔手攔抓乙方右腕臂（图9-2-142）。

图9-2-141

图9-2-142

攔腕手别。甲方随即进马上一步到乙方身体右侧后位，右掌伸出揿别其后腰部，左手攔腕随身体向左下扭转（图9-2-143），右掌同时揿按其腰反别，将乙方摔翻倒跌在地（图9-2-144）。

闪避及时，攔手有力，进马配合手法揿别协调。

避开对方拳攻，即可进马干净利落地攔腕揿别造成摔跌对方，如鹤斗蛇般动作。

图9-2-143

图9-2-144

三十七、潜避撞腰致摔

拍挡潜避。乙方突发左拳直击甲方头部时，甲方迅速用左拍手拍挡乙方左拳臂（图9-2-145）；乙方紧接收左拳，发右拳横贯甲方头部，甲方随势迅速下潜前靠躲避（图9-2-146）。

图9-2-145

图9-2-146

潜避撞腰。甲方紧跟躲避乙方拳头，随势前靠用左臂前伸圈抱乙方右大腿，右肩同时猛撞乙方腰部（图9-2-147），右手配合左手向右猛拖其腿，将乙方向后摔倒在地（图9-2-148）。

拍挡及时，下潜敏捷，撞腰配合圈抱整体动作利落。

打斗中，要注意连击头部的防护，撞腰圈抱造成摔跌对方要凶狠。

三十八、拦胸扳胯致摔

侧闪拦胸。乙方抢先发出右拳直击向甲方头部时，甲方左脚向左前进马上一步，同时身体向左偏侧闪使乙方出拳落空（图9-2-149），甲方紧跟右臂顺势由乙方右手下面向前

图9-2-147

图9-2-148

拦击乙方胸部（图9-2-150）。

拦胸扳胯。甲方动作不停，左手搂按乙方胯部；身体同时前压，右臂带肩顺势前撞乙方胸部，左手扳胯回拉配合，将乙方摔跌倒地（图9-2-151），使乙方被摔受挫（图9-2-152）。

侧闪灵活，拦胸突然，扳胯与拦胸上下整体配合发力做动作。

拦胸与扳胯在腰马整体配合发力中重摔对方。

图9-2-149

图9-2-150

图9-2-151

图9-2-152

三十九、搭手架推致摔

定马搭手。甲方与乙方迂回对峙中，甲方警觉（图9-2-153）；乙方突然进马发右拳直击甲方头部，甲方迅速侧移马同时向上伸右搭手搭挡乙方右拳（图9-2-154）。

搭手架推。甲方未等乙方收拳，紧跟身体前靠顶住乙方腰肋部，右手搭挡（图9-2-155），左手随腰马稳定发力向左后猛架推，将乙方打倒（图9-2-156）。

图9-2-153

图9-2-154

图9-2-155

图9-2-156

搭手及时、有力，架推随腰马配合发力突然做动作。

咏春打斗中，随对方动作搭挡，配合架推造成打摔对方，如鹤击蛇七寸般凶狠动作。

四十、扳肩打膝致摔

揿膝撞腰。甲方与乙方打斗中，乙方起左膝上撞甲方腰腹部时，甲方迅速以右揿手揿按乙方起膝（图9-2-157）；待乙方起膝落空收脚时，甲方迅速提右膝横撞乙方后腰部（图9-2-158）。

扳肩打膝。甲方紧跟右手同时伸出扳住乙方肩后拉，右脚前伸踢打乙方右膝窝处（图9-2-159），将乙方踢打向后栽倒（图9-2-160）。

图9-2-157

图9-2-158

图9-2-159

图9-2-160

搽按及时、有力，膝撞凶狠，扳肩牢固，打膝突然，整个动作上下一气呵成。

近身打斗中，手、膝、脚配合造成摔栽对方，如同鹤斗蛇缠般凶猛动作。

四十一、后倒上蹬致摔

弹臂抓肩。乙方发出左拳直击向甲方头部时，甲方右手成弹手向外弹挡乙方左拳臂（图9-2-161），同时借身体在乙方内侧优势，前靠用两手顺势抓住乙方双肩臂（图9-2-162）。

后倒上蹬。甲方两手用力后拉并主动向后倒地（图9-2-163），在倒地过程中用右脚蹬乙方腹部，向上向后猛蹬，将其从身体上方倒翻摔跌在地（图9-2-164）。

弹手及时、准确，后倒上蹬干脆、利落，一气呵成。

后倒上蹬致使摔翻对方，如同鹤在空中击翻纠缠的蛇般凶猛。

图9-2-161

图9-2-162

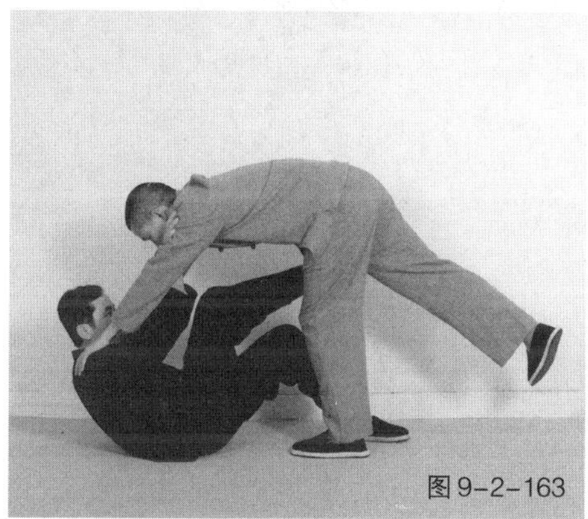
图9-2-163

图9-2-164

四十二、搂胸顶髋致摔

潜闪搂胸。甲方向乙方靠近时，乙方突发右拳直击向甲方头部，甲方在其拳锋将至瞬间，突然下蹲潜闪，使乙方出拳从头右侧空击而过（图9-2-165）；未待乙方收手，甲方紧跟前靠用右臂由乙方腋下穿出搂住其胸（图9-2-166）。

图9-2-165

图9-2-166

搂胸顶髋。甲方动作不停，用髋部猛力向前顶击乙方后髋处，使其身体反弓，右臂同时搂胸反压，将乙方向后摔倒（图9–2–167），使乙方被摔受挫（图9–2–168）。

潜闪及时，手搂牢固，顶髋有力，全身上下整体配合发力施摔。

搂胸顶髋形成摔倒对方，需手与腰髋同时动作，如同鹤跃空与纠缠的蛇相斗般。

图9–2–167

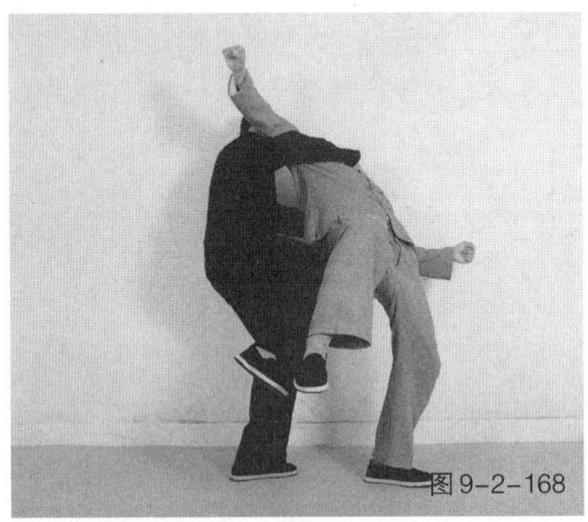
图9–2–168

四十三、靠脚压胸致摔

铲捶击头。甲方突发右铲捶横贯乙方头部（图9–2–169），乙方反应用左手前切甲方肘部内侧格扫（图9–2–170）。

图9–2–169

图9–2–170

靠脚压胸。乙方动作不停，紧跟伸右手勾甲方肩部，用右膝侧击撞甲方左肋部；甲方将身体向前紧贴乙方，使乙方起膝击空；右脚后跟向后猛靠抵乙方支撑腿的脚（图9–2–171）；身体同时前压乙方胸部，迫使乙方向后摔倒在地（图9–2–172）。

铲捶直接、突然，靠脚猝然发力，压胸与靠脚上下同时发力做动作。

靠脚与压胸上下形成破坏对方重心和底基使其被摔，如蛇纠缠鹤般。

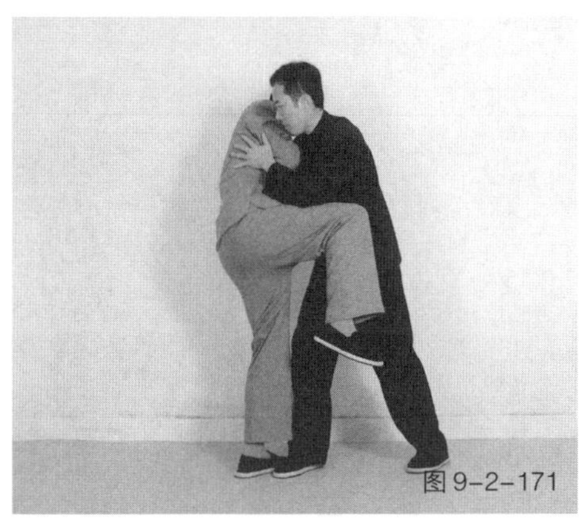
图9-2-171

图9-2-172

四十四、扰肘挑脚致摔

侧闪扰肘。甲方与乙方迂回对峙中，乙方晃动两拳头逼近甲方（图9-2-173），并突发左拳直击甲方胸部，甲方迅速右侧闪同时用左扰手扰挡乙方左拳臂（图9-2-174）。

图9-2-173

图9-2-174

扰肘挑脚。甲方左手扰手防护，左腿支撑，突起右脚挑勾乙方前伸的左腿脚，将乙方踢倒在地（图9-2-175），使乙方摔倒受挫（图9-2-176）。

扰手扰挡及时、有力，挑勾突然、猛狠。

挑脚挑勾对方的腿脚，多发力凶狠挑勾使其倒栽，如鹤击蛇般凶猛动作。

四十五、膀臂挑脚致摔

挡拳膀臂。甲方欲向乙方靠近时（图9-2-177），乙方突然发右拳直击向甲方头部，甲方迅速退马同时用左膀手消挡乙方右拳臂（图9-2-178）。

膀臂挑脚。甲方紧跟左手膀消同时，突起左脚挑勾乙方前伸的右腿脚（图9-2-

图9-2-175

图9-2-176

179），将乙方挑勾倒栽在地（图9-2-180）。

膀手消挡及时、有力，挑勾突然、凶狠，上下协调做动作。

挑脚，可随对方的动作从不同的位置突起脚挑勾造成栽摔。

图9-2-177

图9-2-178

图9-2-179

图9-2-180

四十六、左右挑脚致摔

冲捶左挑。甲方突发左冲捶直捣向乙方面门，迫使乙方反应（图9–2–181），乙方后闪同时甲方突起右脚挑勾乙方腿脚，乙方抬膝后退（图9–2–182）。

右挑勾踢。甲方紧跟前移马逼近乙方，两手防护（图9–2–183），突起左脚挑勾踢乙方右腿脚，将乙方勾踢倒栽在地（图9–2–184）。

冲捶直接、突然，左、右挑脚要一气呵成。

第一脚挑勾落空，不给对方喘息的机会，紧跟换脚第二次挑踢致摔对方，如鹤击蛇般。

图9–2–181

图9–2–182

图9–2–183

图9–2–184

四十七、挑脚破挑致摔

提膝避挑。甲方与乙方打斗中，乙方起左脚挑勾甲方前伸的右腿脚，甲方迅速上提右腿膝躲避乙方踢击（图9–2–185）；乙方踢空落脚欲稳定身体重心时（图9–2–186）。

挑脚破挑。甲方紧跟在乙方未站稳瞬间，突起右脚猛发力挑勾乙方重心右腿脚（图9–

2-187)，将乙方挑勾倒栽在地（图9-2-188)。

提膝及时，挑脚配合腰马身法迅速做动作。

挑脚破挑脚，多是在对方挑脚踢击时，以挑脚还击造成摔跌。

图9-2-185

图9-2-186

图9-2-187

图9-2-188

四十八、捞腿挑脚致摔

避闪捞腿。甲方与乙方迂回对峙中（图9-2-189），乙方突起左脚侧踹甲方中路，甲方迅速右侧闪避其腿攻，同时用左捞手捞抄抱住乙方左腿脚（图9-2-190)。

捞腿挑脚。甲方捞抄乙方左腿脚紧紧不放，同时突发右挑脚挑勾乙方支撑右腿脚（图9-2-191)，将乙方挑勾倒栽在地（图9-2-192)。

侧闪及时，捞手捞抄有力，挑勾突然，上下配合协调、利落动作。

捞手配合挑脚造成摔栽对方，如鹤击蛇般凶猛动作。

图9-2-189

图9-2-190

图9-2-191

图9-2-192

四十九、挑脚破蹬致摔

撑臂搭肩。甲方与乙方打斗中，乙方前伸两手扑攻向甲方，甲方迅速用右手成掌前撑推乙方右臂（图9-2-193）；随即转马拧腰靠近乙方，用左手搭推乙方右肩，迫使乙方未能扑攻（图9-2-194）。

图9-2-193

图9-2-194

挑脚破蹬。乙方抽出两手，准备起右脚蹬踹踢甲方，甲方移马变换身势（图9-2-195），突起右脚挑勾乙方右腿脚，同时带乙方右脚将其连挑带牵摔倒（图9-2-196）。

图9-2-195

图9-2-196

撑推搭挡及时，挑脚突然，手脚配合身法灵活致摔。

打斗中，灵活运用咏春技法防护消挡，挑脚破蹬造成摔跌对方，如鹤击蛇般迅猛出击。

五十、后闪前扫致摔

避击后闪。甲方与乙方对峙中，乙方抢先发出左手直捣向甲方头部（图9-2-197），甲方迅速躲避同时后闪，迫使乙方出招落空（图9-2-198）。

图9-2-197

图9-2-198

后闪前扫。甲方后闪同时随即下蹲，突发右脚向前猛扫乙方支撑左腿脚（图9-2-199），将乙方击扫倒摔在地（图9-2-200）。

避攻后闪及时，下蹲灵活，出脚扫踢突然、迅猛。

闪避中，乘机以俯身扫腿扫踢致对方摔跌要凶狠出击，如鹤击蛇般。

图 9-2-199

图 9-2-200

五十一、扶地扫腿致摔

下潜避拳。甲方与乙方打斗中，乙方晃动拳头靠近甲方（图9-2-201），突发右拳直击向甲方头部，甲方迅速下潜闪躲乙方拳头（图9-2-202）。

图 9-2-201

图 9-2-202

扶地扫腿。甲方紧跟顺势两手向左侧后扶地，突起右腿向前扫踢乙方前伸的右腿脚，将乙方扫踢倒趴在地（图9-2-203），使乙方遭到重创（图9-2-204）。

下潜及时，扶地前扫动作迅猛、有力，身法配合协调。

扶地前扫踢对方腿脚，多可重创致摔栽对方。

五十二、后扫破扫致摔

转马下潜。甲方与乙方迂回对峙中（图9-2-205），乙方突发起攻击，甲方迅速转马调整身势下潜，以对乙方攻势（图9-2-206）。

后扫破扫。甲方突起右腿横扫乙方脚部，甲方在乙方起腿中，同时转身左扶地猛后扫

图 9-2-203

图 9-2-204

击乙方支撑右腿脚（图9-2-207），将乙方扫踢击倒摔跌在地（图9-2-208）。

下潜、变换身法及时、灵活，出腿后扫突然、迅猛。

出腿向后扫击对方支撑腿脚，要凶狠击扫使其重摔跌，达到扫击破腿之法的目的。

图 9-2-205

图 9-2-206

图 9-2-207

图 9-2-208

五十三、前扫破踹致摔

下潜避腿。甲方与乙方对峙中（图9-2-209），乙方突然上提膝，甲方迅速下潜以防乙方起腿攻击（图9-2-210）。

前扫破踹。乙方随即起腿侧踹踢甲方上路，甲方下蹲突出右脚扫击乙方支撑左腿脚（图9-2-211），将乙方击扫倒地（图9-2-212）。

图9-2-209　图9-2-210

图9-2-211　图9-2-212

下潜及时，变换身法前扫腿迅速、有力，一气呵成。

向前扫腿攻击对方支撑腿达到破其踹腿致摔，要随势迅猛攻击，如鹤击蛇般。

五十四、下潜后扫致摔

避攻下潜。甲方与乙方打斗中，乙方晃动前伸靠近甲方（图9-2-213），并突发右手拳攻击甲方头部，甲方立即扣左脚转身下潜避躲（图9-2-214）。

下潜后扫。甲方在乙方出拳落空下潜同时，迅速向右后拧转身体发出右腿扫击乙方腿脚，将乙方扫击倒地（图9-2-215），使其遭到重创（图9-2-216）。

图9-2-213　图9-2-214

图9-2-215　图9-2-216

避攻下潜及时，后扫身法配合出腿动作迅猛。

后扫抓住时机狠击对方可使其重摔倒地。

五十五、撤膝挑脚致摔

侧闪撤膝。甲方与乙方打斗中，乙方突起左膝横撞甲方胸腹部时（图9-2-217），甲方迅速用右手撤推乙方膝腿，左手防护（图9-2-218）。

撤膝挑脚。甲方紧跟左手撤按乙方左膝，身体向左拧转，右手拦撑乙方胸部，右脚突下挑勾乙方支撑右腿脚（图9-2-219），将乙方挑勾倒地（图9-2-220）。

侧闪及时，撤膝有力，挑脚凶狠，手脚上下配合整体发力动作。

撤膝挑脚以破坏对方底基和身体重心造成的防打摔跌。

图9-2-217

图9-2-218

图9-2-219

图9-2-220

五十六、顶胸挑脚致摔

摊臂消拳。甲方与乙方打斗中，乙方突发右拳击向甲方胸部（图9-2-221），甲方迅速用右摊手摊挡乙方右拳臂，消挡乙方拳势（图9-2-222）。

图9-2-221

图9-2-222

顶胸挑脚。甲方紧跟右手牵带乙方右手腕后拉，突起左膝上顶撞乙方胸腹部（图9-2-223），随即左脚落地，左脚同时向前挑勾乙方前支撑腿，将乙方挑勾摔倒在地（图9-2-224）。

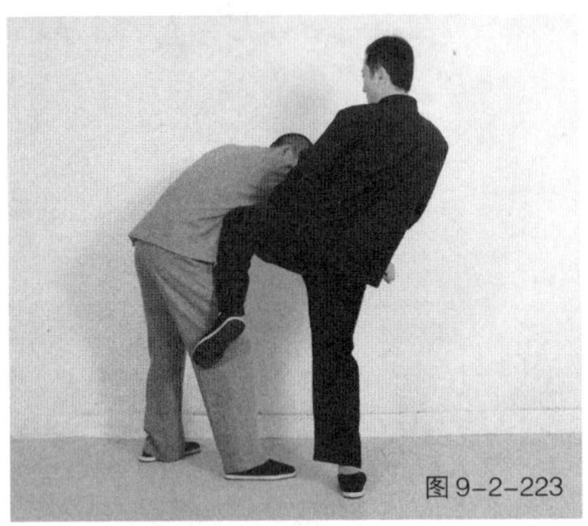
图9-2-223

图9-2-224

摊挡及时，膝顶突然，挑脚凶狠，整个动作快速、利落。

膝腿配合造成摔法，可使对方被狠击受挫，如蛇鹤相争相斗般。

五十七、绊脚撞腿致摔

膀腿绊脚。甲方与乙方对峙纠缠中，甲方前伸左手试探乙方反应（图9-2-225），乙方突起左腿横扫甲方头部时，甲方迅速迎进身去，用右膀手消挡乙方左腿，同时前伸右脚绊住乙方支撑腿脚（图9-2-226）。

图9-2-225

图9-2-226

绊脚撞腿。甲方动作不停，同时绊乙方腿脚，身体猛向前撞乙方大腿根部，将乙方连绊带撞向后倒摔于地（图9-2-227），使其被摔受到重创（图9-2-228）。

膀消有力，绊脚与撞腿上下配合协调动作。

绊脚撞腿如蛇鹤相缠相斗般凶狠击摔对方。

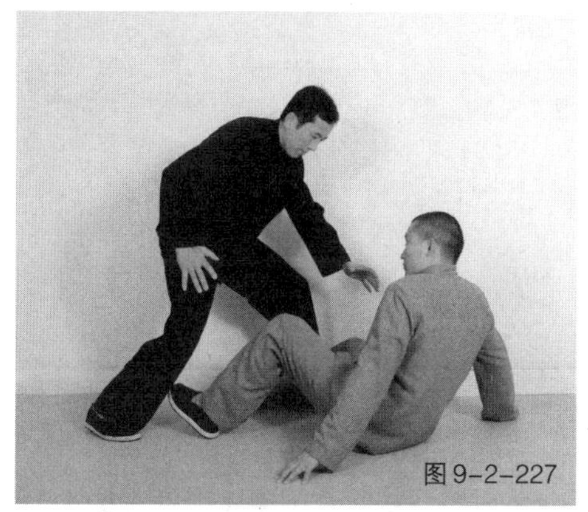
图 9-2-227

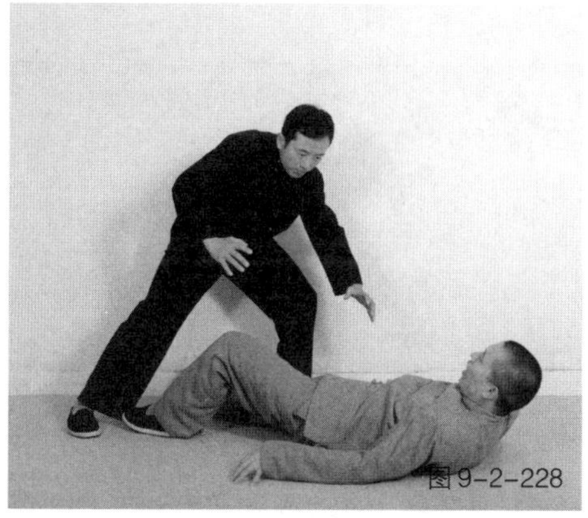
图 9-2-228

五十八、膀腿后扫致摔

侧闪膀腿。甲方与乙方摆好桩马对峙中（图 9-2-229），乙方突起右脚蹬踢甲方胸部，甲方迅速向左侧闪避同时用左膀手消挡乙方右腿脚（图 9-2-230）。

图 9-2-229

图 9-2-230

膀腿后扫。甲方膀卸消挡乙方攻击腿令其击空后，身体突然向右后转体 180°，突发右腿脚向后猛扫击乙方支撑左腿脚（图 9-2-231），将乙方击摔栽在地（图 9-2-232）。

膀手消挡及时，注意力度，转身出腿脚后扫迅猛，一气呵成做动作。

向后出腿脚扫击对方支撑腿脚，可重创摔跌对方，如蛇鹤相缠抽击般。

五十九、砸膝挑脚致摔

侧闪砸膝。甲方与乙方纠缠中，乙方突起左膝撞向甲方腹部（图 9-2-233），甲方迅速将身体稍右侧闪，同时用右肘向下猛砸乙方左大腿（图 9-2-234）。

图 9-2-231

图 9-2-232

砸膝挑脚。甲方紧跟用肘砸乙方大腿同时顺势前伸右肘臂压挡其膝腿（图 9-2-235），突起右脚挑勾乙方支撑腿小腿处，使乙方被击向后倒栽在地（图 9-2-236）。

侧闪及时，砸膝凶狠，挑脚突然，整个动作上下协调内外发力。

近身打斗中，以肘砸膝可顺势配合挑脚造成对方被击摔跌。

图 9-2-233

图 9-2-234

图 9-2-235

图 9-2-236

六十、踹喉扫脚致摔

撑腿踹喉。甲方与乙方迂回对峙中（图9-2-237），甲方乘乙方注意力不集中时，突起左侧撑脚猛侧踹乙方咽喉部（图9-2-238）。

踹喉扫脚。甲方撑踹乙方咽喉之后随即落脚两手扶地（图9-2-239），再发右腿脚向后猛扫乙方右腿脚，将乙方击扫踢倒在地（图9-2-240）。

撑腿高踹踢控制好自身平衡，伏身扫腿迅猛，整个出脚动作上下一气呵成。

打击致使对方摔倒，在打斗中，踢上扫下准狠攻击可造成重创。

图9-2-237

图9-2-238

图9-2-239

图9-2-240

第三节　格斗拿中致摔绝技

格斗拿中致摔，多是介绍在打斗中拿制对方腿脚形成的摔跌技法。在后面其他各章节阐述了较多的咏春格斗拿制上肢、躯干、下肢的技法，本章也主要阐述在打斗中拿制腿脚

形成的致摔技法。

咏春格斗中，腿法相对于手法的打斗会造成极大的威胁，因此对付用腿的技巧在打斗中要善用。通过咏春基础拳理告诉修习者，底基越小稳定性越差，正如拳谚中说“起腿半边空”。人体在单脚支撑时，底基为最小，此时需要高度的协调性才能保持身体的平衡。因此，当对方用腿法攻击时，虽然威胁性较强，但只要用拿法接拿或躲过对方的攻击腿脚，顺势施法，就能较容易地战胜对方。

一、膀手接腿致摔

外门膀腿。乙方突起右腿扫踢向甲方中路时，甲方迅速以左膀手由外门消挡乙方右腿脚（图9-3-1），随即膀手变势成捞手捞抄控制乙方右腿（图9-3-2）。

内门膀腿。如果乙方以左腿脚横扫踢向甲方中路时，甲方旋出右膀手由内门消挡乙方左腿脚（图9-3-3），随即膀手变势成捞手捞抄控制乙方左腿，并顺势上抬或前送将乙方摔倒在地（图9-3-4）。

膀手及时，注意内、外门区分，身法与手法整体配合发力消挡致摔。

图9-3-1

图9-3-2

图9-3-3

图9-3-4

膀手除了消挡对方的手法攻击，对付腿法消挡同时顺势造成摔跌，如蛇鹤相缠相争般。

二、捞手接腿致摔

侧闪避腿。甲方与乙方迂回对峙中，乙方晃动两拳时（图9–3–5），并突起右脚蹬踹甲方胸部，甲方迅速向左侧闪避乙方腿攻（图9–3–6）。

捞手接腿。甲方侧闪使乙方出腿蹬空，紧跟左手成捞手捞抄接住乙方右腿（图9–3–7），右手配合上掀，将乙方摔倒在地（图9–3–8）。

侧闪及时、灵活，捞手捞挡有力，身、手配合整体发力做动作。

捞手是咏春中对付腿攻常用的手法，也可分内、外门捞手接腿，乘势捞接对方腿脚造成摔跌。

图9–3–5

图9–3–6

图9–3–7

图9–3–8

三、捞腿抱转致摔

侧闪捞腿。甲方与乙方打斗中，乙方起左腿横踢向甲方中路（图9–3–9），甲方迅速用

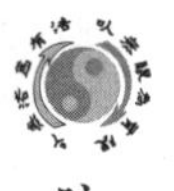

两手捞抄抱住乙方左腿脚（图9–3–10）。

捞腿抱转。乙方被捞抱左脚欲挣脱，甲方两手抱紧乙方其腿，紧跟移马转身（图9–3–11），将乙方转摔倒栽在地（图9–3–12）。

两手配合捞手及时、牢固，腰马随转身灵活、有力。

捞手单手、双手均可随打斗状况施用，在捞抄抱住对方攻击腿同时配合转动逼靠形成摔跌。

图9–3–9

图9–3–10

图9–3–11

图9–3–12

四、捞腿牵带致摔

侧闪避腿。甲方欲向前移动，乙方同时跟着移位（图9–3–13），并突起右脚点踢甲方胸部，甲方在乙方起腿即将击中身体的瞬间突然向右转身，移马一步侧闪使乙方出腿从体前击空（图9–3–14）。

捞腿牵带。甲方紧跟左臂顺势成捞手屈肘上捞抄乙方右腿脚（图9–3–15），并突然用力向右牵带将其摔倒在地（图9–3–16）。

侧闪避攻及时，捞手牢固、有力，牵带突然。

捞手控制对方踢击的腿脚，可随势牵带使对方摔翻倒地。

图9-3-13

图9-3-14

图9-3-15

图9-3-16

五、捞手夹腿致摔

迂回对峙。甲方与乙方迂回对峙中，甲方前伸左手试探乙方反应（图9-3-17），乙方紧跟前伸左手对峙（图9-3-18）。

图9-3-17

图9-3-18

捞手夹腿。乙方突起左脚前踢甲方腹或胸部，甲方迅速憋气鼓劲迎击乙方左腿脚，同时右手成捞手捞抄夹住乙方左腿脚（图9-3-19），左手配合前撑推乙方胸部，将乙方推翻倒地（图9-3-20）。

图9-3-19

图9-3-20

迂回对峙随时注视变化，捞手牢固，手推有力。

被腿脚踢击时，注意瞬间的憋气动作增强抗击能力，并用捞手配合推击致摔。

六、接腿别转致摔

侧闪避腿。甲方与乙方打斗中，乙方晃动拳头试探甲方（图9-3-21），同时起右腿脚扫踢甲方腰肋部，甲方迅速向右侧闪避（图9-3-22）。

图9-3-21

图9-3-22

接腿别转。甲方紧跟左手成捞手捞抄接住乙方右腿脚，右手抱住乙方左臂，同时换马移马，右髋关节别顶住乙方大腿根部（图9-3-23），身体猛左转，右手抱其臂同时旋转，使乙方被摔而出（图9-3-24）。

侧闪及时，捞手有力，移腰髋顶别协调。

接住对方攻击腿脚，要及时换马移步上下配合别摔跌对方，如蛇鹤相缠相争般。

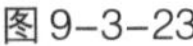

图9-3-23

图9-3-24

七、捞腿摇涮致摔

侧闪捞腿。甲方与乙方互相靠近中（图9-3-25），乙方突起左脚前蹬踢甲方头部，甲方迅速右侧闪避其腿脚，乘机用右捞手抄接住乙方左腿脚，右手配合控制住其腿（图9-3-26）。

图9-3-25

图9-3-26

捞腿摇涮。乙方欲动，甲方紧跟两手屈腕控制住乙方腿脚猛发力由右上方向下再向左上方弧形摇涮其腿（图9-3-27），使乙方重心失衡来不及调整而翻倒在地（图9-3-28）。

侧闪灵活、及时，捞手牢固，摇涮突然、有力，幅度大。

捞手控制住对方腿脚时，猛然的摇涮可造成狠摔对方，如蛇鹤相缠相争般。

八、捞腿捣胸致摔

侧闪捞腿。甲方与乙方打斗中，乙方迅速靠近甲方（图9-3-29），起右脚向前蹬踹甲

图9-3-27

图9-3-28

方胸部，甲方迅速左侧闪避，同时用左捞手捞抄住乙方右腿（图9-3-30）。

捞腿捣胸。甲方紧跟前进一步，右手腾出成冲捶猛捣击乙方胸部（图9-3-31），乙方右腿被控制，胸口被击失去重心，而后仰倒翻栽在地（图9-3-32）。

侧闪及时，捞手牢固、有力，冲捶突然，上下配合整体发力做动作。

捞手控制对方攻击腿脚，配合拳法捣击可致使对方重心被破坏而摔倒。

图9-3-29

图9-3-30

图9-3-31

图9-3-32

九、捞腿顺牵致摔

侧闪捞腿。乙方移步向前靠近甲方，甲方警觉（图9-3-33）；乙方突起左脚侧踹踢甲方胸部或腰肋时，甲方身体向左后侧闪，同时右手成捞手捞抄接住乙方左腿脚（图9-3-34）。

捞腿顺牵。甲方动作不停，右捞手与左手配合控制乙方左腿脚，并顺乙方来腿之势向后牵拉其腿，将其滑倒在地（图9-3-35），使其被拿摔受挫（图9-3-36）。

侧闪及时、捞手快速、有力，牵拉突然，顺势。

捞手接抄对方向前蹬踢的腿脚，顺势牵拉造成对方被滑倒狠摔。

图9-3-33

图9-3-34

图9-3-35

图9-3-36

十、接腿挑脚致摔

侧闪接腿。甲方与乙方迂回对峙中（图9-3-37），乙方突起右脚踹向甲方胸部，甲方迅速将身体向左拧闪，同时用右捞手抄接乙方右腿脚（图9-3-38）。

接腿挑脚。甲方左手配合右手捞接住乙方右腿脚并控制住，同时突发右挑脚挑勾乙方支撑左腿脚（图9-3-39），将乙方挑勾倒摔在地（图9-3-40）。

侧闪及时，捞腿接抄有力，挑脚突然、凶狠。

捞手抄接控制对方攻击腿脚，配合下挑勾乙方支撑重心腿造成摔跌。

图9-3-37　图9-3-38　图9-3-39　图9-3-40

十一、捞腿抹脖致摔

侧闪捞腿。甲方与乙方打斗中，乙方突然上提右膝，甲方警觉（图9-3-41）；乙方突发右腿脚横扫踢甲方腰肋部，甲方迅速以左捞手捞抄住乙方右腿脚（图9-3-42）。

捞腿抹脖。甲方紧跟沉身前靠，左手转臂捞抄控制乙方右腿，右手突然前抹其脖颈后拉（图9-3-43），身体随即右转，左臂反推其，右脚同时前伸挑勾乙方支撑脚，三劲合一，将乙方摔倒在地（图9-3-44）。

侧闪及时，捞腿、抹颈、挑脚，整体配合发力。

捞手控制对方攻击腿，身、手、脚即刻合力造成摔跌对方，如蛇鹤相缠相斗般。

图 9-3-41

图 9-3-42

图 9-3-43

图 9-3-44

十二、捞腿别腿致摔

近身捞腿。乙方突起右腿踹踢向甲方胸部，甲方稍右侧闪趁乙方腿攻击将到之际（图 9-3-45），迅速近身用左捞手捞抄乙方右腿（图 9-3-46）。

图 9-3-45

图 9-3-46

捞腿别腿。甲方捞抱住乙方腿同时左转身体，移步换马将右脚插入乙方裆下，右手同时拦抱其腰部，髋部紧贴其大腿根部（图9-3-47），身体猛向左后拧转，左臂夹腿，右臂拦腰，右腿后别，将乙方摔倒在地（图9-3-48）。

近身捞手及时、有力，拦抱、髋贴、转身、别腿，整个动作内外合一，整体发力。

捞抱对方攻击腿，以手、身、步、脚配合造成摔跌，如蛇鹤相缠相斗般。

图9-3-47

图9-3-48

十三、抄腿抹脖致摔

踹腰抄腿。甲方与乙方打斗中，甲方起右腿侧撑踹乙方腰部，乙方迅速下伸左手拦挡（图9-3-49）；乙方乘甲方落脚起腿横扫甲方腰部，甲方迅速近身用左手捞抄乙方右腿脚（图9-3-50）。

图9-3-49

图9-3-50

抄腿抹脖。甲方紧跟进马逼近乙方，用右手抹击乙方脖颈部（图9-3-51），身体向右后同时拧转，右手抹、左手抄腿上送，将乙方摔倒在地（图9-3-52）。

撑踹直接，抄腿有力、牢固，抹击突然、凶狠，全身配合整体协调。

打斗中，踢打落空与否都要与对方随势造成手脚配合的打摔。

图9-3-51　　图9-3-52

十四、接腿旋压致摔

转身接腿。甲方与乙方打斗中，乙方迅速向甲方靠近（图9-3-53），并突起左腿脚扫踢向甲方胸部或头部，甲方迅速向右转身，换马移步，两手成捞抄接住乙方左腿脚（图9-3-54）。

图9-3-53　　图9-3-54

接腿旋压。乙方欲动；甲方两手控制乙方腿脚牵带，以左肩压住乙方左大腿部，身体向右拧转（图9-3-55），两手控其腿脚向后方旋压牵带，将乙方向侧后反旋摔栽倒地（图9-3-56）。

转身移马捞抄及时、有力，两手随腰马灵活旋压动作。

身法与移马要随对方动势随时变换，并造成旋压摔跌对方，如蛇鹤相缠相争般。

图9-3-55

图9-3-56

十五、接腿磕脚致摔

侧闪接腿。甲方向乙方靠近并保持警觉（图9-3-57），乙方突起右脚前蹬踢甲方，甲方稍右侧闪同时用左手捞接住乙方右腿脚（图9-3-58）。

图9-3-57

图9-3-58

接腿磕脚。甲方紧跟移马上右脚向前一步到乙方支撑腿之后，用脚后跟猛磕乙方支撑腿脚（图9-3-59），右掌同时猛推击乙方胸部，将乙方连磕带推倒摔在地（图9-3-60）。

侧闪及时，捞手捞接牢固，磕脚、掌推上下同时做动作。

磕脚配合掌推破坏对方底基和身体重心造成狠狠摔跌，如蛇鹤相缠相斗般。

十六、抱腿胸压致摔

迂回对峙。甲方与乙方迂回对峙中（图9-3-61），甲方保持警觉以防乙方突袭，乙方紧跟移位突逼向甲方（图9-3-62）。

抱腿胸压。乙方迅速起右腿扫踢向甲方腰部，甲方看准乙方动作，待乙方腿将至，用

图 9-3-59

图 9-3-60

右臂向前捞抄抱住其腿，左手配合向下捞抄夹抱（图 9-3-63），两手抱紧控制乙方腿脚，身体向左猛拧转，同时用胸部向左旋压其腿，将乙方旋压倒地（图 9-3-64）。

迂回对峙保持警觉，捞抄夹抱牢固、有力，胸旋压猛狠。

捞手拿打灵活运用，内外整体发力配合身法施摔对方，如蛇鹤恶斗般凶猛。

图 9-3-61

图 9-3-62

图 9-3-63

图 9-3-64

十七、膀腿臂靠致摔

侧闪膀腿。甲方与乙方打斗纠缠中，乙方出现预兆（图9-3-65），突起右脚侧踹踢甲方胸部，甲方立即侧闪并用右膀手消挡乙方攻击腿（图9-3-66）。

膀腿臂靠。甲方在乙方欲收腿时，向前进马，右臂同时顺乙方大腿向前靠击其腿裆部（图9-3-67），将乙方猛靠击倒在地（图9-3-68）。

侧闪及时，膀消有力，注意接触力度，进马臂靠凶猛。

膀手消挡对方腿攻要内外相合发劲抗击，乘势肩臂靠击致摔。

图9-3-65

图9-3-66

图9-3-67

图9-3-68

十八、抱腿后拉致摔

下潜避腿。甲方与乙方对峙中，甲方注视乙方变化（图9-3-69），乙方突起右腿扫踢向甲方头部，甲方迅速向乙方裆部死角下潜避闪（图9-3-70）。

抱腿后拉。甲方紧跟两手成捞手捞抱住乙方左腿（图9-3-71），逆其扫踢方向猛向后拉，迫使乙方向前扑栽倒地（图9-3-72）。

下潜及时、灵活，捞手捞抱牢固、有力，腰马配合发力。

躲避上路扫踢腿类腿法，抱对方攻击腿要猛向逆反方向发力拉，可造成重摔对方。

图9-3-69

图9-3-70

图9-3-71

图9-3-72

十九、弹裆挑腿致摔

膀腿弹裆。乙方抢先起右腿扫踢向甲方腰肋部，甲方迅速右侧闪同时下旋左膀手消挡乙方右腿（图9-3-73），紧跟未等乙方落脚瞬间，左手或接抱其腿，甲方突起左脚弹踢乙方裆部（图9-3-74）。

弹裆挑腿。乙方遭到弹踢疼痛发愣同时，甲方再起右脚猛挑勾乙方支撑左腿脚（图9-3-75），将乙方挑击倒在地（图9-3-76）。

膀手配合侧闪及时动作中，弹踢突然，挑脚猛狠。

手法消挡对方攻击腿脚，在其未收脚时腿法左右连攻造成对方受击致摔。

图9-3-73

图9-3-74

图9-3-75

图9-3-76

二十、扫腿顶脚致摔

侧闪扫腿。乙方抢先起右腿脚扫踢向甲方上路（图9-3-77），甲方迅速右侧闪避同时两手防护，同时起左脚扫踢乙方支撑腿膝（图9-3-78）。

图9-3-77

图9-3-78

扫腿顶脚。甲方扫踢使乙方支撑腿晃动同时，下落左脚，身体前扑，两手控住乙方右脚向前顶（图9-3-79），将乙方顶翻在地（图9-3-80）。

扫腿突然、准狠，两手前顶配合腰马快速动作。

扫腿击踢对方支撑腿膝，两手拿制前顶造成对方被狠摔，如蛇鹤相缠相斗般。

图9-3-79

图9-3-80

二十一、别胯拦胸致摔

侧闪膀腿。甲方向乙方靠近时，乙方突起左腿蹬踹甲方胸部（图9-3-81）；甲方在乙方腿即将击到瞬间向右侧闪乘机进马以膀手消挡其腿（图9-3-82）。

图9-3-81

图9-3-82

别胯拦胸。乙方落脚时，甲方紧跟进马左手由乙方腋下伸出拦其胸部，左腿别其左胯，同时右手攀扳其肩（图9-3-83），左手拦其胸致使乙方后倒在地（图9-3-84）。

侧闪、膀手及时，拦胸、腿别、攀扳整体协调发力。

别胯拦胸破坏对方底基和重心造成摔跌，如蛇鹤争斗般。

图 9-3-83

图 9-3-84

二十二、夹腿击面致摔

砸胫夹腿。甲方与乙方打斗中，乙方突起右腿扫踢向甲方腰肋部，甲方迅速用左肘下砸乙方右腿胫（图9-3-85），随即前手下伸夹住乙方右腿（图9-3-86）。

图 9-3-85

图 9-3-86

夹腿击面。甲方动作不停，随即身体前压，右手成掌猛击乙方面门（图9-3-87），使乙方被击向后倒摔在地（图9-3-88）。

肘砸准狠，臂夹牢固，击头突然，全身上下配合协调动作。

肘砸对方攻击腿胫重创同时夹制，配合掌法或拳法拿打造成摔跌对方。

二十三、对踢夹腿致摔

对峙对踢。甲方与乙方迂回对峙中（图9-3-89），乙方突起右腿扫踢甲方头部，甲方同时侧后闪身起右脚扫踢乙方支撑腿膝（图9-3-90）。

对踢夹腿。甲方与乙方形成对踢瞬间，甲方身体顺势向左拧转，左手由下向屈肘捞夹

图 9-3-87

图 9-3-88

住其腿，右手成掌或拳击打乙方头部（图9-3-91），将乙方拿制击摔倒地（图9-3-92）。

对峙对踢注意角度，夹腿拳击上下同时做动作。

打斗中对踢经常遇到，踢扫对方支撑腿膝破坏重心，夹腿拳击拿打结合致摔。

图 9-3-89

图 9-3-90

图 9-3-91

图 9-3-92

二十四、夹腿顶裆致摔

迎击夹腿。甲方向乙方靠近时，乙方突起左脚扫踢甲方腰部（图9-3-93），甲方瞬间憋气迎击，同时右捞手捞夹住乙方左腿脚，左手成拳击打乙方面门（图9-3-94）。

夹腿顶裆。甲方紧跟收拳提膝撞顶乙方裆或大腿根处（图9-3-95），随即落脚夹乙方腿脚猛向后方拧腰转胯，使乙方重心失衡倒跌在地（图9-3-96）。

迎击瞬间屏气，捞夹牢固，拳击突然，膝撞及时。

夹制对方攻击腿脚，可随势膝撞或转拧迫使对方倒摔，如蛇鹤争斗般凶猛。

图9-3-93

图9-3-94

图9-3-95

图9-3-96

第四节　格斗地趟致摔绝技

咏春格斗地趟致摔，主要是在不慎倒地面对对方的攻击或不法侵害时而实施的一种击倒法。地趟摔法融入了跌扑滚翻的技巧，结合手法、腿法、拿法、步法等动作，形成了咏春格斗地趟摔法绝技。此动作如蛇鹤在地面相缠相争般。

一、抓臂蹬腹致摔

倒地戒备。甲方与乙方打斗中，甲方不慎倒地，随即一腿屈一腿伸以脚与乙方对峙，随时保持戒备（图9-4-1）；乙方俯身下扑击向甲方，甲方两手撑起抓住乙方臂部（图9-4-2）。

抓臂蹬腹。甲方紧跟一脚蹬乙方腹部，两手同时用力抓其臂后拉，脚同时向上向后猛蹬其腹，将乙方在身体上方翻摔倒地（图9-4-3），使乙方受到重创（图9-4-4）。

主动或被动倒地，随时保持戒备状态，以利及时攻守，抓臂牢固，蹬腹猛狠。

地趟中，随对方动作及时变化攻守，抓臂蹬腹造成摔跌，这也是咏春或其他武术中的常用摔法。

图9-4-1

图9-4-2

图9-4-3

图9-4-4

二、捣面蹬膝致摔

倒地屈膝。打斗中，甲方不慎倒地，乙方前伸右脚踩击甲方膝部，甲方迅速屈肘屈膝

防护（图9-4-5），乙方紧跟俯身拳击；甲方迅速抢先向右翻滚，同时用左冲捶直捣击乙方面部（图9-4-6）。

捣面蹬膝。甲方出拳击打迫使乙方慌神中，随身体向左翻滚，突伸右脚侧蹬踹乙方膝关节内侧（图9-4-7），使乙方受击后倒栽在地（图9-4-8）。

倒地及时保护，屈肘屈膝防护及时，冲捶、蹬膝突然、有力。

趟地主动或被动都要随时攻守，拳击和踹踢对方腿膝重创造成摔跌，如鹤击蛇般凶狠。

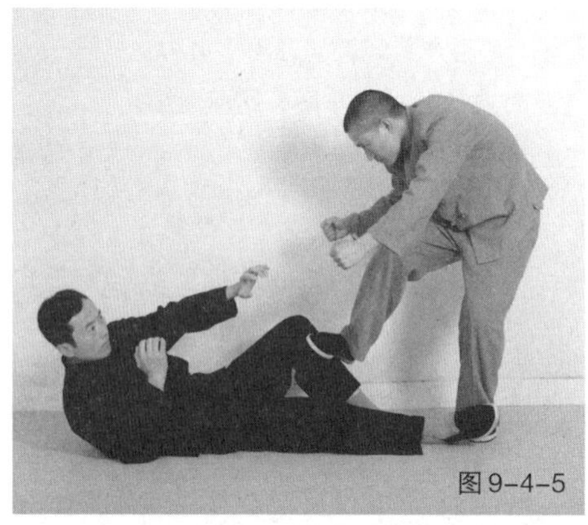

图9-4-5

图9-4-6

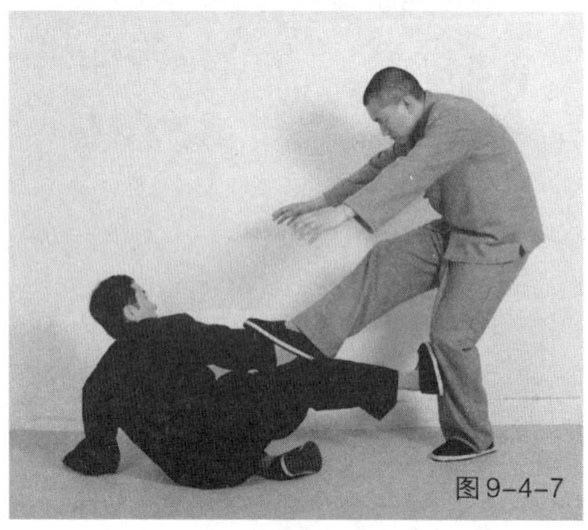

图9-4-7

图9-4-8

三、抓腕翻滚致摔

倒地抓腕。甲方与乙方打斗中不慎倒地后，乙方欲俯身卡甲方喉部；甲方起右腿摆踢乙方腰肋部（图9-4-9），紧跟身体向右翻滚，两手交叉紧夹乙方手臂（图9-4-10）。

抓腕翻滚。甲方动作不停，两手控制乙方手臂使乙方被迫向侧翻倒（图9-4-11），顺势扬起右肘砸捣乙方面门（图9-4-12）。

倒地注意自身保护，摆腿及时，抓腕牢固，翻滚迅猛。

地趟打斗中，抓对方腕臂翻滚致摔要凶狠，如蛇鹤缠斗般。

图 9-4-9

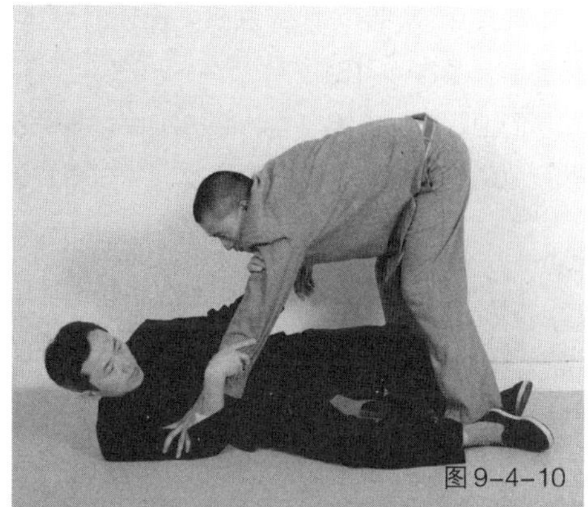
图 9-4-10

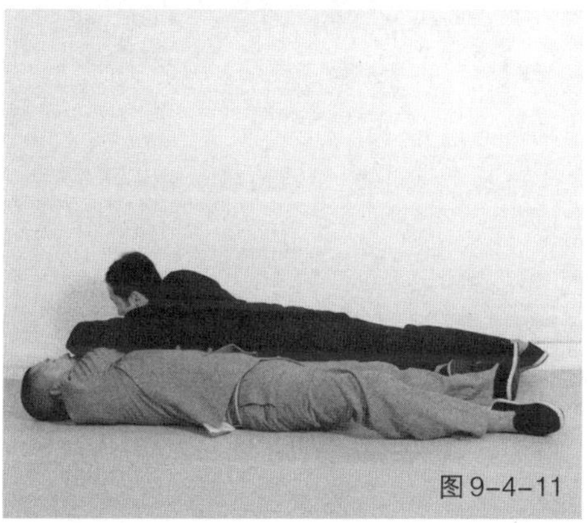
图 9-4-11

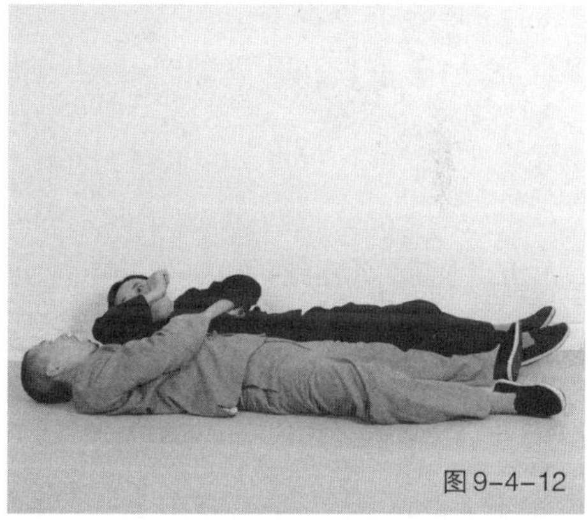
图 9-4-12

四、夹头后蹬致摔

倒地夹头。甲方与乙方纠缠中不慎倒地，乙方随即俯身欲卡甲方喉部（图9-4-13），甲方两手抓乙方右手臂，身体在地上平磨同时，屈起左腿置于对方头颈部（图9-4-14）。

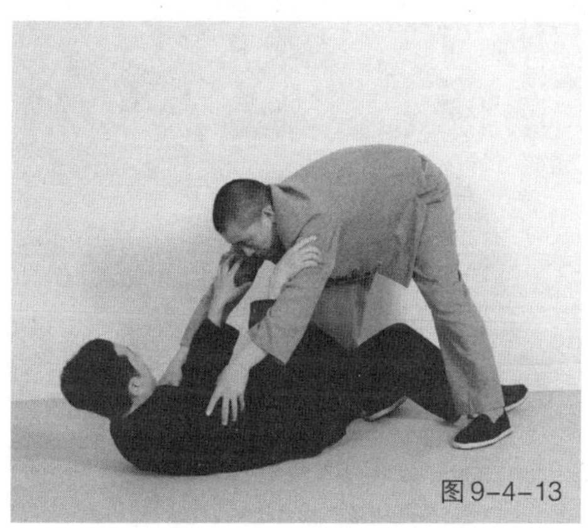
图 9-4-13

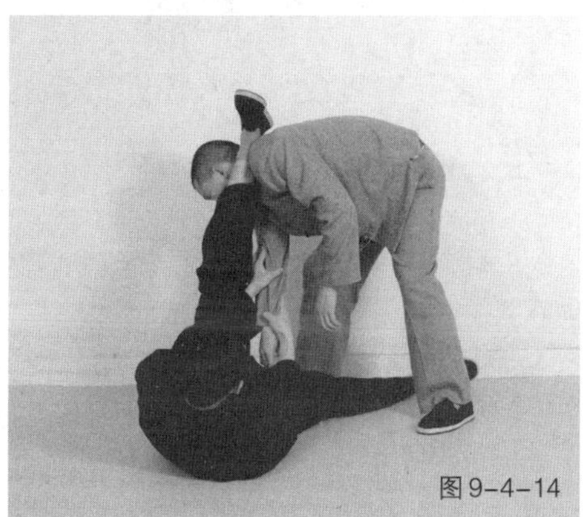
图 9-4-14

夹头后蹬。甲方随即左腿夹住乙方头部猛向后蹬压（图9–4–15），两手配合将乙方夹翻倒地（图9–4–16）。

倒地及时，抓撑有力，腿夹牢固，地趟整个动作迅猛、快速。

地趟纠缠打斗，随时变势攻守抓住对方臂腿夹其头造成摔跌。

图9–4–15

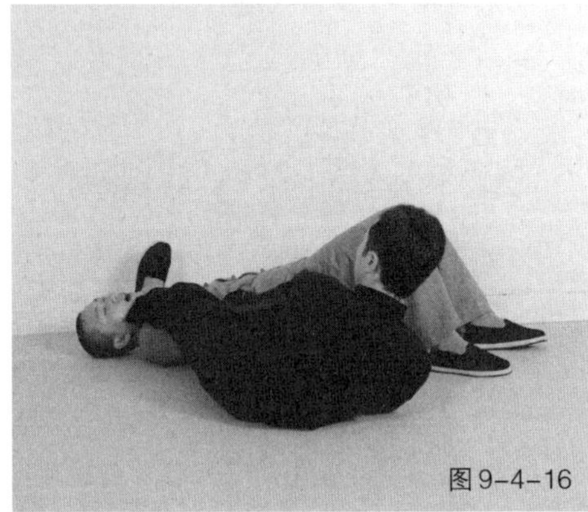
图9–4–16

五、抱脚顶膝致摔

屈膝倒地。甲方向乙方靠近时，乙方抓住甲方头发前拖迫使甲方屈膝倒地（图9–4–17），甲方迅速借乙方抓发下按之势，两手抱紧乙方脚腕（图9–4–18）。

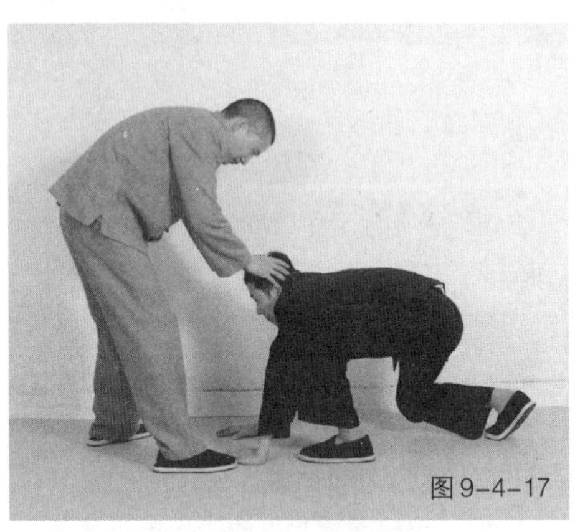
图9–4–17

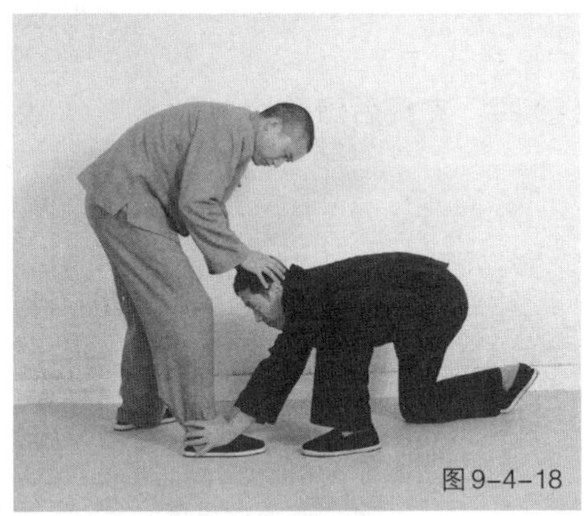
图9–4–18

抱脚顶膝。甲方两手抱紧乙方右脚不放，随即肩部向前猛撞乙方膝关节，使乙方被迫向后倒栽在地（图9–4–19），遭受重创（图9–4–20）。

屈膝倒地及时，两手抱脚牢固，顶膝突然，上下配合整体发力做动作。

被对方抓住头发要随势屈膝倒地缓解的同时，配合顶膝造成重摔对方。

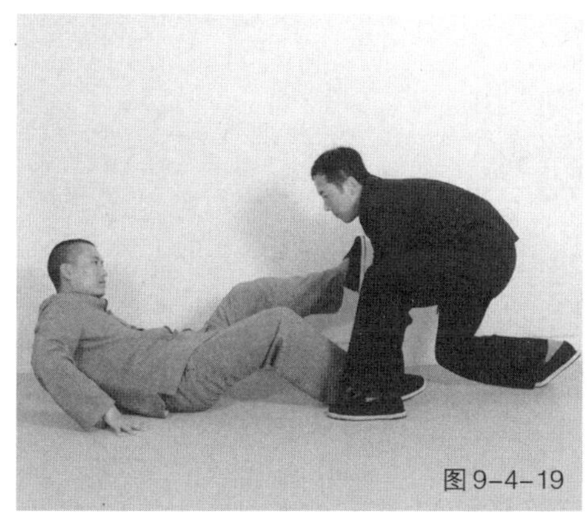
图9-4-19

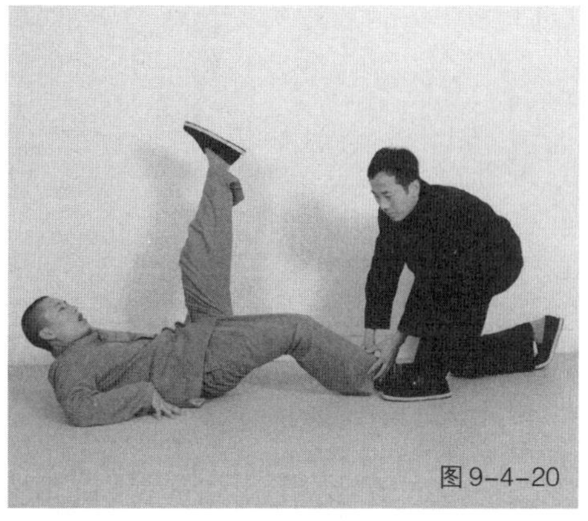
图9-4-20

六、圈腿滚身致摔

拖倒圈腿。甲方与乙方打斗中，乙方两手用力将甲方拖倒在地（图9-4-21），甲方乘机左臂反身圈抱住乙方前伸的右腿（图9-4-22）。

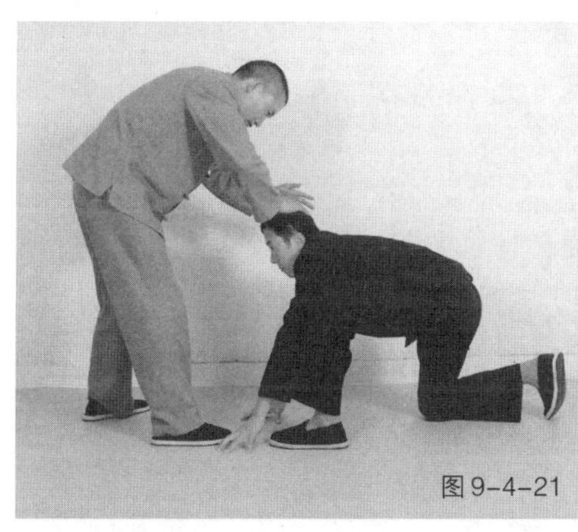
图9-4-21

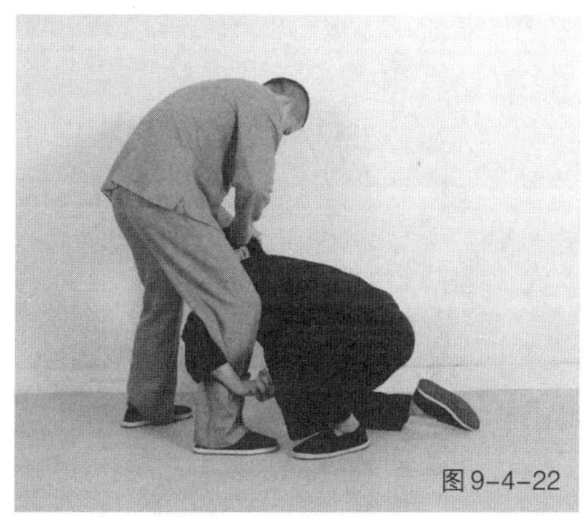
图9-4-22

圈腿滚身。甲方动作不停，随即左肘关节收紧，身体向右后翻滚一周，迫使乙方砰然倒栽在地（图9-4-23），受到重创（图9-4-24）。

拖身及时防护，臂圈抱及时、牢固，翻滚身体迅猛，整个动作一气呵成。

打斗中，被打倒或拖倒在地时随时注意攻守防护，用臂圈抱对方腿脚以就近的腿拿取，配合身体的翻滚造成摔跌。

七、伏地剪腿致摔

侧倒伏地。甲方与乙方打斗中，甲方不慎侧倒地上，及时伏地防备（图9-4-25），乙方欲扑向甲方攻击，甲方迅速前伸右脚侧踹乙方腹部（图9-4-26）。

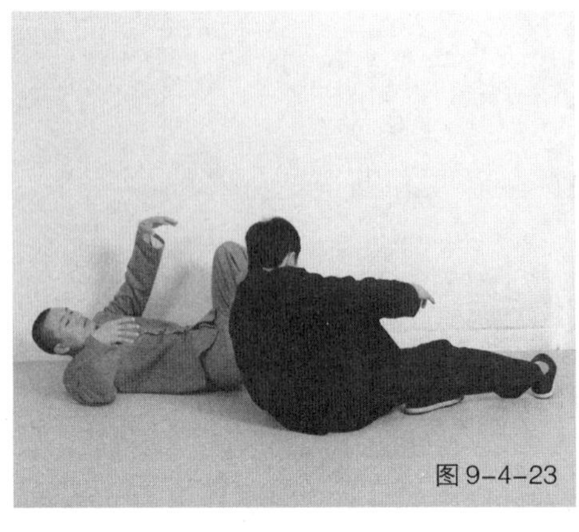
图9-4-23

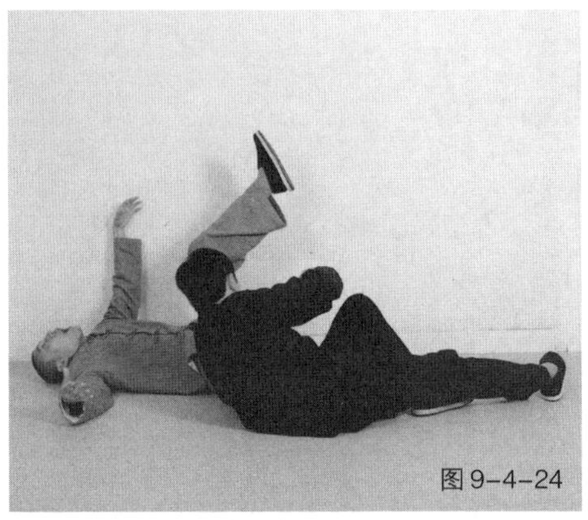
图9-4-24

伏地剪腿。甲方紧跟右脚一蹬踢同时向上向后反剪，左脚向前踢击，将乙方向侧后倒剪踢倒栽在地（图9-4-27），受到重创（图9-4-28）。

侧倒伏地注意保护，蹬踹、剪踢及时、有力。

倒地打斗中，剪踢以两腿交错发力造成对方腿被剪而摔跌，如鹤击蛇般凶狠。

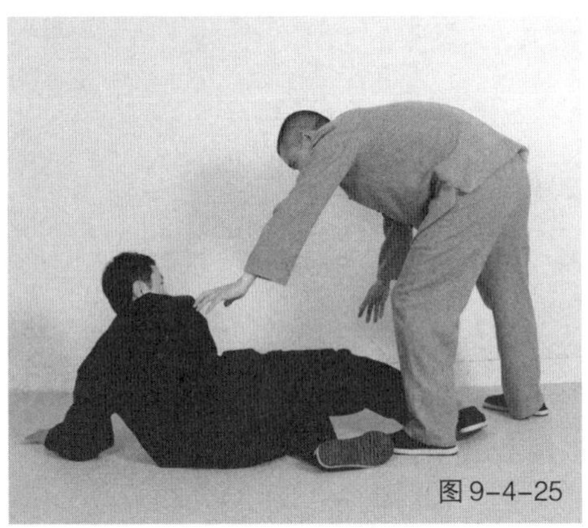
图9-4-25

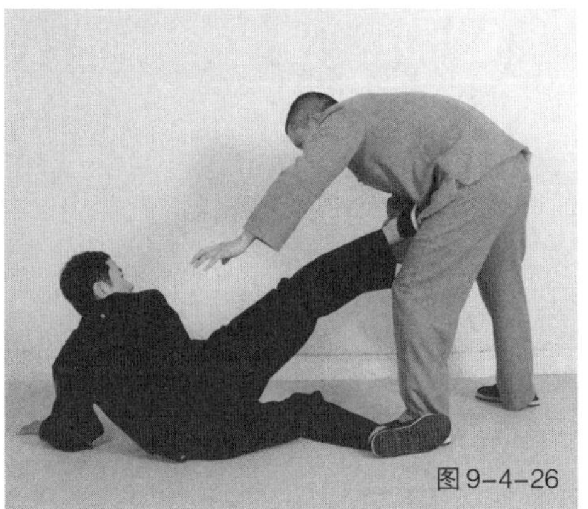
图9-4-26

图9-4-27

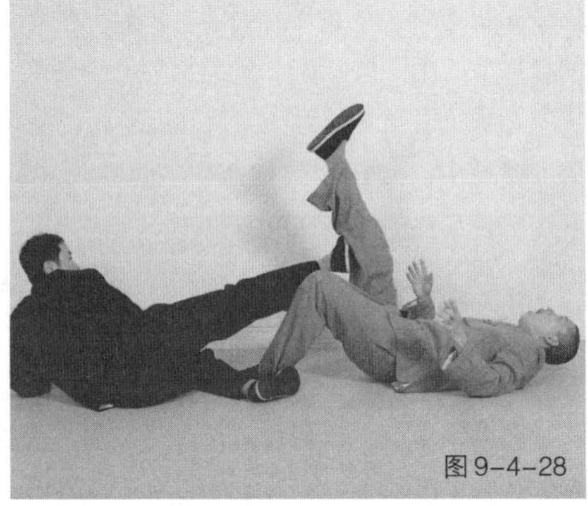
图9-4-28

八、扇耳挫腿致摔

倒地扇耳。甲方与乙方打斗中，甲方后退倒地来不及调整身势，乙方俯向前欲扑击时（图9-4-29），甲方立即向左翻身，顺势上探右掌扇击乙方左耳门（图9-4-30）。

扇耳挫腿。甲方扇击乙方使其愣神瞬间，甲方同时收脚，左脚勾乙方脚腕，右脚猛蹬其膝关节（图9-4-31），下勾上蹬令乙方被击向后倒栽在地（图9-4-32）。

倒地及时注意保护，掌扇突然、有力，勾蹬出脚交错用力。

两脚配合拿挫对方腿膝可重挫对方造成摔跌。

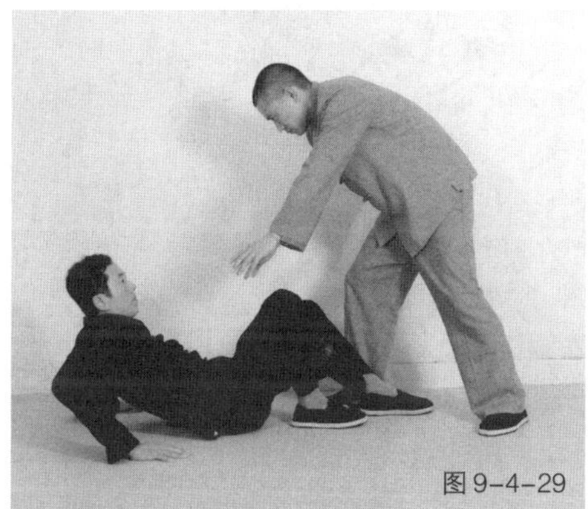
图9-4-29

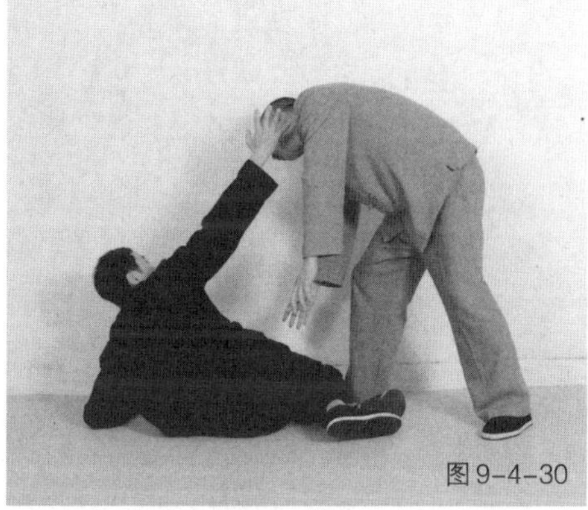
图9-4-30

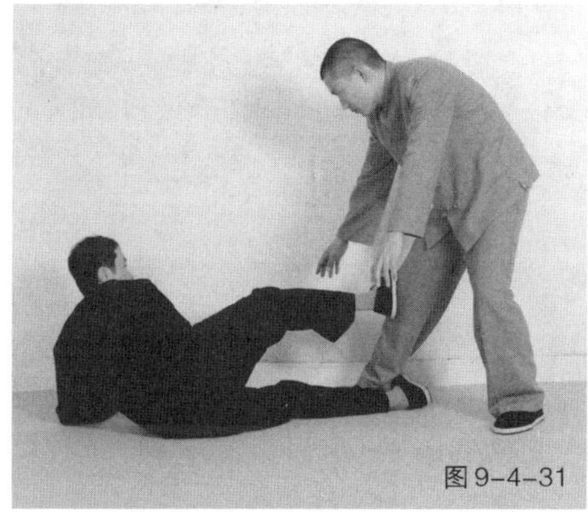
图9-4-31

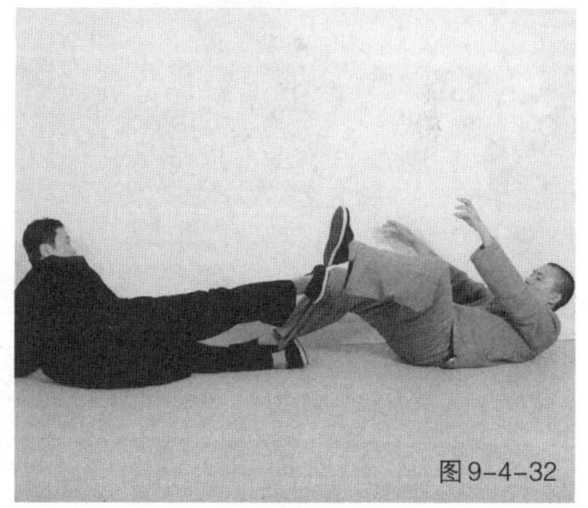
图9-4-32

九、夹头滚身致摔

倒地夹头。甲方与乙方形成倒地地趟打斗状态，乙方由后扑击甲方，用两手抱住甲方腰部（图9-4-33），甲方随即左后转身，用左臂反夹乙方头部（图9-4-34）。

夹头滚身。甲方动作不停，紧跟身体向右夹头翻滚（图9-4-35），迫使乙方倒地被控

制受到重创（图9-4-36）。

倒地及时防护，臂夹凶狠、牢固，翻滚身体迅捷。

地趟打斗中被抱腰，要随势及时臂夹对方头部配合滚身造成重摔击，如蛇鹤相缠相斗般。

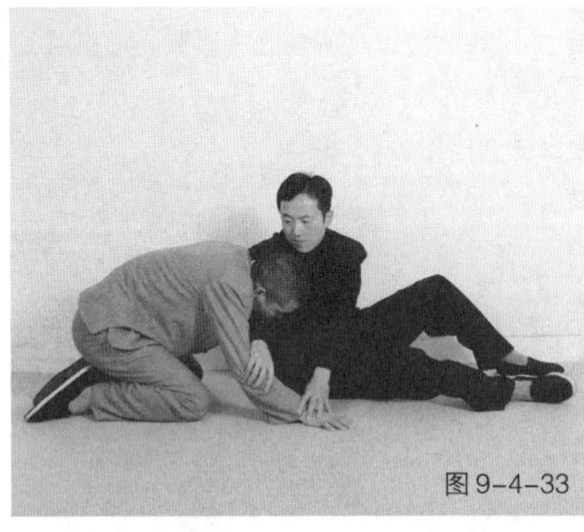
图9-4-33

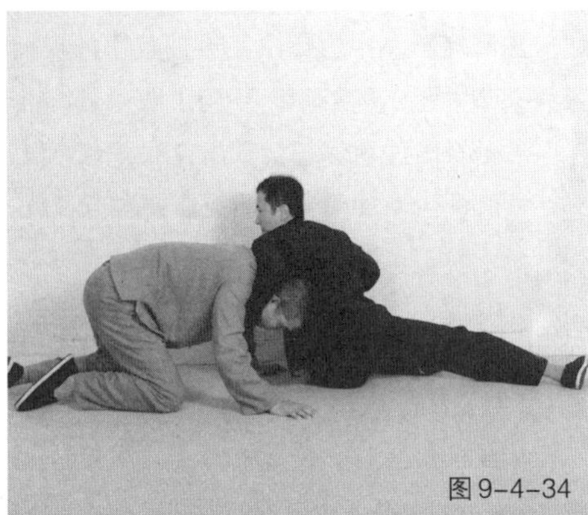
图9-4-34

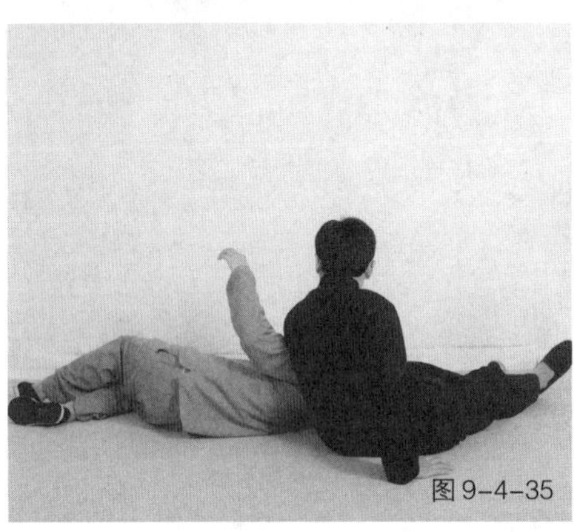
图9-4-35

图9-4-36

十、夹头蹬滚致摔

地趟夹头。甲方与乙方打斗中，乙方将甲方压倒在地时（图9-4-37），甲方迅速收腹，用左腿膝弯反夹对方头颈（图9-4-38）。

夹头蹬滚。甲方紧跟左腿猛向下蹬（图9-4-39），同时身体向左翻滚，令乙方憋气在地被控制（图9-4-40）。

地趟及时注意防护，腿夹牢固、有力，蹬腿、滚身迅捷。

地趟打斗中，要随势变化攻守，以腿夹对方头颈部迫使其呼吸困难而受制。

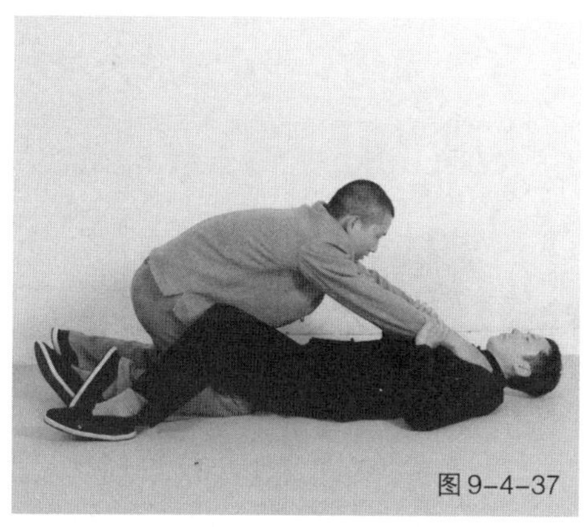
图 9-4-37

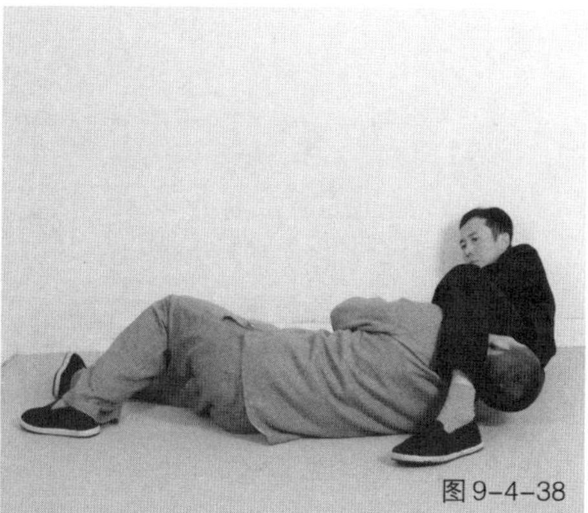
图 9-4-38

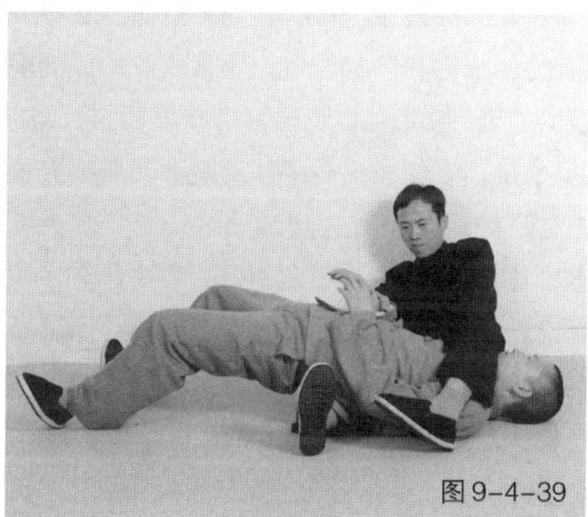
图 9-4-39

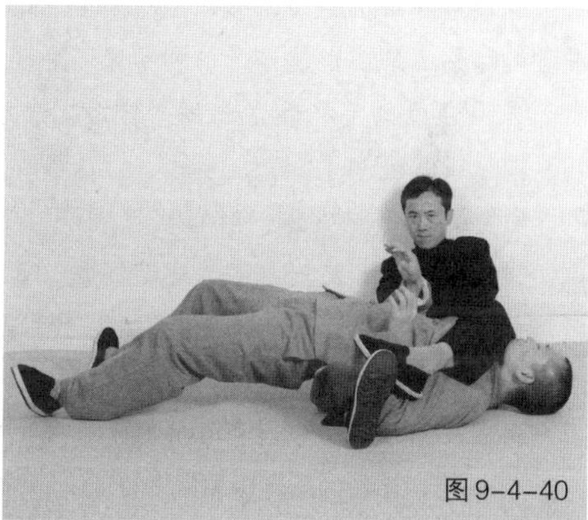
图 9-4-40

第十章 咏春格斗拿法绝技

咏春格斗拿法绝技，“拿”，即擒拿之意。“擒”，抓握缠拉；“拿”，锁扣持固。从咏春拳理的定义上来说，擒拿，是利用骨节活动功能的局限性和筋韧位置、要害穴位功能的弱点，依握逆反关节和超过筋韧带伸缩限度以及点打要害穴位的原理，以咏春的攤、抓、扣、握、锁等基本手法，配合踢、打、摔、跌等劲技，专门攻击对手筋韧骨节和要害穴位的一种独特的技击之法。咏春格斗拿法、施法可控势困身，致人功卸劲滞，无从发力抵抗，被擒伏拿获；或施法致人筋节伤脱，要害受制，功失力丧，剧烈疼痛，昏晕休克；或施法甚至致人筋断骨折，肢节损坏，残废且难医治。

对于咏春擒拿用于格斗，不应过分苛求其字面的含义或争议，无论什么方式，只要符合咏春擒拿的原理和法则皆可归于咏春擒拿之技。

咏春格斗拿法绝技，隐藏在小念头、标指或寻桥拳法之中，包含了擒拿和反擒拿技术技法，本章也是阐述代表性的经典擒拿绝技，其他衍生的擒拿技巧多是由此形成，不再介绍。擒拿，是咏春重要的技法，其动作复杂，既兼顾双方格斗技击之势，又发动全身劲节，攻击对方多个骨节、肌腱、筋脉或要害，具有整体完备的特点。它是以擒为主，配合踢、打、摔、跌、夺等技击的综合技法。反擒拿，是在被对方擒拿或打击时，实施解脱和反击的一种擒拿技法，它是在主动擒拿的基础上，配合咏春的打法、踢法、跌法等而形成的。

第一节 格斗擒拿头颈绝技

头颈与颌部，为人体的最上节部位，头统领着全身，意动心变，目视耳听。打斗中头部被制，则整体被动。因为头部经穴密布，要害质弱，一经拿打，有可能危及性命。对于头部的擒拿，体现了咏春手法，特别是小念头、标指、寻桥中手法的大量运用。

一、抓发推颌

进马抓发。甲方与乙方打斗中，乙方抢先上前抓甲方头发，甲方迅速前倾头颈缓解

（图10–1–1），紧跟向前进马前伸左手从乙方右侧抓住其头发，并向后猛拽迫使乙方疼痛松手（图10–1–2）。

抓发推颔。甲方动作不停，左手拉带乙方头发向其后用力，迫使乙方因疼痛头脸仰起，右手随即用掌根向斜上猛推按乙方下颔关节（图10–1–3），左手紧跟抓拉其发固劲，右手一推，将乙方下颔推按脱钩，难以言语而受制（图10–1–4）。

图 10–1–1

图 10–1–2

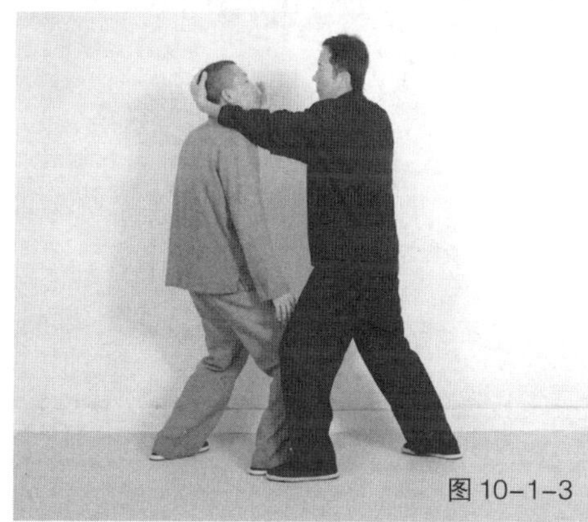
图 10–1–3

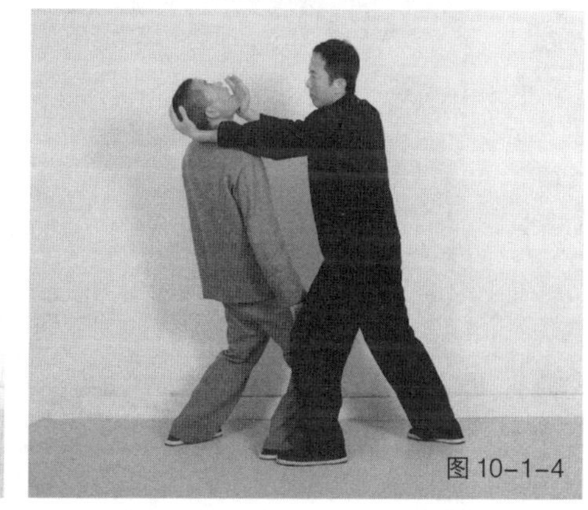
图 10–1–4

进马及时，抓带牢固，推击突然、有力，两手配合灵活。

咏春用于打斗中，抓发虽不能致人死命，但会令对方头疼，推脱钩下颔已使其重创，其动如鹤蛇相斗般。

二、抓胸捶颔

进马抓胸。甲方与乙方打斗纠缠中，甲方进马抓住乙方胸前衣襟（图10–1–5），紧跟左手发力带乙方近身（图10–1–6）。

抓胸捶颔。甲方动作不停，右手挥拳成冲捶直捶捣乙方颌节骨钩（图10–1–7），两手一拉一捶，直侧纵错发力，使乙方下颔被击脱位受损（图10–1–8）。

抓拉牢固，近身及时冲捶捶打，两身与腰马配合整体发力狠击。

抓拉对方近身是为动其桩根重心，为捶打领节创造间隙使其被击。

图 10-1-5

图 10-1-6

图 10-1-7

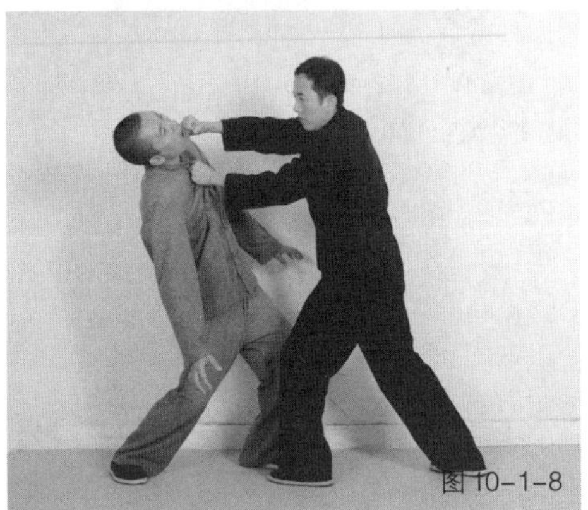
图 10-1-8

三、抓发按压

纠缠抓发。甲方与乙方打斗纠缠中，甲方抢先用左手掌心向下抓住乙方头发（图 10-1-9）；乙方欲动，甲方紧跟抓住不放（图 10-1-10）。

抓发按压。甲方右手配合左手抓拉乙方头发突然发力，抓发带动乙方头颈向前下方按压（图 10-1-11），迫使乙方低头前扑受制（图 10-1-12）。

掌心朝下抓按，配合腰马以促两手发力拿按。

打斗纠缠中，抓对方头发，要猛按下压，甚至将其拉带倒地，如鹤击蛇头般凶狠。

四、抓发转颌

纠缠抓发。甲方与乙方纠缠中，抢先用左手掌心向下抓住乙方头发，右手防护戒备

图 10-1-9

图 10-1-10

图 10-1-11

图 10-1-12

（图10-1-13）；乙方被抓头发疼痛欲动（图10-1-14）。

抓发转颌。甲方未等乙方动作，进马逼步，右手成爪锁扣乙方下颌，大指扣其骨钩，猛向左方推转其颌部（图10-1-15），致使乙方头被转推伤颈节受制（图10-1-16）。

纠缠中注意防护，抓转动作突然、猛狠。

抓对方头发转其下颌，伤其颈节，如打斗中用力猛狠可致对方颈断昏死，其动作如鹤

图 10-1-13

图 10-1-14

击蛇头般凶狠。

图 10-1-15

图 10-1-16

五、抓臂缠喉

纠缠抓臂。甲方欲向乙方靠近时，乙方突发右拳击向甲方（图10-1-17）；甲方迅速以虎口向前用左手抓擒乙方右拳臂（图10-1-18）。

图 10-1-17

图 10-1-18

抓臂缠喉。甲方随即近身右手贴着乙方左颈向下、向内屈肘环抱缠住乙方颈喉（图10-1-19），左手同时收抓乙方右手臂，两手合抱挺身缠抱其颈喉收紧，将乙方牢牢控制（图10-1-20）。

抓擒及时，臂缠凶狠、有力，腰马配合发力。

抓臂避拳攻同时配合捞手成缠臂，可致对方急迫、窒息，甚至断伤其颈节，如蛇缠鹤般凶狠。

图 10-1-19

图 10-1-20

六、推腕裹颈

抓臂推腕。甲方在与乙方纠缠打斗中，甲方抢抓住乙方攻击的左臂（图 10-1-21），迅速拉其腕带其臂向前、向外侧推（图 10-1-22）。

图 10-1-21

图 10-1-22

推腕裹颈。甲方顺手同时抓住乙方头发拉扯，左手挺腕立爪，向乙方肩上方推其腕臂，使其肘节弯曲，肩扭臂回，裹缠住其颈（图 10-1-23），两手配合形成合固态势，把乙方控制（图 10-1-24）。

抓推及时、有力，两手与腰马配合整体发力。

打斗中抓推对方腕臂和头颈形成裹缠其颈造成拿制，如蛇鹤相缠相争般。

七、拧臂抓发

纠缠拧臂。甲方与乙方纠缠中，乙方挥出左拳时，甲方从乙方左臂外侧抓住其左腕臂（图 10-1-25），紧跟向外缠绕其腕臂，使其手臂向内翻转扭曲，同时带动其身势扭转（图

图 10-1-23

图 10-1-24

10-1-26)。

拧臂抓发。乙方欲动；甲方随即右掌抓住乙方头发向下向后猛力拉扯（图 10-1-27)，左右两手合力致乙方颈节后折受制（图 10-1-28)。

抓拧牢固、有力，两手配合腰马合力动作。

拧臂抓发控制对方，可致对方颈韧带撕裂，头皮疼痛，血脉不畅，使其被击拿重伤。

图 10-1-25

图 10-1-26

图 10-1-27

图 10-1-28

八、擒腕夹颈

纠缠擒腕。甲方挥出右手试探乙方，乙方抓擒甲方挥击出的右腕臂（图10-1-29），甲方迅速进马，右手翻腕反抓擒住乙方右腕臂，左手成捞手下伸使肘弯夹住乙方颈节（图10-1-30）。

擒腕夹颈。甲方动作不停，右手变势抓住乙方左腕，两手合力将乙方颈部夹住（图10-1-31），腰身随势向内猛转，两手合扣同时随势将乙方死死控制（图10-1-32）。

图10-1-29

图10-1-30

图10-1-31

图10-1-32

擒抓及时、牢固，臂夹猛狠，身、手整体配合。

打斗中，夹对方颈部迫使其改变身势，可夹疼其颈筋两腮或耳门，致其头部不适或头昏眼花，甚至夹拧伤对方颈节，如蛇缠鹤般。

九、拉发挑颈

纠缠拉发。甲方与乙方纠缠中，甲方掌心向下抢先抓住乙方头发（图10-1-33）；乙

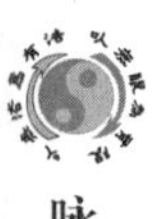

方欲动；甲方抓紧不放（图10–1–34）。

拉发挑颈。甲方迅速进马以左摇手势用左臂骨节从下向上挑顶乙方前颈下部（图10–1–35），右掌以抓发向后下拉配合，将乙方连击带抓控制（图10–1–36）。

抓拉凶狠，进马摇手挑顶有力、顿挫动作，两手一挑一拉。

抓发配合摇手挑顶对方颈部造成拿制，可闭错其颈节，伤其颈筋，致颈和下颌疼痛，压迫气管，使其呼吸困难，丧失气力。

图 10–1–33

图 10–1–34

图 10–1–35

图 10–1–36

十、拉发卡喉

纠缠拉发。甲方与乙方纠缠中，甲方乘机抓住乙方头发并用力下拉（图10–1–37）；乙方欲挣脱，甲方紧抓下拉不放（图10–1–38）。

拉发卡喉。甲方进马紧逼乙方中门，同时左手前攻成掌，掌心向上，探卡住乙方喉颈，拇指与食指发力（图10–1–39），右手以抓发下拉配合，将乙方控制（图10–1–40）。

拉抓向下牢固有力，掌卡凶狠，进马与两手整体发力动作。

纠缠中下拉发、上卡喉，可致对方颈筋疼痛，压迫喉管，如施力猛狠可导致窒息丧命。

图 10-1-37

图 10-1-38

图 10-1-39

图 10-1-40

十一、拧臂掐喉

纠缠拧臂。甲方与乙方纠缠中，乙方挥出左拳击打甲方（图10-1-41）；甲方迅速用左手抓擒乙方左腕臂（图10-1-42）。

图 10-1-41

图 10-1-42

拧臂掐喉。甲方未等乙方动作，紧跟左手向外缠绕乙方左腕臂，迫使乙方左手臂向内翻转扭曲，同时带动其身势扭转（图10-1-43），随即进马右手掐卡乙方喉部，将乙方控制（图10-1-44）。

抓擒及时、有力，拧缠猛狠，掐喉牢固，身、手、马上下整体配合动作。

拧转对方手臂同时掐喉造成擒拿，导致其喉颈被掐压迫喉管，甚至窒息丧命。

图10-1-43

图10-1-44

十二、缠颈推发

纠缠缠颈。甲方与乙方纠缠中，甲方由背后抓擒住乙方左手臂（图10-1-45），紧跟右手从乙方颈右侧前伸，屈肘挽臂，用肘弯缠贴乙方颈喉，并向后夹合收紧（图10-1-46）。

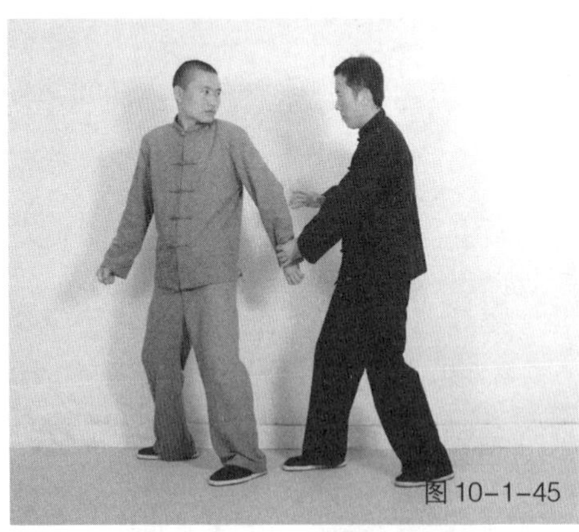
图10-1-45

图10-1-46

缠颈推发。甲方动作不停，其手同时变抓乙方头发，推其发根前送（图10-1-47），与夹臂前后交错用力，压挤乙方颈喉，将其控制（图10-1-48）。

抓擒及时、牢固，后夹合紧，两手交错用力做动作。

纠缠中从背后夹颈对方配合抓发推送可导致其头部被牢固控制难以脱身，如蛇鹤相缠般。

图 10-1-47

图 10-1-48

十三、拧臂箍颈

纠缠拧臂。甲方与乙方打斗纠缠中，乙方挥出左拳；甲方迅速用左手抓擒住乙方左腕（图10-1-49），并用力向外缠绕其腕，使其腕臂向内翻转扭曲（图10-1-50）。

图 10-1-49

图 10-1-50

拧臂箍颈。乙方欲动；甲方紧跟右手从乙方颈右侧前伸屈肘挽臂，用肘弯缠夹乙方前颈回勒，同时用左手变抓自己手腕，形成箍夹之势（图10-1-51），令乙方被牢牢控制（图10-1-52）。

纠缠中随时注意防护，抓拧臂牢固、有力，箍夹猛狠。

咏春用于打斗中，拧臂箍颈可使对方不易解脱，背势瘪节，发力重者可压迫气管，气闭昏死，有甚者喉结错裂危及性命。

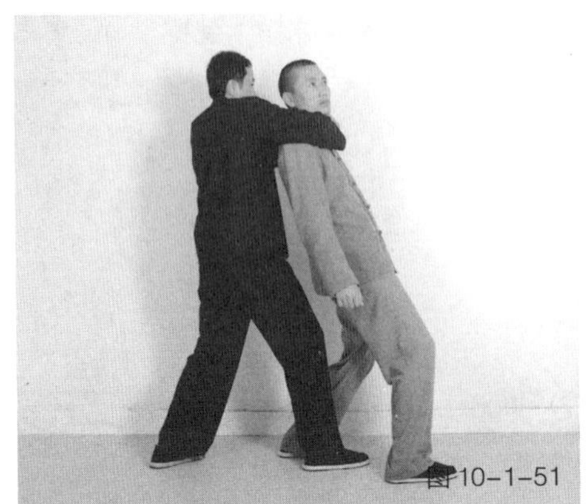
图 10-1-51

图 10-1-52

十四、掏裆压头

擒臂掏裆。甲方与乙方打斗中，乙方挥右拳攻击；甲方迅速用右手抓擒住乙方右腕臂（图 10-1-53），随即移近身，左手变爪从乙方臀后向内掏抓其裆部用力上提（图 10-1-54）。

图 10-1-53

图 10-1-54

掏裆压头。甲方动作不停，右手变势抓乙方头发下按，与裆部掏扣互相用力，上提下压（图 10-1-55），将乙方控制（图 10-1-56）。

抓擒及时，掏扣凶狠，按压有力，不同手法变势拿制灵活、巧变。

掏裆可致破魂击效，造成剧烈疼痛，上提下压又可使对方失去根基，如蛇鹤相争相斗般。

十五、抓发切颈

纠缠抓发。甲方与乙方纠缠中，甲方抓住乙方头发（图 10-1-57）；乙方欲挣脱，甲

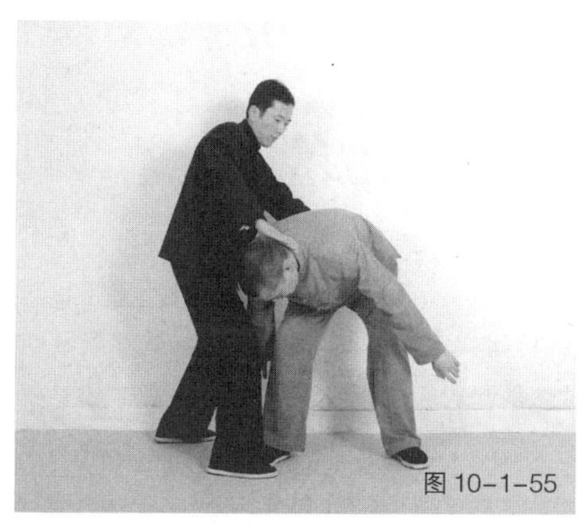
图 10-1-55

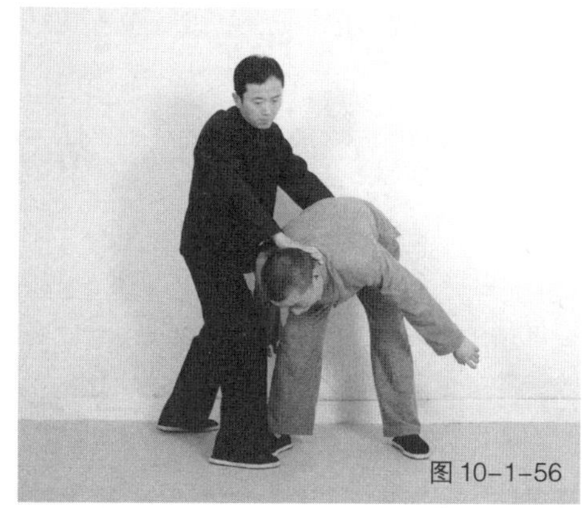
图 10-1-56

方紧紧抓其头发不放（图10-1-58）。

抓发切颈。甲方随即近身用右掌向下猛切劈乙方颈椎或背顶（图10-1-59），左手抓其头发上拉同劲配合，使乙方颈椎被错劈受制（图10-1-60）。

纠缠中随时应变攻守，抓拉与掌切同时发力，形成重击。

抓打相合，形成抓打擒拿，以分错对方颈椎节及筋韧，重手法可致对方伤残或脑垂断

图 10-1-57

图 10-1-58

图 10-1-59

图 10-1-60

生，为打头狠毒之招，如鹤击蛇首般凶狠。

第二节　格斗擒拿指掌绝技

指掌，是关节最脆弱的部位，掌骨浅薄，指骨细小，韧带纤脆，末梢神经遍布，对指掌稍用力即伤。所谓十指连心，一经拿制，轻者疼痛难忍，顿时失力；重者导致伤残。掌指也最为灵巧，在咏春拳中的手法就变化多端。因为指掌的灵活，反应敏捷，稍动即变，打斗中拿取较为困难，一旦拿制，牵一指而动全身，一经控制卸克，整体劲节皆滞。

格斗擒拿绝技，将咏春三套拳法中手法技巧彰显得稍动即变，形成各种指掌部位的拿技。

一、擒腕折指

纠缠擒腕。甲方与乙方纠缠打斗中，乙方突发右掌荡击向甲方胸部（图10–2–1）；甲方迅速现左掌从乙方右外门擒抓住其右手外腕（图10–2–2）。

图10–2–1

图10–2–2

擒腕折指。甲方动作不停，左手发力带拉乙方右腕，右掌随即攻击，立即攥取乙方大拇指猛屈腕沉挤压折（图10–2–3），伤断乙方指节使其受制（图10–2–4）。

纠缠中随时防护，擒抓及时，压折凶狠。

咏春打斗中，压折对方大拇指可折断其指节致残，如蛇鹤相缠相斗凶狠。

二、擒腕掰指

纠缠擒腕。甲方与乙方纠缠中，乙方突然前伸右手荡击甲方胸部（图10–2–5）；甲方

图 10-2-3

图 10-2-4

迅速出左手从乙方右外门擒抓住其右手腕（图 10-2-6）。

擒腕掰指。甲方动作不停，紧跟右手迅速抓握住乙方大拇指，虎口朝下，掌心向内翻腕转手（图 10-2-7），扭曲乙方大拇指节，掰拧伤断其指（图 10-2-8）。

擒抓及时、牢固，掰拧凶狠，两手灵活配合动作。

擒抓对方腕臂同时掰拧其大拇指，可致残对方，并控制其动势。

图 10-2-5

图 10-2-6

图 10-2-7

图 10-2-8

三、擒腕扳指

纠缠擒腕。甲方与乙方纠缠打斗中，乙方前伸右手欲攻击甲方（图10–2–9）；甲方迅速从乙方右外门擒抓住乙方右手腕（图10–2–10）。

擒腕扳指。甲方动作不停，迅速前伸右手扣抓住乙方右掌四指，由下向上、向前反扳其掌关节（图10–2–11），左手同时向内、向下合力，挺腕折其掌节，将其控制（图10–2–12）。

图10–2–9

图10–2–10

图10–2–11

图10–2–12

纠缠中及时出招擒抓，扳指凶狠。

反扳对方掌指，可致其不堪疼痛被擒制，如鹤击蛇般动作。

四、擒腕撬指

纠缠擒腕。甲方与乙方纠缠打斗中，乙方前伸右掌突荡击甲方（图10–2–13）；甲方迅速出左掌从乙方右外门擒抓住其右腕臂（图10–2–14）。

擒腕撬指。甲方动作不停，迅速前伸右手擒抓住乙方右手四指，向下按压翻撬（图10–2–15），使乙方掌节根离脱疼痛受制（图10–2–16）。

擒腕及时、牢固，撬指凶狠，两手灵活配合动作。

撬扳对方四指，可连带伤及其腕筋，重者可节筋拉残断裂。

图 10–2–13

图 10–2–14

图 10–2–15

图 10–2–16

五、擒腕反指

纠缠擒腕。甲方与乙方纠缠打斗中，乙方前伸右手荡击甲方（图10–2–17）；甲方迅速前伸左手擒抓住乙方右腕（图10–2–18）。

擒腕反指。甲方紧跟近身用右手扣抓住乙方右手食指，反节折其食指（图10–2–19），使乙方指节被反折裂筋滚韧疼痛受制（图10–2–20）。

纠缠打斗中随时注意防护，擒腕牢固，反折凶狠。

反折对方食指，用力可折断其指节，造成残筋断韧。

图 10-2-17

图 10-2-18

图 10-2-19

图 10-2-20

六、擒腕背指

纠缠擒腕。甲方与乙方纠缠打斗中，乙方前伸右手掌荡击甲方（图 10-2-21）；甲方迅速从乙方右外门用左手擒抓住其腕臂（图 10-2-22）。

图 10-2-21

图 10-2-22

擒腕背指。甲方紧跟迅速伸右手锁取乙方右掌小指，并用力向反背掰折（图10-2-23），致使乙方疼痛受制（图10-2-24）。

纠缠中随意注意防护，擒抓及时、牢固，反背掰折凶狠。

纠缠打斗中，反背扳折对方小指，可致其断指伤残。

图10-2-23

图10-2-24

第三节　格斗擒拿腕臂绝技

腕为上肢的梢节，在咏春擒拿中多接擒便利，而被擒拿攻击主要肢节。腕骨比起腿、肩、肘等骨节小而适拿，便于抓握，其形杂，附肌少，韧力差，易于拿制伤折。

腕，也可称为腕臂或手腕，是人体中灵活关节，也是带动各攻击劲节的先锋，一旦拿制，可致对方一切攻击受到阻遏，使对方因劲力受到很大程度的阻滞而被擒伏。

一、擒腕压掌

纠缠擒腕。甲方与乙方纠缠打斗中，乙方荡出右掌击向甲方（图10-3-1）；甲方迅速前伸左手从乙方右臂外侧擒抓住其右腕臂（图10-3-2）。

擒腕压掌。甲方未等乙方动作，紧跟右手从乙方右掌背向下锁扣擒抓住，掌心向下（图10-3-3），并猛然向内、向下推压，左手抓紧乙方右腕臂，与右手推压对向拉带合力，伤及其腕节控制乙方（图10-3-4）。

擒抓及时，锁扣牢固，推压猛狠，两手灵活擒拿。

两手擒对方腕臂配合推压掌指背可致其腕节断裂，擒拿推压时，一触对方腕即擒拿。

二、擒腕翻掌

纠缠擒腕。甲方与乙方纠缠打斗中，乙方荡出右掌攻击甲方（图10-3-5）；甲方迅速

图 10-3-1

图 10-3-2

图 10-3-3

图 10-3-4

用左手从乙方右臂外侧擒抓其腕臂（图 10-3-6）。

擒腕翻掌。甲方右手紧跟从乙方右掌背侧向上锁扣住其全掌背，猛向上、向内翻推其掌腕（图 10-3-7），左手同时牢固其腕臂，两手配合对向合力伤及乙方腕骨令其被擒制（图 10-3-8）。

纠缠打斗中及时防护，擒抓牢固，翻推猝然发力，两手配合灵活。

图 10-3-5

图 10-3-6

擒抓腕臂配合翻推掌拿制对方，可导致其腕骨断裂伤残。

图 10-3-7

图 10-3-8

三、擒腕扳掌

纠缠擒腕。甲方与乙方纠缠打斗中，乙方突然前荡出右掌攻击（图10-3-9）；甲方迅速擒抓住乙方荡击出的右掌腕臂（图10-3-10）。

擒腕扳掌。乙方欲动；甲方紧跟前伸右手由下向上罩盖抓住乙方右手掌（图10-3-11），猛发力向下扳掰其手掌，左手同时配合向下向内回拉，两手齐力，断裂乙方右腕节筋韧，使其受制（图10-3-12）。

擒抓牢固，盖抓猛狠，两手内合协力动作灵活。

打斗中，两手配合擒腕臂扳掰指掌，可造成对方腕节断裂伤残。

图 10-3-9

图 10-3-10

四、旋腕折掌

擒臂旋腕。乙方挥出左拳击向甲方；甲方迅速从乙方左臂外侧擒抓住乙方左腕臂（图

图 10-3-11

图 10-3-12

10-3-13)，随即向内、向外旋绕，使乙方手翻转（图10-3-14)。

旋腕折掌。甲方动作不停，右手配合抓扣住乙方左掌背，顺势发力向内折屈其掌腕（图10-3-15)，左手同时控制住其腕臂，使乙方腕节断裂受制（图10-3-16)。

擒抓旋绕及时，折屈猛狠，两手与身法灵活配合拿制。

擒抓对方腕臂旋绕同时折屈其掌腕，可造成其腕节断裂受制形成背势，其动作如蛇鹤

图 10-3-13

图 10-3-14

图 10-3-15

图 10-3-16

相缠相斗般凶狠。

五、夹肘压腕

擒臂夹肘。乙方抢先发出左拳攻向甲方，甲方迅速用右手擒抓住乙方右腕臂（图10-3-17）；同时前进马夺取乙方正门，右臂顺势屈肘夹合住乙方左肘部（图10-3-18）。

夹肘压腕。乙方欲动；甲方紧跟左手顺向缠拧乙方左腕臂，迫使其向外翻转，右手抓扣住其左掌向内折压其腕节（图10-3-19），右腋同时抵其肘向下沉压，将乙方控制（图10-3-20）。

图10-3-17

图10-3-18

图10-3-19

图10-3-20

擒抓及时，夹合牢固，折压凶狠，手法与进马迅捷做动作。

打斗中，夹对方肘部折压其腕节，可造成分筋错骨之势。

六、擒臂抖腕

纠缠擒臂。甲方与乙方纠缠中，乙方突发左拳击向甲方（图10-3-21），甲方反应迅

速用左手抓擒住乙方左腕臂（图10-3-22）。

擒臂抖腕。甲方动作不停，左手顺势向后循乙方腕顶骨拉回，捋住其掌背根节（图10-3-23），猝然抖动，致乙方腕节脱臼失力疼痛受制（图10-3-24）。

图10-3-21

图10-3-22

图10-3-23

图10-3-24

擒抓及时、牢固，捋抖突然，单手拿制灵巧、快速。

纠缠打斗中仅以单手擒抓对方腕臂顺势捋抖可造成其腕节脱臼失力受制。

七、擒腕转掌

纠缠擒腕。甲方与乙方纠缠中，乙方突发右掌荡击甲方（图10-3-25），甲方迅速用左手从外侧擒抓住乙方右腕臂（图10-3-26）。

擒腕转掌。甲方动作不停，紧跟右手出击抓拿住乙方右手掌，掌心向内，手腕侧挺（图10-3-27），猛发力向外缠转乙方右手掌，两手用力分错其腕手关节，使乙方腕节疼痛受制（图10-3-28）。

擒抓及时、牢固，转掌猛狠，两手配合灵活、快速。

擒抓对方腕臂配合缠转其掌分错其腕手关节，可造成撕裂或伤残。

图 10-3-25

图 10-3-26

图 10-3-27

图 10-3-28

八、擒腕拉掌

纠缠擒腕。乙方突然发左拳击向甲方，甲方迅速从外侧擒抓住乙方左腕臂（图 10-3-29），紧跟进马用右手从乙方左大臂下抄过，掌心向内罩抓住其四掌指紧扣（图 10-3-30）。

擒腕拉掌。甲方动作不停，右臂顺势屈肘夹住乙方右大臂并拉牢，右手猛发力向内拉压其掌腕（图 10-3-31），同时肘节回收，合力折断乙方腕手关节，使其受制（图 10-3-32）。

擒抓牢固，拉掌猛狠，两手配合腰马快速变换拿制。

打斗中，两手配合擒拿对方腕掌，合力拉压可折断其腕掌关节，造成拉裂腕手韧带。

图 10-3-29

图 10-3-30

图 10-3-31

图 10-3-32

第四节　格斗擒拿肘臂绝技

肘，为人体上肢中节，其活动能力有限，特别是向外或向后活动受限，在肘节伸直后更易被拿制分错，一经克制，手臂力量顿失，甚至还威胁到整体要节。

肘虽居中节，其坚硬刚韧，粗壮灵活，前锋有手防备，如肘遭遇突袭，手可兼应，因此咏春擒拿中，制肘必先制手，所以肘与臂多兼制得势。

一、带腕推肘

擒臂带腕。乙方突然挥右拳击向甲方，甲方迅速用右手从乙方右外门擒抓住乙方右腕臂（图 10-4-1），右手随即向后、向下拉腕带其臂伸直（图 10-4-2）。

带腕推肘。未等乙方动作，甲方右腕挺起带动乙方右手臂翻转，迫使其肘头在下，肘弯向上，同时前移脚逼马，左手变托手发力托住乙方右肘部关节向上猛推（图 10-4-3），右手同时向下带腕沉降，两手一托一压，将乙方控制（图 10-4-4）。

擒抓及时，两手一托一带配合快速、灵活。

打斗中，控制对方肘部，猛上推和下带压可重挫，甚至断裂其肘节。

图 10–4–1

图 10–4–2

图 10–4–3

图 10–4–4

二、拉腕扛肘

擒臂拉腕。甲方向乙方靠近时，乙方突发右拳击向甲方，甲方迅速用右手从乙方右臂外侧擒抓住其右腕臂（图 10–4–5），同时移马近身向后、向上拉其腕臂，带其臂伸直（图 10–4–6）。

拉腕扛肘。甲方动作不停，进马转身以背部迎击，左肩部运行到乙方右肘下，抵住用力向上扛起（图 10–4–7），腰马上挺，左手变擒抓住右小臂，配合右手向下拉带，两手上扛下拉反向作用，将乙方肘关节分离或脱臼受制（图 10–4–8）。

擒抓及时、有力，步、身配合手法灵活变换。

咏春用于打斗中，拉腕扛肘控制对方可造成其肘节伤残。

图 10-4-5

图 10-4-6

图 10-4-7

图 10-4-8

三、带腕顶肘

擒臂带腕。甲方与乙方纠缠打斗中，乙方挥出右拳攻击，甲方迅速用右手从乙方外门擒抓其右腕臂（图10-4-9），并发力向后、向下拉腕带其臂伸直（图10-4-10）。

图 10-4-9

图 10-4-10

带腕顶肘。乙方欲动；甲方紧跟进马近身紧逼乙方内门，左臂屈肘用桥骨猛向上顶冲乙方右肘关节（图10-4-11），右手同时向下带压其右腕，合力分错控制乙方（图10-4-12）。

图10-4-11

图10-4-12

擒抓及时、牢固，移马近身快速，两手配合整体迅捷地做动作。

带腕顶肘，多可致对方伤筋疼痛，丧失抵抗，甚至力狠者重击其肘而断裂。

四、拉腕切肘

擒臂拉腕。乙方用左拳攻击甲方，甲方迅速用左手从乙方左臂外侧擒抓住其左腕臂（图10-4-13），同时向内缠动乙方左腕节，迫使乙方手臂向后翻转，并拉腕带其臂下沉直伸（图10-4-14）。

图10-4-13

图10-4-14

拉腕切肘。乙方欲动；甲方紧跟出右手从上向下猛发力切击乙方肘背节或大臂肘梢处，左手同时上带拉其腕臂（图10-4-15），迫使乙方被擒制（图10-4-16）。

擒抓及时、有力，切击猛狠，两手快速配合地做动作。

拉腕切肘，一触对方腕臂即施技，可造成对方肢残骨折。

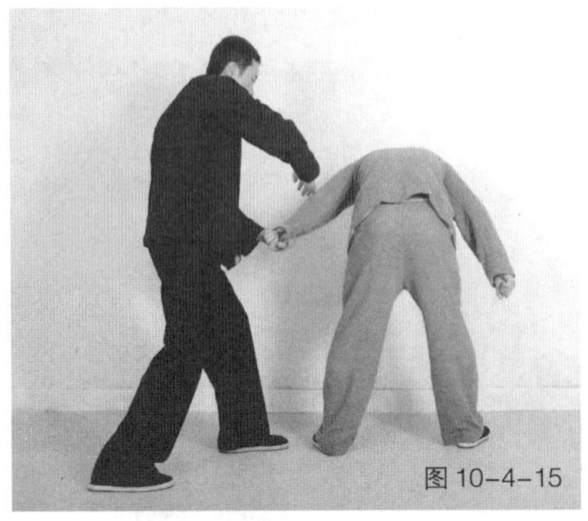
图 10-4-15

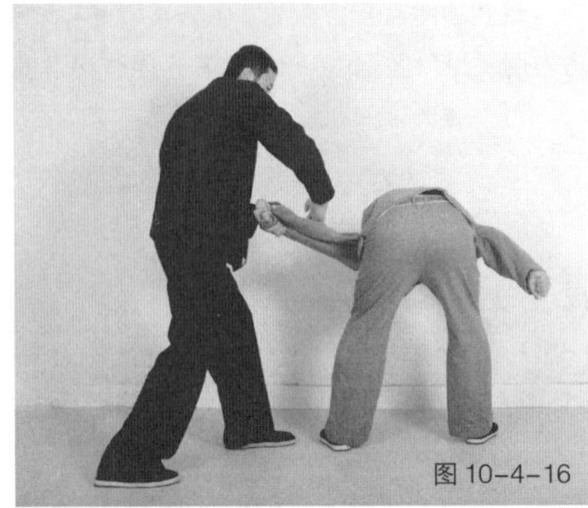
图 10-4-16

五、带腕拍肘

擒臂带腕。乙方挥出左拳击向甲方，甲方迅速用左手从乙方左臂外侧擒抓住其左腕臂（图10-4-17），左手随即向内缠动拉带其腕节，迫使其手臂向后翻转下沉直伸（图10-4-18）。

图 10-4-17

图 10-4-18

带腕拍肘。乙方欲动；甲方攻势不停，右掌由上向下发力猛拍击乙方左肘节（图10-4-19），使乙方肘节筋韧疼痛受制（图10-4-20）。

擒抓及时、牢固，缠动直接，拍击猛狠。

缠带对方腕臂，对其同时掌拍肘节可造成重伤或致残。

六、提腕砸肘

擒臂带腕。乙方发出右拳击向甲方时，甲方迅速前伸右手从乙方右臂外侧擒抓住其右腕臂（图10-4-21），并向内缠动拉带乙方右腕，迫使其右手臂翻转下沉伸直（图10-4-

图 10-4-19

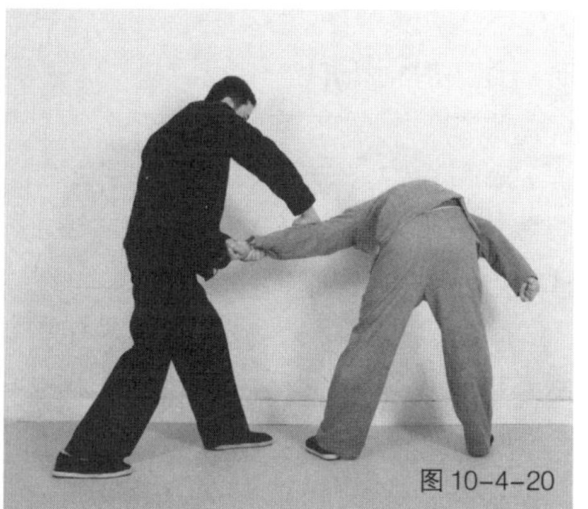
图 10-4-20

22）。

提腕砸肘。甲方动作不停，随即进马，左臂弯曲，以前小臂或掌侧向下压砸乙方右肘部（图10-4-23），右手同时向上用力提带，将乙方控制（图10-4-24）。

擒抓缠带及时、灵活，压砸、提带凶狠。

提腕同时砸肘可造成轻者控制对方肘节，重击者可立使肘断裂。

图 10-4-21

图 10-4-22

图 10-4-23

图 10-4-24

七、抬腕压肘

擒臂缠腕。乙方前出左拳击向甲方时，甲方迅速前伸左手从乙方左臂外侧擒抓住其左腕臂（图10–4–25），左手随即向内缠动拉带乙方左腕，迫使其手臂向后翻转下沉伸直（图10–4–26）。

抬腕压肘。乙方欲动；甲方紧跟右手成掌，掌心向下叉按乙方左肘节或大臂肘梢，向下施力沉压，左手同时向上抬升（图10–4–27），将乙方控制（图10–4–28）。

图10–4–25

图10–4–26

图10–4–27

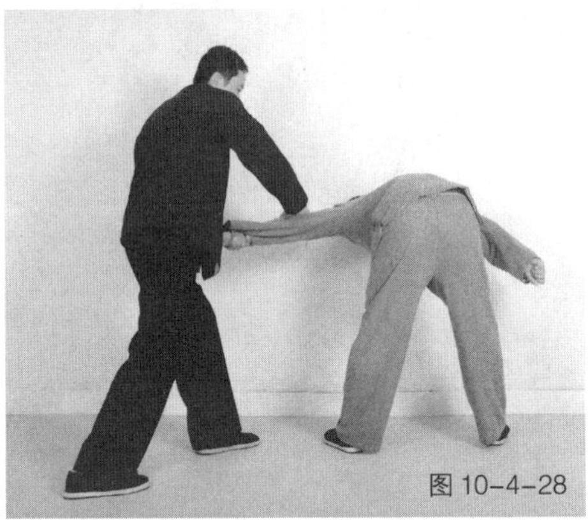

图10–4–28

擒抓缠带及时，两手拿制拉抬沉压配合快速。

打斗中擒拿对方抬腕压肘上下分力，可造成分错其肘骨筋韧拿势，如蛇鹤相斗相争凶狠。

八、擒腕砸肘

纠缠擒腕。甲方与乙方纠缠打斗中，乙方前出右拳攻击甲方，甲方迅速用右手擒抓乙方右腕臂（图10-4-29），并向内缠动拉带其腕节，迫使其手臂翻转下沉伸直（图10-4-30）。

擒腕砸肘。甲方紧跟左手配合擒抓乙方右腕臂，同时以小臂桥或掌尺骨向下猛下砸乙方右肘节（图10-4-31），将乙方控制（图10-4-32）。

图10-4-29

图10-4-30

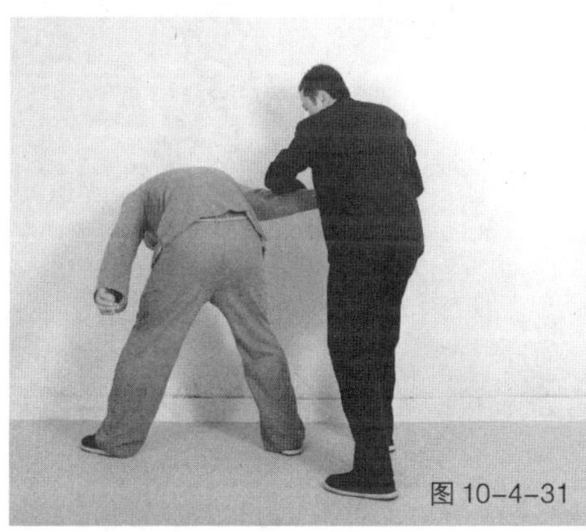
图10-4-31

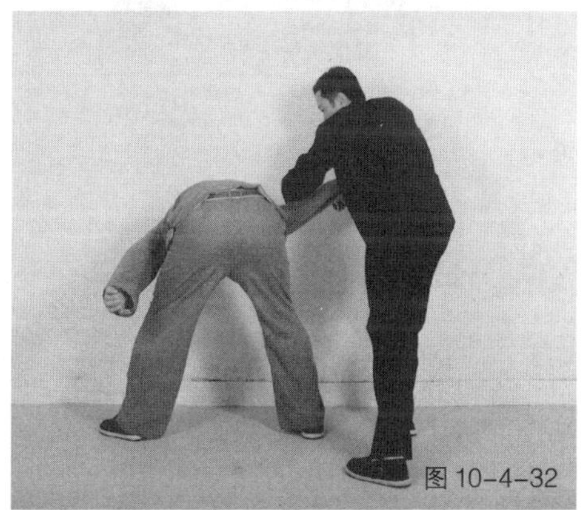
图10-4-32

纠缠中随时变换攻守，擒缠灵活、猛狠，下砸快速。

擒住对方腕臂可用臂桥或拳抡砸肘节造成擒打，可使对方肘节受创分错断裂。

九、提腕坐肘

擒臂缠腕。乙方发出右拳击向甲方面门，甲方迅速用右手从乙方右臂外侧擒抓住其腕臂（图10-4-33），右手随即向内缠转拉带乙方腕节，迫使其手臂翻转下沉伸直（图10-4-34）。

提腕坐肘。甲方攻势不停，旋转身势，拧转腰胯，左腿飞越乙方右臂（图10-4-35），身形倒转，背向乙方，稳固桩马，臀骨下坐于乙方右肘部，向下用力沉压，左手配合锁扣乙方右腕臂向上提拉，将乙方控制（图10-4-36）。

擒抓缠转灵活，下坐、上提猛狠，整体配合发力拿取。

提腕坐肘拿制对方，可造成分离肘节，使对方重创。

图 10-4-33

图 10-4-34

图 10-4-35

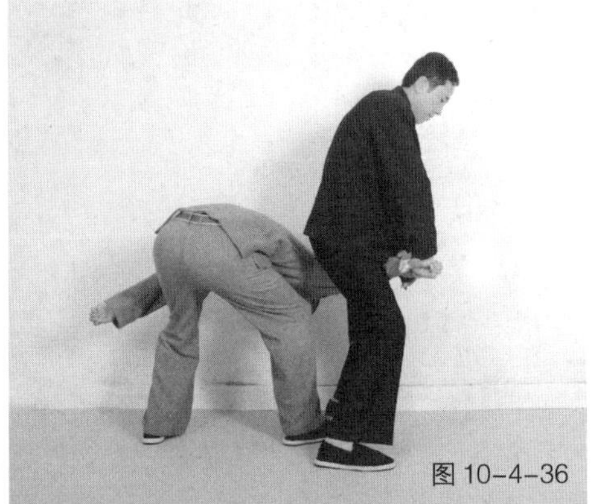
图 10-4-36

十、擒腕盖肘

纠缠擒腕。纠缠中，乙方出右拳击打甲方，甲方迅速用右手从乙方右臂外侧擒抓住其右腕臂（图10-4-37），随即向内缠动其腕节，左手配合迫使其手臂向后翻转（图10-4-38）。

擒腕盖肘。乙方欲动；甲方动作不停，缠动中左肘随势运转于乙方右肘节处，以小臂或肘头盖住乙方右肘节（图10-4-39），猛黏其肢发力向下沉压，同时两手上提其腕臂，将乙方控制（图10-4-40）。

擒抓及时，缠动灵活，盖压猛狠，两手灵活配合拿取。

擒住对方腕臂上提配合下盖压其肘节，可造成肘节受控，重击可使肘断筋裂。

图 10-4-37

图 10-4-38

图 10-4-39

图 10-4-40

十一、擒腕撞肘

挡臂擒腕。甲方向乙方靠近时，乙方突然发出右拳攻击甲方（图10-4-41），甲方迅速前伸右手拍挡同时擒抓住乙方右腕臂（图10-4-42）。

图 10-4-41

图 10-4-42

擒腕撞肘。甲方紧跟右手急向后拉，使乙方右臂伸直，同时转腰，立起左小臂，缩起肘弯，从外向内横肘撞击乙方肘节部（图10-4-43），右手同时后拉其腕臂，使乙方肘节疼痛受制（图10-4-44）。

图10-4-43

图10-4-44

拍挡及时，顺势擒抓，肘撞与后拉快速做动作。

擒拉对方腕臂配合肘撞对方肘节，造成对方肘节受力疼痛，重击可致肘骨脱臼裂断。

十二、带腕抵肘

擒臂带腕。乙方突发左掌荡击向甲方（图10-4-45），甲方迅速从乙方左臂外侧擒抓住乙方腕臂，并用力牵拉伸直其左臂（图10-4-46）。

图10-4-45

图10-4-46

带腕抵肘。乙方欲动；甲方紧跟进马入乙方正门，右手同时向上、向后牵带乙方左腕伸直，头部从其左臂下穿过，用脑后肩颈猛上抵住乙方左肘关节（图10-4-47），与右手成相对用力之势，左手或可配合变势锁扣乙方咽喉要害，将其控制（图10-4-48）。

擒抓及时、有力，牵带、上抵同时快速做动作，身法协调配合。

擒腕带直对方手臂配合颈肩上抵顶肘节，造成对方肘节损伤，并可以手法伤其咽喉。

图 10–4–47

图 10–4–48

十三、抓腕切肘

纠缠抓腕。甲方与乙方纠缠中，乙方挥出右拳攻击甲方（图10–4–49），甲方迅速用右手从乙方内侧抢抓住其右腕臂（图10–4–50）。

图 10–4–49

图 10–4–50

抓腕切肘。甲方一抓住乙方右腕臂，即刻进马带其肘臂伸直，左掌急出，横侧切砍乙方右肘节处（图10–4–51），右手同时外拉，两手合力致乙方肘腕受损被制（图10–4–52）。

纠缠中随时注意防护变势，抢抓及时、牢固，切砍猛狠。

内侧抓擒对方腕臂配合切砍其肘节，可致对方肘节和腕节受损，重在伤肘。

十四、擒腕拧肘

纠缠擒腕。甲方与乙方纠缠打斗中，乙方荡出右掌击向甲方（图10–4–53），甲方迅

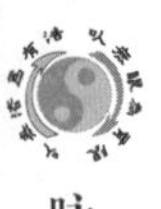

图 10-4-51

图 10-4-52

速用左手擒抓住乙方右腕臂（图10-4-54）。

擒腕拧肘。甲方紧跟进马向外缠转其腕臂，带动其桡骨，迫使其交错扭曲（图10-4-55），右手同时配合变爪抓住乙方右臂缠转，腰马配合发力，两手合形，外拧使乙方肘节受伤被制（图10-4-56）。

纠缠中随时注意防护，擒抓及时、有力，缠转猛狠。

图 10-4-53

图 10-4-54

图 10-4-55

图 10-4-56

咏春打斗中，擒抓对方腕臂外缠转拧可致其肘节旋拧受伤，如蛇鹤相缠相斗般。

十五、压腕扳肘

纠缠擒腕。乙方抢先荡出右掌攻击甲方（图10-4-57），甲方迅速用左手拍挡同时擒抓住乙方右腕臂（图10-4-58）。

压腕扳肘。甲方紧跟右手急出从下向上盖合抓住乙方右肘向内、向上扳提（图10-4-59），左手同时配合向外、向下拉压缠拧，两手同时合力将乙方控制（图10-4-60）。

图10-4-57

图10-4-58

图10-4-59

图10-4-60

拍挡变势擒抓灵活、快速，扳提、拉压动作直接、紧凑。

两手合力扳压对方肘臂，制其肘节，扭曲关节，可造成筋韧瘪悖撕裂，如鹤击蛇般。

十六、擒腕撬肘

纠缠擒腕。甲方与乙方纠缠中，乙方突发右掌荡击甲方，甲方迅速出左手擒抓住乙方右腕臂（图10-4-61），同时进马用力向外缠扭迫使其腕臂屈肘折弯（图10-4-62）。

擒腕撬肘。甲方右手变势紧跟从乙方右臂下向外抄起，屈肘上勾抓住乙方右腕臂，右肘随动上抬（图10-4-63），反撬别乙方肘节，右手肘前后交错，扭致乙方肘根疼痛受制（图10-4-64）。

图10-4-61

图10-4-62

图10-4-63

图10-4-64

擒抓及时、有力，缠扭猛狠，撬别猝然发力，换手变势灵巧。

打斗中擒抓住对方腕臂形成撬别肘节，使对方肘节筋滚骨裂，连带整臂，如蛇鹤相缠相争。

十七、抓腕缠肘

拍挡抓腕。甲方向乙方靠近时，乙方突发右手击向甲方胸部（图10-4-65），甲方迅速出右手抢抓住乙方右腕臂（图10-4-66）。

抓腕缠肘。甲方一触乙方右腕臂即缠转其腕骨，带动其尺骨连接桡骨向内交错扭曲，左手同时配合变爪擒抓其小臂，两手合劲顺势缠拧紧控（图10-4-67），发力暗挤前推使其肘节被制，筋撕韧裂受制（图10-4-68）。

拍挡变势抢抓及时，缠转紧控猛狠，身法配合发力灵活做动作。

抓腕缠拧对方肘臂，可致其肘节活动受制，发力重者可使肘节折断，并连带肩节，如蛇鹤相缠。

图 10-4-65

图 10-4-66

图 10-4-67

图 10-4-68

十八、扳腕锁肘

擒臂扳腕。甲方向乙方靠近时，乙方突发右拳击向甲方胸部（图10-4-69），甲方迅速用左手擒抓住乙方右腕臂，右手插进，以小臂压乙方肘（图10-4-70）。

扳腕锁肘。乙方欲动；甲方紧跟左手向前、向下、向外反折扳拧乙方右腕臂，右手搭在左腕臂上，反锁捆别住乙方右肘臂（图10-4-71），使乙方肘节伤损受制（图10-4-72）。

擒抓及时、牢固，扳拧、锁捆灵活、敏捷，两手快速配合。

扳腕锁肘控制对方，力重可致使对方肘节被制受损。

十九、抓腕封肘

纠缠抓腕。乙方向甲方靠近突发右掌前荡击，甲方迅速用左手挡抓住乙方右腕（图

图 10-4-69

图 10-4-70

图 10-4-71

图 10-4-72

10-4-73)，紧跟进马用右手捕捉乙方左腕（图 10-4-74)。

抓腕封肘。甲方一触乙方左腕即刻回手猛拉捋，将乙方左臂压在被抓右臂肘弯上（图 10-4-75)，以此为力点，右手推冲乙方左腕臂向内合挤，将乙方肘臂合力封挡一起，并牢牢钳制，使其失势丧力被擒制（图 10-4-76)。

挡抓及时、有力，拉捋封挡猛狠，两手与身、马灵活配合拿制。

图 10-4-73

图 10-4-74

咏春打斗中，两手配合封挡对方双肘臂，造成对方失势被擒。

图 10-4-75

图 10-4-76

第五节　格斗擒拿肩胛绝技

肩，即肩关节部位，由肱骨头与肩胛骨的关节盂构成。这个部位的关节囊薄而松弛，上方附着于关节盂周缘，下方附着于肱骨的解剖颈，并附有韧带加固关节囊，同时又有腋神经、胸前神经和血管穿过。肩胛处于整个上肢运动链系统的根部，对此部位的拿制多是配合肩、肘、腕或手的相邻相关节效应性和锁定效应形成数个咏春打斗擒拿肩部的技法。

一、锁臂压肩

纠缠擒腕。甲方与乙方纠缠打斗中，乙方前出右拳击向甲方，甲方迅速用右手擒抓住乙方右腕臂（图 10-5-1），紧跟移马近身，左手向前以臂肘内侧压低乙方右肩节（图 10-5-2）。

图 10-5-1

图 10-5-2

锁臂压肩。乙方欲动；甲方腰髋顺向拧动，背肩前探，右手变换抓住左腕臂，两手成合力锁臂之势下压致乙方前倾身前仆（图10–5–3），肩筋拉伤产生剧痛失力受制（图10–5–4）。

图 10–5–3

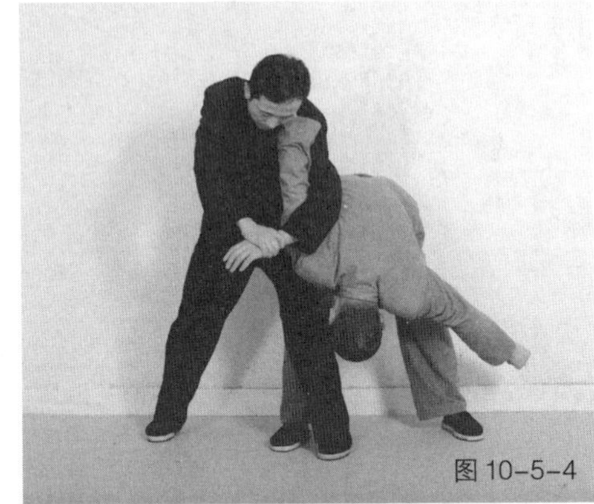
图 10–5–4

擒抓及时、牢固，两手合力下压猛狠，身法整体配合发力做动作。

咏春打斗中，两手配合锁压控制对方肩部，可造成拉伤肩筋，错分肩节，使对方受制，如蛇鹤相缠相争般。

二、转腕按肩

拍挡擒腕。甲方向乙方靠近时，乙方突发右拳击向甲方胸部（图10–5–5），甲方迅速用右手拍挡同时变势擒抓住乙方右腕臂（图10–5–6）。

图 10–5–5

图 10–5–6

转腕按肩。甲方紧跟进马近身插入乙方中门，右手控牢乙方右腕臂，并用力向右侧后方拉带，致乙方右肘臂伸直，身形前倾；随即拧转胯用左手掌按压乙方右肩节（图10–5–7），右手缠腕拧臂转肩，使其翻转，两手如此一转一按，并向上提掀，卸脱乙方肩节（图

10-5-8）。

拍挡及时，擒抓敏捷，缠拧凶狠，按压有力。

拿制对方，造成其肩节被卸脱可使对方受重创。

图 10-5-7

图 10-5-8

三、沉肩举肘

擒腕沉肩。甲方前伸左手抢先擒抓住乙方攻击的左腕臂（图 10-5-9），随即进马近身，右手从外向内勾抱乙方左肘节，两手配合控紧乙方左肘臂猛然发力向下带拉其整个臂节，身形同时倒转，并向下屈膝蹲马，整个身体下沉，使乙方肩节下沉被拉坠出臼窝（图 10-5-10）。

图 10-5-9

图 10-5-10

沉肩举肘。甲方拉坠使乙方肩节下沉瞬间，再猛然起身，向上推送其肘臂，一沉一举，伤其肩节筋韧（图 10-5-11），使乙方疼痛受制（图 10-5-12）。

擒抓、近身、蹲马、沉举，整个动作快速、紧凑。

沉肩举肘控制对方，造成肩节脱臼，伤其筋节，如蛇鹤相缠相争凶狠般动作。

图 10-5-11

图 10-5-12

四、扯臂跪肩

擒腕扯臂。乙方发出右拳击向甲方，甲方迅速用右手擒挡抓住乙方右腕臂（图 10-5-13），随即向内缠腕扯臂，迫使乙方身形倒转反背对向甲方（图 10-5-14）。

图 10-5-13

图 10-5-14

扯臂跪肩。甲方右手继续外旋内拧，左手同时推按乙方肘节，使乙方弯腰仆身拉开肩节；甲方左腿屈膝提起从乙方肱骨上端肩外跪压（图 10-5-15），两手配合上拉扯下跪压，相向合力，使乙方关节断伤，受招不支被制（图 10-5-16）。

擒抓、扯拉、跪压，整体协调、快速。

扯臂跪肩时，膝头凶狠挫压用力，可消解对方的相持力，快速控制对方。

五、提腕踩肩

擒臂提腕。乙方前挥右拳击向甲方，甲方迅速用右手擒抓住乙方右腕臂（图 10-5-17），并向内缠转上提乙方腕节，迫使其手臂翻转伸直，身形侧向，此时利于攀制（图 10-

图 10-5-15

图 10-5-16

5-18）。

提腕踩肩。甲方左手同时抓住乙方右肘节向下用力压按，右手向上用力提，左脚即顺势踩踏乙方右肩胛（图 10-5-19），将乙方控制（图 10-5-20）。

缠转上提及时、突然，踩踏凶狠，整体配合灵活、快速。

提腕踩肩将对方手、肘、肩三节齐制，使对方难以解脱，致其陷入绝境，如鹤击蛇般。

图 10-5-17

图 10-5-18

图 10-5-19

图 10-5-20

六、拉臂摇肩

擒腕拉臂。甲方向乙方靠近瞬间，乙方抢先发出右拳击向甲方时（图10-5-21），甲方迅速前伸右手挡擒抓住其右腕臂（图10-5-22）。

拉臂摇肩。甲方右手发力后拉乙方右腕臂，使其伸直右臂，同时向外缠动其腕节，带动其肘节，连动其肩节摇动，左手同时向前伸出锁扣住其小臂或肘节，配合右手拧转，缠手带臂（图10-5-23），使乙方肩节受迫，致折伤其肩节或断臂受制（图10-5-24）。

图10-5-21

图10-5-22

图10-5-23

图10-5-24

挡擒及时，缠动摇动凶狠，两手敏捷、凶狠做动作。

拿拉对方腕臂缠摇，造成对方肩节被摇折伤或断裂肘臂受制。

七、缠臂别肩

擒腕缠臂。乙方突发左手拳击向甲方，甲方迅速用右手由外向内擒抓住乙方左腕臂（图10-5-25），随即左臂向外、向上缠带其臂，使其肘弯向下，同时进马正门夺位，以膝抵住乙方前伸腿膝，左臂从乙方左臂下穿过，肘弯置于其左肘节处，小臂立起（图10-5-26）。

缠臂别肩。甲方右手推带乙方左臂向其背弯别，左小臂同时勾带其肘节向内收紧，身形随之配合转动发劲，两手合力，致乙方左臂被迫弯曲扭转别到肩部（图10-5-27），使其肩节离开正常活动范围产生疼痛受制，甚至重力者断其肩臂（图10-5-28）。

图10-5-25

图10-5-26

图10-5-27

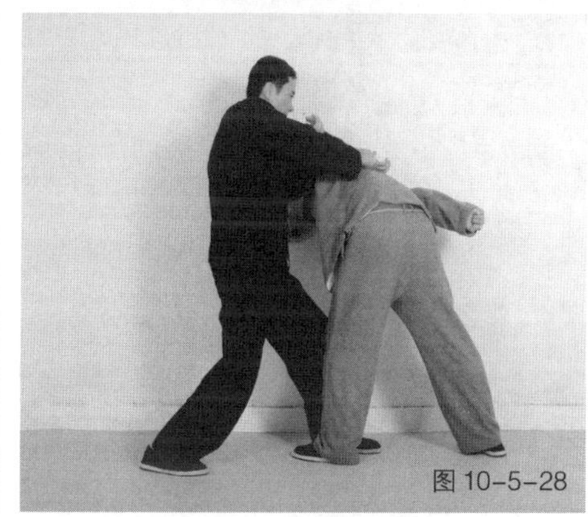
图10-5-28

擒抓、缠带及时、有力，转别猛狠，两手与身法整体配合快速做动作。

缠带对方被拿肘臂造成别其肩节，可使对方肩节产生疼痛，甚至断裂。

八、掀腕盖肩

擒臂盖肩。乙方前出左手攻向甲方，甲方迅速用右手挡擒抓住乙方左腕臂（图10-5-29），右手随即向外缠带乙方左臂，同时进马入乙方正门，左臂从上方用肘弯盖压乙方肩关节（图10-5-30）。

掀腕盖肩。乙方欲动；甲方动作不停，右手继续推带乙方腕向其背部缠拧上掀，左肘弯下压其肩，同时用力回拉，左手顺势抓住右腕（图10-5-31），合掌齐力控制住乙方，使其肩节疼痛受制（图10-5-32）。

挡擒及时、有力，缠拧上掀猛狠，身、手、步整体配合发力拿取。

掀腕压盖肩节控制对方，造成肩节剧痛，或压裂筋韧。

图 10-5-29

图 10-5-30

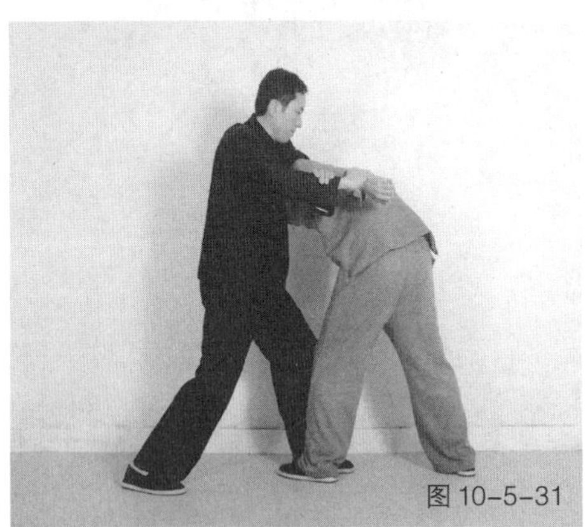
图 10-5-31

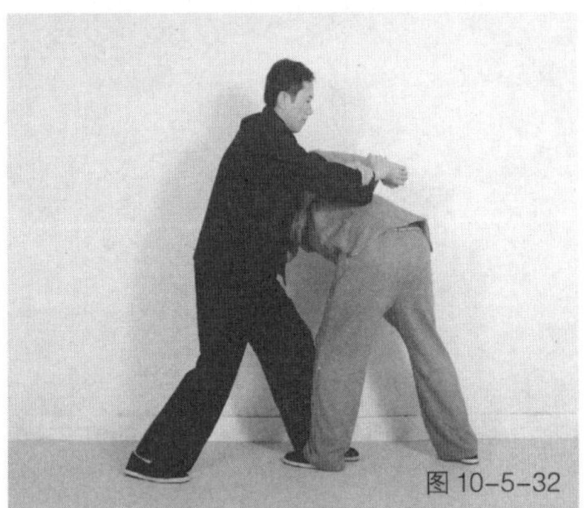
图 10-5-32

九、拉臂砸肩

拍腕擒臂。甲方向乙方靠近时，乙方突发右拳击向甲方（图 10-5-33），甲方迅速用右手从乙方外侧拍挡顺势擒抓住其右腕臂（图 10-5-34）。

拉臂砸肩。甲方右手向内缠腕拉其臂，迫使乙方身形倒转反背对着，同时进马近身，左手成拳猛发力捶砸乙方右肩胛骨（图 10-5-35），使被拉直臂捶打肩受制（图 10-5-36）。

拍挡擒抓及时，缠拉猛狠，捶击直接、突然、有力。

拉打配合拿制对方，可重击对方肩胛骨使其被击疼痛受伏。

十、拧臂撬肩

纠缠擒臂。纠缠中，乙方突发右拳击向甲方（图 10-5-37），甲方迅速用右手由外侧

图 10-5-33

图 10-5-34

图 10-5-35

图 10-5-36

擒抓住甲方腕臂，左手蓄劲防护（图10-5-38）。

拧臂撬肩。甲方右手随即向内拧转乙方腕臂，致其身体后转反背撬其肩节，左手绕颈锁扣乙方咽喉，右腿提膝猛顶击乙方腰肾（图10-5-39），将乙方牢牢控制（图10-5-40）。

纠缠中随时注意攻守变化，擒抓、拧转、背撬、锁扣、提膝，上下整体配合灵活、快速。

图 10-5-37

图 10-5-38

拧臂撬肩、锁喉、膝顶，三力相互作用，打锁配合使对方肩节受损。

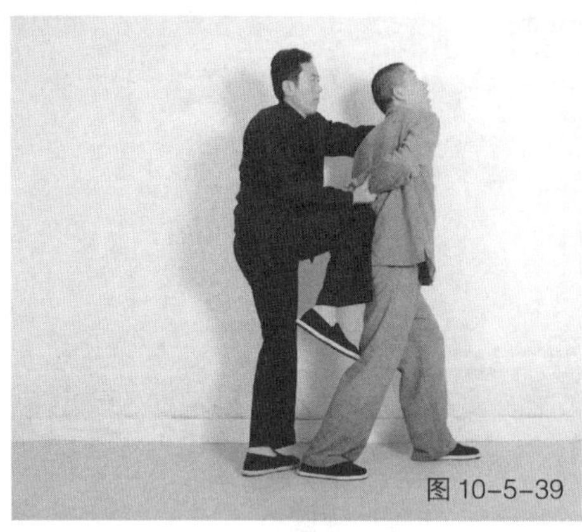
图 10-5-39

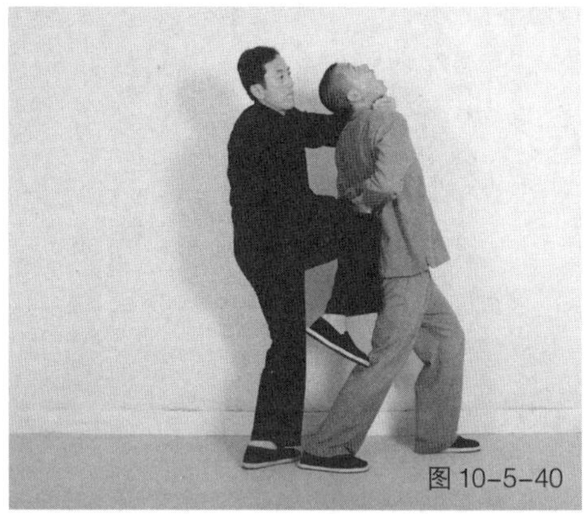
图 10-5-40

十一、撬肘按肩

抓腕勾肘。甲方与乙方纠缠打斗中，甲方右手抢先挡抓住乙方左腕臂（图 10-5-41），左手同时抓勾乙方左肘弯，两手配合内拧外转乙方左肘臂，制其背臂反肘（图 10-5-42）。

图 10-5-41

图 10-5-42

撬肘按肩。乙方欲动；甲方紧跟两手变势，左手成掌从乙方左肘下插掌直伸，抓按乙方肩背，手肘上撬，右手上提乙方腕节，前腿脚逼住乙方左腿脚，撬伤及乙方肩筋（图 10-5-43），使其受制（图 10-5-44）。

挡抓及时，勾肘牢固，两手换势撬肘、按肩直接、凶狠。

咏春打斗中，撬肘按肩拿制可撬脱对方肩节或伤筋残肌，如蛇鹤相缠相争般。

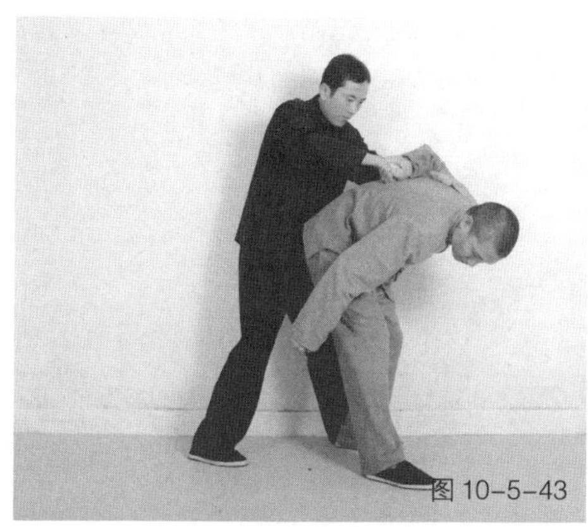
图 10-5-43

图 10-5-44

第六节 格斗擒拿腰髋绝技

腰髋部，即腰和髋的部位。腰髋部有较大关节，外部有强大的肌群保护，因此直接施行于腰髋部的擒拿技法并不多见，大都是利用踝、膝的旋拧、扛压，以利用力臂原理、运动链相邻关节的效应性运动和锁定规律，使腰髋部产生旋外加外展、旋内加内收等，锁定腰髂部，或配合踢打腰髋部，使人体失去平衡支撑，从而造成了擒拿。

一、锁臂挫髋

擒腕锁臂。甲方与乙方打斗中，乙方突发右拳击向甲方胸部，甲方迅速用右手从乙方右臂外侧擒抓住其右腕臂（图 10-6-1），左手紧跟锁抓乙方右肘节或臂部，与右手齐力向上拉带，领动乙方全身，使乙方身形挺起（图 10-6-2）。

锁臂挫髋。甲方动作不停，突起左脚猛发力撑踹乙方大腿前髋部（图 10-6-3），两手配合，上提下踹，挫伤乙方髋节腿筋，甚至伤及腰及其小腿以及膝关节（图 10-6-4）。

图 10-6-1

图 10-6-2

擒抓及时，拉带猛狠，锁臂牢固，撑踹迅猛，整体配合发力拿制。

咏春打斗中，拿制腰髋部控势较难，多配合踢打连带伤损，如鹤击蛇般。

图 10-6-3

图 10-6-4

二、带臂跺髋

擒腕带臂。乙方前挥左拳击打甲方面门，甲方迅速从乙方左臂外侧挡擒抓住其左腕臂（图10-6-5），一抓住即缠腕带臂，连肩带体，迫使乙方侧身；右手紧出锁抓住乙方左肘节（图10-6-6）。

图 10-6-5

图 10-6-6

带臂跺髋。甲方两手擒控乙方左肘臂使其身形渐起，桩马抬升瞬间，突起右脚向乙方大腿根猛发力踹跺（图10-6-7），同时拧腰转髋，两手继续带拉牢控，打筋踢骨，控制乙方（图10-6-8）。

擒抓及时、有力，擒控、踹跺猛狠，手脚配合整体发力踢拿。

打斗中擒控对方上肢时，对其下肢的髋胯踢打造成髋腿筋肌裂伤受损。

图 10-6-7

图 10-6-8

三、提腕蹬髋

擒臂提腕。甲方向乙方靠近瞬间，乙方突发左拳击打甲方胸部，甲方迅速用左手扑抓住乙方左腕臂（图10-6-9），一抓即拧，右手同时抓错乙方左肘节，合力使乙方手臂翻转掀提，致使其身躯倒转背势，肩节疼痛探背起身（图10-6-10）。

图 10-6-9

图 10-6-10

提腕蹬髋。甲方紧跟左脚支撑，突起右脚蹬踹乙方后节处（图10-6-11），两手牢控其腕臂上提，交错用力，伤及其髋节，上伤其肩筋（图10-6-12）。

扑抓及时，提腕猛狠，蹬髋有力，全身配合擒打简洁、明快。

提腕牢控对方上肢，蹬踹其髋后节，可挫伤其髋节同时上伤其肩筋。

四、拧脚蹬腿

扑抓脚腕。甲方向乙方靠近时，乙方突起左脚前踢甲方胸部（图10-6-13），甲方迅速用左手扑抓乙方左脚腕处（图10-6-14）。

图 10-6-11

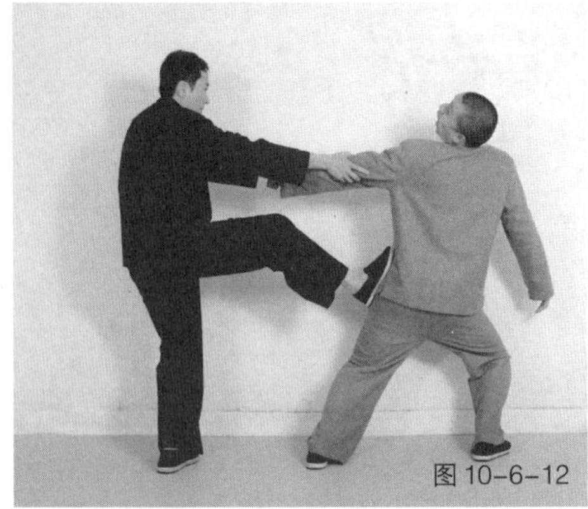
图 10-6-12

拧脚蹬腿。甲方速出右手同时擒抓乙方左脚腕，两手合力向内（或向外）缠拧，连带其膝髋变侧身形，脚掌腿筋反向扭曲，右脚一出猛蹬踹乙方大腿根部（图 10-6-15），两手同时向上、向后猛然拉带，致使乙方髋节裆筋被分错疼痛受制（图 10-6-16）。

扑抓、缠拧及时、有力，蹬踹猛狠，施技桩马配合稳固。

扑抓拧转对方脚腕配合蹬踹，可拉撕对方筋肌致断裂。

图 10-6-13

图 10-6-14

图 10-6-15

图 10-6-16

五、转腕蹬腰

擒臂转腕。甲方与乙方迂回纠结中，乙方向甲方靠近同时突发左拳攻击（图10-6-17），甲方反应迅速用左手擒抓乙方左腕臂（图10-6-18）。

转腕蹬腰。甲方一抓即行缠转致其身形背势倒反，右手速出同时擒抓住乙方右腕，向后上方拉带，突起右脚向前蹬踹乙方腰胯处（图10-6-19），使乙方被击受挫（图10-6-20）。

图10-6-17

图10-6-18

图10-6-19

图10-6-20

擒抓及时、有力，缠转、拉带猛狠，蹬踹突然。

转腕蹬腰拿取对方，可使对方腰节受制向后折屈，生理弯度改变，不能进退，间接使其肘肩节筋受损被擒。

第七节　格斗擒拿膝腿绝技

膝，处于下肢运动链系统的中枢，其关节面浅而宽，是人体中较大而复杂的一个关

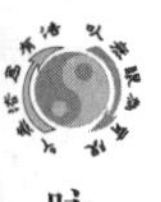

节，关节面覆盖有关节软骨、韧带、神经，关节囊宽阔松弛，但很坚韧。咏春打斗中对于膝部的擒拿，多牵连到腿部，因此擒拿时形成了将膝连腿拿制、踢打、挫击、锁定等法，一动如蛇鹤相缠相争般。

一、托腿砸膝

进马托腿。甲方与乙方对峙时，乙方突起左脚蹬踢甲方胸部（图10–7–1），甲方迅速进马用左手托抓住乙方左小腿外侧（图10–7–2）。

托腿砸膝。甲方紧跟速提右肘向下猛发力砸击乙方左腿膝盖（图10–7–3），左手同时向上、向后提拉使乙方膝伸直，与肘砸形成相反力，致乙方膝盖损伤受制（图10–7–4）。

图10–7–1

图10–7–2

图10–7–3

图10–7–4

进马托抓及时、有力，砸击与托抓上下整体相反发力拿制。

咏春打斗中，托其上腿用肘砸膝，可造膝盖损伤或损碎，关节脱臼，重击者甚至残废，如蛇鹤般凶狠地做动作。

二、带腿撞膝

进马托腿。甲方与乙方打斗中，乙方突起左脚蹬踢甲方（图10-7-5），甲方乘机进马用两手托抓乙方左小腿和脚外侧（图10-7-6）。

带腿击膝。甲方左手一抓即拉，侧向用力平带乙方小腿，右手同时抓拿并向内带，紧跟转腰拧髋，起右膝摆撞击乙方膝关节侧面（图10-7-7），致乙方膝筋扭撇、背屈，伤残脱臼疼痛受制（图10-7-8）。

图10-7-5

图10-7-6

图10-7-7

图10-7-8

进马托抓及时、有力，内带、膝撞猛狠，整个动作上下配合协调、快速。

托抓住对方小腿拉带，并配合膝撞可重创对方，造成其膝筋扭裂或脱臼致残。

三、提腿坐膝

纠缠托腿。纠缠中，乙方突起左脚蹬踢甲方，甲方迅速用左手托抓乙方左小腿外侧（图10-7-9），紧跟换右手从乙方左踝上方越过抓住其脚跟（图10-7-10）。

提腿坐膝。甲方右腿同时从乙方左腿上方越过落脚于其中门内侧，成钳阳马势（图10-7-11），用臀部猛力向下压坐乙方膝关节，两手同时上提合力伤损其膝关节，使乙方膝不胜力而受制（图10-7-12）。

图 10-7-9

图 10-7-10

图 10-7-11

图 10-7-12

纠缠打斗中随时注意攻守变化，托抓、上提、下坐协调凶狠。

托提对方腿脚，下坐压其膝拿制，可造成损伤分错膝关节，或重伤致残，如蛇鹤相缠恶斗般。

四、扛腿按膝

纠缠托腿。纠缠中，乙方起左脚踢击甲方，甲方迅速出左手托抓乙方左小腿外侧（图10-7-13），并用力上拉其踝（图10-7-14）。

扛腿按膝。甲方紧跟前脚前移稳定桩马，用左肩扛抵乙方小腿部，左手与右手相扣合力下拉按压乙方左膝关节（图10-7-15），使乙方膝关节疼痛受制（图10-7-16）。

托抓上拉及时、有力，扛抵、按压猛狠，上下整体配合协调、紧凑。

纠缠中托抓对方腿上扛下压，可造成对方膝关节伤损，甚至重伤。

图 10-7-13

图 10-7-14

图 10-7-15

图 10-7-16

五、擒腕蹬膝

拍臂擒腕。甲方与乙方迂回对峙中，乙方向甲方靠近同时突发左拳攻击（图 10-7-17），甲方迅速用左手擒抓乙方左腕，右手防护（图 10-7-18）。

图 10-7-17

图 10-7-18

擒腕蹬膝。甲方右手紧跟抓住乙方左肘处，与左手协同向后上方拉带其臂，同时出右脚向乙方左腿膝部蹬踩（图10-7-19），致乙方伤膝剧痛受制（图10-7-20）。

图 10-7-19

图 10-7-20

拍挡擒抓及时、牢固，拉带、蹬踩猛狠，上下配合快速做动作。

擒抓住对方腕臂配合蹬踩其膝，可造成膝关节严重受损，甚至膝关节离脱致残。

六、举腿踩膝

托腿抓膝。乙方向甲方靠近突起左脚蹬踢甲方，甲方迅速用左手托抓住乙方左腿踝（图10-7-21），紧跟速出右手抓盖乙方左膝筋韧向下拉按，左手同时托控其腿踝上举（图10-7-22）。

图 10-7-21

图 10-7-22

举腿踩膝。甲方两手配合欲别伤乙方膝关节；乙方扭动欲挣脱；甲方在拉按右手的下压配合下，左手继续上举其腿，迫使乙方疼痛仰身后倒（图10-7-23），乘机出左脚踩踏乙方右腿膝处，将其控制（图10-7-24）。

托抓、上举及时、有力，踩膝凶狠，整个动作上下紧凑、快速、拿取简洁。

托住对方腿踝上举，按压其膝关节，或踩膝关节，造成对方膝关节韧带拉裂或致残，如蛇鹤相缠相斗般。

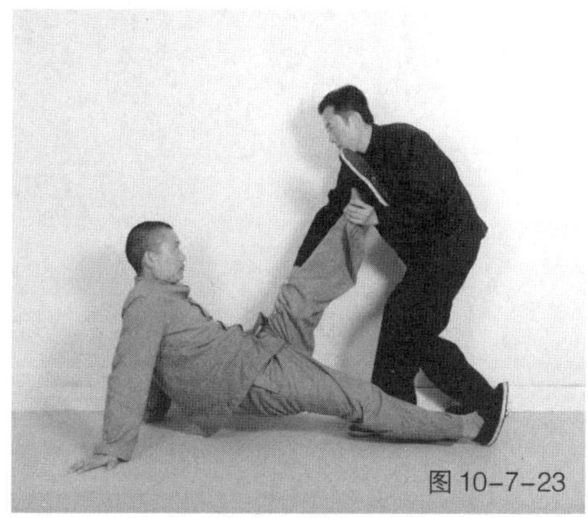
图 10-7-23

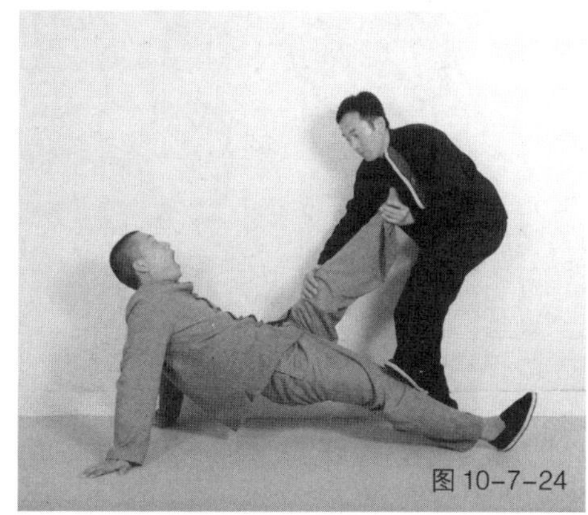
图 10-7-24

七、托脚揿膝

移马托脚。甲方与乙方对峙中，乙方突起右脚蹬踢甲方（图 10-7-25），甲方迅速向外移马用右手托抓住乙方脚踝（图 10-7-26）。

图 10-7-25

图 10-7-26

托脚揿膝。甲方紧跟将乙方右脚踝提至腹前平侧拉直，同时左手成揿手向下猛揿按乙方右膝关节处（图 10-7-27），腰马顺势配合发力，致乙方膝盖凸缝受损致膝关节滚筋疼痛被制（图 10-7-28）。

移马、托抓及时，揿按猛狠，整个拿取动作简洁、直接、快速。

托住对方腿脚配合揿打膝关节，可致对方膝盖磨搓受伤，膝关节滚筋，或关节移位。

图 10-7-27

图 10-7-28

八、叠膝踩踝

擒腕捞腿。乙方抢先挥出左拳击打甲方，甲方迅速用左手挡擒抓住乙方左腕臂（图 10-7-29），紧跟左臂拧旋迫使乙方身形倒转，同时屈膝潜身，用右手捞搂乙方右小腿（图 10-7-30）。

图 10-7-29

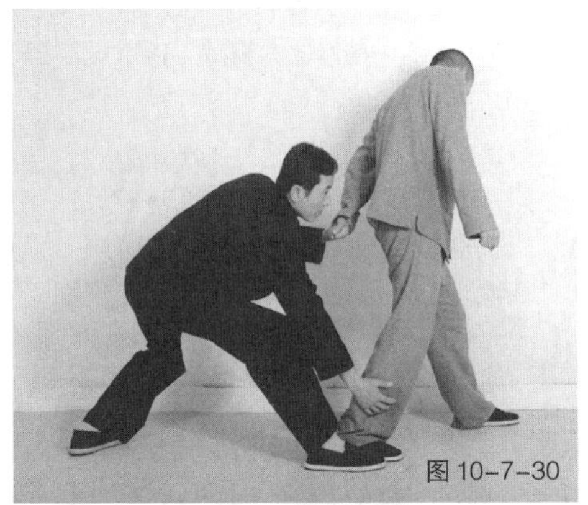
图 10-7-30

叠膝踩踝。甲方动作不停，左手同时松腕变抓擒抱乙方左腿，将乙方捞抄擒跌倒趴在地（图 10-7-31），随即左手顺势抓擒乙方左脚踝骨反提按压扭曲，使其膝贴至右大腿上，右手也擒抓其右脚踝折屈，使其小腿压在左踝上，乙方两腿叠曲受制；甲方起左脚猛蹬踩乙方右脚踝骨，折伤其踝骨和脚踝关节，使乙方被擒伏（图 10-7-32）。

擒腕捞腿及时、有力，折屈猛狠，蹬踩准确。整个动作简洁、快速。

叠膝踩踝，可折屈对方膝关节同时压制其脚踝，重击可致使其膝关节受制，踝骨受损剧痛。这类拿制法武术擒拿中常用或其他武道武技中也有引用。

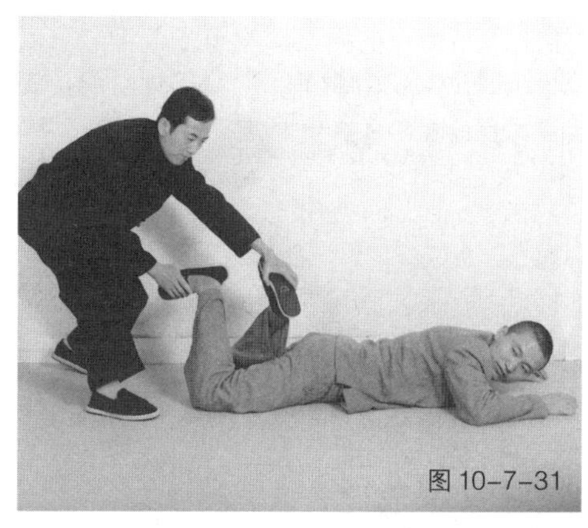
图 10-7-31

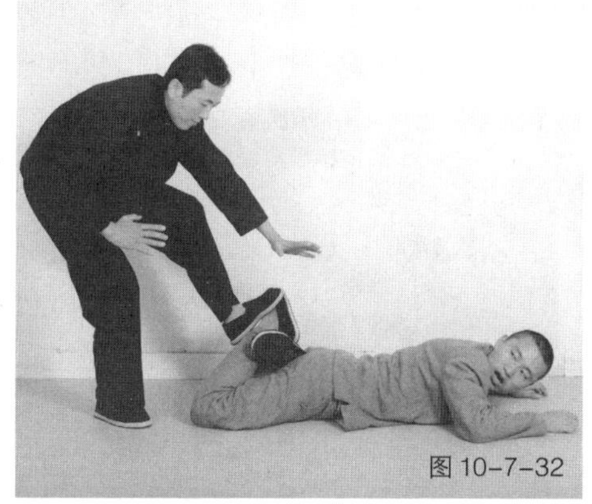
图 10-7-32

第八节　格斗擒拿踝趾绝技

踝关节，是由胫骨下关节面、内踝关节面、腓骨的外踝关节面与距骨上方的滑车关节面连接构成的，关节面覆盖一层透明的软骨，关节囊前后较薄且松弛，由韧带加固。足趾，因足骨较多，各骨之间连成关节，包括跗跖、跖趾、趾关节等，与咏春擒拿相关的主要是距骨小腿关节，即踝关节和可以击踢的足趾关节。

一、擒脚拧踝

避腿托踝。甲方与乙方迂回对峙中，乙方突起右脚蹬踢甲方（图 10-8-1），甲方迅速向左侧闪避躲乙方腿攻，同时用左手托抓乙方右踝节处（图 10-8-2）。

擒脚拧踝。甲方一抓即拉，右手速出抓擒乙方右脚掌趾节，与左手同时用力向外拧捌其踝节（图 10-8-3），致乙方踝节筋伤受损被擒制（图 10-8-4）。

图 10-8-1

图 10-8-2

避闪及时、灵活，托抓牢固，拧捩凶狠，两手配合简洁、快速。

擒抓对方足踝拧捩，两手合力分错，可造成对方翻跌，力集其踝节可致筋韧断裂，或甚至造成胫腓下联合筋损伤或撕裂性骨折而丧失支撑身体和行走能力。

图 10-8-3

图 10-8-4

二、扛腿扒脚

抓擒脚踝。甲方向乙方靠近时，乙方突起右脚蹬踢甲方（图10-8-5），甲方迅速用左手抓擒乙方右脚踝处（图10-8-6）。

图 10-8-5

图 10-8-6

扛腿扒脚。甲方右手急出抓乙方右脚前掌，配合左手拉直乙方右腿脚，同时移马使右肩运行到其小腿下托扛住，左手顺势抓其脚前掌，两手扒住其右脚面猛向下用力（图10-8-7），将乙方踝节扒脱骨折受制（图10-8-8）。

抓擒有力，两手下扒突然、凶狠，整个动作灵活、快速完成。

扛腿扒脚拿取对方脚踝，伤其踝节，重力可致骨折伤残。

图 10-8-7

图 10-8-8

三、抱腿压脚

避腿抓踝。乙方突然向甲方靠近起右脚蹬踢攻击，甲方反应迅速避闪同时用右手托抓住乙方右脚踝节（图10-8-9），用力向右下方猛牵带，拉向右腋间，右手与左手紧跟合拢抱住乙方脚踝下靠牢牢地控制住（图10-8-10）。

图 10-8-9

图 10-8-10

抱腿压脚。甲方两手抱紧乙方右脚踝收紧，身向后倾同时（图10-8-11），屈膝跪马，右臂压乙方右脚面，小臂勾抬其小腿后部，以此为支点，两手用力带动双臂施力，使乙方跟腱断裂，踝筋撕损受制（图10-8-12）。

避闪及时，托抓有力，两手合抱牢固，以支点发力拿制。

抱取对方腿脚压其脚踝，多造成其伤残或重伤，其动如蛇鹤相缠相斗般凶狠。

四、托踝压脚

避腿托踝。甲方与乙方对峙中，乙方突起右脚蹬踢甲方胸部（图10-8-13），甲方迅

图10-8-11

图10-8-12

速避闪其腿攻，待乙方腿力刚过瞬间前用左手托抓住其脚踝，并发力向后拉带使其腿膝伸直（图10-8-14）。

托踝压脚。甲方紧跟速出右手抓拉乙方前脚掌，向下按压，左手同时控其踝上托（图10-8-15），使乙方踝前筋韧拉伤受制（图10-8-16）。

避闪及时，托踝牢固、有力，抓拉凶狠，两手配合灵活拿取。

图10-8-13

图10-8-14

图10-8-15

图10-8-16

拿制对方脚踝，托压可造成其踝前筋拉伤，重力者致残。

五、打跟拉脚

避腿抓脚。乙方向甲方迅速靠近同时起右脚踢击（图10-8-17），甲方反应迅速后闪避躲其腿攻势，待乙方腿力刚过乘机用左手扑抓其脚掌（图10-8-18）。

打跟拉脚。左手抓紧乙方脚掌不放，同时前伸右手成拳猛捶打乙方右脚后跟腱（图10-8-19），左手同时下拉其脚前掌，前臂上提，致使乙方跟腱脚筋分错受制（图10-8-20）。

图10-8-17

图10-8-18

图10-8-19

图10-8-20

避躲及时，扑抓牢固，捶打、下拉快速、凶狠。

拿制对方脚掌时，配合拳法捶打，多造成其跟腱筋韧受伤。

六、扳踝推脚

托脚扳踝。纠缠打斗中，乙方起左脚蹬踹甲方，甲方迅速用左手托抓乙方右踝节处

（图10–8–21），右手速出抓擒乙方左脚掌，与左手同时用力向外拧扳其踝节，致其筋节伤损（图10–8–22）。

扳踝推脚。乙方疼痛欲挣脱；甲方紧跟两手换势，右前臂收紧贴压在乙方左后跟腱向后猛勒，左手抓拿其脚前掌，向前推送，两手双向合分错，伤及其脚踝筋韧（图10–8–23），使乙方前扑受擒（图10–8–24）。

图10–8–21

图10–8–22

图10–8–23

图10–8–24

托抓及时，拧扳、推送猛狠，两手灵活、快速拿取。

纠缠打斗中会出现对方还击或反击或欲挣脱拿制，这时就要随势快速扳踝推脚控制，重伤其脚踝，如蛇鹤相缠相争般。

七、擒臂捻脚

移马擒腕。纠缠中，乙方突发左拳击向甲方头部（图10–8–25），甲方迅速移马闪避同时用左手捕擒抓住乙方左腕臂（图10–8–26）。

擒臂捻脚。乙方欲动；甲方随即速出右手用力擒抓住乙方左肘臂处，右脚向前移动，脚尖稍提，轻灵迅捷，用右脚前掌猛捻踏乙方左脚趾骨全节或脚面（图10–8–27），致乙方脚面受伤受制，或重踏其筋节断裂，进退不能而被制（图10–8–28）。

移马擒抓及时、牢固，捻踏猛狠，动作短促、直接。

擒抓对方手臂，施以捻踏其脚，可造其趾节断残，筋节皆损。

图10–8–25

图10–8–26

图10–8–27

图10–8–28

八、擒臂扎脚

抓腕擒臂。甲方与乙方打斗中，乙方突发右拳击打甲方头部（图10–8–29），甲方迅速用右手从乙方右臂外侧擒抓住其右腕臂（图10–8–30）。

擒臂扎脚。甲方速出右手抓住乙方右肘节处，擒住其右手臂，随即转身背势，侧腰提左腿，用左脚尖猛发力向内下方拧动扎踢乙方脚趾骨或脚面（图10–8–31），两手同时拉带乙方右手臂，致乙方被扎踢趾骨筋裂折损受制（图10–8–32）。

擒抓及时、牢固，扎踢凶狠，上下配合协调、灵活、快速。

咏春打斗中，擒制对方手臂扎踢其脚面，可重击造成伤残，如鹤击蛇般凶猛。

图 10-8-29

图 10-8-30

图 10-8-31

图 10-8-32

第九节　格斗擒拿和反擒拿绝技

擒拿和反擒拿，是将咏春小念头、标指和寻桥中的攻守动作构成擒拿和反擒拿技巧。擒拿，是咏春在打斗中按人体的一定的反关节动作结构或要害穴位施术控制对方身体的某一部分，使其丧失反抗能力的抓拿方法。解脱和反擒拿则是咏春根据擒拿的方法，进行解脱和擒伏，控制与反控制的技术技法。咏春擒拿和反擒拿在打斗中其动作损伤性较大，施技时见机应变，拦封对手，攻守兼得，是为咏春打斗中的妙技。

咏春擒拿和反擒拿，在这里介绍代表性的技术技法，大量的、全面的咏春擒拿和反擒拿格斗绝技，可从前面各式各法擒拿绝技中按其规律举一反三，变化无数的擒拿和反擒拿技法，将咏春小念头、标指、寻桥三套拳法灵活自由发挥运用。自由发挥咏春综合格斗中，不再用过多语言阐述，各式各法其意修习中自会悟出其中之道。此时也已无摊手、伏手、膀手、标手、扰手、揖肘或黐手、离手、标膝、撑脚等，因为已无法用言语分解，此时此刻，一出手，皆可成摊、伏、膀、标、扰或黐或离，或标或撑拨了，其名称也仅是一名称一符号罢了。

一、正面抓发—扣手抵腕

正面抓发。甲方与乙方迂回对峙时，乙方突然向前移马用右手抓住甲方头发欲向下拉扯（图10-9-1）；甲方迅速稳定桩马，两手扣抓住乙方右手，使乙方不能用力拉扯（图10-9-2）。

扣手抵腕。甲方两手牢牢控制乙方右手向头顶合紧，同时以头猛顶抵乙方右手指掌（图10-9-3），两手同时扣抓其指腕向下拉，双向合力，致乙方手腕扭疼松手被制（图10-9-4）。

图10-9-1

图10-9-2

图10-9-3

图10-9-4

正面抓发直接擒拿；扣手缓解或解脱同时抵腕反擒拿凶狠。

咏春打斗中，被抓拿或抓扯头发时，要快速扣其对方手同时配合头抵其腕，造成其手腕疼痛，拉长腕筋，反拿对方，如蛇鹤相缠凶斗般。

二、背后抓发—固手折腕

背后抓发。甲方与乙方纠缠中，乙方从背后或侧面抓住甲方头发欲拉扯（图10-9-5），甲方迅速将头顺向稍动，缓卸乙方力道，紧跟速出两手盖抓乙方右手于头顶紧紧抵按住（图10-9-6）。

固手折腕。甲方随即转马转身，同时头随向扭动，与两手配合控制固定住乙方右手并反折翻扭（图10-9-7），使乙方抓发的手、掌、腕三节反屈，随快速挺身体形抖起，头顶上仰，对乙方右手加力反折，迫使乙方右臂伸直踮起两脚致腕肘关节和筋韧受伤被制（图10-9-8）。

图10-9-5

图10-9-6

图10-9-7

图10-9-8

背后抓发直接、有力；身法与固手折腕反擒拿动作快速、敏捷。

从背后被抓住头发，随身法转换固定住对方手部并折其腕反拿，多造成其重伤或致残。

三、正面抓胸—扣指拧腕

正面抓胸。甲方与乙方纠缠中，乙方从正面用右手抓住甲方前胸（图10-9-9），并提扯拉带使甲方挺胸受制（图10-9-10）。

扣指拧腕。甲方迅速用两手同时擒抓乙方指掌，连擒带锁一起用劲，向外猛发力缠拧其腕肘（图10-9-11），上体同时向左转动，迫使乙方疼痛松手被反拿制，如继续用力可致对方腕肘分错被制服（图10-9-12）。

图10-9-9

图10-9-10

图10-9-11

图10-9-12

正面抓胸拿制直接、有力；扣指拧腕随腰身同动，可调动整体之力增强拧腕反拿劲力。

纠缠中，被从正面抓胸拿制，要随势扣其指拧其腕节反拿制，力重者可伤其腕节。

四、侧身抓胸—擒腕压肘

侧身抓胸。甲方与乙方纠缠中，乙方侧身抢先用右手抓住甲方前胸拿制，欲拉带撕扯

（图10-9-13）；甲方迅速用右手扣抓乙方右手掌并按紧在胸部，同时后退马一步，侧收身形（图10-9-14）。

擒腕压肘。甲方右手控制乙方右手掌，同时速出左手擒抓乙方右腕，向内猛然缠拧，使乙方疼痛手臂翻转成肘头向上，随即用左肘节随动越过乙方右肘夹合压在其肘节上（图10-9-15），上体猛然向前、向内沉压，腰马配合发力，两手紧控乙方不放，使其腕节撕裂被反拿制（图10-9-16）。

图 10-9-13

图 10-9-14

图 10-9-15

图 10-9-16

侧身抓胸拿制直接、有力；擒抓、缠拧、沉压反拿制整个动作快速。

纠缠打斗中被抓胸拿制时，擒腕压肘反拿对方，可造成其腕节撕伤，肘节撬错致伤致残。

五、正面抱腰—抓发推颔

正面抱腰。甲方与乙方纠缠中，乙方抢先用两手从正面抱住甲方腰部，其身体紧贴甲方身体欲拿取施摔（图10-9-17），甲方迅速稳定桩马，退马一步，同时速出左手抓住乙方头发（图10-9-18）。

抓发推颌。甲方抓住乙方头发不放，同时速出右手用掌根向上推乙方下颌骨处，抓发左手下压配合（图10-9-19），迫使乙方下颌疼痛带动上身后仰，受力松散，被反拿制（图10-9-20）。

正面或前面抱腰直接、有力；抓压、上推，快速反拿取。

纠缠打斗中，被抱腰较难施力脱身，采取抓发推颌反拿制可造成对方下颌脱钩疼痛受制，其动如蛇鹤相缠相争般。

图10-9-17

图10-9-18

图10-9-19

图10-9-20

六、前抱腰臂—定马抓裆

前抱腰臂。甲方与乙方纠缠中，乙方从前面用两手抱住甲方腰节和双臂（图10-9-21），欲施摔跌拿取甲方（图10-9-22）。

定马抓裆。甲方迅速后退一步稳定桩马，使身形成侧转抵抗乙方劲力，紧跟同时速出右手或双手直接抓掳乙方下裆部（图10-9-23），向后、向上猛力拉扯，致乙方要害受伤剧痛难忍收手防御，被反拿制（图10-9-24）。

从正面抱腰臂拿制直接、有力；退步稳定桩马及时，抓掳准狠、突然。

打斗纠缠中，被抱腰臂时要注意随时抵抗对方动作，以抓裆解脱和反拿制，可致对方剧痛，如蛇击鹤般突然凶狠。

图 10-9-21

图 10-9-22

图 10-9-23

图 10-9-24

七、背后抱腰—捞腿坐膝

背后抱腰。纠缠中，乙方从背后抱住甲方腰部欲施摔拿取（图 10-9-25），甲方迅速前移马一步，稳定身势，同时速出右手扣抓乙方手指向身侧扳或推或拧，拉其脱抱（图 10-9-26）。

捞腿坐膝。乙方挣脱右手，紧跟又连腰带臂抱住控制甲方（图 10-9-27）；甲方稳定身势，紧跟两手成捞手下捞抄乙方右腿脚，两手合力向上拉提，同时臀部猛下坐压乙方膝关节，使乙方被拿制（图 10-9-28）。

背后抱腰纠缠拿制直接、有力；抓指扳或推凶狠，再纠缠抱臂，要随势捞坐反拿制。

打斗纠缠中，反复遭到抱腰或臂，要随对方攻守变化折指反制或捞腿坐膝重挫反拿。

图 10-9-25

图 10-9-26

图 10-9-27

图 10-9-28

八、正面抓肩—扣手压腕

正面抓肩。纠缠中，乙方抢先从正面用右手抓住甲方左肩（图10-9-29），甲方迅速出右手屈肘贴身横向扣抓住乙方右手，使乙方不能发力抓扯（图10-9-30）。

图 10-9-29

图 10-9-30

扣手压腕。甲方右手随便扬起从乙方右臂上方向内、向下裹压，以带动左肩大臂向内卷裹压砸乙方右手尺骨侧腕节（图10–9–31），同时屈膝蹲马，腰侧拧转，上体整体沉劲配合挫伤乙方右腕节，使其被反制（图10–9–32）。

图10–9–31

图10–9–32

正面抓肩拿取直接、有力；扣抓、压砸配合身法整体发力反拿制。

打斗或纠缠中被对方从正面抓住肩部，可顺势扣手压其腕节，特别是尺骨腕节侧上的压制，造成其腕节压伤撕裂被反拿制。

九、背后抓肩—锁手截腕

背后抓肩。纠缠中，乙方从背后抓住甲方右肩处，欲抓扯（图10–9–33）；甲方迅速后退马一步稳定身势中，同时左手反出锁扣住乙方右手背，右肘扬起（图10–9–34）。

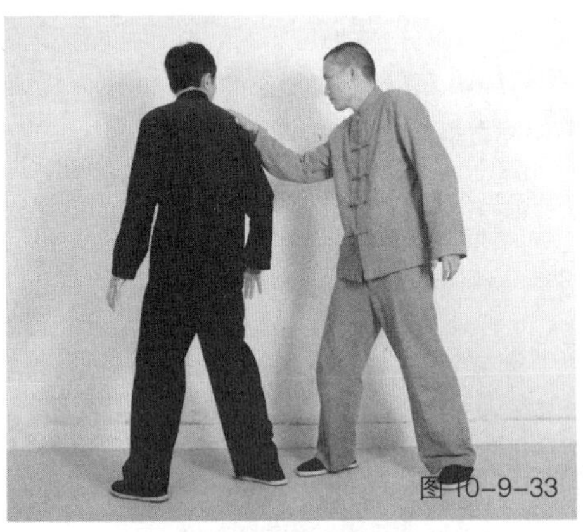
图10–9–33

图10–9–34

锁手截腕。甲方锁扣住乙方右手背不动，随右手扬起，腰身后拧，屈膝沉桩，右肘下落翻转向后裹卷，用大臂反截乙方尺腕处向下压砸（图10–9–35），将乙方腕节挫伤受制（图10–9–36）。

背后抓肩直接，随时准备拿取；锁扣、扬肘、转身、转马、压砸反拿制，上下一气呵成动作。

纠缠中被从后面抓肩，以锁手截腕反拿制可致对方腕节被压伤受损。

图 10-9-35

图 10-9-36

十、抓腕锁喉—扣掌拧腕

抓腕锁喉。乙方抢先攻击，左手抢抓住甲方右腕臂，右手锁扣甲方咽喉（图 10-9-37）；甲方迅速退马稳定身势，低颌闭喉，发力挣脱右手，同时用左手托扣住乙方右腕（图 10-9-38）。

图 10-9-37

图 10-9-38

扣掌拧腕。甲方迫使其腕节撬起，爪手失力，随即向内翻卸其劲力，右手同时锁扣乙方右掌，两手合形缠拧（图 10-9-39），并以左肘节拐夹其右肘，上体前压，将乙方肘节挫损受制（图 10-9-40）。

抓腕锁喉直接、快速；挣脱突然，托扣及时、牢固，翻卸、缠拧、拐夹凶狠。

纠缠中被抓腕锁喉拿制，扣掌拧腕反拿可致对方腕节、肘节受损挫伤。

图 10-9-39

图 10-9-40

十一、合锁咽喉—撳臂抠腰

合锁咽喉。纠缠中，乙方抢先用两手合锁甲方咽喉（图10-9-41），甲方急缩身退马，闭喉藏颈，两手成撳手撳撑开乙方两手（图10-9-42）。

图 10-9-41

图 10-9-42

撳臂抠腰。甲方紧跟进马用头猛撞乙方鼻面，使乙方躲闪不及受撞伤损疼痛（图10-9-43）；甲方攻势不停，两手乘机抠掐乙方两腰肾处，反拿制乙方（图10-9-44）。

合锁咽喉擒拿直接、有力，撳臂、头撞解脱，抠掐反拿。

咏春打斗中，不同的技巧混合擒拿和反擒拿，随战况变化擒拿、解脱和反擒拿，如蛇鹤缠斗般。

十二、正面抓腰—锁腕截肘

正面抓腰。甲方与乙方纠缠中，乙方用右手抓住甲方腰部或腰部衣襟（图10-9-45）；甲方迅速用左手向上锁抓乙方右手腕，使乙方不能发力抓腰（图10-9-46）。

图 10-9-43

图 10-9-44

锁腕截肘。乙方欲动；甲方随即右肘从乙方右肘下方向上托其肘节（图 10-9-47），左手锁其腕以此为根，两手合力协助肘劲，挺腹截托乙方肘节，使其肘节受伤被反拿制（图 10-9-48）。

正面抓腰直接、有力；锁抓、截肘反拿凶狠、快速。

被从正面抓腰拿制时，可随势乘机锁住对方腕臂，配合截其肘，造成肘节筋韧撕裂受制。

图 10-9-45

图 10-9-46

图 10-9-47

图 10-9-48

十三、抓锁腰肾—带臂勾肘

抓锁腰肾。甲方与乙方纠缠中，乙方从背后用左手抓锁甲方腰肾处（图10-9-49）；甲方迅速左转身形，拧头反臂，右手抓擒乙方左手腕使其手脱离，左手向外上抄起（图10-9-50）。

带臂勾肘。甲方未等乙方反应，右手拉带乙方左臂至其背后，左小臂勾带其肘节向内收紧（图10-9-51），两手合力迫使乙方左臂受力弯曲旋转，反向超幅，产生剧痛受制（图10-9-52）。

图10-9-49

图10-9-50

图10-9-51

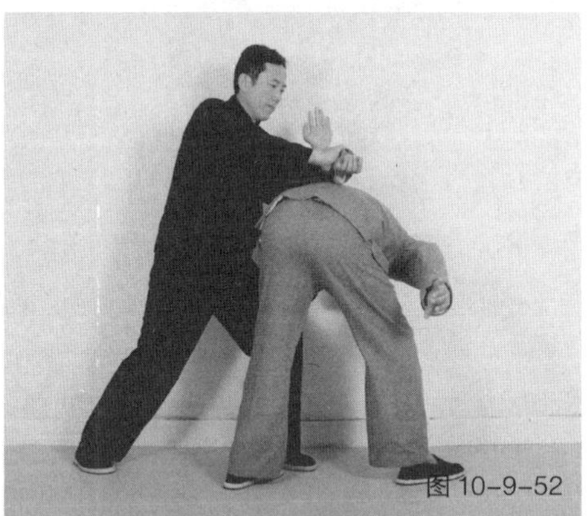
图10-9-52

抓锁腰肾拿取直接；拉带、勾带配合身法快速、灵活反拿。

打斗或纠缠中被从后抓锁腰肾要害，要带臂勾肘反拿，可造成对方肩肘扭伤受制。

十四、正面抱腿—抓发推颌

正面抱腿。甲方与乙方纠缠中，乙方俯身扑抱甲方右腿（图10-9-53），甲方迅速稳定桩马，侧身俯腰，用右手抓扣住乙方头发并控制住，左手贴乙方颈颔处锁住（图10-9-54）。

抓发推颔。甲方右手成顺向用力之形，与左手同时用力向侧反拧转乙方颈节（图10-9-55），致乙方颈伤颔痛，立即松手被拿制（图10-9-56）。

图10-9-53

图10-9-54

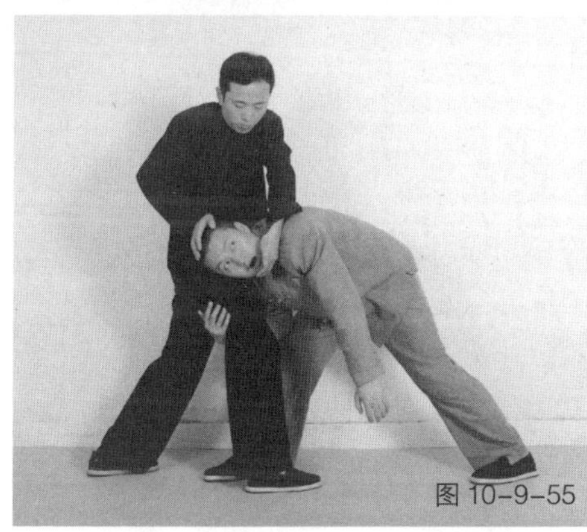
图10-9-55

图10-9-56

正面抱腿直接、有力，抓扣牢固，拧转凶狠。

咏春打斗或纠缠中，被从前面抱住腿时，施以抓发推颔反拿制对方，可造成损伤颈颔，重力者可使对方当场昏厥。

十五、正面抱腿—抓发抵喉

正面抱腿。纠缠中，乙方俯身扑向甲方，用两手抱住甲方左腿（图10-9-57）；甲方迅速将右腿后移马稳定重心，侧身俯腰，左手同时抓扣住乙方头发（图10-9-58）。

抓发抵喉。甲方动作不停，右小臂从乙方颈下抄过，用肘桥抵住其颈喉上提，左手同时抓其头发下按（图10-9-59），迫使乙方颈节受伤被擒制（图10-9-60）。

正面抱腿拿取直接、有力，抓扣牢固，肘抵凶狠，两手配合身法快速反拿。

纠缠中被从前面抱住腿时，顺势抓发抵喉，伤及对方颈节，重击可造成窒息。

图 10-9-57

图 10-9-58

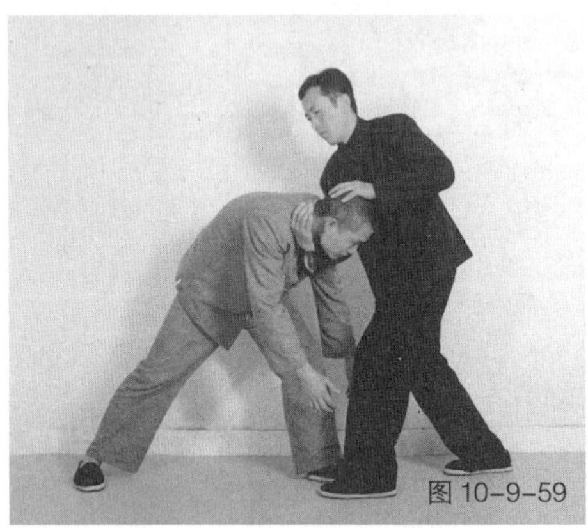
图 10-9-59

图 10-9-60

十六、正面抓腕—扣手缠腕

正面抓腕。甲方与乙方打斗纠缠中，乙方右手抢抓住甲方右腕，欲擒拿或攻击（图10-9-61）；甲方迅速进马出左手横向扣按握住乙方右手背，两手上下相合控住其右手（图10-9-62）。

扣手缠腕。甲方随即稍移位将乙方右臂牵带（图10-9-63），右手变掌，从乙方右手腕部尺骨侧向上翘起内旋成摇手向外屈腕缠绕扣住乙方右腕尺骨背面，小指侧掌缘猛切顶其右手尺腕关节向下旋拧按压，使乙方腕节疼痛受制（图10-9-64）。

正面抓腕直接、及时拿取，缠扣牢固、有力，两手灵活、快速反拿。

打斗纠缠中被抓拿腕臂时，右手缠腕反拿对方可造成其腕被撕伤受制。这类技术也是武术擒拿中常用的技法，只是名称或细节名称不同罢了。此动作如蛇缠鹤般凶狠。

图 10-9-61

图 10-9-62

图 10-9-63

图 10-9-64

十七、前抓腕臂—扣手勾腕

前抓腕臂。纠缠中，乙方用左手抓擒住甲方右腕臂，欲擒拿或施招打击（图 10-9-65）；甲方速出左手抓扣住乙方左手掌背牢控其手，右手成掌撑开内旋坐腕，迫使乙方左腕翻转（图 10-9-66）。

图 10-9-65

图 10-9-66

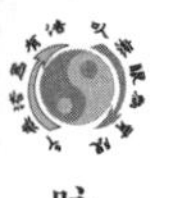

扣手勾腕。甲方左手按牢乙方左掌指，右小臂拧腕外旋侧屈腕内勾，用右手小指侧掌缘勾切在乙方左手尺骨侧腕关节缝处，使乙方被反扭勾折（图10–9–67），腕节产生剧痛伏地被反擒（图10–9–68）。

图10–9–67

图10–9–68

前面抓腕臂及时、直接、有力，抓扣、勾折反拿凶狠，动作简洁、灵巧。

咏春打斗纠缠中，被从前面抓住腕臂顺势扣手勾腕反拿制，可造成对方腕节被勾切折伤。

十八、倒抓腕臂—带手压腕

倒抓腕臂。甲方欲挥右手攻击，乙方抢先用左手正向倒抓住甲方右手腕臂，欲擒拿或打击（图10–9–69）；甲方迅速将右肘下沉内收，同时用左手按牢控住其左手背腕（图10–9–70）。

图10–9–69

图10–9–70

带手压腕。甲方施暗劲将乙方右腕上顶，两手上下相合，控制住其左手腕，紧跟随势稍移马，左手随右腕向怀内收带乙方左腕，右腕同时外旋，将乙方左手尺骨侧腕节反扭朝上，右肘继续前移下压，使右腕尺骨反压在乙方的左尺腕节上（图10-9-71），产生剧痛被反拿制（图10-9-72）。

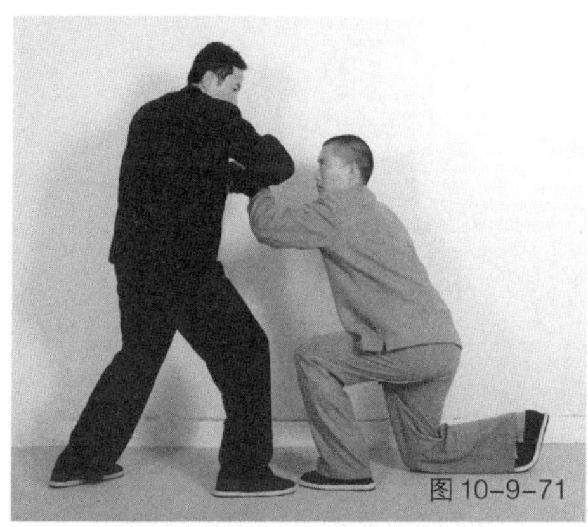
图10-9-71

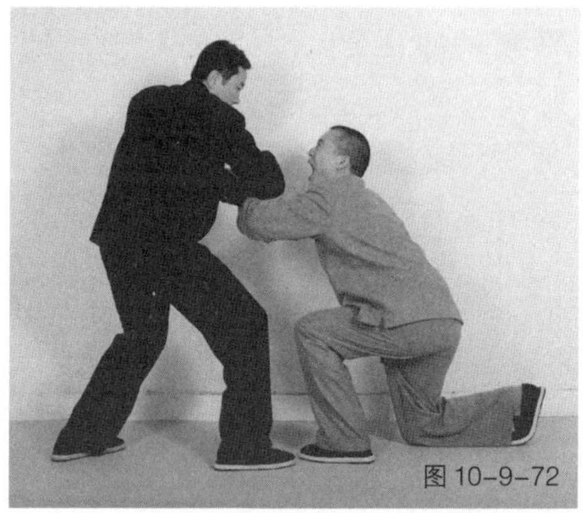
图10-9-72

倒抓腕臂抓拿直接、有力，收带、反扭、反压形成反拿制简洁、凶狠。

打斗或纠缠中被倒抓腕臂，顺势控制对方左手收带反压腕节造成反擒拿，可使其腕节被扭转受力疼痛，一动如蛇缠鹤般。

十九、互抓手掌—托手缠掌

互抓手掌。甲方与乙方各以右手互相抓住，乙方欲先擒拿甲方（图10-9-73）；甲方迅速下沉右臂带拉乙方右掌及整臂成锁扣相持状态，左手防护（图10-9-74）。

图10-9-73

图10-9-74

托手缠掌。甲方紧跟速出左手围绕乙方右小臂向内抄至其右掌小指侧掌根处，屈腕侧勾住乙方右手小指侧掌根形成裹缠状（图10-9-75），右手同时反拿乙方右掌向上托举旋推，左手反勾其右掌根向上勾提，并发力向外牵带，两手协同用力，重挫乙方腕节筋韧，使其被反拿制（图10-9-76）。

抓手掌拿取直接、有力，相持变势裹缠、托举旋推、重挫动作简洁、灵巧。

打斗或纠缠中被抓手掌，随势托手缠掌反拿重挫对方腕节，如蛇鹤相缠相争般。此类拿与反拿仅以咏春手法简洁动作，武术擒拿中均有此类拿法，甚至将此类技术又分为所谓的小擒拿或大擒拿中。

图 10–9–75

图 10–9–76

二十、正面抓肘—擒腕压指

正面抓肘。甲方挥动左手靠近乙方时，乙方抢先用左手抢抓住甲方左肘节，欲擒拿或撕掳（图 10–9–77）；甲方迅速屈右肘以防乙方拉直遭到擒打，同时出右手擒抓住乙方左手腕控制其动（图 10–9–78）。

图 10–9–77

图 10–9–78

擒腕压指。甲方紧跟左肘节一屈瞬间即抖开，向乙方左掌大拇指用力砸压，迫使乙方脱手（图 10–9–79），指被砸压疼痛受制（图 10–9–80）。

正面抓肘直接、牢固，擒抓、屈肘、抖开、砸压，整个动作简洁、快速反拿制。

打斗或纠缠中，被从正面抓拿肘节时，可顺势擒腕配合压砸其指，造成指被压撞扭伤

图 10-9-79

图 10-9-80

反制。

咏春用于搏击格斗的本质特征，就是尽可能轻松地破坏人体正常的生理活动，使敌人的生理失调、器官功能丧失、承载能力超负荷、关节活动幅度超极限、神经传导中断、气血运行受阻、代谢供应中断、恶性刺激超过耐受量……从而达到制服敌人、消灭敌人的目的。

当然，在今天，这些徒手搏击厮杀的技术技法只能在修习中传承不致使其失传，或用于抗暴自卫中，或用于军事搏杀中了。

咏春搏击格斗的终极，就是没有招式，没有招式就是最好的招式，是告诉自己不要拘泥于形，要融会贯通，临机应变，这就是将咏春用于一种本能的反应，就相当于没有招式，此时招式已经和自己融为一体，是自己身体的一部分。在无限的方式方法里，根据搏击的情况，使出最有效的招式，不管人多人少或环境的影响，都包括在内。此谓“无形之形，无式之式”。后衍生出来“以无法为有法，以无限为有限”等。